ブロニスワフ・ピウスツキ伝

〈アイヌ王〉と呼ばれたポーランド人

沢田和彦
sawada kazuhiko

成文社

ブロニスワフ・ピウスツキ伝——〈アイヌ王〉と呼ばれたポーランド人————目次

凡例

一　暦は原則としてロシア帝国領内では旧暦（ユリウス暦）、それ以外では新暦（グレゴリオ暦）を用いた。従って第一～五、七、八、十三章の日付は基本的に旧暦、序章、第六、九～十二、十四章、終章の日付は新暦である。十九世紀においては旧暦に十二日、二十世紀以降では十三日を足すと新暦になる。

二　煩瑣を避けるため、本文中の丸括弧内に典拠となる文献の著・編者名（著・編者名がない場合は書名か論文名）と頁数のみ、または新聞記事名のみを記した。同一の著・編者に複数の著作がある場合は発表年も記した。また同一の著・編者に同一の発表年に複数の著作がある場合は、a、b、c…を付して区別した。著・編者の姓が同一の場合は名前の一部まで記した。各文献の詳しい書誌情報は、巻末の「参考文献」を参照されたい。

三　頻出する欧文定期刊行物名は以下のように略称で示した。

Вестник Сахалинского музея : ВСМ

Известия Института наследия Бронислава Пилсудского : ИИНБП

Краеведческий бюллетень : КБ

Этнографические записки Сахалинского областного краеведческого музея : ЭЗСОКМ

Pilsudskiana de Sapporo : PdS

四　ピウスツキにとって近しい、もしくは重要な人物は、名前の初出時にその生没年を記した。

五　「ギリヤーク」、「オロッコ」、「ツングース」、「ゴリド」、「オリチャ（マングン）」の現在の呼称はそれぞれ「ニヴフ」、「ウイルタ」、「エヴェンキ」、「ナナイ」、「ウリチ」だが、ピウスツキの表記に倣って旧称を用いた。

六　かぎ括弧内は著者による補足である。

七　「写真・図版の出典」の表記も二の原則に従った。

八　「参考文献」には別に「凡例」を立てた。

九　「人名索引」は、序章から「あとがき」のピウスツキ研究史を概観した三四三頁上段までの人名を採録した。

ブロニスワフ・ピウスツキ伝――〈アイヌ王〉と呼ばれたポーランド人

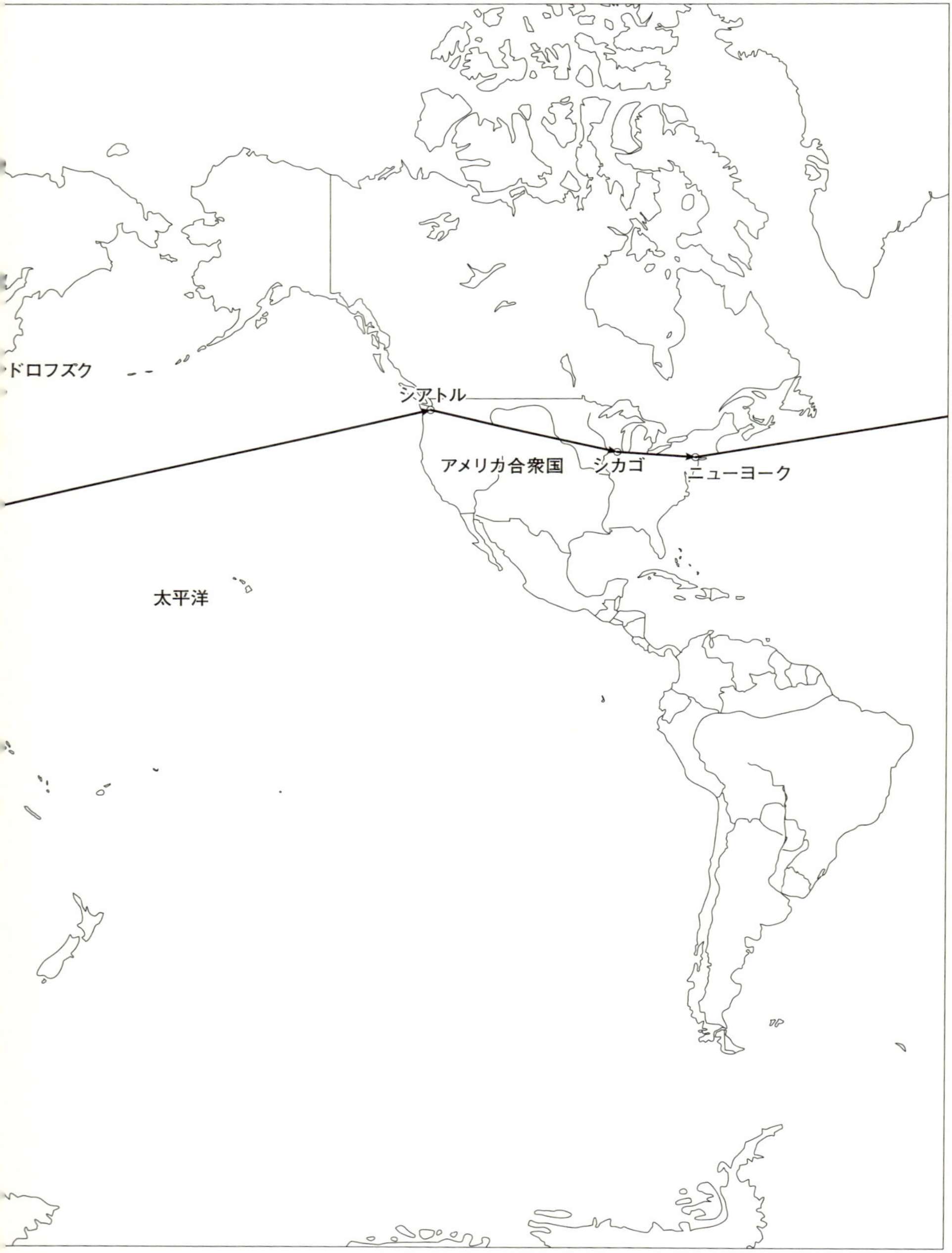
ドロフスク
シアトル
アメリカ合衆国
シカゴ
ニューヨーク
太平洋

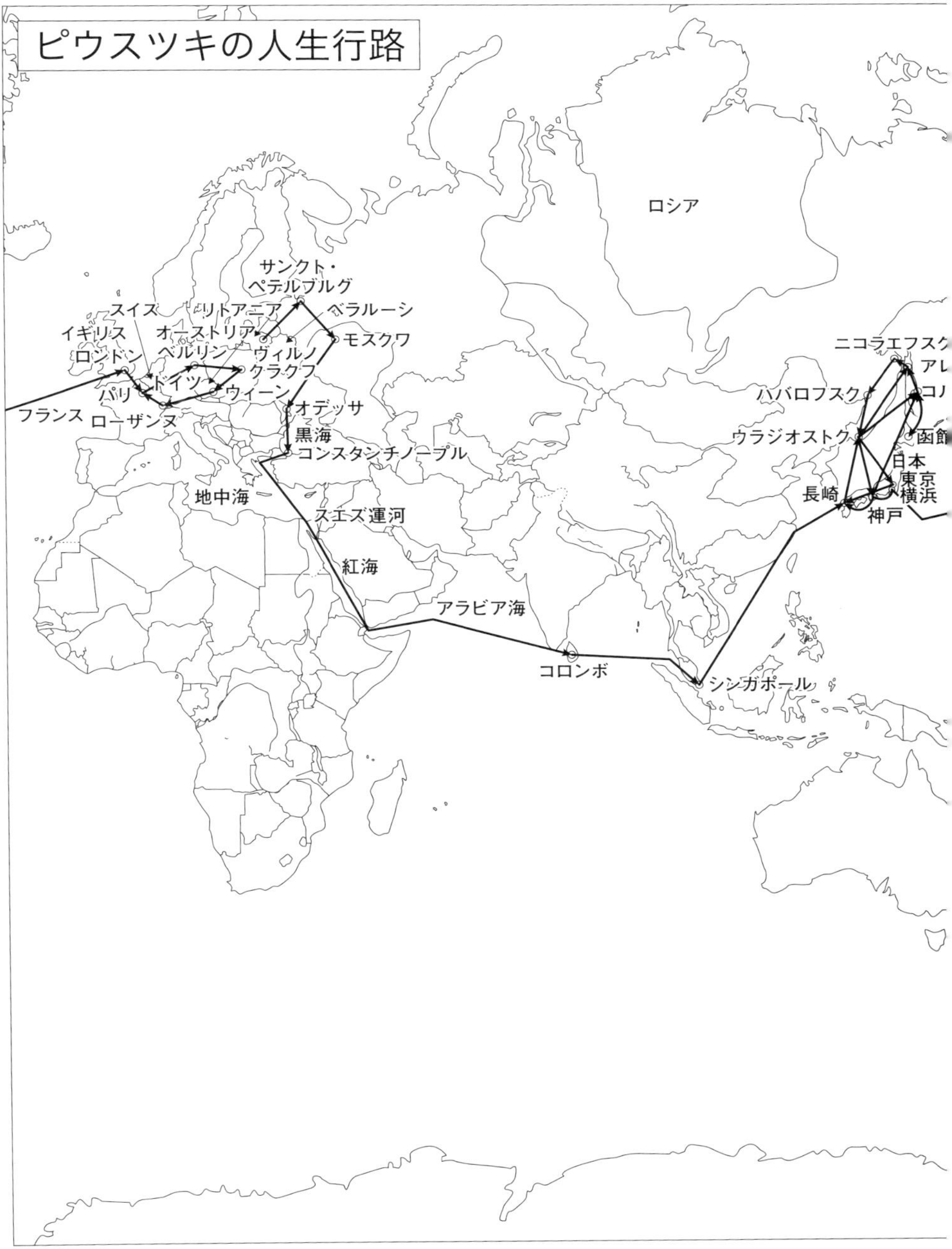
ピウスツキの人生行路
ロシア
サンクト・
ペテルブルグ
スイス
リトアニア
ベラルーシ
イギリス
オーストリア
モスクワ
ロンドン
ベルリン
ヴィルノ
ドイツ
クラクフ
パリ
ウィーン
オデッサ
フランス
ローザンヌ
黒海
コンスタンチノープル
地中海
スエズ運河
紅海
アラビア海
コロンボ
シンガポール
ニコラエフスク
ハバロフスク
ウラジオストク
函館
日本
東京
長崎
横浜
神戸

序章

いー、いかったよ。生きているうち、こういう音、聞かないと思った。おもしろかった。（浅井タケ）

一九八三（昭和五十八）年七月四日、七十六本の蠟管がポーランド・ポズナンからワルシャワ、パリ経由で成田空港に到着し、北海道大学応用電気研究所に運び込まれた。蠟管とは、エジソンが一八七七年に発明した蠟管蓄音機の、録音・再生に用いる蠟製の円筒である。サイズは直径五・五センチ、高さ一〇・五センチで、約二分間の録音が可能である。蠟管には約八十年前のアイヌの人々の音声が収録されているはずであった。但し、その保存状態は劣悪で、蠟はもろく、表面にカビが生えたり、ひび割れているものもあった。これらの蠟管から音を再生するために日本の最先端の科学技術が必要とされ、前記研究所に持ち込まれたのである。

蠟管蓄音機と蠟管（ジョルィ市博物館）

研究所はレーザー光を利用するレーザービーム反射法を開発した。即ち、溝に斜めに光を当てれば、その溝の深さによって反射光の位置が変化する。その位置変化を電流に変換して音声にするという方法である。またコンピューターを駆使して雑音の除去に努めた。さらに北大歯学部が歯科技術を用いて蠟管の複製品《レプリカ》を作製した（朝倉・伊福部）。

このようにして六十三本の蠟管から音声が再生された。

次はその音声を聞き取ることができる人の探索である。生存者としては恐らくただ一人、その人は北海道日高支庁門別町の老人ホームにいた。翌一九八四年二月にそのホームで八十二歳の樺太アイヌ語伝承者・浅井タケさんに聴いてもらい、解読に成功したのである（小谷、一―九）。またテープに聞き入っていた樺太出身の別のアイヌ女性が、「ああ、ばばの声だ！」と叫んで泣き出したこともあったという。

かくして蠟管から再生、解読されたのは、樺太アイヌ語五十三篇、北海道アイヌ語十九篇、日本語四篇、スラブ語三篇である。樺太アイヌ語の内訳は、ハゥキ（英雄詞曲）、ヤイカテカラ（恋歌）、オイナ（神謡）、レクッカラ（喉鳴らし）、トゥス（座術）、ユーカラ（歌）など。一方、北海道アイヌ語の内訳は、カムイユカラ（神謡）、ウポポ（坐り歌）、シノッチャ（宴歌）、ヤイサマ（恋歌）などである（言語・音楽班、二一一―二一二）。

このような成果に基づいて、一九八五年九月に北大学術交流会館のこけら落としとして、「B・ピウスツキ古蠟管とアイヌ文化」と題する国際シンポジウムが開催された。このシンポジウムには海外八カ国の研究者を含む約一三〇名が参加した。

以上のいきさつは当時のマスコミの注目を浴び、新聞や雑誌で数多く取り上げられた。またNHKもテレビで特集を組み、一九八四年六月二十五日に「ユーカラ　沈黙の八十年―樺太アイヌ蠟管秘話―」、一九八五年十月十四日に「カラフトアイヌ望郷の歌」、一九九一（平成三）年十一月二十八日に「樺太アイヌ・失われた子守歌」、一九九六年十一月六日に「世界が見つめたアイヌ文化　第二回ロシア篇、流刑囚の遺産」、二〇〇〇年十二月十七日に「絆は百年を越えて～家族が結ぶ日本とポーランド～」を放映した。さらに一九九〇年には中学校の国語の教科書に、山岸嵩《たかし》（NHK学校放送部ディレクター）「よみがえった「ろう管」」と題して蠟管と音声復元の話が載った（『新版中学国語』一九六―二一三）。

今ではほぼ消え去ったアイヌの文化遺産を蠟管に録音したピウスツキという人物の数奇な生涯をたどる旅に出よう。

国際シンポジウム「B. ピウスツキ古蠟管とアイヌ文化」

第一章　リトアニアの幼・少年時代

私たちの母は不屈の愛国者で、蜂起の失敗がもたらした苦痛と絶望を私たちにあえて隠そうとしないばかりか、まさにわが国の敵とのさらなる戦いの必要性を力説する教育を行なった。（ユゼフ・ピウスツキ）

旧暦一八六六（慶応二）年十月二十一日、ブロニスワフ・ピョトル・ピウスツキはロシア領リトアニアのヴィルノ県シフェンチャヌィ郡の母の相続領地ズーウフ（現リトアニア共和国ザラヴァス）に生まれた。県都ヴィルノ（現ヴィリニュス）から北東六十キロの距離に位置している。十一月十六日にブロニスワフは、ズーウフから十二キロの距離にあるポヴェヴュルカ村のソロクポリスキ・カトリック教会で洗礼を受けた（Байор2001, 66; Латышев2008a, 35）。父はユゼフ・ヴィンツェンティ・ピョトル・ピウスツキ、母はビルレヴィチ家出身のマリアである。

ポーランド・リトアニア連合王国と三国分割

リトアニアの歴史を遡れば、一三八六年にリトアニア大公ヤガイラ（ポーランド名ヤギェウォ）が、二年前にポーランド女王となったハンガリー王女ヤドヴィガと結婚し、ヴワディスワフ二世としてポーランドとリトアニアに君臨して、以降二百年続くヤギェウォ王朝を興した。一四一〇年にポーランド・リトアニア連合軍は宿敵テュートン騎士団とタンネンベルグで戦い、ついに勝利を収めた。十五世紀半ば以降リトアニアはキリスト教化を通じて次第にポーランド化し、リトアニア国家と民族の独自性と主体性を喪失していった。一五六九年、ポーランドのジグムント二世アウグストはルブリンにポーランドとリトアニアの合同国会を招集し、共通の君主と合同国会を有する制度的な連合関係（ルブリン連合）を形成した。これは平等な連合関係ではなく、リトアニア大公国領だったウクライナがポーランド王国に併合される形で行われた。十六世紀末にポーランドの首都はクラクフからワルシャワに移る。かくしてこの連合は当時のヨーロッパ最大の国家として北のバルト海から南の黒海に至るまでその勢力を伸ばし、周辺民族から恐れられた。だが一五七二年にジグムント二世アウグストが世継ぎを残さずにこの世を去ったためヤギェウォ朝が断絶すると、ポーランド＝リトアニアは近隣列強との紛争に参加ないし巻き込まれて、急速に衰退していった（鈴木徹、一二―一八、二四―二六。志摩、六〇―六四。カセカンプ、八〇―八二）。

ポーランド・リトアニア共和国（ポーランド語で「ジェチ・ポスポリタ」）はロシア、プロイセン、オーストリアによっ

ソロクポリスキ教会

て一七七二年、一七九三年、一七九五年の三度にわたって分割された。まず一七七二年七月にロシアはポーランド領リヴォニア（現在のラトヴィア東北部からエストニア南部にかけての地域）、東ベラルーシなどを、オーストリアは小ポーランドを、プロイセンはポーランド北部のエルムランド、西プロイセンなどを併合した。次いで一七九三年一月にロシアとプロイセンの分割協定により、ベラルーシの大半とウクライナがロシア帝国領、大ポーランド《ヴィエルコポルスカ》がプロイセン領となった。一七九四年三月からポーランドでタデウシュ・コシチューシコが指導する愛国的な蜂起が起ったが、これも数カ月で敗北した。一七九五年十一月にポーランド・リトアニア共和国国王スタニスワフ・アウグスト（ポニャトフスキ）が退位し、ポーランドはついに地図上から消滅した（田中、七八、九二―九三。カセカンプ、一一四―一一五）。

一八一五年にウィーン会議の結果生まれたポーランド王国では一定の自治権が認められたが、一八三〇～三一年のポーランド十一月蜂起が鎮圧された後、ロシアの対ポーランド政策は苛酷なものに変わった。一八四六年のクラクフ蜂起も鎮圧された。一八六三年一月に始まった蜂起は十六カ月続いたが、翌年夏には終息した。そして一八七〇年代には行政・教育・文化などあらゆる分野で、過酷なロシア化政策の嵐がポーランド王国内に吹き荒れたのである（渡辺、四六―六八。田中、二三一―二三二）。ポーランド国の復活は一九一八年のことである。

ピウスツキ家とビルレヴィチ家

ピウスツキ家は由緒正しいリトアニア貴族《シュラフター》の家系であるギネット（ギネイトヴィチ）家に由来し、十五世紀から知られていた。リトアニアとクールランド（現在のラトヴィア西部地方）の国境近くに位置する領地ピウスディを入手したギネット家の誰かが「ギネット＝ピウスツキ」と名乗り、やがて独立の姓「ピウスツキ」として分家したと思われる。父ユゼフは一八三三年二月二十二日に領地ラプシャヌイで生まれた（Байор2001, 67; Дударец2000b, 110）。大家族出身の父は五百ヘクタールの小さな領地を一つ所有しているだけだった。

他方、ビルレヴィチ家はゲディミナス朝（リトアニア大公家）の流れを汲む由緒正しい家柄である。母マリアは一八四二年十月二十一日に領地テネニエ近辺のアダモヴォで生まれた。ビルレヴィチ家の一人娘だったマリアは、その母ヘレナから相続した領地、八千八百ヘクタールのズーウフ以外に、相続人となったテネニエ、マリアの祖母エリジュビエタ・ミハイロフスカから譲られたスギンティ、アダモヴォの三つの領地を所有し、その総面積は一万五千ヘクタールを超えた（井上一九八三、二五、二七、三二、三四。コヴァルスキ二〇一三、二七。Пилсудский1999a, 127)。

実はピウスツキ家とビルレヴィチ家はブロニスワフの曾祖父カジミェシュとその妻アンナ以来一度ならず婚姻関係を結び、両家は近しい親戚同士だった。そして父方の祖父ピョトルと祖母テオドラは共に半分ずつビルレヴィチ家の血を受け継いでいた。またテオドラはバトラー家の出身で、母マリアの祖母エリジュビェタとは実の姉妹である。バトラー家は十世紀のノルマンディー公国に源を有し、アイルランド、英国、サクソニー（ドイツ）、クールランド、ポーランドといった国々に根づいた、さまざまな分肢から成る汎ヨーロッパ的な家系の伯爵家である。[2] 即ち、ピウスツキ家とビルレヴィチ家はバトラー家を介して深く結ばれているのであり、ユゼフとマリアは又いとこの関係になるのである（コヴァルスキ二〇一三、一八。井上一九八三、三〇―三二）。

ピウスツキ家の紋章

ユゼフとマリアの結婚は予備戦略的な側面を有していた。即ち、リトアニアでポーランド貴族の経済力を削ぐために「一八六五年十二月十日勅令」が施行され、これによって不動産市場におけるカトリック教徒の取引が禁止された。土地の血統相続は認めるものの、相続地は公開市場で売ることも、分割売却もできなくなったのである。とるべき方法は二つ、土地をひたすら保持し続けるか、ロシア人の手に渡すか、のいずれかだった。この結果、近親婚すれすれの配偶関係が多発したが、ローマの教会当局はカトリック教徒の貴族層へ一定の法的保護を与えるために、それを容認したのである。ピウスツキ夫妻も同様で、ビルレヴィチ家にとってユゼフは自家の財産を保全する上で最適の婿がねだったのである（PdS3, 20, 23; コヴァルスキ二〇一三、一九、二二）。

一八六三年の一月蜂起の最中の四月二十三日に、ユゼフとマリアは新婦の領地テネニエで密やかに結婚式を挙げた。新郎は三十歳、新婦は二十一歳だった。ユゼフも蜂起に加わったが、ビルレヴィチ家はロシアの官憲に五千ルーブルを支払って彼を身請けした。ヴィルノ総督が厳しい鎮圧策を打ち出すと、新婚夫婦は捕縛を逃れて、蜂起の場所から離れたズーウフに居を据えたのである。領地の屋敷は十室ある木造の母屋、来客と召使用の離れ、調理用の別館、そしていくつかの小屋から成っていた。屋敷の傍には川や池、鬱蒼とした森があり、森の奥には湖がある、風光明媚の地だった（井上一九八三、三〇。Пилсудский1999a, 131; PdS3, 25, 40-41; Латышев2008a, 33; Матвеев Г., 14-15; Humphrey, 18-19）。

家　族

ブロニスワフはピウスツキ家の第三子で長男として誕生した。上に一八六四年生まれの姉ヘレナ（愛称ヘーリャ）と一八六五年生まれのゾフィア（愛称ズーリャ）がいた。一八六七年には次男ユゼフ（愛称ジューク）が誕生した。後にポーランドの復興を成し遂げて、ポーランド共和国初代元帥となった人物である。さらに一八六九（明治二）年に三男アダム（愛称アダシ）、一八七一年に四男カジミェシュ（愛称ジニオ）、一八七三年に三女マリア、その後はヴィルノで一八七六年に五男ヤン、一八七七年に四女ルドヴィカ、一八七九年に六男カスペル、一八八二年に双子の七男ピョトルと五女テオドラが誕生した。母は十八年間に合計十二人を出産したのである。

父ユゼフ

父ユゼフはまだ若い頃に事故で右手の人差し指を失い、エンジニアになる夢を捨てて、モギリョーフ県ゴルキ市のゴルィ＝ゴルキ農業大学[3]で学び、農学士となった。彼は同期生たちの間で傑出した存在だったという。前記一八六五年勅令に対抗するために、彼はズーウフで多角的機械化農業の実践に乗り出し、アルコール蒸留工場、酒蔵、イースト工場、蒸気製粉所、松根油工場、製材所、煉瓦工場などを次々と作った。一八七二年につくったヴィルノ県最大のアルコール蒸留工場は、三十五人の労働者によって毎年二万ヴェドロー（二四・六万リットル）程度の無水アルコールを生産した。また一八八〇年代にスヴェンツァヌィの煉瓦工場は五人の労働者によって毎年約二十六万個の煉瓦を製造していた（井上一九八七、四六。PdS3, 22; Дударец2000a, 100; 2010a, 92）。

他方、否定的評価も存在する。それによると、父は領地経営やビジネス、対人関係が不得手で、領地管理人たちとの間に常に問題を抱えていた。ポーランドの社会学者クシヴィツキの回想によると、父は農業用機械を買い入れたものの、領地の使用人たちはそれを使いこなすことができず、機械は錆びた鉄屑と化した。また父は馬鈴薯の栽培に適した土地にアルコール製造工場を造り、アルコールを醸造し始めるとタンクの容量が足りず、アルコールは無駄に地面に流れ落ちたという（Матвеев Г., 15）。母は父を信用せず、代わりにブロニスワフがズーウフに度々遣わされた。ブロニスワフも同様のことを日記に記している。一八八三年十一月二十八日の日記に、「［パパは］すべての事を成行き任せにして、生産の監督をせず、ただ怒っているだけだ。しかしそれによってパパは自分と僕たちを破滅させせつつある」（Пилсудский2012b, 51）とある。父は音楽を愛した。自ら上手にピアノを弾き、自分の作品（ワルツ、ポルカ、マズルカ）を作曲した。ブロニスワフ少年も家庭教師の女性からピアノのレッスンも受けていた。ブロニスワフが後にサハリンで立証した「耳の良さ」は、父に負うところ大だったのだろう（井上一九八七、四六。Пилсудский1999a, 114, 115, 118, 121; Латышев2008a, 32-33）。

母マリア

母マリアは祖国愛に貫かれ、ロシアのツァーリズムに対する敵意を生涯捨てなかった。彼女は子供たちに幼い頃からポーランドの歴史と文学を、スイス人の女性家庭教師はフランス語とドイツ語を、また通いの教師たちは数学と自然科学の基礎を教えた（Латышев2008a, 32, 39; Humphrey, 24）。家には豊富な蔵書があり、家族全員が夜ごとに「ポーランド三大詩人」と呼ばれるアダム・ミツキェヴィチ、ユリウシュ・スウォヴァツキ、ジグムント・クラシンスキの詩やポーランド作家の禁じられた作品を朗読した。これらの本を所有しているだけでもシベリア流刑の十分な理由となった時代である。子供たちはポーランド語の読み書きを家庭で習った。後に弟ユゼフはこう書き残している。

ミツキェヴィチ像（クラクフ）

私たちの母は不屈の愛国者で、蜂起の失敗がもたらした苦痛と絶望を私たちにあえて隠そうとしないばかりか、まさにわが国の敵とのさらなる戦いの必要性を力説する教育を行なった。私たちが幼少の頃より、母はわが国の偉大な詩人たちの作品、それも特に禁止されている作品を語って聞かせ、ポーランド語の書物だけを買ってくれた。わが国の大詩人のうちで母が最も愛したのは、クラシンスキだった。〔中略〕母は私たちに自立した思考力を培い、個人尊厳の感覚の涵養に努めた。（井上一九八七、四七）

母の病弱ながら激しい性格はユゼフが受け継ぎ、父の内省的な性格はブロニスワフが受け継いだのだろう（Байор 2001, 58）。

右からブロニスワフ、ユゼフ

ブロニスワフの日記

ブロニスワフは一八八二年一月二十四日から一八八五年九月まで全部で数百頁にわたる日記をつけていた。これは十五歳から十八歳の時期に当たる。この二冊の日記は当初姉のズーリャの手元にあり、その後の彼の逮捕、戦争、革命をくぐり抜けて、一九三九年九月まで弟ヤンの家に保存されていた（Латышев2015, 64; Kowalski2010, 148-149）。現在はヴィリニュスのリトアニア科学アカデミー図書館手稿部に保管されているが、ポーランドでは今日まで未刊行である。第二次世界大戦前にタイプ打ちのコピー全四〇三頁が作成されたが[4]、そのフォトコピーをポーランド語からロシア語に訳出したものがサハリンで発表されたのは、著者にとってはとても有難いことだった。この日記はきわめて貴重で興味深い歴史の証言である。

　長姉ヘレナは日記に稀に登場するのみだが、彼女には若干知的障害があり、兄弟姉妹の誰とも親しまず、後に修道院に入り、亡くなるまで宗教活動に従事したという。「従叔母はヘーリャにとても不満だった。このヘーリャはとてつもない間抜けで、歓迎もされず招かれてもいない家にやって来る。こんな姉を持つとは！」と一八八三年三月六日の日記にある。また十一月六日にはこう書かれている。

> 彼女を見ると恥辱と憤りの念に駆られる。絶えず召使を怒鳴りつけ、ただ混乱させるだけだ。そのような時どんな渋面、どんな物腰をすることか！「あっちへお行き！」と命じながら、手で召使を小突く。これを見ていると、一切れも飲み込むことができない。（Пилсудский2011, 15, 37; 2012b, 78)

　ヘレナはヴィルノで亡くなった。彼女と、手に負えない窃盗症《クレプトマニア》の持ち主カスペル、成人後に発狂したマリアは両親の近親結婚の負の影響が疑われ、またともに二歳で亡くなったピョトルとテオドラの死因は不明である。ブロニスワフは次姉ズーリャと仲が良かった。彼女はワルシャワの女学院で学んでおり、長期休暇にのみ帰省していたが、その後母の看病のために退学した。三男アダムは学業成績が優秀で、後に独立ポーランドの元老院議員、ヴィルノ副知事をつとめた（Плоский, 119; Kowalski2010, 10; Матвеев Г., 14; Пилсудский2011, 100; 2012b, 76)。かたや四男カジミェシュは出来が悪く、「ジニオはとても間抜けで、どうなるか分からない。ロシア語とラテン語は二ばかりだ。何一つ理解できない」（Пилсудский2012b, 51）と一八八三年九月十六日の日記にある。ブロニスワフによればマリアも盗癖があり、強情だった。後にポーランド経財相や中央銀行副総裁をつとめる五男ヤンは馬鹿で、窃盗行為を繰返していた。ルドヴィカは一番ましだが、マリアとヤンの悪影響を受けて同じく強情だった。カスペルは甘やかされていた(Байор2010, 27-29, 63, 67, 71)。

ヴィルノへ

　一八七五年七月四日に突然の不幸がピウスツキ一家を襲った。ズーウフで火災が発生し、吹き荒れた南東風のために一時間足らずでピウスツキ家の地主邸をはじめほ

ピウスツキ家の跡地

ぼすべての木造の建物が焼け、作業小屋も焼失し、純血種の豚や雄牛、馬まで焼かれてしまったのである。森林も数キロにわたって焼失した。ピウスツキ家の一歳の娘（三女マリアだろう）は乳母に置き去りにされ、後に茂みの間で眠っているところを無事発見された（PdS3, 24）。この日は折悪しく、イースト醸造工場のためにスイスから取り寄せた大きなスチームボイラーを運搬するために、領地の成人男子はことごとく四キロ離れた地点へ出かけていたのである。ピウスツキ一家は着の身着のままで焼け出されてしまい、この火事はユゼフの領地経営プランのすべてを打ち砕いてしまった。

ピウスツキ一家は県都ヴィルノ市内の借家への引越しを余儀なくされた。ブロニスワフを取り巻く社会的環境はここで一変する。これまでは自分たちの領地で相対的な独立を保持してきたが、ロシア支配の世界に突如足を踏み入れたのである。当時のヴィルノは中規模の県都で、住民の多くはポーランド人とユダヤ人だった。ここで当初は広いアパートに住んでいたが、その後より狭隘で劣悪で安価な借家へと転居を繰返した。食糧品は、父がその後農地経営を一部復活させたズーウフから運び込まれ、ブロニスワフも農地経営に次第に参画するようになって、家計を担当した。ピウスツキ家はズーウフから生き残った数頭の種馬をヴィルノに運び込み、馭者を雇って軽四輪馬車による運送業も営んでいたが、その収支や、人に貸した金の催促も十六歳のブロニスワフが担当した（PdS3, 26; Байор2010, 29-32, 40, 43, 52, 58, 66, 69, 74; Латышев2008a, 36-37; Писудский1999a, 126; Пилсудский2011, 56, 68, 71-72, 78, 90, 93, 113; Пилсудский2012b, 35; Матвеев Г., 16)。

一八七六年一月にブロニスワフは弟ユゼフとともにヴィルノ第一男子古典中学校《ギムナジウム》の予備学年の同じクラスに入学した。ロシア帝国に併合された地域は、分割以前からポーランド人貴族とカトリック文化のもとで高い水準の文化と教育を形作っており、後発のロシアにとっては政治的・軍事的には支配しつつも、当初の教育政策では学ぶべき範型として位置づけられた（橋本、三一二）。十九世紀初頭、アレクサンドル一世の時代にヴィルノ教育管区監督官に就任したアダム・チャルトリスキは、分割により失われたポーランドの自立性を回復、維持しようと努めた。ロシア帝国の対ポーランド教育政策は、分割以前の伝統と体制を尊重し、これを温存するものだった。だが一八三〇～三一年の十一月蜂起の後に、カトリックの影響の排除とロシア語による教授の強化という方針が明確に打ち出された。そして一八三二年五月にニコライ一世の指令によりヴィルノ大学は閉鎖された。この大学が再び開学するのは一九一九年のことである。ヴィルノ大学の起源は、一五七〇年にイエズス会士らがヴィルノに神学院《コレギウム》を開設し、この学校が九年後に大学レベルの教育機関であるアカデミーに改組されたことに遡る（志摩、六二。カセカンプ、八四）。その後数百年にわたって、これはリトアニアで唯一の高等教育機関であった。そして一八〇三年四月のアレクサンドル一世の勅令によってこの学校が帝室ヴィルノ大学となり、予備学校が中学校に改変されたのである。しかるに一八二三～二四年に同大学の秘密結社「フィロマト協会」[5]の摘発が行なわれた。これはポーランド民族意識を醸成し、ひいてはポーランドの独立を目指すものだった。

一八三三年に国民教育大臣に就任したウヴァーロフは「正教・専制・国民性の一体となった国民教育」を推進しようとした。そのためにロシア帝国の西部諸県ではポーランド語教授の禁止とロシア語教授の強化が図られ、教育内容のロシア化も進展した。これに対し、十一月蜂起を境にポーランド人子弟の「学校ばなれ」が生じ、ウヴァーロフ期を通じてベラルーシ・リトアニア地域における「学校ばなれ」の進行に歯止めをかけることはできなかった。それまで文化的に高い発展度を示した西部諸県が、その意義を低下させたのである（橋本、三一五―三四六）。

ヴィルノ第一男子古典中学校

ヴィルノ第一男子古典中学校は前述のように一八〇三年に創立された。この中学校は豊かな伝統を誇り、ミツキェヴィチやスウォヴァツキのようなロマン派詩人が輩出した。この学校はかつてのヴィルノ大学の建物内にあったが、ブロニスワフらが入学した頃は完全にロシア化されていて、全科目がロシア語で教授され、生徒たちは校内のみならず路上でもポーランド語で話すことを禁じられていた。八年制で、授業料は低廉。カリキュラムは宗教、ロシア語・

ヴィルノ第一古典中学校（現ヴィリニュス大学）

ロシア文学、論理学、ラテン語、ギリシャ語、数学、物理学、歴史、地理、そしてドイツ語かフランス語の選択というものだった（井上一九八七、四九－五〇。Байор2010, 32; Пилсудский 1999a, 115, 118, 119, 125; Пилсудский2011, 13, 84-88)。ある生徒がなぜポーランド語の使用を禁じるのかと質問すると、数学の教師で嫌われ者のクラス担任フォフトはこう怒鳴った。

お前たちはロシアのパンを食らい、ロシア市民のあらゆる権利を享受しているのに、ロシア語を話そうとしないのか！（Пилсудский2011, 16)

この発言はことごとく不正確だ。生徒たちが食べていたのは地元リトアニアのパンであり、彼らにはロシア市民の権利のいくつかが保証されてはいなかった（PdS3, 21)。学校で教師が教科ごとに課題を出し、その解答を生徒がノートに記入して提出し、教師がそれに評点をつけるという仕組みになっていた。生徒は学校の守衛に賄賂を渡して提出済みのノートを一旦取り戻し、友人と協議の上解答を訂正して、守衛に元に戻させることもあった。また守衛に教師の成績簿を一時的に持ち出したり、成績簿の評点を書き抜いたり、教員会議の内容を報告するよう頼むこともあった。試験中には互いにカンニングペーパーをまわした（Пилсудский2011, 75, 81, 83, 84; Пилсудский2012b, 72, 74, 100; Пилсудский2013, 7)。祝祭日や記念日にはカトリック教徒の生徒が強制的にロシア正教会へ行かせられたが、敏捷な生徒は途中でエスケープすることも可能だったようだ。教師への敬意と親近感はまったく感じられず、あるのは敵意のみという、まことにもって不幸な学校時代と言わざるをえない。まさしくこれが、ポーランドの学校におけるロシア化政策とそれがもたらした教育現場の実態であった。

「スプィニャ」

一八八〇年にブロニスワフと二人の弟ユゼフとアダムは、ユゼフのイニシャティブのもとに秘密新聞『ズーウフの鳩』を創刊した。この新聞は家族や仲間の範囲内でのみ読まれたが、そこに印刷されたのはポーランドの作家や詩人の発表禁止作品や、一月蜂起以降の時代の歌や詩で、生徒たちはそれらをノートに転写した。紙面で名誉ある地位を占めていたのは、ユゼフの好きなヒーロー、ナポレオンだった。『ズーウフの鳩』は計四十六号と十一の付録が発行されたが、残念ながらその一号も残っていない（Байор2001, 64）。

右からブロニスワフ、ユゼフ、一人おいてシュヴェングルベン

一八八二年にブロニスワフはユゼフとアダムや中学校の仲間とともに、秘密の自主教育サークル「スプィニャ」（ポーランド語で「団結、結合」の意味）を組織した（Байор2010, 36）。ブロニスワフの一年後にワルシャワで生まれたマリア・スクウォドフスカ＝キュリーは、この時代の雰囲気をこう表現している。

子供たちは、たえず疑惑の目をもって監視されており、ちょっとでもポーランド語で話をしたり、あるいは不用意なことばをもらしたりすれば、それだけで自分たちはおろか、両親にも重大な不利益をもたらしかねないということをよく知っていました。こういう敵意にみちた環境のなかで、子供たちはあらゆる人生のよろこびをうばわれ、あまりにはやく芽ばえた不信と怨恨の感情は、悪夢のように彼らのおさない魂をくるしめました。しかし、他方では、このように異常な成長の条件が、ポーランドの若者たちの愛国的感情をはげしく燃えたたせたことも否定できない事実です。（渡辺、六七―六八）

「スプィニャ」に入会したのは、ポーランド人とリトア

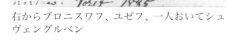

ニア人と少数のベラルーシ人の生徒だった。その最初の活動は、ヴィルノで最初の非合法のポーランド語図書館を設立したことである。これは当初積極的なメンバー、ヴィトルド・プシェガリンスキの家に設置されていたが、後にピウスツキ家に移されて、ブロニスワフが司書役をつとめた。一八八三年四月の時点で蔵書数は数百冊にのぼっており、ブロニスワフはその目録作成にも従事した。これは少なからず危険なことだった。第一中学校の教師が生徒の住まいを訪れて、その蔵書をチェックしたからである(Пилсудский2011, 75; Пилсудский2012b, 58, 59)。

「スプィニャ」の主たる目的は自己教育であり、メンバーは経済学、歴史、社会運動の理論、社会主義の理論に関する本やワルシャワの雑誌『週刊評論』を読んだ。そして「愛国心」や「貴族と農民」といった社会・政治問題についてポーランド語で報告を行い、議論を戦わせた。最盛期には会員数は四十名に達した。「スプィニャ」は地下活動の最初の学校であった[6](井上一九八七、五一。Пилсудский1998b, 27-28; Байор2010, 36-37, 39, 51; Латышев2008a, 42)。

ブロニスワフの日記から、このサークルの集まりや、友人や知人が彼のもとに本を借りに来たり、メンバーが新規の本の借り手を連れて来る様子、図書館のために本を入手する努力、そして時にはメンバー同士で激しい論争、と言うより喧嘩が持ち上がり、グループ同士の相互の排斥の動きにまで発展したこと、その際ブロニスワフが持ち前の資質たる仲裁役を果たそうとしたことなどが読み取れる(Пилсудский2011, 47, 49, 51-53, 56-59, 75, 81; Пилсудский2012b, 58, 77)。ブロニスワフが同い年の生徒たちの間でリーダーとしての地位を占めていたことは明らかである。後にペテルブルグへ上京したブロニスワフは日記にこう書いている。

> 仲間たちも悲しんでいる。僕一人がすべてに関心を示すことができたから、彼らの誰一人として僕の代わりをつとめることができないことを知っているからだ。
> (Пилсудский2013, 49)

ピウスツキ家の零落

一八八二年一月二十四日に父ユゼフは、設立されたばかりの農業協会の書記に選挙で選ばれて、ヴィルノ県総督トットレーベンに拝謁した。しかるにその四日後にヴィルノ貴族会長で当協会の創設者にして会長のプリャテル伯爵が父を訪ねて来て、ロシア人たちが自分たちが誰一人選ばれなかったのはポーランド人の陰謀だとして激怒しており、選挙をやり直さなければならないと言うのだ。この妨害工作を裏面で操っていたのは、後の有名なピョートル・ストルィピン首相の父で県貴族会長のアルカーヂイ・ストルィピンだった。ストルィピン家はサモギティア（ジェマイティヤ、現在のリトアニア北西部）に定住したロシア人一家である（Ковальский1999, 94-98; Пилсудский1999a, 105, 107-108; PdS3, 66）。

この出来事が号砲となったがごとく、翌一八八三年にピウスツキ家は前記一八六五年の勅令の煽りを食って破産に追い込まれる。ユダヤ人たちの銀行はもはや土地を抵当にした融資をしてくれず、割賦金の一括返済を求めてきたのである。家には十四人の家族の他に十二名の使用人を抱えており、不誠実な領地管理人らに対するあまたの訴訟案件はいまだ係争中だった。ブロニスワフの日記には父のズーウフへの度重なる往来の事実のみが記されているが、その用件はこの案件に関することだったであろう。領地の市場価値は負債総額をはるかに上回るにもかかわらず、資金繰りによって破産を回避することはできなかったのである（コヴァルスキ二〇一三、二四。Пилсудский2011, 56-57; Пилсудский2012b, 5）。同年四月十四日のブロニスワフの日記に、「パパが戻ると、たちまち六人ばかりのユダヤ人がそれぞれの用事で駆け込んで来た」とある。また十二月二十日には、「一日中パパのところにユダヤ人たちが押し掛けて来て、朝から深夜まで叫び声や騒音が絶えなかった」（Пилсудский2011, 64; Пилсудский2012b, 100）とある。

一家は窮乏に耐え、粗末な身なりをしていた。ズーウフ近辺の豊かな地主の家で催される舞踏会に出かけるために使用する馬車は、恥ずかしくなるような代物だった（Пилсудский2012b, 33）。一八八三年十月七日のブロニスワフの日記に、「僕の懐は空で、ママとズーリャの懐も空っぽだ」とある。また同月二十八日には、「銀行の精算をする時期がもうとっくに来ているのに、パパはその目的に使う金をビール醸造所に渡してしまった。そうこうするうちに我々は支払う金がない等の噂が町中に広まった」と記されている（Пилсудский2012b, 60, 73）。十二月十五日が銀行に利息を支払う期限だったが、父はまったく動かず、隣人のロッソハツキが奔走してくれたお陰でピウスツキ家の領地は競売にかけられずに済んだ。マルチン・ロッソハツキは父の若かりし頃の友人で、ゴルィ＝ゴルキ農業大学で共に学んだ仲であり、ズーウフの近隣に領地があった（Пилсудский2012b, 97-98; Пилсудский2013, 3; PdS, 3, 50）。父は破産後に不可解で強烈な脚痛を訴え出して歩行が困難になり、ついにはベッドを離れなくなった。これは仮病か、はたまた心理状態が身体に惹起した疾病だったのか（コヴァルスキ二〇一三、二四—二五。Пилсудский1999a, 109;

Пилсудский2011, 54, 93, 98; Пилсудский2012b, 56)。

留年とヴィルノ第二古典中学校

一八八三年六月十四日は、ブロニスワフの生涯における「暗黒の日」となった。第六学年に留年となったのである。とりわけどの科目が彼の足を引っ張ったのかは不明だが、ロシア語の可能性が高いと思われる。他方、弟のユゼフは無事第七学年に進級した。これはブロニスワフの人生で最初の挫折だった。彼は眠れず、熱病に浮かされる(Пилсудский2011, 104; Байор2010, 54)。七月九日の日記にこうある。

なんという恥だろう! 誰かが尋ねるだろう。「あなたは何年生ですか?」「六年生です。」「あなたの弟さんは?」「七年生です。」弟が七年生で兄が六年生だって。これは信じ難いことだと誰でも思うだろう。そして「この兄は大変な馬鹿らしい」と結論づけるだろう。
(Пилсудский2012b, 13-14)

次年度の第一中学校の第六学年に欠員がなかったので、ブロニスワフは六年制中学校《プロギムナージヤ》に移された。この学校も旧ヴィルノ大学の建物内にあった。第一中学校が建物の主要棟を使い、こちらは翼棟を使っていたのである(Пилсудский2011, 112; Латышев2008b, 44)。六年制中学校は翌一八八四年七月に改変されて、八年制のヴィルノ第二古典中学校として開設されることになる。

ブロニスワフの留年は本人の不出来のみならず、第二中学校の新設と家庭の破産の犠牲だったとする見方もある。即ち、地元の学校当局は第一中学校の生徒数削減を望み、同時に第二中学校の生徒を必要としたので、結果的に学校の規則と教師の要求を意識的に無視するブロニスワフの進級問題が割を食ったというのである。また自家の破産と両親の発病のために、学校の管理職の人間に高額の賄賂を支払うこともできなかった(コヴァルスキ二〇一三、二四)。確かにブロニスワフの留年が判明した後の父の動きは不自然に鈍い。校長のところへ行ってくれという息子の再三の願いにもかかわらず、父は動こうとしなかったのである。七月八日に第一中学校にその後欠員ができたことを知ったブロニスワフの怒りが爆発する。

パパも悪い。だって仕事にとても忙殺されているとはいえ、これも大事なことなのだから。パパはそう言ったし、ママも言ったのに、万事は単なるおしゃべりで終わってしまった。パパは一度だけ校長のところ

へ出かけたが、会うことはできず、それで万事終わってしまった。(Пилсудский2012b, 12)

結局彼を含む七人の生徒が六年制中学校に移された(Пилсудский2012b, 34)。

第二中学校の教師の印象は第一中学校と変わらなかったが、クルチェフスキ司祭の宗教の授業はおもしろく、この教師だけは生徒全員に「五」をくれた。この学校には教師への密告役をつとめる生徒がいた(Пилсудский2012b, 50, 55, 65, 66)。ピウスツキ家では祖父や祖母、おじやおば、その子供や孫等の親戚や知人との相互訪問がほぼ毎日繰返されており、さらにブロニスワフは友人や弟とほぼ毎晩散歩をしていたが、転校後は親戚・知人宅や散歩にあまり出かけなくなり、毎日深夜まで実によく勉強していたことが日記からうかがえる。

恋

一八八二〜八三年、ブロニスワフが十五〜十七歳の頃、彼には好きな女の子が四人いた。ナルトフスキ家の三女ウツィヤ、黒い瞳が魅力的な従妹のステファニア・マスロフスカ(愛称ステフツャ)、ズーウフの近隣の小貴族バニェヴィチ家の美しい娘ゾフィア(愛称ゾーシャ)、そして前記ロッソハツキ家の娘ユリアである。ブロニスワフの日記を読むと、彼は当初はウツィヤに惹かれていたが、その後はステファニアとゾフィアの間で心が揺れ動き、最終的には後者が好きになったようだ。だがゾフィアが一時的にサンクト・ペテルブルグ(以下、「ペテルブルグ」)へ行って不在の間は、ユリアに心を惹かれた(Пилсудский2012b, 35, 37, 77, 84, 100; Пилсудский2013, 38)。これが十代半ばの男の子の日記であることを我々は忘れてはならない。

親戚や知人の家で催されるパーティーで令嬢たちとダンスをするのが、ブロニスワフら中学校生徒たちの楽しみだった。彼は親友と一緒に路上で娘たちを待ち伏せしたり、当日の彼女らの行動を調べたりした。並木道の〈観察地点〉でゾフィアの部屋を窓の外から覗き見するのが、ブロニスワフの散歩の目的となっていた。バニェヴィチ家の父親ミハウは既に亡くなっており、母親と娘二人、息子二人の所帯だったが、この一家は一年の大半をヴィルノで過ごしていたのである。

一八八四年の半ば以降はもっぱらゾフィアがブロニスワフの関心の対象となっており、彼の日記に彼女の名前が度々登場する。

ゾーシャを有益な人間に仕立てるよう努力しよう。

> これはうまく行くと思う。この望みが今後の仕事において僕を助けてくれるだろう。恋など問題にもならない。ただゾーシャの変身だけを、もちろん彼女の手助けのもとで、願っている。（一八八四年六月十七日）(Пилсудский2013, 18)

翌年三月頃、ブロニスワフはゾフィアと一緒にピアノを弾くという名目で毎日バニェヴィチ家に通った。ゾフィアには年子の妹マリアがいたが、二人の恋語らいの間、就寝中の母親を騙すべく、マリアがピアノを弾き続けた(Пилсудский2013, 28)。この妹が彼の運命の女性となるのはこの二十二年後のことである。

ブロニスワフには恋のライバルがいた。一年一カ月違いの弟ユゼフである。この二人の兄弟は、友人、社会的関心、陰謀への関心から日々の散歩、恋の対象まで、まるで双子のように共通点をもっていた。ユゼフは少女らの前でブロニスワフよりもうまく立ち居振る舞い、彼女らはしばしばユゼフにより多くの好意を示して、ブロニスワフの心を傷つけるのだった。もっとも、ブロニスワフが一人でズーウフに遣わされた時は、そこの若い下女たちに対して怪しからぬ所行に及ぼうとしているのだが…（Пилсудский2011, 22, 35, 49, 69; Пилсудский2012b, 20, 21-22, 26; PdS, 3, 52)。ブロニスワフに言わせれば、ユゼフは自分とは対照的な性格で、人生の重要事については語り合えない、マイペースで「調子のいい」男ということになる。ブロニスワフの日記にはこうある。

> このジュークはとてもついていて、万事が自分の望むとおりになる。常に自分を一番に見せかけ、沢山しゃべる（少ししか実行しない）ので、馬鹿な者たちは彼の言うことを信じ、感激するからだ。（Пилсудский2011, 14-15)
>
> ジュークの幸運は何物にも比べがたいほどで、彼はのべつ幕なしについている。一時間読書をして、二時間散歩をして、その翌日には必ず「五」をもらうのだ。(Пилсудский2011, 99)
>
> ジュークとはまじめな人生上の事柄について話すことはできない。彼はそういうことが好きではないか、あるいはできないからだ。（Пилсудский2012b, 41)

もの静かで生真面目なブロニスワフと敏捷果敢なユゼフの性格の違いは少年時代から歴然としていたのである。日記からブロニスワフがしばしば鬱状態に陥っていることがうかがえるが、これはスクウォドフスカ＝キュリーが述べている閉塞した時代の状況と家庭の事情の双方から来るものだろう。閉鎖的で、家族や友人の誰一人とも心から打ち解けることができず、自分自身と対話し、結局日記に書き記すしかない様子は、彼の資質に根ざすものと思われる（井上一九八七、四七。Пилсудский1999a, 113, 117, 124, 125, 130; Байор2010, 59-60, 64, 70）。

相次ぐ不幸と別れ

一八八四年はピウスツキ家に不幸が相次いだ。春に一番下の双子のピョトルとテオドラが亡くなった。また八月二十日には母マリアが死去した。享年四十二歳だった。母はまだ少女時代に大腿骨髄結核の手術を受けており、その結果片足が若干短くなって、少し足を引きずっていた。その後足に大きな傷口が開いて腫れ物ができ、絶えず痛みに苦しんでいた。高額の手術代を気に病む母は手術を拒んでいたが、一八八三年十一月に大枚銀五百ルーブル（ちなみに前年のピウスツキ家の年間アパート賃貸料は五五〇ルーブル）を払ってワルシャワから外科医コシンスキを招き、とうとう手術を受けた。手術は二十分間続き、足のあちこちを切開して数本の廃液管を挿入した。いくつかの状況証拠ゆえに母の死因を自殺とする説もあるが（コヴァルスキ二〇一三、一一七。PdS3, 17）、その真偽のほどは定かでない。彼女は領地スギンティのピョトルとテオドラの傍らに葬られた。母の遺産はすべて子供たちによって相続された。死の直前の息子ユゼフの命により、彼女の遺骨がヴィルノのロッサ墓地に移されるのは、この半世紀後のことである（コヴァルスキ二〇一三、一二六―一二七。Пилсудский1999a, 131; Пилсудский2012b, 55, 76, 80; Латышев2008a, 45; Байор2010, 42, 61; Матвеев Г., 13-14, 19）。

他方この年の秋に、ブロニスワフにとって一番近しい次姉ズーリャがボレスワフ・カデナツィに嫁いだ。彼女は母の死後、一家の主婦の役割を果たしていた。カデナツィは一八六九年に軍医となり、ヴィルノ軍管区の軍の病院と診療所の顧問をつとめていた。外科と眼科が専門の医師見習で、母とブロニスワフの主治医をつとめていた人物である。ブロニスワフの日記は一八八四年一月二十三日から四月二十八日まで途切れており、再開後はまれにしか記さず、八月六日から十二月二十六日まで再度途絶えているので、これらの出来事の詳細を知ることはできない（井上一九八七、五四。Дударец2009a, 187; Байор2010, 83）。

一八八五年二月二十七日にバニェヴィチ家を訪れた時、ブロニスワフは十七歳のゾフィアがペテルブルグの鉄道管理局で月給四十五ルーブルの職を得て、まもなくペテルブルグへ行くということを知らされた。父親のいない家庭の家計を彼女は助ける必要があったのだ。ゾフィアの母親はブロニスワフと娘の交際を快く思っていなかった。四月二十七日にゾフィアは旅立った（Пилсудский2013, 27, 32, 35; Латышев2008a, 47）。ブロニスワフは取り残された。

この年の春に再び学業上の問題が発生した。ロシア語の不出来ゆえに第八学年への進級が危うくなってきたのである。

〔ロシア語教師スヴィレーリンは〕再試験で僕たちを落とすかもしれない。仮に第八学年に上げるとしても、そこで落第させるかもしれない〔中略〕このような見通しのもとではリスクを冒さなければならない。それで僕はいかなる場合でもヴィルノを抜け出すことに決めた。（七月五日）

僕は二年間ここにじっとしているより、ここで一年で学業を中断する方がいい。（八月三日）（Пилсудский2013, 40, 47）

自己形成と社会主義への関心

ブロニスワフはかつてズーウフの十字架の下で〈義務と母と神〉という言葉を胸に刻み、さらに〈始めに労働あり〉というモットーを自らに選んだ。サモギティア、そしてリトアニアの社会・政治的利益に奉仕するという使命感は、母マリアによる教育と日々の親戚たちとの交流によって培われたのだろう（Пилсудский2013, 20; PdS3, 48-49）。第一中学校での留年が決まった二年後に自分の日記を読み返したブロニスワフは、こう書くことになる。

ある一定の強い性格がこの時既に垣間見られた。というのは僕とヴワディシ〔ヴワディスワフ・シュヴェングルベン〕が第六学年に留年した時、つらい勉強の丸一年を生き抜き、耐えるためには、強い意志を持たなければならなかった。一年間ずっと誰をも必要とせず、自分で乗り切ったことは、自信や批判的な視点のような資質を獲得するきっかけとなった。〔中略〕最終的に何かを成し遂げるために、人はどれほど多くの過ちを犯さなければならないのだろうか。何かを成し遂げ、しっかりと大地に立つまでに、どれほど悩み、過ちを犯し、馬鹿げたことをしなければならないのだろうか。（Пилсудский2013, 51-52）

一八六三年の一月蜂起の直後に生まれたブロニスワフらの世代は、早くに成人することを余儀なくされた。ユゼフが兄のことを「若年寄り」呼ばわりし、青春を知らぬままに終わるだろうと言う（Пилсудский2012b, 69）のも、あながち的外れではない。

ブロニスワフの関心の対象として「社会主義」や「革命」という言葉が日記中に登場するのは一八八五年四月十五日からだ。

僕は社会主義の理論をすべての人に説明できるように、必ずそれをしっかりと理解しなければならない。（Пилсудский2013, 34）

七月十六日の日記にはこうある。

基本的に次々に頭に浮かんだのは、我々の社会制度の不平等と不公正についての考えである。それはある者には他人の労働によって生きることを余儀なくさせ、ある者はおよそ人類によって考え出されたありとあらゆるものを有しているのに、ある者は何一つ有していない。貧しい労働者は概して人間とは見なされず、単に畜生扱いされている。彼らは土地や工場の持ち主、即ち資本家のために働き、自分の労働の報酬として若干の食べ物を得ている。自分がわびしい生活を送り、失われた労働力ゆえに損益を被らない程度のものを与えられている。彼らは家畜扱いだ。われわれのひどい状態、行為の不公正さを認識してそのような信念を持ちながら、自身はそのように振舞っているということについて考えた。そもそも我々は自己批判をせざるを得ない。歴史的条件がこのようにできているのだが、それにしてもこれはひどいことだ。〔中略〕民衆《ナロード》にどのように何を教えるべきか、皆が教育を受けるようになればどうなるか、民族的愛国者になることを願いながらいかにして民衆のところまで下りていくか、考えていた。（Пилсудский2013, 42）

この記述からは、ブロニスワフが社会主義に関する学習を進め、関心をより深めたこと、そして自分が搾取階級に属しているのを悟ったことがうかがえる。彼はナロードニキ運動の理論家ニコライ・ミハイロフスキイの『門外漢の手記』を読んでいた（Пилсудский2013, 45-46）。かくして中学校七年生の頃に彼は「極端にラディカルなポーランド愛国主義者」となっていたが、民族主義的なイデーと社会主義的志向の双方の折合いをどうつけるのか、またそのいずれがより強かったかは、おそらく本人も分かっていなかっただろう。

ペテルブルグへ

ペテルブルグ大学法学部への進学希望をブロニスワフが最初に日記に明記するのは四月十二日のことである。父はズーウフにドライ・イーストを生産する施設を作った。これはヴィルノ全県で最大の工場で、四十人以上の雇い労働者が働き、その生産力は銀十三万六千ルーブル分と目されていた。そのイーストを販売する店舗「ズーウフ工場の圧搾イースト倉庫」を父がペテルブルグのロジェストヴェンスカヤ地区に開いており、そこで働いているのがズーウフ時代からの幼馴染みの同い年の青年だったのも、ブロニスワフにとっては好都合だった（Пилсудский2013, 32, 34, 42; Латышев2008a, 313; Байор2010, 86）。

ブロニスワフは追試を経てヴィルノ第二中学校の第七学年を修了したにもかかわらず、退学することを決断し、ペテルブルグへと向かった。「僕はペテルブルグへとても行きたいと思うが、同時にそこへ行くのを少し恐れる気持もある。当然のことながら、その理由はゾーシャだ。彼女と一緒にいて、仕事にとって必要な大きな喜びを得たいと思うが、それが結果として悪をもたらすのではないかと心配だ。〔中略〕またゾーシャに恋をしているという理由だけで僕が行くのだと言い触らす悪口が心配だ」（七月十九日）（Пилсудский2013, 45）と本人が日記に書いているように、ペテルブルグ行きの大きな理由の一つがゾフィアだったことは間違いない。

一方、ユゼフは成績が良く、この年ヴィルノ第一中学校を卒業後、ハリコフ大学医学部に進学した。この進路選択の理由は定かでない。当時、進学希望のヴィルノの青年にとって選択肢は二つ、ペテルブルグ大学とデルプト（現タルトゥー）大学のいずれかだった（Байор2010, 86; PdS3, 59）。

注

1 十六世紀のポーランド・リトアニア国家で政治的実権とサルマティズム（自由で勇猛な古代サルマティア人の末裔と自認するイデオロギー）を核にアイデンティティーを形成した階級。

2 *Pilsudskiana de Sapporo. no. 3. Witold Kowalski. The Price of Conscience. A Commentary on Bronislaw Pilsudski's* ***My Curriculum Vitae.*** Edited by Koichi Inoue and Kazuhiko Sawada. Saitama, 2009, p. 48. 以下このシリーズからの引用は、本文中の括弧内に "PdS" の略称と巻数と頁数のみを記す。

3 一八四〇年にゴルィ＝ゴルキ農業学校として設立。上級クラスと下級クラスがあった。その後ゴルィ＝ゴルキ農業大学に改編されたが、これはロシアで最初の農業を学ぶ高等教育施設となった。多くの学生が加わった一八六三年の蜂起の後、大学はペテルブルグに移設され、ゴルキには下級クラスのみが残った。一九一九年に大学が復活し、一九二五年にベラルーシ農業アカデミーに改編された（ヴラディスラフ・ラティシェフ氏のご教示による）。

4　ニューヨークのユゼフ・ピウスツキ研究所とクラクフのポーランド芸術アカデミー・科学アカデミー学術図書館に所蔵されている。

5　「学問を愛する者の会」の意で、一八一七年に結成された。この協会について詳しくは梶の論文を参照のこと。

6　ブロニスワフとユゼフは「The Dandies」と「The Blokes」という名の、少なくとも二グループに所属していたという説もある（PdS3, 51-52）。

第二章　ペテルブルグ遊学と皇帝暗殺未遂事件

親愛なる父さん！　僕をもう一度許してください、そして二十世紀までさようなら。

ゾーシャとの別れ

一八八五（明治十八）年八月十九日午前十時過ぎにピウスツキはワルシャワ鉄道でペテルブルグに到着した（Пилсудский2013, 48）。彼はこの街をつくったピョートル大帝の功績を謳ったプーシキンの叙事詩『青銅の騎士』を知っていただろうか。またこの叙事詩とミツキェヴィチの詩劇『父祖の祭』第三部「断章」に込められた両者の論争を。一八二三年十月にヴィルノ大学でミツキェヴィチを含む秘密組織「フィロマート会」メンバーが民族主義思想を広めたかどで逮捕され、翌年秋に彼はロシアへ追放されて、一八二九年五月までペテルブルク、オデッサ、モスクワに滞在したのである（Латышев2008a, 47）。

青銅の騎士

首都到着の翌日、ピウスツキは早速ゾフィアを訪ねた。彼女は彼の訪問をとても喜び、温かく迎えてくれた。ピウスツキは感動して、「一言で言えば（告白するのが恐いけれど)、ゾーシャはあの年頃の娘の理想だ」(Пилсудский2013, 49) と日記に書いている。

ところがゾフィアの母親ヘレナはピウスツキのペテルブルグ行きに不満を抱き、自らも次女と二人の息子を連れて上京した。そして母親によって二人の仲は引き裂かれてしまった。ブロニスワフの父ユゼフも息子の上京には不満だった。ヴィルノの知人たちの間に息子の悪い噂が立ったからである。ヘレナはゾフィアを連隊付の三十歳の医師ボレスワフ・ベイナルに急ぎ嫁がせた。そして新婚夫婦はカスピ海東側のサマルカンド近辺に駐屯する第十二トゥルクメン国境守備大隊へと去った(Пилсудский2013, 51, 54; Дударец2009b, 32; Дударец2010a, 98)。この愛らしい女性が我々の長い物語に再び登場するのは、この二十四年後のことである。

その後、傷心のブロニスワフを慰めたのが、母親とともに上京した次女マリアである。ブロニスワフはヴィルノ時代にマリアにはほとんど関心を示していなかったが、彼女の方はその頃から姉のボーイフレンドに好意を抱いていたのかもしれない。やがてブロニスワフもマリアに心を惹かれるようになったが(Латышев2008a, 50)、後に述べる事件によりこの恋も実を結ばなかった。

ペテルブルグ第五中学校

ピウスツキは八月二十七日にペテルブルグ第五中学校の第八学年に編入学した。この学校はペテルブルグの南西部コロムナの、エカテリーナ運河(現グリボエードフ運河)とイギリス通りの交差点、アラルチン橋のたもとのリムスキイ＝コルサコフ通り(現エカテリンゴフスキイ大通り)七十三番館にあった。コロムナはプーシキンやゴーゴリの作品に登場する街外れの地で、ピウスツキが上京する半世紀前にプーシキンはリツェイ卒業後しばらくここに住んでいた。ポーランド人、リトアニア人、バルト海沿岸諸県の出身者が多く住む地区である。ピウスツキは父の知人からこの学校の校長宛の推薦状をもらっていた。一八四五年創設のこの中学校は伝統を誇る最古の学校の一つで、〈銀の時代〉の文化人や革命家が多く輩出した名門校である。ヴィルノの中学校とは違ってロシア化の抑圧はなく、教師は生徒たちにとってより近しい存在で、より知的な雰囲気に包まれていた。ここではロシア文学とギリシア語、ラテン語、ドイツ語、フランス語の他に、物理学、数学、歴史、地理学、論理学の学習に力点が置かれていた(Дударец2000a, 98-99; Дударец2007, 127; Латышев2008a, 48-49; Дударец2010a, 96)。中学校の傍らにはカトリックの聖スタニスラフ寺院があった。

元ペテルブルグ第五中学校の建物

前章の末尾で触れたように、一八八〇年代中葉に父ユゼフはペテルブルグにドライ圧搾イースト販売店を開いた。この店はペテルブルグ最古の地区ペスキのコンノグヴァルチェイスカヤ通り三十八番館（現スヴォーロフ通り三十八番）にあった。ブロニスワフは上京した当初はこの店舗に暮らしていたようだが、そこから中学校までは遠く、乗り物と徒歩で一時間を要した（Пилсудский2013, 48, 51; Дударец2002, 177; Дударец2010a, 92）。

翌一八八六年六月にピウスツキは中学校を無事卒業した。

サンクト・ペテルブルグ大学

同年七月二十九日にピウスツキは帝室サンクト・ペテルブルグ大学法学部一年次への面接試験に合格し、入学手続を済ませた。一八八六／八七年度のペテルブルグ大学の総学生数は二七三八名で、そのうちペテルブルグ出身者は七七二名（二八・二％）、ヴィルノ教育管区出身者は四八三名（一七・七％）、ワルシャワ教育管区出身者は一一七名（四・二七％）だった。また宗教別では正教徒は六六％、カトリック教徒は一三％強である（Дударец2007, 128; Дударец2010a, 99）。

後にピウスツキは、社会・市民的活動を志したのでペテルブルグ大学の法学部を選んだのだと「わが自伝」[2]に記しているが、その説明は歯切れがいいとはいえない。当時のペテルブルグ大学は法学部、歴史・文献学部、物理・数学部、東洋語学部の四学部から成っていた。元素の周期律で有名なドミートリイ・メンデレーエフを筆頭に綺羅星のごとき教授陣が教鞭を執っており、法学部でも当時として最良の法律学者がそろっていた。ピウスツキが聴講したのはローマ法と経済学の講義である。法学部ではヴィルノ第一中学校時代の級友ヤネク（ヤン・コトヴィチ）とのうれしい再会があった。彼はその後リガのアレクサンドル中学校に転校していたのである。ちなみにコトヴィチは大学三年次に授業欠席と所在不明のため退学となる。ピウスツキがコトヴィチと再会するのはこの二十年後クラクフでのことで、後者はヤギェウォ大学の教授となっていた（Пилсудский1999a, 129; Дударец2010a, 100, 102）。

ピウスツキの大学入学は「人民の意志」党テロ・フラクション[3]の活動開始とほぼ同時期のことだった。「人民の意志」党は一八七九年に革命組織「土地と自由」が分裂した後に生まれ、組織的なテロの戦術を採用した。だが一八八四年春の「プロレタリアート」党員の大量逮捕、同年秋の「人民の意志」党員の大量逮捕の結果、革命運動はほぼ鎮火した。「プロレタリアート」党は一八八二年にルドヴィク・ヴァリンスキらによって結成された、ポーランド最初の社会主義政党で、「人民の意志」党と同盟関係を結んでいた。一方、一八八〇年代に学生の「郷友会」の活動が活発になり、八〇年代中頃にはペテルブルグに二十ばかりの郷友会が存在して千五百人ほどの学生を結びつけていた。そして一八八六年春に「郷友会連盟」が結成されたが、革命家たちはこれを通じて自分たちの盟友を募集しようとした。一方、一八八二年にロシア文学のオレスト・ミルレル教授を会長としてペテルブルグ大学内に「学術・文学学生協会」が創設された。これは学生の学術・文学の学びを促進することを使命とし、そのメンバーは後の地球科学者にして鉱物学者ウラジーミル・ヴェルナツキイ、作家ドミートリイ・メレシュコフスキイ、東洋学者セルゲイ・オリデンブルグなど錚々たる顔ぶれで、会員数は六百名を超えた。ラディカルな学生たちはこの協会をも利用しようとしたが、会員たちのテロリズムに対する態度は分かれた（Дударец2007, 134-136; Латышев2008a, 54; Дударец2010a, 105-106）。

学生生活

一八八六年十月にピウスツキはペテルブルグ大学物理・数学部四年生のピョートル・シェヴィリョーフ（二十三歳）から、学生用小食堂の存在を教えられた。これは一年前にシェヴィリョーフが大学の位置するワシーリエフスキイ島に開いたもので、小役人の未亡人に運営を任せていた。ここでは一コペイカでお茶が飲め、パンは無料で、裕福でない学生には無料食事券が配布された。常に人であふれていたこの食堂が、学生たちの出会いの場であり、革命家たちの会合の場でもあった。ピウスツキもこの店に足を運んだ（Дударец2007, 137; Дударец2010a, 107-108）。

ピウスツキは秘密の自己教育サークルのひとつを訪問した。彼をこのサークルに引き入れたのは、ヴィルノ郷友会の指導者でポーランド人学生互助会の出納係をつとめるユゼフ・ウカシェヴィチ（二十三歳）である。この人物はピウスツキと同じくリトアニアのポーランド人で、ヴィルノ第一中学校の二年先輩にあたる。一八八三年に銀牌を授与されて優秀な成績で卒業した後、ペテルブルグ大学の物理・数学部（地質学）に入学し、「プロレタリアート」党の系列のサークルに加わっていた（Пилсудский1998b, 28; Пилсудский2011, 113）。

十一月十七日にペテルブルグのヴォルコヴォ墓地で、革命的民主主義者にして批評家ニコライ・ドブロリューボフの没後二十五周年にちなんだ、千五百人の学生の無許可のデモ行進が行なわれた。警察がこれを追い払い、その後学生たちに弾圧を加えた（Дударец2010a, 109）。時代閉塞のなかで「墓参」という形でしか政府に対する抗議行動を表現できなかったことから発生した事件である。おそらくピウスツキもこのデモに参加していたであろう。

十二月十二日に大学のクリスマス休暇が始まり、同月末にピウスツキはヴィルノへ帰省した。この地で彼は仲間とともに秘密雑誌を二号まで印刷、出版していたようだ（Дударец2010a, 102; PdS3, 18-19, 32）。

皇帝暗殺未遂事件

この月に「人民の意志」党テロ・フラクションが、皇帝《ツァーリ》アレクサンドル三世（一八四五―一八九四）暗殺計画に着手した。首謀者はシェヴィリョーフで、彼は同級生のアレクサンドル・ウリヤーノフ（一八六六―一八八七）、ウカシェヴィチ、ドン、クバン地方のコサック郷友会代表をつとめる物理・数学部の学生オレスト・ゴヴォルーヒンと、学生用小食堂を手伝う一年生のウクライナ人学生ミハイル・カンチェル（二十一歳）を引き入れることに成功した。物理・数学部の四年生ウリヤーノフは成績優秀で、その生物学の論文が大学の最優秀論文と評価されて金牌を授与されていた。カンチェルは同居人のステパン・ヴォーロホフ（二十一歳）とピョートル・ゴルクン（二十歳）を引き入れた。ワシーリイ・オシパーノフ（二十六歳）はカザン大学で留年後ペテルブルグ大学に転学した学生である。ウクライナ人学生パホーミイ・アンドレーユシュキン（二十一歳）と法学部一年のワシーリイ・ゲネラーロフ（二十歳）は〈真剣な革命事業〉を熱望していた（275 лет, 225; Латышев2008a, 55; Дударец2010a, 107-110, 112-114）。

暗殺準備は、メンバーの募集と任務分担決め、理論的根拠づけのための綱領作成、爆弾の製造の三点で進められた。第一点はシェヴィリョーフを中心にウカシェヴィチとゴヴォルーヒン、第二点はウリヤーノフ、第三点は全員が担当した。皇帝の一族や貴顕等、一連のテロ行為を計画するシェヴィリョーフは、作業の運びを早めるためにリトアニア内の革命家とのつながりを利用することを決めた。一八八一年に暗殺された前皇帝、アレクサンドル二世の六回目の命日にちなんで、暗殺実行日は三月一日と決められた。一八八〇年代後半になっても「人民の意志」党のテロリズムの衝撃は、依然として革命青年の間に信仰として残っていたのである。

ウカシェヴィチは爆弾の製造と資金の調達に当たったが、実行計画を練る際にピウスツキを引き入れることを提案した。この地下活動にはピウスツキの弟ユゼフと、ヴィルノの非合法グループの中心人物イサーク・デンボとアントーニ・グナトフスキも加わった。前章末尾で述べたように、

アレクサンドル三世

ユゼフはハリコフ大学医学部に入学したが、一八八六年の夏休みに突如、明白な理由もなしにデルプト大学への転学を決意し、ハリコフ大学学長宛に転学願いを発送した。だが回答は得られず、ヴィルノの自宅でなすこともなく過ごしていたのである（Дударец2007, 134; PdS3, 57; Матвеев Г., 21）。

年が明けて一八八七年一月中頃にグナトフスキがペテルブルグからヴィルノに来て、デンボを通じてピウスツキと連絡を取った。ピウスツキは彼らの依頼に応えて、同地の「プロレタリアート」党員で薬剤倉庫の所有者ティトゥス・パシュコフスキからストリキニーネと硝酸を入手した。これらをペテルブルグに運ぶために、ウカシェヴィチがカンチェルに紹介状を持たせてピウスツキのもとへ寄越した。カンチェルはピウスツキ兄弟が仮寓していた従叔母（父の従妹）ステファニア・リップマンのところに住み、ブロニスワフから銀四十ルーブルを借金して、テロのために必要なものすべてを持ってペテルブルグへ去った（Дударец2010a, 115-116; Матвеев Г., 22）。

二月一日にピウスツキはペテルブルグへ戻った。ヴィルノで過ごした冬休みは、彼の生涯において最後の帰郷となった。愛する故郷を彼が目にすることは二度となかった。

二月二十八日から三月一日にかけて大学のすぐ裏手にあ

ピウスツキが下宿していた建物

るピウスツキの下宿（ワシーリエフスキイ島、第一（陸軍幼年学校《カデート》）路線《リーニャ》、四号館七号室）でウリヤーノフらが、彼が執筆した「「人民の意志」党テロ・フラクション綱領」と革命宣伝ビラを印刷した。ウリヤーノフはあちこちと場所を変えて印刷を行なっていたが、グループのメンバーのなかで唯一官憲にチェックされずに出入りできるのがピウスツキの下宿だったのである（PdS3, 16; Дударец 2010a, 111-112）。

逮捕と審理

だが既にこれ以前にアンドレーユシュキンが恋人の教師アンナ・セルチュコーワに宛てた手紙が警察の手に落ちて、皇帝暗殺計画が発覚し、彼らは警察の監視下に置かれていた。従ってピウスツキが印刷作業のために自分の部屋を提供したのは、自らを危険にさらす行為だったのである。そして三月一日日曜日、アレクサンドル三世が先帝の追善のためペテロ・パウロ寺院に参拝するのを待ち伏せして、ネフスキイ通りで爆弾を投擲すべく待ち受ける六名が逮捕された。アンドレーユシュキン、ゲネラーロフ、オシパーノフ、カンチェル、ヴォーロホフ、ゴルクンである。当日、皇帝は馬車の手配に手間取って出発が三十分遅れた。カンチェルとゴルクンは逮捕当日に自白を始める始末で、裁判で詳細にわたる供述をした。カンチェルはその後ヴィルノへ出張する警官に同行して、捜査に協力を惜しまなかったばかりか、強制されたとはいえ自分の刑を軽減するために、ピウスツキが自室で開かれた集まりの目的を知っており、共謀者の一人であると証言した（井上一九八七、六〇—六一。Плоский, 116, 127; PdS3, 45）。

その日の夜にウリヤーノフが逮捕された。二日から三日にかけての深夜にピウスツキの部屋で秘密印刷所が見つかり逮捕、ペトロパヴロフスク要塞の独房に拘禁された（Латышев2008a, 55）。彼はまだヴィルノ時代の一八八四年七月二十九日にこんな夢を見た。

確かゾーシャとロッソハッキ家にいた時、突如警官

ペトロパヴロフスク要塞

が我々を逮捕にやって来た。僕は逃げるよう彼女を説得するが、彼女をソファーから引き離すことができない。それで僕が自ら警官に投降した。彼らは僕に手錠をはめ、足を焼き始めた。僕は我慢していたが、かかとのところで足が折れ始めた時、僕は耐えられなくなって跳び上がり、そして…目が覚めた。（Пилсудский2013, 22）

恋人の喪失も含めて、この悪夢は正夢だったのである。

シェヴィリョーフは事件直前に結核療養を理由に突然クリミアへ旅立ったが、七日にヤルタで逮捕された。ゴヴォルーヒンは事件前にヴィルノ経由で国外に逃亡し、ユゼフがそれに手を貸した。ユゼフも十日に逮捕され、ペトロパヴロフスク要塞の独房に拘禁された（井上一九八七、五九。Дударец2007, 133; Дударец2010a, 114, 149; Матвеев Г., 23）。

事件に関わったのは計三十七名だが、裁判に付されたのはそのうち十五名である。四月十五～十九日に元老院特別法廷で非公開審理が行われ、十五名の被告人全員に死刑の判決が下された。同月二十三日に十名の被告の刑の軽減に関する皇帝の勅令が出て、ウカシェヴィチとミハイル・ノヴォルースキイ（二十五歳の神学校生、爆弾製造に別荘を提供）はペテルブルグの東方、ラドガ湖畔のシュリッセルブルグ要塞への無期懲役に替わった。テロ・フラクションの指導者の一人ウカシェヴィチは、屈辱的な助命嘆願を提出して死刑を免れたのである。ゴルクン、カンチェル、ヴォーロホフ、パシュコフスキは二十年の苦役のための流刑に替わり、その後刑期が十年に短縮された。ピウスツキは十五年間のサハリンでの苦役に替わった。これは不公平と言わざるを得ない。爆弾運搬を手伝ったユダヤ人助産婦レヴェッカ・シュミードワはシベリア追放、セルヂュコーワは禁錮二年となった。アレクサンドル三世はすべての証言に自ら目を通しており、この勅令は彼自身の意向が強く反映したものだった（佐々木、一一七―一三八。井上一九八七、六一。Латышев2008a, 62-63; PdS3, 14, 45; Дударец2010a, 113, 118）。

ピウスツキの告白と父の奔走

ピウスツキは三月三十日、まだいかなる判決が下されるか不明の時点で、ペトロパヴロフスク要塞から父に宛てて手紙を認めた。後悔の念と父や肉親への愛情に貫かれた手紙だが、そこで、「僕はいかなる正当な動機もなしに関わっていた事件に巻き込まれたのです」（PdS6, 5）と書いている。また前記自伝では驚くべき説明を加えている。即ち、自分は地下活動の参加者ではなく、単にその支援者だったにもかかわらず、不当に厳しい判決を受けた。その理由は、ポーランドと結びついた伝統を依然として保持するリトアニアに抑圧を加えるべきだという、ヴィルノとペテルブルグ双方の行政機関の意向と、皇帝の身辺からポーランド的要素を取り除こうとする高級官僚と宮廷内の徒党の陰謀のためなのだと（Пилсудский1998b, 28）。

ピウスツキの父方の親戚にはペテルブルグの有力者もいた。父のいとこヤンの息子ジグムントはワルシャワ警察本部長、もう一人の息子メチスラフはペテルゴフ宮殿の噴水庭園の管理人をつとめた三等宮内官、娘のアポロニアと有名なオペラ歌手になったイレネ・オノレは首都の上流社会の一員だった。またジグムントの息子の陸軍大佐テオドルは出世階段を駆け上っていた。メチスラフの娘イダリアは宮廷で高位を占める貴族アニチコフ家と姻戚関係にあった（Пилсудский2013, 55; PdS3, 40-41; Дударец2010a, 121; Нехай, 148）。ピウスツキの自伝によると、テオドルは晩年に憲兵局長官となり、リトアニア全土に君臨していたが、その部下たちがピウスツキに敵意を抱き、テオドルの死後ドイツ系ロシア人の元老院院長と市長を使ってピウスツキに復讐をしようとした。だが前首相のココーフツォフがその奸計を知って、サハリンへの苦役に刑を軽減してくれたのだという。自分の従兄が宮廷の陰謀の犠牲になったというピウスツキの説明は正鵠を射ているようだが、ココーフツォフ云々のくだりは疑わしい（Пилсудский1998b, 28-29; PdS3, 42, 44-45）。

父ユゼフは事件の報に接するや、すべてを放擲してペテルブルグへと急いだ。三月二十三日に彼は初めて息子との面会を許された。その後五月十二日まで四回面会した。五月二日には従叔母ステファニア・リップマンも同席した。父は息子たちの刑軽減のために、首都の姻戚関係をなんとか利用しようとした。そして彼の驚異的な努力によって長男は絞首刑を免れたが、それ以上の成果は得られなかった(Латышев2008a, 62; Дударец2010a, 123-124)。アレクサンドル三世の勅令が出た四月二十三日、父は皇帝宛に長男の赦免願いを提出し、二十七日にも皇帝への情状酌量の願いを出した。「十五年の苦役は本質的に死刑と同じで、肉体、精神のすべての力が最終的に枯渇するまで断末魔が続くという、より苦しい形なのです」(Полевой, 161)と訴えたが、いずれの請願も所期の結果をもたらさなかった。

ブロニスワフは裁判でこう陳述した。

> 僕はテロリストの「人民の意志」党に属することはできなかったし、属してはいません。僕はこの党に共感を覚えたことは一度もなかったし、今この党との不一致を言明します…僕は…二つの理由でテロに共感しません。第一にそれは無益だからであり、第二に僕の革命思想への熱中でさえ、まだテロリストの熱中ではないからです。僕の革命思想への熱中は次のようなものでした。即ち、若き日に僕は労働者階級のために働くことを自らの課題としたのです…(Дударец2010a, 118)

一つ明らかなのは、ピウスツキの事件への関与において、多くの場合先輩ウカシェヴィチが関わっていることだ。だがピウスツキは依頼されたことをすべて黙って遂行しつつ、事の本質を知ろうとしなかったことも事実である。彼はテロリスト組織のメンバーではなかったが、かといってツァーリズムの無垢の犠牲者でもなかった。ピウスツキは裁判で暗殺計画のことはまったく知らなかったと主張したが、他方自分の下宿で印刷した「声明書に目を通した」という発言は、その主張を突き崩すこととなった。彼は不注意にもテロリストたちを支援した点に罪があり、裁判でそれを隠そうとはしなかった。要は、ピウスツキが革命的見解を保持する権利を自らに担保し、しかし自分が殺人に加わる可能性を断固として退けていることだ(Латышев2008a, 60, 69; PdS3, 30; Дударец2010a, 116-117, 123)。

五月八日にシェヴィリョーフ、ウリヤーノフ、アンドレーユシュキン、ゲネラーロフ、オシパーノフの五名がシュリッセルブルグ要塞内で絞首刑に処された。刑執行の直前にゲネラーロフとアンドレーユシュキンは「「人民の意志」党、万歳」と大声で叫び、ウリヤーノフは十字架に口づけし、シェヴィリョーフは司祭の手を払いのけたという（Дударец2010a, 119）。

この事件後も民衆《ナロード》は無関心のままにとどまり、新たな抑圧が国を覆ったが、事件の最も大きな影響を受けたのはウリヤーノフの弟ウラジーミル、後のレーニンであろう。彼が率いる革命が成就するのはこの三十年後のことである（田中、二九八）。ピウスツキ兄弟とウリヤーノフ兄弟の比較検討は興味深いテーマとなろう。

オデッサへ

五月二十六日に作成されたと思しきブロニスワフの調書の身体の記録は次のとおりである。

「身長二アルシン六・二／八〔約一八六・七センチ〕、目は灰色、鼻と口は普通、入れ歯なし、顔はきれい」、身体の特徴は、「一　やせぎすの顔で、生まれつきの小さなほくろが数個ある。二　鼻の上で眉がほぼくっついている。〔中略〕四　胸の発達は著しく脆弱で、肋骨と鎖骨が突き出ている。〔中略〕七　両腕と両足の筋肉の発達は著しく脆弱だが、いずれも正常の大きさで何ら特徴をなすものではない。」（PdS2, 115-116）

翌二十七日、ブロニスワフは父ユゼフが駅前広場で遠くから見守る中、ペテルブルグから鉄道でモスクワ経由オデッサへと送られた。これが父子の永久の訣別となる。ブロニスワフのペテルブルグ時代は一年と九カ月で終りを告げ、彼がこの帝都に戻ることは二度となかった。六月六日、モスクワの中継監獄（ブティルカ）を経由して、一六四名がオデッサに到着した。同行者にはカンチェル、ゴルクン、ヴォーロホフらがいた（Латышев2008a, 77）。輸送の際に政治犯と刑事犯の区別はなかった。初対面の同行者たちは一日中、一晩中眠りもせず、互いに語り合い、尋ね合い、慰めあった。六月八日に父宛に書いた手紙でピウスツキはこう述べている。

僕の仲間のうち三人はまだひどい子供で、アドバイスと精神的な支援を絶えず必要としています。四人目はとてもいい人で、聖書と福音書と天文学にのみ関心をもっています。（PdS6, 22）

「三人」はカンチェル、ゴルクン、ヴォーロホフ、「四人目」は、彼らより早く五月二十四日にトスノ駅で囚人列車に乗せられたイワン・ユヴァチョーフ（一八六〇—一九四〇）のことである。これがピウスツキのサハリン時代に重要な役割を果たすユヴァチョーフとの出会いであった。一八七八年にペテルブルグの海軍兵学校を卒業し、黒海艦隊に勤務した海軍少尉ユヴァチョーフは、一八八一年にニコラーエフで海軍将校の「人民の意志」党サークルを組織。「十四人裁判」[4]で死刑を宣告され、十五年の苦役に変更、一八八六年までペトロパヴロフスクとシュリッセルブルグ要塞の独房に収監されていた。このほぼ四年にわたる収監は、彼を革命家から敬虔な正教徒へと変貌させた(Плоский, 115; Латышев2008a, 316; Ювачёв2014, I-29)。詩人ダニール・ハルムスの父である。

モスクワまでの旅程の車内の様子をユヴァチョーフは後にこう回想している。

ユヴァチョーフ

丸一日私の同行者たちは監獄に入れられたことと先頃の裁判の印象を興奮して互いに伝え合っていた。夜になるとある女性の同行者が当時流行っていた、投獄されて苦しむ人間の歌を歌い始めた。若者たちが唱和した。だが歌い始めた女性が突然黙し、顔を手で覆い、むせび泣きを押し殺しながらクッションに顔を埋めた。同僚たちも沈黙した。私の隣にいる男が私の耳元で囁いた。「あれは処刑されたアレクサンドル・イリイーチ・ウリヤーノフのフィアンセです。」何人かの学生たちも涙を流し始めた。(Ювачёв 2014, I-29)

ユヴァチョーフはピウスツキの精神的苦悶と豊かな内面世界を悟って、航海中に次のような四行詩を捧げてくれた。

ブロニスワフに
ああ、波浪が静まってくれれば！
平安と平和が飛来してくれれば！
そうなれば星々が水中から顔を覗かせるだろう。
僕は海を天と見なすだろう！
南シナ海にて、一八八七年七月十四日
(Латышев2008a, 84)

ユヴァチョーフは要塞監獄収監中に詩を書き始めたのである(Строганова, 129)。七月十日付のピウスツキの父宛の手紙にはこうある。

流刑苦役囚、堕落や、下劣な、時としてまったくもって獣のような行為の報いとしてサハリンへ行くこれらの人々からさえ、概して多くのやさしさに出会います。〔中略〕不幸で、しばしば宗教的、道徳的感情を失ったこれらの人々は、僕にただ同情の念を呼び起こすのみです。(PdS6, 32)

サハリンへ

六月九日、ピウスツキら十七名の政治犯を含む五二五名の既決囚と一〇六五トンの積荷を乗せた義勇艦隊の蒸気船「ニージニイ・ノヴゴロド号」がサハリンに向けてオデッサ港を出航した。この年二度目の囚人移送である。これら五二五名はロシア帝国の五十四県と五州の出身者たちだった(Ювачёв2014, I-30; Ищенко, 87)。

周知のように、一八七五年の千島・樺太交換条約によってサハリンはロシア領となった。義勇艦隊は一八七八年にロシア市民の募金によって創設され、平時はオデッサ・ウラジオストク間で旅客、貨物、郵便物を輸送し、戦時には戦艦隊となった。サハリンへの囚人輸送は一八七九年までは陸路シベリア、極東経由で行われていたが、一八七九年からは海路に替わった。そして一九〇三年まで毎年義勇艦隊の一、二隻の船が担当して、年に二度春と秋の航海で計二万人以上の流刑囚を護送した(天野二〇一一、三九)。護送囚人数が一番多かったのは一八九二年の二二三九名、一番少なかったのは一九〇〇年の三七二名である。ピウスツキが送られた一八八七年は計一二四四名だった。乗員は流刑苦役囚、流刑入植囚、自らの意志でサハリンへ赴く者(両親や夫の後を追う女性と子供)の三グループに分かれた。

「ニージニイ・ノヴゴロド号」は義勇艦隊創設時からの船で、一八七九年にオデッサ・サハリン間を初めて運航したのはこの船である。船長九四・二メートル、船幅一二・二メートル、排水量五千トン、速度十三ノット(時速二十四キロ)強だった。客室、娯楽室、婦人室、読書室、喫煙室、医務室、浴室等を備えていたが、苦役囚は船倉に入れられた。出航にあたってオデッサ特別市長官パーヴェル・ゼレノイ海軍少将が、囚人たちのすべての部屋をまわって声をかけた(石丸生、三三。Латышев2008a, 75, 77, 78, 317)。ちなみにこの人物は、一八五三年にロシア使節エヴフィーミイ・プチャーチンが「パルラダ号」他四隻で長崎に来航した時に海軍少尉として同行した。そして長崎港内に停泊中のコルヴェート艦「オリーヴツァ号」上で乗組員が退屈しのぎにゴーゴリの「結婚」と「訴訟」を上演した時に、出演して喝采を博したのである。プチャーチンの秘書官として来航した作家イワン・ゴンチャローフは、「P・A・ゼリョーヌイ少尉[5]などは天性のユーモアがあり、わが国一流のコメディアンをたくさん見ているから、どこへ出しても恥ずかしくなかった」（ゴンチャローフ、一八四）と述べている。

船倉の各船室は二枚の格子で二分され、それぞれの部分が三段ベッドと歩き回る共通の空間に分かれていた。航海中の日課は、午前六時三十分に朝の祈禱、七時にお茶、十時三十分に昼食、午後五時に夕食、八時三十分に夕べの祈禱となっていた。黒海、コンスタンチノープル、地中海、スエズ運河、紅海、アラビア海、コロンボ、ベンガル湾、シンガポール、長崎、ウラジオストク、サハリンという航路である。船が紅海に入る際に足枷を外され、頭を剃ることも止めたが、これは囚人たちを喜ばせた。刑事犯は頭の右半分を、浮浪者は左半分を剃ったのである（Латышев2008a, 80, 82)。

その紅海から始まった四十度に達する暑熱と船酔いは囚人たちを苦しめたが、一番辛かったのは船室の蒸し暑さだった。とりわけ航海の最後の時期の「不潔さ、すっかり淀んだ空気、湿気、腐った乾パンと酸っぱくなったキャベツ、ひどい水、腫れ物と胃の不調、日本海での激しい揺れ」（一八八七年八月二十六日付のピウスツキの父宛手紙）(PdS6, 36）がピウスツキを苦しめた。航海中二十一名の苦役囚が医務室に入れられ、その一人がピウスツキだったが、これは彼の健康状態にとってかえって幸いした（PdS6, 21, 29, 31; Латышев, 83)。

航海中にピウスツキは二人の若い同郷人に、唯一手に入れた植物学の本を教材にしてロシア語の読み方を教え、うち一人はなんとか読めるところまで上達した。また別の仲間にはドイツ語を教えながら、同行のラトビア人とドイツ語の会話練習をしていた。そのラトビア人とユヴァチョーフが神学論争を始めた時、ピウスツキは通訳を買って出た。これらのことすべては、後の彼のサハリンでの活動を予言するものといえよう。もっとも、本人は七月十日付の父宛の手紙で、「もうロシア語の話し言葉に慣れなければいけないのでしょうが、相変わらず僕はポーランド語で考えながらロシア語で書くのがとてつもなく困難です」（PdS6, 34）と嘆いている。この後十九年間、彼はもっぱらロシア語で意思疎通をすることを余儀なくされる。

父と弟たちのその後

弟ユゼフは未成年ゆえに裁判抜きの行政処分で、バイカル湖北方のイルクーツク県キレンスク市へ五年の流刑となった（Дударец2010a, 113)。この事件との関わりで、ペテルブルグ大学から一二〇名ほどの学生が「政治的、道徳的に不穏な傾向」により退学となった。残された家族のことも記しておこう。ブロニスワフの弟アダム（十七歳）とカジミェシュ（十五歳）は「不穏分子であることを表示した身分証明書《ヴォールチィ・ビレート》」を与えられて中学校を退学となり、国家勤務と教職への道を閉ざされた。十一歳のヤンのみは学業継続を許され、結果として六人兄弟のうちただ一人大学の学位を得ることができた（Дударец2000a, 106; Латышев2008a, 56; PdS3, 5, 14）。

父ユゼフは事件後コヴノ県の領地スギンティへ去った。彼は子供たちの資産を守るためにズーウフの領地を架空の買い手を設定して売却しようとしたが、事は発覚した。ヴィルノ総督オルジェーフスキイはズーウフの再売却を命じ、その手先の一人に売り渡された。その直後にピウスツキ家の残りの領地テネニエが競売にかけられた。それを購入したのは、ユゼフの農業協会書記就任を阻止した、あのアルカーデイ・ストルィピンだった。そしてその後息子のピョートルがコヴノ県貴族団団長と当地の農業協会会長のポストを獲得した（PdS3, 43, 66）。

その後ユゼフは息子のカジミェシュとカスペルとともに、ペテルブルグのコロムナ地区のクルリャンツカヤ通り三十三番館に移り住んだ。この建物にはノヴォ・カリンキン株式会社、イースト・アルコール蒸留工場、精留工場、リキュール・ウォッカ工場があり、バルト地方の事業主ランゲが所有していたが、その事業は傾いていた。その会社の支配株をユゼフとカジミェシュが買い占めた。一八九七、八年頃にランゲが事業から手を引き、ユゼフとカジミェシュが会社の幹部となった。カスペルもここで働いていたのか、あるいは在学していたのかは不明である。一九〇一年にはユゼフが支配人兼技術部長、カジミェシュが理事長の一人となった。だが翌年初頭のユゼフの急死がすべてを無に帰してしまった（Дударец2000a, 106-108; Дударец2002, 178-179）。

一九一八年にポーランドが独立を回復した後、カジミェシュはワルシャワの最高統括庁で働いたが、第二次世界大戦が始まるとソ連邦へ連行され、一九三九～四一年にモスクワのルビャンカとブティルカ監獄に収監された。一九四一年十二月にブハラで死亡。ヤンは一九一〇年代初頭にペテルブルグで弁護士をしていた。復活したポーランドで下院副議長、財務大臣、ポーランド銀行副総裁をつとめたが、一九三九年にソ連へ連行され、一九四一年にテヘランへ疎開。その後はイギリスで暮らした。[6] 一九一三年にブロニスワフはこれら二人の弟について友人にこう書いている。

一人の弟は個人的な事柄でも金銭的な事柄でもどうしようもなくなってしまいましたし（ペテルブルグでのことでご存知でしょう）、もう一人の弟は弁護士の仕事と恐ろしく我がままな病気の妻にかかり切りなのです。（БП и ЛШ, 223）

注

1　詳しくは吉上一九七五、吉上一九七六を参照のこと。

2　死の少し前に執筆した、ポーランド語のタイプ打ちの全七頁の原稿。オリジナルはパリのアダム・ミツキェヴィチ・ポーランド博物館（アダム・ミツキェヴィチ博物館）に所蔵されている。ロシア語訳はПилсудский1998b。

3　「フラクション」は「支部」もしくは「分派」の意。

4　一八八一年のアレクサンドル二世暗殺事件の実行者が逮捕され、一八八四年九月に十四名が裁判に付された。その首謀者は「人民の意志」党実行委員会メンバーのヴェーラ・フィグネルである。

5　この人物の姓は「ゼリョーヌイ」と表記することもあるが、正しくは「ゼレノイ」である（ラティシェフ氏のご教示による）。

6　*Латышев В.М., Дударец Г.И., Прокофьев М.М.* (сост.) Бронислав Пилсудский и Лев Штернберг: Письма и документы (конец XIX - начало XX вв.). Южно-Сахалинск: ГУП «Сахалинская областная типография», 2011. С. 248, 254. 以下、本書からの引用は、本文中の括弧内に"БП и ЛШ"の略称と頁数のみを記す。

第三章　サハリン島流刑

私がまったく悪いことをしない人間だと分かると、ギリヤークたちは私のことを、喜びと悲しみを打ち明けられる兄のような存在とみなした。彼らはその信頼感と好意と詩歌によって、私の辛い苦役の日々に彩りを添えてくれた。

流刑の地・サハリン島

一八八七（明治二十）年七月二十二日（新暦八月三日）午前十時三十分に「ニージニイ・ノヴゴロド号」は長崎港に停泊した。台湾海峡で遭遇した暴風のために操舵部分が損傷し、その修理に二昼夜を要した。その間囚人たちは新鮮な空気を吸うために甲板に出されて、彼らにとって最初の極東の都市を眺望することができたであろう。二十五日に出港し、日本海を経て二十八日朝にウラジオストクに入港。そして八月三日午後四時に北サハリン西海岸のアレクサンドロフスク哨所（現アレクサンドロフスク・サハリンスキイ）に到着した。航海日数は予定より一日遅れの五十五日。送致された囚人は五二三名、残り二名は航海中に死亡して海に葬られた（Латышев2008a, 83, 85, 86）。

アレクサンドロフスク哨所はサハリン全島及びアレクサンドロフスク管区の行政の中心地である。一八六九年にこの地に農場がつくられ、一八八一年に皇帝アレクサンドル二世を記念してこの哨所が設立された。そして一八七六年に島内で初めて刑務所施設が建設されたドゥエ哨所から、サハリン苦役とサハリン島の管轄部局がここに移された（БП и ЛПШ, 229）。人口約三千の町である。[1]

ロシア人流刑囚が自身の発意でサハリン島に最初に現れたのは一八五八年のことである。そして一八六八年に政府によって公式にここが流刑地に定められ、翌年に八百名の

アレクサンドロフスク港桟橋

囚人が島に護送されてきた（天野二〇一〇、一二〇―一二一）。一八七五年に日露間に締結された千島・樺太交換条約によって全サハリンがロシア領となったが、サハリンの植民問題はロシア国内でさまざまな議論を引き起こした。一八七九年に刑務総局が創設され、その局長ミハイル・ガルキン＝ヴラスコイが流刑制度を推進した。

流刑囚は流刑苦役囚（以下「苦役囚」）と流刑入植囚（以下「入植囚」）に分かれた。前者の多くはサハリン島へ送られて、鉱山や工場など重労働を要する場での強制労働を課されたが、後者は主としてシベリアへ送られた国事犯や宗教犯か、主にサハリンで苦役の刑期を満了して、島内に選定された入植地に居を構えて農業などに従事した者である。移動の自由や市民権はまだ回復されなかった。最初の十年間に義勇艦隊の汽船で運ばれた男女の苦役囚は八四三〇人、自発的にそのあとを追ってきた家族は一一四六人である。サハリンが政治犯の流刑地となったのは一八八六年のことだが、ピウスツキがサハリンに送られたのは、植民政策がほぼ確立し、島の生活が安定した時期だったといえる（天野二〇一一、三七―三八。チェーホフ、四二、二八二、三九二。Ищенко, 86）。

一八八四年にサハリン島は統治行政上アレクサンドロフスク、ティミ、コルサコフの三管区に区分された。島の上

サハリン島
ニコラエフスク
アレクサンドロフスク管区
タタール（間宮）海峡
ティミ川
ティミ管区
ロパーチン山
アムール川
アルコヴォ
アレクサンドロフスク
ドゥエ
マロ＝ティモヴォ
ルィコフスコエ
オノール
N50°
ポロナイ川
タライカ
ナヨロ
チフメネフスク
タライカ湾
オホーツク海
コルサコフ管区
セラロコ
オタサン
シルトゥル（白浜）
アイ
ナイブチ
ロレー
マウカ
ガルキノ＝ヴラスコエ（シヤンツィ）
ウラジミロフカ
トゥナイチャ
アニワ湾
メレヤ
コルサコフ
宗谷海峡
日本海
小樽
対雁
札幌
函館

部三分の一は居住に適さず、中部三分の一を北サハリン、下部三分の一を南サハリンと呼んでいる（チェーホフ、二一）。サハリン流刑は日露戦争中にストップし、一九〇六年四月十日に公式に廃止された。

プウォスキ夫妻

サハリン到着直後のピウスツキの面倒を見たのはプウォスキ夫妻である。エドムンド・プウォスキ（一八六〇―一九三九）はポーランド人革命家で、「プロレタリアート」党創設者の一人。ペテルブルグ大学法学部を卒業後、一八八三年に逮捕、十六年の苦役を宣告されて一八八六年秋にサハリンに送られた。妻ゾフィアも「プロレタリアート」党の活動家で、夫とともにアレクサンドロフスクに送致された。ちなみに一八九〇年のチェーホフの調査では、五七九一人の流刑囚のうちポーランド王国出身は四五五人、八％である（チェーホフ、二六三）。「ニージニイ・ノヴゴロド号」がアレクサンドロフスク哨所に到着した翌日、すなわち八月四日にピウスツキはプウォスキと知り合った。プウォスキは二十歳九カ月の青年の様子を後にこう回想している。

プウォスキ

> 私はピウスツキと二人で私の住まいへ向かった。彼はとても落ち込んでいた。それは彼の立場になれば理解できることである。しかしまなざしにはそれ以上のもの、即ち絶望が認められた。私と妻はありとあらゆる手を尽くして彼を落ち着かせようとした。だがこれは彼に対して逆の反応を引き起こし、神経の発作を誘発することとなり、彼は子供のように泣き出した。ブロニスワフは自らを制御することができなかった。彼は堪えられなくなった。そして何が自分を待ち受けているかを知り、それを意識している革命家には持ち前の節度を保てなくなった。私がそのことを話すと、彼はこう答えた。「でも僕は決して社会主義者ではなかったし、まして革命家では決してなかったのですから。あなた方の島での生活はあなた方に何らかの理由付けを与えてくれるかもしれません。あなた方は何のために苦しむのかを知っているのですから。僕にはそ

れが分からないのです。」ここから彼の告白、つまり彼の運命の物語が始まった。(Плоский, 115-116)

一方、ピウスツキ自身はこの時の心境を父宛の手紙でこう伝えている。

僕は過去と自分が故郷においてきたものを思い出し、自分を待ち受けているものを以前の生活と引き比べた時、ぞっとなりました。(PdS6, 37)

ルィコフスコエ村

六日間の休息の後、八月九日日曜日にピウスツキら五人の政治囚を含む一五〇人ばかりの囚人は、四日をかけて徒歩で四十キロ先のティミ管区の首邑ルィコフスコエ村（またはルィコヴォ村、現キーロフスコエ）に移動した。八月十三日に彼らが村に到着した時、最初に目に入ったのは、建築中の木造の教会の骨組みだっただろう。この教会が完成するのは翌年の復活祭の時である（Ювачёв2014, I-34, 35)。

ルィコフスコエの海抜は一二〇メートル。村の西部は、北へ流れてオホーツク海に流入するティミ川の上流に面し、東部は高度六百メートル以上の山脈の山腹に位置していた。村は河谷の広大な平野に正方形の形で広がり、面積は七・五平方キロ。強烈な冬の厳寒《マロース》は零下四十七度に達し、逆に夏の暑さは三十三度にまで上がった。最初の厳寒は九月中旬に始まり、十一月中旬から三月中旬までは厳寒が間断なく続き、それが完全に終わるのは六月初めのことである。当初「ボリショエ＝ティモヴォ」と呼ばれたこの村は、

ルィコフスコエ村

一八七八年に監督官としてこの地にやって来た下士官ヤーコフ・ルィコフの功績を称えて「ルィコフスコエ」と呼ばれるようになった。やがてこの村は、より古いマロ＝ティモヴォ村を追い越してティミ管区の中心地となった（Ювачёв2014, I-63-64, 66)。ピウスツキはサハリン到着後、父宛の第一信で流刑地の様子をこう伝えている。

我々のルィコフスコエ村は数百軒の家屋があり、大部分は既に刑期を終えた流刑囚が住んでいます。ここには数軒の個人商店（ほぼすべてがユダヤ人経営）もあります。現在教会を建築中で、まもなく学校もできますが、今も子供たちの教育は行なわれています。ルィコフスコエまで電信が引かれていますが、まだ郵便局だけはありません。測候所まであります。(PdS6, 40)

ルィコフスコエのカザンの聖母教会

この村は従来は短期囚が送られる所だった。この二年半後のデータだが、全サハリンの苦役囚は五九〇五名、うち八年未満の刑期が二一二四名（三六％）、八年以上十二年未満が一五六七名（二六・五％）、十二年以上十五年未満が七四七名（一二・七％）、十五年以上二十年未満が七三一名（一二・三％）、無期が三八六名（六％）、二十年以上五十年未満の累犯者が一七五名（三％）で、刑期十二年以下の短期囚は六二・五％だった（チェーホフ、二四六）。

ピウスツキら五人はティミ管区に送られた最初の政治犯だった。この措置はペテルブルグの刑務総局から初代サハリン島長官アンドレイ・ギンツェ宛の通達にもとづくもので、五人をアレクサンドロフスクにいる他の政治犯たちから切り離して、その影響を受けさせないよう指示が出ていたのである。アレクサンドロフスクと違ってここでは監禁されることはなく、全苦役囚が柵のない営舎に暮らしていた。通行困難な山々、森、沼、速い流れの川が自然の要害をなしていたのである。脱走者は通行不能の針葉樹林帯《タイガ》で餓死するか、追跡する警備兵や現地住民ギリヤークによって射殺されるか、より多くの場合は監獄に舞い戻って二十五回の笞刑を受けるのだった。ピウスツキら五人は他の刑事犯たちとは別の、流刑囚の画家のアトリエとして使われていた小部屋に同居していた。これは刑事犯たちからの悪影響を防止し、同時に彼らの刑事犯への影響を防ぐための手立てである（Пилсудский2015, 68; Госткевич1926, 144; PdS2, 66-67, 72; Ювачёв2014, I-34; PdS6, 40; Гаген=Торн, 47）。

ルィコフスコエが流刑地となったことは、四点の理由からピウスツキにとって幸運なことだった。即ち、監獄と流刑の環境たる背信や密告の渦巻く行政の中心地アレクサンドロフスクから遠ざかれたこと、先住民と近づきになれたこと、この地域がティミ川中・下流地域に比べて比較的温暖な気候条件に恵まれていたこと、そしてサハリンは〈女日照り〉のため男性が家庭生活を営むことが困難で、心理的に重苦しい雰囲気を醸し出していたが、[2] ルィコフスコエ村は一八八七年の抽出調査によると二十五人の戸主のうち二十四人が結婚し、そのうち三人は同棲と、平穏な雰囲気に包まれていたことである（チェーホフ、一五三、一五四。Плоский, 120; Ищенко, 91）。

家庭教師と子供への愛着

ピウスツキはまず木工所で、次いで家畜小屋で働いた。サハリンでの苦役は実に多種多様で、日常生活全般に及んでいた。そしてすべての労働に対して、稼いだ所得の十分の一が支給されることになっていた。そのかたわら、彼は子供に対するやさしい態度と教養を認められて、この地の流刑囚の子供たちの家庭教師をつとめた（チェーホフ、四九、二六一。PdS2, 70, 81; PdS3, 6; БП и ЛШ, 49, 50, 92, 96; Латышев2008а, 112）。知人に託した一八八八年三月二十三日付の父宛の手紙によると、恐れていた辛い仕事はなく、逆に無為に苦しんでいること、作業場へ通うのも徐々にやめたこと、自分たち政治犯五名は共同の大部屋から無断で裁断工のいた小部屋へ移ったこと、当地到着の数週間後には自由な時間がたっぷりできたが、それを合理的に使えなかったこと、現在は八人の子供の家庭教師をしていることが分かる（Вуйцик1998, 351-352）。

ピウスツキは一八九四年十月二十日付の姉ズーリャ宛の手紙にこう書いている。

> 子供たちは僕の弱点です。彼らのためなら喜んでこの地に生涯ずっととどまりたいくらいです。〔中略〕子供たちは誰が自分たちを愛してくれるのかを、どのようにしてかいつも感じ取り、彼ら自身もその人に好意を示します。これが僕に精神的な満足感を与えうる仕事の一つなのです。（Пилсудский2015, 88）

この年のクリスマスイブにピウスツキは姉から送ってもらったおもちゃと自分が買ったおもちゃを個別に紙にくるんで、サンタクロースよろしく一人〳〵の子供に配ってまわった（Пилсудский2015, 107-108）。また後の論文「サハリン島のオロッコへの一九〇四年の旅より」（一九一三年）の「子供の遊び」の項目で、オロッコ（現ウイルタ）の少年少女たちの遊びが詳述されていることも注目に値する（ピウスツキ二〇一八、四七五－四八〇）。

ピウスツキと女生徒たち

第六章に登場するシェロシェフスキは後に発表したピウスツキ追悼文のなかで、次のようなピウスツキ自身の言葉を伝えている。

> 流刑の最初の時期に私が一番夢中になったのは、刑事犯流刑囚の子供たちでした。あらゆる道徳的観念が逆転し、周囲の否定的影響を被った役立たずで堕落した人間が存在する泥沼へ放り出されたこれら子供たちには、胸を引き裂くようなものがありました。そして彼らに対するこの悪影響に、私は善と光明と知識を対置させようと努めました。私は多くの子供たちに個人教授をし、その際に道徳的規範を提示して植えつけ、知的活動への興味を呼び起こそうと努めました。（Вуйцик2012, 178）

この、子供への愛情、子供とすぐに仲良くなれる能力は、後に彼の民族学調査において大いに偉力を発揮することとなる。

家族との通信

郵便物はシベリア経由でサハリンに届いた。十二月以降の冬期は氷結したタタール海峡（間宮海峡）の駅逓馬車道を使って郵便物は毎週届いたが、夏期はサハリンとシベリアを往復する汽船が運搬したので、郵便物が届く頻度は低下した。オデッサ発の義勇艦隊の汽船が運搬したのは貨物と個人の小包のみだった（PdS6, 39）。

一八八七年末に従叔母ステファニアとズーリャから受け

取った手紙には、ヴィルノの中学校時代の知り合いの娘ルドミワ・ミハイロフスカがピウスツキの運命に同情して、サハリンに来て彼の妻になることを望んでいる旨が記されていた。ピウスツキは思い悩んだ末にこの申し出を断わった（PdS6, 45-47; Латышев2008a, 114-115）。

一八八八年九月に父ユゼフは息子との文通の許可を求める請願書をサハリン島長官ギンツェ宛に送った。これは以下の条件つきで許可された。即ち、父の手紙はサハリン島長官宛に送り、検閲を受けること、息子の手紙は検閲規則により健康状態の手短な記述と最も切迫した生活状態以外のことは書いてはいけないというものである。その後ピウスツキは家族に多くの手紙を書き、父やズーリャ、ステファニアから多くの手紙や小包を受け取っていた。前述のようにルィコフスコエに郵便局はなかったので、ルィコフスコエ・アレクサンドロフスク間は人手によって運搬された。アレクサンドロフスクの郵便局経由で発送する手紙はロシア語で書き、検閲を受けたが、たまに島を出る人間に手紙を託すことがあり、その場合はポーランド語の手紙を無検閲で送ることができた。流刑囚たちが故郷の肉親らからの郵便物をいかに待ち焦がれていたか、自分宛の郵便物がなかった時の失望がいかばかりのものだったかは、彼のズーリャ宛の手紙でよく分かる。一八九一年頃にはピウスツキは既にポーランド語よりロシア語で書く方が楽になっていた（Пилсудский2015, 70, 71, 82, 87; PdS2, 76-79）。

一九〇三年にズーリャのサハリン訪問が検討されたが、結局これは実現しなかった。ピウスツキは弟ユゼフとも手紙のやり取りをし、その後の動静をある程度把握していた。ユゼフはサハリンの兄のもとへ移る請願書を提出したが、これは許可されなかった。ユゼフは一八九〇年に流刑から戻った後、政治活動に従事した。一九〇〇年に再度逮捕されるが、精神病を装って病院を抜け出し、クラクフに居を据えた（PdS6, 81, 87, 89-93, 100-104, 105-108, 184-191; БП и ЛШ, 92-93, 101, 160-161; Латышев2008a, 107, 115-116; Дударец2018b, 63）。

日常生活

一八八九年二月からピウスツキはティミ管区警察本署の事務局で働き始めた。仕事は午前八時から十二時までと午後三時から七時までだった（PdS2, 82; PdS6, 78）。この頃の生活の様子を彼は父宛の手紙（一八八九年二月十八日付）にこう書いている。

> 六時から七時の間に起床、お茶を飲み、少し読書して、仕事に向かいます。十二時に帰宅して、現在同居

している友人のヴォーロホフと昼食を取ります。昼食は配達してもらっています。食料品を渡して、四ルーブルずつ払っています。昼食後はお茶を飲んで、天気が良ければ、つまり吹雪でなければ散歩に出かけ、普段はマロ＝ティモヴォに通じる道を歩きます。こちらの方があまり村を通り抜けなくてすむからです。散歩中は僕の物思いを誰にも邪魔されないように、孤独になりたいのです。〔中略〕散歩中にこのあたりに住むギリヤークたちとよく出会って、彼らとの会話に時を過ごします。三時に事務局に来て、仕事に応じて六時か七時まで働きます。その後帰宅し、お茶を飲み、夕食を食べますが、この時はヴォーロホフとしゃべります。そして少し読書して、就寝します。時折昼間にユヴァチョーフのところに立ち寄ります。ゴルクンとは毎日顔を合わせています。彼も事務局で働いていますので。(PdS6, 78-79)

前述のように、ヴォーロホフ、ユヴァチョーフ、ゴルクンはピウスツキと一緒にサハリンに送致された政治犯である。なかでもユヴァチョーフは特別扱いされていた。前記刑務総局のギンツェ長官宛の通達によれば、彼は元海軍将校として測地測量や土地の水準測量、土地の区画の計算などの作業に従事することを期待されていた。従って、囚人たちがアレクサンドロフスク港に上陸した時、一昼夜にわたって食べ物を支給されず空腹に苦しんだが、ユヴァチョーフと露土戦争で勲功のあった元将校の二人だけは、看守が自宅へ夕食に招いたという（БП и ЛШ, 308-309; Гаген-Торн, 53）。

しかるにユヴァチョーフはルィコフスコエで教会のために働きながら、一八八八年一月から測候所の観測者をつとめていた。この測候所は一八八六年初頭から機能しており、マリヤ・クルジジェフスカヤという女性が管理していた。彼女は「不幸な人々の運命を分かち合うために」一八八五年秋に自ら進んでサハリンに来て、准医師、助産婦として献身的に働いていた。やがて二人は愛し合うようになった。ユヴァチョーフはサハリン到着後まもなく日記をつけ始めたが、そこには彼女の名前がほぼ毎日登場する。一八九二年六月八日にクルジジェフスカヤが肺病のため三十八歳で亡くなるまで、二人の熱烈なプラトニック・ラブは続いた（Ювачёв2014, I-37, 42, 71; Плоский, 136; Латышев2008a, 316）。チェーホフも『サハリン島』でこの女性に言及し、「最近ルイコフスコエで看護婦が死んだが、彼女はその生涯を、苦しんでいる人たちに捧げようという理想のため、多年サハリンで勤務していたのだ」（三五五）と書き留めている。

ユヴァチョーフは後に回想記『サハリンの八年』（一九〇一年）のなかでピウスツキについてこう書いている。

私が最も同情を寄せたのは大学生の若いリトアニア人Pであった。やはり大学生である仲間の小ロシア人〔ウクライナ人〕たちと比べると、彼は心やさしくて、センチメンタルで、教養があった。（Миролюбов, 39)

他方、ピウスツキの一八八八年三月二十三日付の父宛の手紙によると、自分と同じく現状と無為に苦しんでいたユヴァチョーフと一緒になんらかの勉強を始めようとして、たまたま見つかった教科書で二人で物理学の復習をしたり、ドイツ語とフランス語の翻訳をしたり、福音書を読んだり、ユヴァチョーフに天文学の初歩を教わったりしたが、熱狂的信徒である彼が聖書のロシア語訳の翻訳もしくは修正を望んだので、彼との勉強はまもなく終了したという（Вуйцик1998, 353)。

ギリヤークとの出会い

一八八八年二月十九日にピウスツキは弟のヤンとカスペルに宛てた手紙にこう書いている。

この地の野生人のことを少し知ることはお前にとって興味あることにちがいない。まして彼らの生活から、われわれの祖先が野生人だった頃の生活を推しはかることができるのだから。この地にいるのはギリヤークばかりではないが、現時点までで僕が知り合ったのは彼らのみで、それもほんのわずかの人々だ。（PdS6, 50-51)

この手紙から、ピウスツキがギリヤークと知り合い、彼らに対する関心が芽生え始めたのが一八八七年末から一八八八年初頭の頃であり、また先住民への関心の根底に何があったのかも推察できる。ギリヤークはティミ川上流域の河谷に住んでいた。後にピウスツキは彼らに関心を抱いたもう一つの理由、即ち自分の運命と彼らの運命が驚くほど似ていることに気づくことになる。

それは、偉大なる人類家族のこのように未発達の年少の一員たちにとっても大切な自立を失ってしまって、もはや取り戻せない、という意識である。〔中略〕体験の仕方は異なるとはいえ、共通の辛い不運、祖国、われわれの生活の揺籃への同じ心からの熱烈な愛がわれわれを近づけ、親しくしたのである。（Пилсудский

1990, 80)

ギリヤークの漁労

まもなくピウスツキは、ギリヤークと深い交流を持つためにはその言語を知ることが必要だと悟った。ピウスツキは彼らを自宅へ客に招き、お茶やパンをふるまった。ギリヤークたちは夫婦のみならず、一家総出でも彼のもとを訪れるようになった。彼らは乾魚や腐った魚の強烈な臭いも持ち込んだことだろう。ギリヤークの主食は、「ユーコラ」と呼ばれる二枚におろして天日干しされた鮭の身だった。ピウスツキはギリヤークの女性や子供たちとも親しい関係になった（チェーホフ、一四八、一七二。Латышев2008a, 128-130）。

ギリヤーク語の知識についてピウスツキは後にこう述べている。

> 私は調査者にとって言葉の知識というものがいかに重要な要素であるかを痛感するようになった。これなくしては、一部族の物質面の状況すら、十分に研究することはできない。ましてや、信仰や習慣、家庭生活や部族生活、あるいはそうしたものの過去の姿や現在の息吹を十分に探求することは、さらにおぼつかない。〔中略〕ギリヤークの人々の中で得た経験から、私は、学習の方法としては、口承の伝説を書き取り、その意味を明らかにしようと努めることが最上だということを学んでいた。[3]

この言語能力がやがてピウスツキを先住民とその文化の擁護者としたのである。ロシア語をよく解さないギリヤークは、事あるごとに「ピルス」に助けを求めた。ギリヤークの一氏族はピウスツキを正式のメンバーに加え、彼を「美男子《パチュルリヤンド》」と呼んだ。またギリヤークの若者はみな

ピウスツキとギリヤークの子供たち

彼のことを「兄貴《アカン》」と呼んだ（Латышев, Роон, 107; Семенкова, 279; Majewicz1998, 25)。

この二十年ほど後、一九一一年にルヴフの雑誌『民族《ルート》』に発表したポーランド語の論文「ギリヤークの詩歌」[4]で、ピウスツキはこう述懐している。

> 当初彼ら〔ギリヤークたち〕は私のことを恐れていた。というのは彼らは近隣にいた刑事犯たちのために苦しみ、私をその一人と思っていたからだ。しかしながら、私がまったく悪いことをしない人間だと分かると、私のことを、喜びと悲しみを打ち明けられる兄のような存在とみなした。彼らはその信頼感と好意と詩歌によって、私の辛い苦役の日々に彩りを添えてくれた。（Пилсудский2017a, 3)

チェーホフのサハリン訪問

一八九〇年七〜十月に作家アントン・チェーホフ（一八六〇―一九〇四）がサハリン島を訪れた。そして旅行記『サハリン島』（一八九三年）を公にして、この辺境の島でいかに罪悪が蔓延しているかを暴いたことによって、サハリンは一躍注目を浴びた。チェーホフはルィコフスコエも訪問したが、ここの刑務所が清潔であること、書記たちが優秀であることを称賛している。

> 特にルィコフスコエでは、まっさきに、ここの書記たちがまるで専門の学校でも出たかのように、よく教育され、訓練されているのに気づかずにはいられなかった。戸籍調査簿とアルファベット順人名表とを、彼らは模範的なほど、きちんと整理しているのだ。その後、刑務所をおとずれた時も、炊事係やパン焼きなどまで、同じように秩序正しく訓練されているという印象をわたしに与えた。看守長たちさえ、ここでは、

アレクサンドロフスクやドゥエのように、飽食しきった、偉そうで愚鈍な、がさつな人間には見えなかった。刑務所内でも、清潔維持が可能な場所では、整頓に対する要求が極端なほど行きとどいているようだ。たとえば調理場やパン焼き場では、建物それ自体はもとより、設備や食器、空気、従業員の衣服にいたるまで、どんなにきびしい衛生検査にでも合格し得るような清潔さが見受けられるし、しかも、この清潔さがここでは、明らかに、参観者の有無などとは関係なく、常に守られているらしいのだ。（チェーホフ、一五六―一五七）

チェーホフ

チェーホフはサハリン訪問にあたって初代プリアムール総督アンドレイ・コルフ男爵から政治犯との接触を禁じられており、『サハリン島』に政治犯の暮らしに関する言及は見られないが、唯一の例外は当地の測候所訪問の折のことである。

ルィコフスコエには学校、電信局、病院、それにM・N・ガルキノ＝ヴラスコイ記念測候所があり、測候所を非公式に管理しているのは、特別待遇を受けている元海軍少尉の流刑囚で、実に勤勉な善良な人物である。彼はこのほか教会世話役の職務もはたしている。測候所ができて四年の間に、集められた資料は多くこそないが、それでも北部両管区の差異を明らかにするには十分だった。（チェーホフ、一五八）

「実に勤勉な善良な元海軍少尉の流刑囚」とはユヴァチョーフのことである。一方ユヴァチョーフはチェーホフに対する制約のことを知っていたので、その日記には「夜チェーホフ氏が来た」（Ювачёв, 141）としか書いていないが、それが八月十六日だったことが分かる。ちなみにチェーホフの中編小説『無名氏の話』（一八九三年）の主人公である退役海軍大尉の革命党員のモデルはユヴァチョーフだとする説がある（Ювачёв2014, I-40）。チェーホフがピウスツキと会ったかどうかは不明だが、ユヴァチョーフを通じてピウスツキや他のアレクサンドル三世暗殺未遂事件関係者のことを知っていたことは間違いない。チェーホフが採録したゴルクンとヴォーロホフの人口調査カードが残っている(Латышев2008a, 155)。

「サハリン日記」

ピウスツキはサハリンで日記をつけていた。といってもメモ書き程度のものだが、そのうち一八九一年五月一日から翌年三月二十八日（一八九一年七月十五日から十月十五日までを除く）までのものが見つかっている。これらの記述から、ルィコフスコエ近辺の気象状況や彼らが取り組んだ日々の農作業の実態が浮かび上がってくる。即ち、春から土地を耕し、畝をつくり、厩肥《きゅうひ》を入れ、五〜六月に各種野菜の種を蒔き、大麦を植え、水やりをし、除草し、秋には収穫し、草刈りをし、干草をつくるのである。彼らは家畜を十頭飼い、二十七ヘクタールの土地を耕していた（Штернберг2014, 331）。かつてズーウフで父を助けて農地経営に従事した経験は、少なからず役立ったであろう。一八九一年十一月二十四日付のズーリャ宛の手紙に、「僕にとって私的な仕事となっているのは以前のとおり〔中略〕農業です」（Пилсудский2015, 76）と書いているように、これは言わば副業の記録だが、片や生存、片や暇つぶしのための基盤をなすものだった。冬季期間中は苦役囚も刑期を終えた流刑移民も針葉樹林帯《タイガ》へ丸太や薪を取りに行くのが日課となっていた。またピウスツキたちが自分たちの菜園での農作業などのために数人の流刑農民もしくは刑事犯流刑囚を臨時に雇っていたことも分かる。ティミ管区が他の二つの管区と異なる点は、流刑農民と流刑囚の子供たちから成る自由身分の農民の数が最も多いことである(Пилсудский1998, 91, 97-104; Ищенко, 88)。

一八九一年に悲劇が起った。かつてサハリンへの航海中にカンチェルはピウスツキに自分の裏切りの許しを請い、ピウスツキは彼を許した。しかるにロシア人革命家のフラクションがロンドンで出していた新聞『自由ロシア』の数号がこの年にサハリンに届いたのだが、そこに「三月一日事件」の審理の模様を詳細に物語る記事が載り、カンチェルの裏切りが発覚したのである。流刑囚たちは憤慨し、十一月十日にカンチェルは自殺に追い込まれた。服毒し、ピストルで胸を撃ち抜いたのである（Плоский, 116, 123, 129; Ювачёв2014, I-237)。

オノール事件

翌一八九二年には〈陰惨なオノール事件〉が起こった。前年にティミ管区から南方へ向かってコルサコフ管区と結ぶべく、電信線敷設用林道の開削の工事が始まっていた。

五月初めにルィコフスコエ監獄から四五〇名の囚人が工事開始地点のオノール村に派遣された。これはロシア人集落である。同月末になるとほぼ毎日、工事現場での死者の報せが届くようになり、それは三カ月間で約百名に達した。[5] 元苦役囚の上級看守ワシーリイ・ハーノフとその部下の看守エゴール・ムラショーフが期限までに仕事を果たさない者には配給食料を半分に減らし、仕事のノルマに達しない者は配給食料をさらに半分に減らして、衰弱した者は射殺したのである。島の当局や看守たちのこのような残忍さについては、リュドミーラ・ヴォルケンシュテインも知人にこう書き送っている。

病人は沢山いますが、彼らが苦しんでいるのは病気というよりはむしろ当局の過酷さです。当地では一人〳〵の番人、看守が権力を有するツァーリにして神であり、冷酷で仮借なき野獣なのです。刑事犯のほんのわずかの行為が当地では笞刑の対象となります。その行為とは何を意味するか分かりますか。刑事犯の妻がある看守の眼鏡にかなうこと、それが行為です。事件の起きない日は一日とてありません。私とアレクサンドル・アレクサンドロヴィチは当局とたえず闘っています。(Теплинский, 168)

リュドミーラ・ヴォルケンシュテイン（一八五八―一九〇六）はハリコフ県知事ドミートリイ・クロポトキン暗殺未遂事件に加わった廉で逮捕され、シュリッセルブルグ要塞監獄の独房に十三年にわたって拘禁された。その壮絶な体験は『シュリッセルブルグ要塞の十三年』（一九〇二年）にまとめられている。一八九七年にサハリンのコルサコフ哨所へ流刑となり、キリーロフ医師とともに准医師として働いていた。既にブルガリア亡命時代に彼女は医療実習を体験していたのである。医師である夫のアレクサンドル（一八五一―一九二五）は、妻を追って自発的にサハリンに来た。その頃にはリュドミーラは既に流刑囚たちの信頼を勝ち得ていた。島に到着した頃のことをアレクサンドルはこう回想している。

リュドミーラ・ヴォルケンシュテイン

隣人たちが医者の到着を知って、自分の病気や自分の子供たちの病気のことを相談するために、私が病人の診察に来た農家に駆け集まってきた時、私は壁の向こうで主婦か一番事情通の隣人の女性が、最高の（私を信頼できるという意味）、もっとも信頼できる紹介の仕方をしたのを耳にした。「あれは奥さんを追ってきた人よ。」妻を追ってきた夫の出現自体、珍奇なことと言わざるを得ない。毎年「ヤロースラヴリ号」で夫を追って数十名の妻たちの一行が到着した…妻を追ってやって来た夫は、私の知る限りサハリンでただ一人私だけだった…（Теплинский, 167-168)

夫妻はコルサコフ哨所、次いでアレクサンドロフスク哨所の病院で働いた。

チェーホフが『サハリン島』で言及したように、まもなくシュテルンベルグらによってこの事件を報ずる記事が中央の雑誌や『ウラジオストク』紙に表われ、全ロシアでセンセーションを引き起こした。実はその情報源の一つはピウスツキとペルラシュケヴィチだった（Гоcткевич1926, 144; Латышев2008a, 158-159)。元将校の「人民の意志」党員ニコライ・ペルラシュケヴィチは一八八六年に逮捕され、無期苦役を宣告されて、一八八九年三月にシュテルンベルグらとともにサハリンへ送致された。この人物は自殺願望がありピウスツキを悩ませたが、ピウスツキは彼にコレラの病人の世話役となることを勧めている（БП и ЛШ, 37-38, 229)。事件の審理は長期間に及び、一九〇〇年に四代目武官知事ミハイル・リャプノフ（一八四八―一九〇九）のもとで証拠不十分の理由により闇に葬られた。

シュテルンベルグとの出会い

『サハリン島』によって先住民の民族学的調査と人口調査の必要性も意識され出した。この調査を委託されたのが、後に〈北アジア民族学の泰斗〉と仰がれるレフ・シュテルンベルグ（一八六一―一九二七）である。彼はウクライナのヴォルィニ県の県都ジトーミル市の町人階級のユダヤ人家庭に生まれた。一八八二年に学生運動に加わったかどでペテルブルグ大学物理・数学部を除籍、逮捕されて故郷へ送還された。翌年にオデッサのノヴォロシア大学法学部に入学。ペテルブルグで壊滅した「人民の意志」党復興のために活動して一八八六年に逮捕され、オデッサ中央監獄独房に三年間拘禁の後、十年の刑で一八八九年五月、ピウスツキの二年後にサハリンに送られてきた（Латышев2008a, 131, 323)。

両者の出会いは一八九一年一月のことである。この頃までにサハリンに政治犯のコロニーが二つ、アレクサンドロフスク哨所とルィコフスコエ村にできており、シュテルンベルグの同行者のうちペルラシュケヴィチ、アレクサンドル・アレクサンドリン、エフィーム・ペトローフスキイの三名はルィコフスコエに送られた。シュテルンベルグとイワン・スヴォーロフが、一緒にサハリンに送られた友人の政治犯たちと会い、またアレクサンドル三世暗殺未遂事件の者たちと知己を結ぶために、アレクサンドロフスク哨所からルィコフスコエにやって来たのである。この前年にシュテルンベルグは、サハリンの囚人のなかで「社会生活を送っているのはピウスツキだけだ」(Суворов, 313) という情報を得ていた。後に民族学者ニーナ・ガゲン＝トールンは、ピウスツキとシュテルンベルグの最初の出会いをこう叙述している。

シュテルンベルグ

背の高いすらりとしたピウスツキが両手を差し伸べながら近寄ってきた。「レフ・ヤーコヴレヴィチ、到頭あなたとお会いできてなんとうれしいことでしょう。沢山のことをお話ししなければなりません。」明るい色の頬髯のために若者の顔は年よりも老けて見えたが、微笑みは子供のように開けっぴろげで善良そうだった。「僕はあなたの異族人研究のお仕事を大変興味深く思っています。これは苦役地ではない別のサハリンへの出口ですからね！」「まったくその通り―とシュテルンベルグは微笑んだ―なくてはならないはけ口です。この地の住民の習俗を観察することは、人類の進化を理解する手助けとなります…〔中略〕僕は最近タイラーの本[6]を手に入れて読みました。この現象はアニミズムということが分かりました。僕は既にアメリカで発見されたことを、ここで発見したのです。」「僕にタイラーを貸してくれませんか？―ピウスツキが活気づいて尋ねた―レフ・ヤーコヴレヴィチ、僕はまったくの門外漢なんですから！大学の一年の時に逮捕され、非体系的に独学を進めてきました。監獄で強いられた無為に苦しみながら、手当たり次第に乱読してきたのです。」「この地で民族学を研究することによって、僕たちは重要な仕事をなしているのです、ブロニスワフ…」ピウスツキはシュテルンベルグの真剣な暗色のまなざしに見つめられて活気づいた。

(Гаген=Торн, 50-51)

これはガゲン＝トールンの空想の産物ではなくて、かつて彼女が恩師シュテルンベルグから聞いた話に基づいているのだろう。前に紹介した一八八八年三月二十三日付の父宛の手紙にピウスツキは、「今は新到来者の一行をこちらに送ってこないかと始終待ち続けています。ひょっとしたらそのなかに精神的に自分に近しい人物が見つかるかもしれません」(Вуйцик1998, 353) と書いているが、まさしくその〈待ち人〉がついに現れたのである。ユヴァチョーフも二人の出会いを後にこう書き残している。

> 一八八九年夏に新しい政治犯の一行がサハリンに送致され、そのなかにL・Ia・シュテルンベルグがいた。彼にはアレクサンドロフスク哨所が居住地として割り当てられた。まもなく彼は我々と知己を結ぶためにルィコフスコエにやって来た。ピウスツキは彼に自分のギリヤーク語の仕事を見せた。シュテルンベルグはたちまち燃え立った。知識欲盛んで万事に鋭く反応する彼は、そのような大事業を見過ごすことはできなかった。彼はピウスツキの仕事をあらゆる細部まで把握し、自らティミのギリヤークたちと急いで個人的に知り合いになった。(БП и ЛШ, 16)

シュテルンベルグの目には、十日間を過ごしたルィコフスコエの政治犯たちの暮らしは「物質的にも精神的にもなかなか良い」(Штернберг2014, 331) と映った。

ギリヤークの調査

ピウスツキは五歳年上のこの人物と意気投合し、ギリヤークの共同調査を開始した。シュテルンベルグはこの前年からギリヤーク研究に着手していた。この折のことを後に彼はこう書いている。

> 私は当時同じくサハリンに住み、異族人に関心を抱いていた友人の一人B・O・ピウスツキに、採録した音声の正確さをできる限り担保するために、私と同時並行的にいくつかのテクストを採録してくれるよう頼んだ。だが二人のヨーロッパ人である我々は、いくつかの音声の聞き取りにおいてしばしば意見が分かれた。
>
> (БП и ЛШ, 15)

ピウスツキが民族学の途に進む手助けをしたのはシュテルンベルグである。十一月十六～十八日付のシュテルンベ

SEIBUNSHA

出版案内
2022

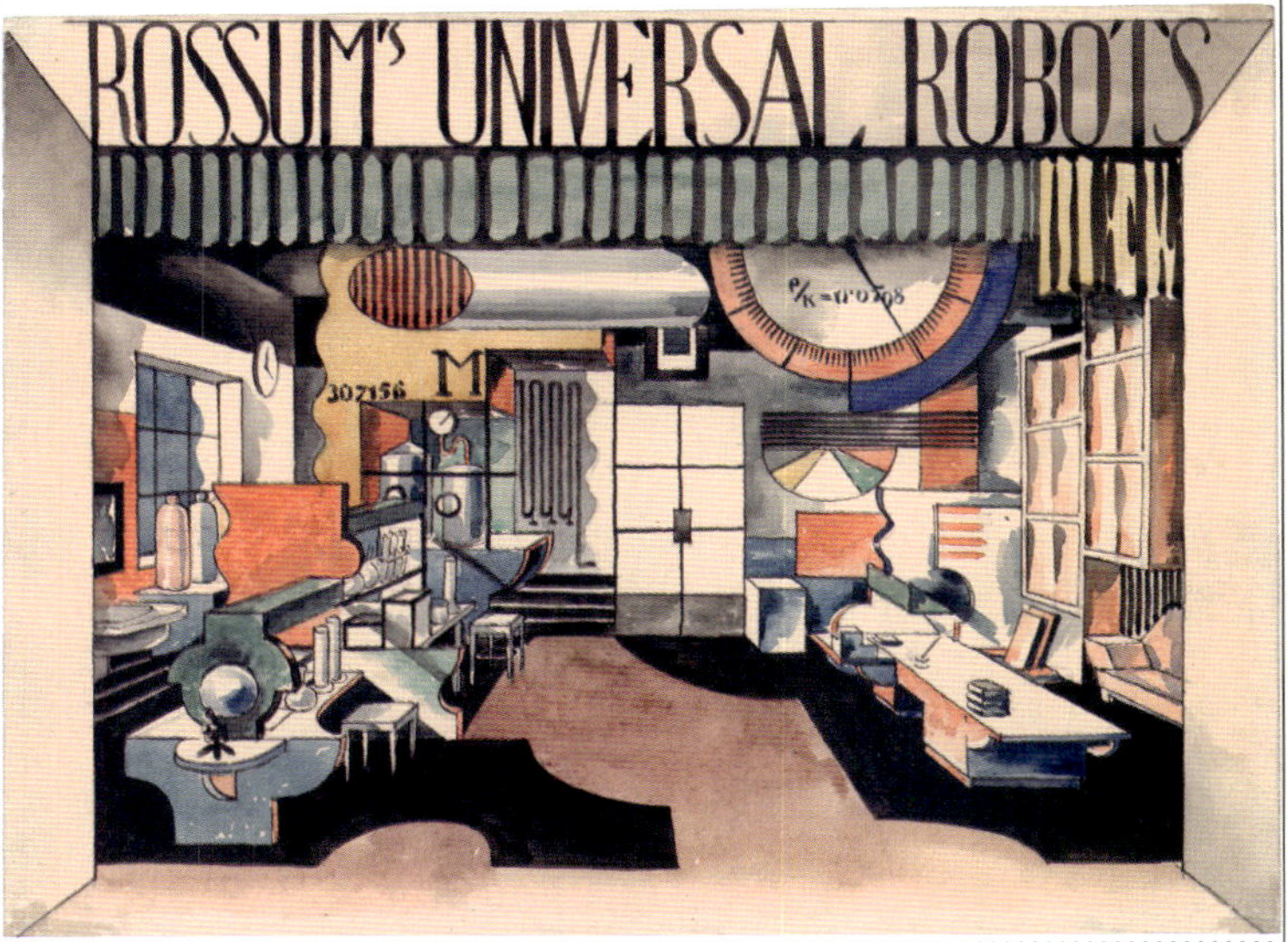

『ロボット（RUR）』の舞台デザイン（『ベドジフ・フォイエルシュタインと日本』カバーより）

成文社

〒 258-0026　神奈川県開成町延沢 580-1-101

Tel. 0465-87-5571　Fax. 0465-87-9448　URL http://www.seibunsha.net/

価格はすべて本体価格です。末尾が◎の書籍は電子媒体（PDF）となります。

歴史

栗生沢猛夫著

『ロシア原初年代記』を読む

キエフ・ルーシとヨーロッパ、あるいは「ロシアとヨーロッパ」についての覚書

A5判上製貼函入　1056頁　16000円　978-4-86520-011-9

キエフ・ルーシの歴史は、スカンディナヴィアからギリシアに至る南北の道を中心として描かれてきた。本書は従来見過ごされがちであった西方ヨーロッパとの関係（東西の道）に重点をおいて見直し、ロシアがヨーロッパの一員として歴史的歩みを始めたことを示していく。　2015

歴史

栗生沢猛夫著

イヴァン雷帝の『絵入り年代記集成』

モスクワ国家の公式的大図解年代記研究序説

A5判上製　396頁　6000円　978-4-86520-030-0

「天地創造」からの「世界史」とそれに続く16世紀までのロシア史を極彩色細密画で描き出す『絵入り年代記集成』。21世紀に初めて出版された『集成』はなぜこれまで日の目を見なかったのか。謎の解明を目指すと同時に、全体構成と内容、歴史史料としての意義について考察する。　2019

歴史

R・G・スクルィンニコフ著　栗生沢猛夫訳

イヴァン雷帝

四六判上製　400頁　3690円　978-4-915730-07-8

テロルは権力の弱さから発し一度始められた強制と暴力の支配はやがて権力の統制から外れそれ自体の論理で動きだす——イヴァン雷帝とその時代は、今日のロシアを知るうえでも貴重な示唆を与え続ける。朝日、読売、日経、産経など各紙誌絶賛のロングセラー。　1994 ◎

歴史

長縄光男著

評伝ゲルツェン

A5判上製　560頁　6800円　978-4-915730-88-7

トム・ストッパード「コースト・オブ・ユートピア」の主人公の本邦初の本格的評伝。十九世紀半ばという世界史の転換期に「人間の自由と尊厳」の旗印を掲げ、ロシアとヨーロッパを駆け抜けたロシア最大の知識人の壮絶な生涯を鮮烈に描く。　2012

歴史

大野哲弥著

国際通信史でみる明治日本

A5判上製　304頁　3400円　978-4-915730-95-5

明治初頭の国際海底ケーブルの敷設状況、それを利用した岩倉使節団と留守政府の交信、台湾出兵時の交信、樺太千島交換交渉に関わる日露間の交信、また日露戦争時の新技術無線電信の利用状況等の史実を明らかにしつつ、政治、外交、経済の面から、明治の日本を見直す。　2012

歴史

稲葉千晴著

バルチック艦隊ヲ捕捉セヨ

海軍情報部の日露戦争

四六判上製　312頁　3000円　978-4-86520-016-4

新発見の史料を用い、日本がいかにしてバルチック艦隊の情報を入手したかを明らかにし、当時の海軍の情報戦略を解明していく。さらに世界各地の情報収集の現場を訪れ、集められた情報の信憑性を確認。日本海軍がどれほどの勝算を有していたか、を導き出していく。　2016

歴史

松村正義著

日露戦争一〇〇年

新しい発見を求めて

四六判上製
２５６頁
２０００円
978-4-915730-40-5

日露戦争から一〇〇年を経て、ようやく明らかにされてきた真実を紹介する。講和会議を巡る日露および周辺諸国の虚々実々の駆け引き。前世紀末になって開放された中国、ロシアの戦跡訪問で分かった事。歴史的遺産を丹念に発掘し、改めて日露戦争の現代的意義を問う。

２００３

歴史

松山大学編

マツヤマの記憶

日露戦争一〇〇年とロシア兵捕虜

四六判上製
２４０頁
２０００円
978-4-915730-45-0

マツヤマ！　そう叫んで投降するロシア兵がいたという。国際法を遵守して近代国家を目指した日本。実際に捕虜を迎えた市民たち。捕虜受け入れの実相、国内の他の収容所との比較、日露の収容所比較、ロシア側からの視点などを包摂して、その実態を新たに検証する。

２００４

歴史

日露戦争研究会編

日露戦争研究の新視点

Ａ５判上製
５４４頁
６０００円
978-4-915730-49-8

戦争に大きく関わっていた欧米列強。戦場となった朝鮮半島と中国。戦いの影響を受けざるをえなかったアジア諸国。当事国であった日露、とくにロシア側の実態を明らかにするとともに、従来の研究に欠けていた新たな視角と方法を駆使して百年前の戦争の実相に迫る。

２００５

歴史

松村正義著

日露戦争と日本在外公館の〝外国新聞操縦〟

Ａ５判上製
３２８頁
３８００円
978-4-915730-82-5

極東の小国日本が大国ロシアに勝利するために採った外交手段のひとつが〝外国新聞操縦〟であった。現在では使われなくなったこの用語の内実に迫り、戦争を限定戦争として世界大戦化させないため、世界中の日本の在外公館で行われた広報外交の実相に迫る。

２０１０

歴史

土屋好古著

「帝国」の黄昏、未完の「国民」

日露戦争・第一次革命とロシアの社会

Ａ５判上製
３５２頁
６０００円
978-4-915730-93-1

日露戦争がロシアに問いかけたもの――それは、「帝国」という存在の困難と「国民」形成という課題であった。日露戦争を「長い一九世紀」という歴史的文脈の中に位置づけて、自由主義者たちの「下から」の国民形成の模索と第一次革命の意味を論じる。

２０１２

歴史

稲葉千晴著

ヤド・ヴァシェームの丘に

ホロコーストからユダヤ人を救った人々

四六判並製
１６０頁
１５００円
978-4-86520-051-5

イェルサレムにあるヤド・ヴァシェームは、ホロコーストによって命を奪われた同胞と、ナチの脅威に立ち向かった英雄を追悼する場所である。本書は、その場所の成り立ち、ホロコーストからユダヤ人を救った「有徳の人」を概説し、かれらを具体的に紹介していく。

２０２０

歴史

長い終戦

戦後初期の沖縄分離をめぐる行政過程

コンペル　ラドミール著

A5判上製
320頁
5600円
978-4-86520-047-8

いったい何が沖縄の戦争の幕引きを長引かせたのか。「降伏をめぐるプロセス」と「沖縄の行政分離に至るプロセス」の二つのプロセスに注目して、その過程を見ていく。沖縄の問題に、戦後初期の日米の資料を多角的、多面的に解明することで迫っていく。　2020

歴史

ロシアの失墜

届かなかった一知識人の声

E・J・ディロン著　成田富夫訳

A5判上製
512頁
6000円
978-4-86520-006-5

十九世紀半ば、アイルランドに生まれた著者は、ロシアへと深く入り込んでいく。ウィッテの側近にもなっていた彼は、帝政ロシアの崩壊に直面。ロシアが生まれ変わろうとするとき、それはロシア民衆にとって幸せなことか、未知なるものへの懐疑と願望を吐露していく。　2014

歴史

ロシア　昨今

ソヴィエト・ロシアへの偏らざる見解、1928年再訪の記録

E・J・ディロン著　成田富夫訳　西山克典監修

A5判上製
360頁
5000円
978-4-86520-046-1

革命後の一九二八年秋、十四年間の空白の後、人生の思い出多きロシアの地を訪れたひとりのアイルランド人。革命とボリシェヴィズムを世界に対する「浄化」カタルシスと捉え、期待と危惧を秘めたソヴィエト社会を活写していく。異色のソヴィエト社会・文化論。　2020

歴史・文学

トルストイ　新しい肖像

E・J・ディロン著　成田富夫訳

四六判上製
344頁
3400円
978-4-86520-024-9

アイルランド生まれの著者は、十九世紀末葉、世界的に名を馳せていたトルストイとの関係を築いていく。文学作品の翻訳から始まり、トルストイと彼を取り巻く人々との交わりは、著者ならではの体験と観測とを育み、新たなトルストイ像が形造られていく。　2017

歴史・文学

トルストイの子どもたち

セルゲイ・トルストイ著　青木明子訳

四六判上製
274頁
2500円
978-4-86520-037-9

トルストイは十三人の子どもをもうけたが、夭折した五人を除く八人について孫である著者が語る。かれらは父の死後、第一次世界大戦、ロシア革命、内戦と続く二十世紀初頭の激動の時代を生きた。そんな波乱に満ちた彼らの生涯に通底する文豪との関係にも迫る。　2019 ◎

現代・ビジネス

ロシアの躁と鬱

ビジネス体験から覗いたロシア

中尾ちゑこ著

四六判上製
200頁
1600円
978-4-86520-028-7

ソ連崩壊後に「気まぐれな好奇心」からモスクワのビジネススクールで短期講師に就任。それ以来、ロシアに特化したビジネスを展開する著者の目に映ったロシア、ロシア人、彼らとのビジネスを赤裸々に描く。48歳でロシアビジネスに踏み込んでいった女性の型破りの記録。　2018

歴史

沢田和彦著

日露交流都市物語

A５判上製
４２４頁
４２００円
978-4-86520-003-4

江戸時代から昭和時代前半までの日露交流史上の事象と人物を取り上げ、関係する都市別に紹介。国内外の基本文献はもとより、日本正教会機関誌の記事、外事警察の記録、各地の郷土資料、ロシア語雑誌の記事、全国・地方紙の記事を利用し、多くの新事実を発掘していく。　２０１４

歴史

沢田和彦著

白系ロシア人と日本文化

A５判上製
３９２頁
３８００円
978-4-915730-58-0

ロシア革命後に故国を離れた人びとの多くは自国の風俗、習慣を保持しつつ、長い年月をかけて世界各地に定着、同化、それぞれの国や地域の政治・経済・文化の領域において多様な貢献をなしてきた。日本にやってきたかれらが残した足跡を精緻に検証する。　２００７　◎

歴史

沢田和彦著

ブロニスワフ・ピウスツキ伝

〈アイヌ王〉と呼ばれたポーランド人

A５判上製
４００頁
４０００円
978-4-86520-040-9

ロシア領リトアニアのポーランド貴族の家に生まれたピウスツキは、ペテルブルグ大学へ進学するも、皇帝暗殺未遂事件に連座してサハリン島へ流刑。過酷な運命を生きた巨人の生涯を、近代史を彩るアイヌ、日本を含む珠玉のような事柄とともに描く、本邦初の本格的評伝。　２０１９

歴史

長縄光男著

ニコライ堂遺聞

四六判上製
４１６頁
３８００円
978-4-915730-57-3

明治という新しい時代の息吹を胸に、その時代の形成に何ほどかの寄与をなさんとした人々。祖国を離れ新生日本の誕生に己の人生をかけたロシア人たちと、その姿に胸打たれ後を追った日本人たち。ニコライ堂に集った人々の栄光、挫折、そして再生が描かれる。　２００７

歴史

ポダルコ・ピョートル著

白系ロシア人とニッポン

A５判上製
２２４頁
２４００円
978-4-915730-81-8

来日した外国人のなかで、ロシア人が最も多かった時代があった。一九一七年の十月革命後に革命軍に抗して戦い、敗れて亡命した白系ロシア人たちだ。ソ連時代には顧みられなかった彼らを、日露関係史を専門とするロシア人研究者が入念に掘り起こして紹介する。　２０１０　◎

歴史

生田美智子編

満洲の中のロシア

境界の流動性と人的ネットワーク

A５判上製
３０４頁
３４００円
978-4-915730-92-4

満洲は、白系ロシアとソヴィエトロシアが拮抗して共存する世界でも類を見ない空間であった。本書は、その空間における境界の流動性や人的ネットワークに着目、生き残りをかけたダイナミズムを持つものとして、様々な角度から照射していく。　２０１２

歴史・思想

森岡真史著

ボリス・ブルックスの生涯と思想

民衆の自由主義を求めて

A5判上製
456頁
4400円
978-4-915730-94-8

ソ連社会主義の同時代における透徹した批判者ボリス・ブルックスの本邦初の本格的研究。ブルックスがネップ下のロシアで、また国外追放後に亡命地で展開したソヴェト経済の分析と批判の全体像を、民衆に根ざした独自の自由主義経済思想とともに明らかにする。　２０１２

歴史

近藤喜重郎著

在外ロシア正教会の成立

移民のための教会から亡命教会へ

A5判上製
280頁
3200円
978-4-915730-83-2

革命によって離散を余儀なくされたロシア正教会の信徒たち。国内外で起きたさまざまな出来事が正教会の分裂と統合を促していく。その歴史を辿るなかで、在外ロシア正教会の指導者たちがいかにして信徒たちを統率しようとしていったのかを追う。　２０１０

歴史

V・クラスコーワ編　太田正一訳

クレムリンの子どもたち

A5判上製
446頁
5000円
978-4-915730-24-5

「子どもたちこそ輝く未来！」――だが、この国の未来はそら恐ろしいものになってしまった。秘密警察長官ジェルジーンスキイから大統領ゴルバチョフまで、歴代の赤い貴族の子どもたちを通して、その「家族の記録」すなわち「悲劇に満ちたソ連邦史」を描き尽くす。　１９９８

歴史

モーリーン・ペリー著　栗生沢猛夫訳

スターリンとイヴァン雷帝

スターリン時代のロシアにおけるイヴァン雷帝崇拝

四六判上製
432頁
4200円
978-4-915730-71-9

国家建設と防衛、圧制とテロル。矛盾に満ちたイヴァン雷帝の評価は、その時代の民衆と為政者によって、微妙に、そして大胆に変容を迫られてきた。スターリン時代に、その跡を辿る。国家、歴史、そしてロシアを考えるうえで、示唆に満ちた一冊。　２００９

歴史

J・ロッシ著　外川継男訳　内村剛介解題

さまざまな生の断片

ソ連強制収容所の20年

四六判上製
208頁
1942円
978-4-915730-16-0

フランスに生まれ、若くしてコミュニストとなり、スパイ容疑でソ連で逮捕。以降二十四年の歳月を収容所で送った著者が、その経験した出来事を赤裸々に、淡々と述べた好編。スターリン獄の実態、そしてソ連邦とは何だったのかを考えるうえでも示唆的な書。　１９９６　◎

歴史・思想

外川継男著

サビタの花

ロシア史における私の歩み

四六判上製
416頁
3800円
978-4-915730-62-7

若き日にロシア史研究を志した著者は、まずアメリカ、そしてフランスに留学。ロシアのみならずさまざまな地域を訪問することで、ロシア・ソ連邦史、日露関係史に関する独自の考えを形成していく。訪れた地域、文明、文化、そして接した人びとの姿が生き生きと描かれる。　２００７

歴史

太田丈太郎著

「ロシア・モダニズム」を生きる

日本とロシア、コトバとヒトのネットワーク

978-4-86520-009-6

A5判上製 424頁 5000円

一九〇〇年代から三〇年代まで、日本とロシアで交わされた、そのネットワークに迫る。個々のヒトの、作品やコトバの関わり、その彩りゆたかなネットワーク。それらを本邦初公開の資料を使って鮮やかに蘇らせる。掘り起こされる日露交流新史。 2014

歴史

太田丈太郎著

イリーナさんというひと

ソ連という時間をさがして

978-4-86520-048-5

A5判上製 272頁 3000円

ソ連という時間を生きた女性が遺した文書を読み解き、個々のヒトの「ヴォイス」を甦らせていく。いぬいとみことチュコーフスキーの児童文学、ブブノワの画家としての業績、「青年同盟」をめぐるニコライ・ハールジエフの研究、島尾敏雄の小説が蘇ってくる。 2020

歴史

神長英輔著

「北洋」の誕生

場と人と物語

978-4-86520-008-9

A5判上製 280頁 3500円

北洋とは何か、北洋漁業とは何か。十九世紀半ば以降のその通史（＝場）を概観し、そこに関わった人物たちの生涯（＝人）を辿りながら、北洋（漁業）の歴史の語り方そのもの（＝物語）を問うていく。いまなお形を変えながら語り継がれている物語に迫る。 2014

歴史

N・ヴィシネフスキー著 小山内道子訳

トナカイ王

北方先住民のサハリン史

978-4-915730-52-8

四六判上製 224頁 2000円

サハリン・ポロナイスク（敷香）の先住民集落「オタス」で「トナカイ王」と呼ばれたヤクート人ドミートリー・ヴィノクーロフ。かれは故郷ヤクーチア（現・サハ共和国）の独立に向け、日本の支援を求めて活動した。戦前、日本とソ連に翻弄された北方先住民たちの貴重な記録。 2006

歴史・文学

リディア・ヤーストレボヴァ著 小山内道子訳

始まったのは大連だった

リュドミーラの恋の物語

978-4-915730-91-7

四六判上製 240頁 2000円

大連で白系ロシア人の裕福な家庭に育ったミーラ。日本降伏後に進攻してきたソ連軍の将校サーシャ。その出会い、別離、そして永い時を経ての再会。物語は、日本人の知らなかった満州、オーストラリア、ソ連を舞台に繰り広げられる。 2012

歴史

エレーナ・サヴェーリエヴァ著 小山内道子訳 サハリン・樺太史研究会監修

日本領樺太・千島からソ連領サハリン州へ

一九四五年―一九四七年

978-4-86520-014-0

A5判上製 192頁 2200円

日本領樺太・千島がソ連領サハリン州へ移行する過程は、ソ連時代には半ばタブーであった。公文書館に保存されていた「極秘」文書が一九九二年に公開され、ようやくその全容が知られることになる。民政局によって指導された混乱の一年半を各方面において再現、検証する。 2015

歴史

長縄光男、沢田和彦編

異郷に生きる

来日ロシア人の足跡

978-4-915730-29-0　A5判上製　274頁　2800円

日本にやって来たロシア人たち――その消息の多くは知られていない。かれらは、文学、思想、芸術の分野だけでなく、日常生活の次元において、いかなる痕跡をとどめているのか。数奇な運命を辿った人びとの足跡を追うとともに、かれらが見た日本を浮かび上がらせる。　2001

歴史

中村喜和、長縄光男、長與進編

異郷に生きるII

来日ロシア人の足跡

978-4-915730-38-2　A5判上製　274頁　2800円

数奇な運命を辿ったロシアの人びとの足跡。それは、時代に翻弄されながらも、人としてしたたかに、そして豊かに生きた記録でもある。日本とロシアの草の根における人と人との交流の跡を辿ることで、異郷としての日本をも浮かび上がらせる。好評の第二弾――　2003

歴史

中村喜和、安井亮平、長縄光男、長與進編

遥かなり、わが故郷

異郷に生きるIII

978-4-915730-48-1　A5判上製　294頁　3000円

鎖国時代の日本にやってきたロシアの人や文化。開国後に赴任したペテルブルクで榎本武揚が見たもの。大陸や半島、島嶼で出会うことになる日露の人々と文化の交流。日本とロシアのあいだで交わされた跡を辿ることで、日露交流を多面的に描き出す、好評の第三弾――　2005

歴史

中村喜和、長縄光男、ポダルコ・ピョートル編

異郷に生きるIV

来日ロシア人の足跡

978-4-915730-69-6　A5判上製　250頁　2600円

ポーランド、東シベリア、ウラジヴォストーク、北朝鮮、南米、北米。ロシア、函館、東京、ソ連、そしてキューバ。時代に翻弄され、数奇な運命を辿ることになったロシアの人びと。さまざまな地域、時代における日露交流の記録を掘り起こして好評のシリーズ第四弾――　2008

歴史

中村喜和、長縄光男、ポダルコ・ピョートル編

異郷に生きるV

来日ロシア人の足跡

978-4-915730-80-1　A5判上製　360頁　3600円

幕末の開港とともにやって来て発展したロシア正教会。日露戦争、日露協商、ロシア革命、大陸での日ソの対峙、そして戦後。その間にも多様な形で続けられてきた交流の歴史。さまざまな地域、時期における日露交流の記録を掘り起こして好評のシリーズ第五弾――　2010

歴史

中村喜和、長縄光男、沢田和彦、ポダルコ・ピョートル編

異郷に生きるVI

来日ロシア人の足跡

978-4-86520-022-5　A5判上製　368頁　3600円

近代の歴史の中で、ともすれば反目しがちであった日本とロシア。時代の激浪に流され苦難の道を辿ることになったロシアの人々を暖かく迎え入れた日本の人々。さまざまな地域、さまざまな時期における日露交流の記憶を掘り起こす好評のシリーズ、最新の論集――　2016

歴史

ハプスブルクとハンガリー

H・バラージュ・エーヴァ著　渡邊昭子、岩崎周一訳

四六判上製
416頁
4000円
978-4-915730-39-9

中央ヨーロッパに巨大な版図を誇ったハプスブルク君主国。本書は、その啓蒙絶対主義期について、幅広い見地から詳細かつ精緻に叙述する。君主国内最大の領域を有し、王国という地位を保ち続けたハンガリーから眺めることで、より生き生きと具体的にその実像を描く。　2003

歴史

オーストリアの歴史

R・リケット著　青山孝徳訳

四六判並製
208頁
1942円
978-4-915730-12-2

中欧の核であり、それゆえに幾多の民族の葛藤、類のない統治を経てきたオーストリア。そのケルト人たちが居住した古代から、ハプスブルク帝国の勃興、繁栄、終焉、そして一次、二次共和国を経て現代までを描いた、今まで日本に類書がなかった通史。　1995

歴史

オーストリア現代史

1918―2018

アンドレーアス・ピットラー著　青山孝徳訳

四六判上製
160頁
1600円
978-4-86520-055-3

オーストリア＝ハンガリー君主国が崩壊し、そこに暮らしていた諸民族は、自分たちの民族国家を樹立したり、すでに存在した同一民族の国家に加わったりした。取り残された「オーストリア人」が、自らのアイデンティティを求めて歩んだ共和国一〇〇年の歴史を辿る。　2021

歴史

カール・レンナー

1870―1950

ジークフリート・ナスコ著　青山孝徳訳

四六判上製
208頁
2000円
978-4-86520-013-3

オーストリア＝ハンガリー帝国に生まれ、両大戦間には労働運動、政治の場で生き、そして大戦後のオーストリアを国父として率いたレンナー。本書は、その八十年にわたる生涯を、その時々に国家が直面した問題と、それに対するかれの対応とに言及しながら記述していく。　2015

歴史

カール・レンナー

その蹉跌と再生

ジークフリート・ナスコ著　青山孝徳訳

A5判上製
400頁
5000円
978-4-86520-033-1

二つの世界大戦後の混乱の中で二度の共和国樹立者、つねに調和を重んじ、構想力に富み、前向きで思いやりのある政治家。すでにコンパクトながら包括的な伝記のある著者が、本書でより詳細にレンナー八十年の実像に迫る。粘り強くオーストリアを率いた「国父」の肖像。　2019

歴史

カール・レンナー入門

アントーン・ペリンカ著　青山孝徳訳

四六判上製
176頁
1800円
978-4-86520-050-8

オーストリアの「国父」は死後70年の現在も評価と批判が交錯する人物である。オーストリアの抱える「あいまいさ」――ナチから解放された国であるとともに、ナチとともに犯した加害を忘れた国――を作り出したのはレンナーではないか、と著者は鋭く迫る。　2020

歴史

資本主義の世界像

オットー・バウアー著　青山孝徳訳　水田洋序論

四六判並製　96頁　1000円
978-4-86520-052-2

本書は一九一六年、シベリアの捕虜収容所において、大きな資料的制約の下で執筆された、バウアーの唯一とも言える哲学的著作である。名著『封建的世界像から市民的世界像へ』の著者フランツ・ボルケナウは、自分が重要な示唆を受け取った著作の一つに本書を上げる。　2020

歴史

統制経済と食糧問題

第一次大戦期におけるポズナン市食糧政策

松家仁著

A5判上製　304頁　3200円
978-4-915730-32-0

十八世紀末葉のポーランド分割でドイツに併合されたポズナン。本書は、第一次大戦下、そこで行われた戦時統制経済を具体的に描き出し、分析していく。そこには、民族、階級の問題など、それ以降の統制経済に付き纏うさまざまな負の遺産の萌芽がある──。　2001

歴史

国家建設のイコノグラフィー

ソ連とユーゴの五カ年計画プロパガンダ

亀田真澄著

A5判上製　184頁　2200円
978-4-86520-004-1

ユーゴスラヴィア第一次五カ年計画のプロパガンダは、ソ連の第一次・第二次五カ年計画とはいかに異なる想像力のうえになされていたのか。それぞれのメディアで創りだされる視覚表象を通し、国家が国民をどのようにデザインしていったのかを解明していく。　2014

歴史

ヤーン・ユリーチェク著　長與進訳

彗星と飛行機と幻の祖国と

ミラン・ラスチスラウ・シチェファーニクの生涯

A5判上製　336頁　4000円
978-4-86520-012-6

スロヴァキアの小さな村に生まれ、天文学の道へ。パリ─アルプス─南米─タヒチと世界を巡り、第一次大戦時にはフランス軍でパイロットとして活躍。そして、マサリク、ベネシュとともにチェコスロヴァキア建国に専念していく。その数奇な生涯をたどる。　2015

社会思想

私の社会思想史

マルクス、ゴットシャルヒ、宇野弘蔵等との学問的対話

黒滝正昭著

A5判上製　488頁　4800円
978-4-915730-75-7

「初期マルクス」の思想形成過程から入って、宇野弘蔵、ヒルファーディング等現代社会思想の森林の迷路を旅する。服部文男・ゴットシャルヒの導きで学問的対話の域に達した著者四十五年間の、研究の軌跡と問いかけ。　2009

歴史・思想

ユートピアの鎖

全体主義の歴史経験

小沼堅司著

四六判上製　296頁　2500円
978-4-915730-41-2

マルクス＝レーニン主義のドグマと「万世一党」支配の下で起っていた多くの悲劇。本書は、スターリンとその後の体制がもったメカニズムを明らかにするとともに、ドストエフスキー、ジイド、オーウェルなどいち早くそこに潜む悲劇性を看取した人びとの思想を紹介する。　2003

歴史・思想

A・シュタイン著　倉田稔訳

ヒルファディング伝

ナチズムとボルシェヴィズムに抗して

B６変並製
１１２頁
１２００円
978-4-915730-00-9

名著『金融資本論』の著者としてだけでなく、社会民主主義を実践し大戦間の大蔵大臣を務めるなど党指導者・政治家として幅広く活躍したヒルファディング。ナチズムによる非業の死で終った彼の生涯を、個人的な思い出とともに盟友が鮮やかに描き尽くす。　１９８８

歴史・思想

倉田稔著

マルクス『資本論』ドイツ語初版

B６変並製
３６頁
３００円
978-4-915730-18-4

小樽商科大学図書館には、世界でも珍しいリーナ・シェーラー宛マルクス自署献呈本がある。この本が、シェーラーに献呈された経緯と背景、また日本の図書館に入って来ることになった数奇な経緯をエピソードとともに辿る。不朽の名著に関する簡便な説明を付す。　１９９７

歴史

倉田稔著

ハプスブルク・オーストリア・ウィーン

四六判上製
１９２頁
１５００円
978-4-915730-31-3

中央ヨーロッパに永らく君臨したハプスブルク帝国。その居城であったウィーンは、いまでも多くの文化遺産を遺した、歴史に彩られた都である。その地に三年居住した著者が、歴史にとどまらず、多方面から独自の視点でオーストリア、ウィーンを描きだす。　２００１

歴史・思想

倉田稔著

ルードルフ・ヒルファディング研究

四六判上製
２４０頁
２４００円
978-4-915730-85-6

二十世紀前半の激動の時代に、ヒルファディングは初めマルクスに従いながら創造的な研究をし、そしてマルクスを超える視点を見出した。『金融資本論』の著者は、新しい現実をユニークに分析し、とりわけナチズムとソ連体制を冷静に観察し、批判した人物でもある。　２０１１

歴史・思想

倉田稔著

ヨーロッパ　社会思想　小樽

私のなかの歴史

四六判上製
２５６頁
２０００円
978-4-915730-99-3

学問への目覚めから、ヨーロッパを中心とする社会思想史、そして小林多喜二論、日本社会論へと続く、著者の学問的足跡をたどる。『北海道新聞』に連載された記事（２０１１年）に大きく加筆して再構成。また、留学したヨーロッパでの経験を、著者独自の眼差しで描く。　２０１３

歴史・思想

倉田稔著

マルクス主義

四六判並製
１６０頁
１２００円
978-4-86520-002-7

マルクス主義とは何か。その成り立ちから発展、変遷を、歴史上の思想、人物、事象を浮き彫りにしながら辿る。かつ、現代の世界情勢について、マルクス主義の視座から、グローバルにそして歴史を踏まえつつ分け入っていく。今日的課題を考えるときの一つの大きな視点。　２０１４

現代・思想

倉田稔著

日本社会をよくするために

B6変並製
32頁
300円
978-4-86520-026-3

金権政治、選挙、行政、労働それに教育とテーマは幅広く深い。それにも関わらず、平易な文章なので、日本語を母国語としない学習者向け教材にも活用できる程。何よりも著者が自身の考えや知識で教え導くのではなく、読者に寄り添い共に考えてくれる意義深い書物。　2018

歴史・思想

N・K・ミハイロフスキー著　石川郁男訳

進歩とは何か

A5判上製
256頁
4854円
978-4-915730-06-1

個人を神聖不可侵とし、個人と人民を労働を媒介として結び付け、社会主義を「共同体的原理による個人的原理の勝利」とする。この思想の出発点が本書でありナロードニキ主義の古典である。その本邦初訳に加え、訳者「生涯と著作」所収。待望の本格的研究。　1994

歴史・思想

高野雅之著

ロシア「保守反動」の美学

レオンチエフの生涯と思想

四六判上製
240頁
2400円
978-4-915730-60-3

十九世紀ロシアの特異な人物であり、今日のロシアでブームを呼び起こしているレオンチエフの波乱にみちた生涯を追う。そして思想家としてのかれのなかに、すなわちその政論と歴史哲学のなかに、「美こそすべての基準」という独自の美学的世界観を跡づけていく。　2007

歴史・思想

浜由樹子著

ユーラシア主義とは何か

四六判上製
304頁
3000円
978-4-915730-78-8

ロシアはヨーロッパでもアジアでもないユーラシアである。ソ連邦崩壊後にロシア内外で注目を集めたこの主張は、一九二〇年代のロシア人亡命者の中から生まれた思想潮流に源を発している。その歴史的起源を解明し、戦間期国際関係史の中への位置づけを図る。　2010　◎

歴史・思想

デイヴィド・シンメルペンニンク＝ファン＝デル＝オイェ著　浜由樹子訳

ロシアのオリエンタリズム

ロシアのアジア・イメージ、ピョートル大帝から亡命者まで

A5判上製
352頁
4000円
978-4-86520-000-3

敵か味方か、危険か運命か、他者か自己か。ロシアにとってアジアとは。他のヨーロッパ人よりもはるかに東方に通じていたロシア人が、オリエントをいかに多様な色相で眺めてきたかを検証。ユーラシア史、さらには世界史を考えようとする人には必読の書（杉山正明氏）。　2013

歴史・思想

イヴァーノフ＝ラズームニク著　佐野努・佐野洋子訳

ロシア社会思想史 上巻

インテリゲンツィヤによる個人主義のための闘い

A5判上製
616頁
7400円
978-4-915730-97-9

ロシア社会思想史はインテリゲンツィヤによる人格と人間の解放運動史である。ラヂーシェフ、デカブリストから、西欧主義とスラヴ主義を総合してロシア社会主義を創始するゲルツェンを経て、革命的民主主義者チェルヌイシェフスキーへとその旗は受け継がれていく。　2013

歴史・思想

ロシア社会思想史 下巻

インテリゲンツィヤによる個人主義のための闘い

イヴァーノフ゠ラズームニク著　佐野努・佐野洋子訳

Ａ５判上製
５８４頁
７０００円
978-4-915730-98-6

人間人格の解放をめざす個人主義のための闘い。倫理的個人主義を高唱したトルストイとドストエフスキー、社会学的個人主義を論証したミハイローフスキー。「大なる社会性」と「絶対なる個人主義」の結合というロシア社会主義の尊い遺訓は次世代の者へと託される。　２０１３

歴史・文学

監獄と流刑

イヴァーノフ゠ラズームニク回想記

松原広志訳

Ａ５判上製
３８０頁
５０００円
978-4-86520-017-1

帝政ロシアの若き日に逮捕、投獄された著者は、物理学徒からナロードニキ主義の作家・思想家の途へ転じ、その著作で頭角を現す。革命後のロシアでは反革命の嫌疑をかけ続けられ、革命と戦争の激動の時代に三度の投獄・流刑の日々を繰り返した。その壮絶な記録。　２０１６

歴史・文学

ロシア・インテリゲンツィヤの運命

イヴァーノフ゠ラズームニクと20世紀前半ロシア

松原広志著

Ａ５判上製
３１２頁
４０００円
978-4-86520-032-4

自由と人格の尊厳を求めて文筆活動に携わり、帝政ロシアからスターリンの監獄までを経験、その後ナチス・ドイツの収容所を経て、戦火のヨーロッパ各地を流転。その間、多くの知識人たちと交わした論争を紹介しながら、その流浪の生涯を浮き彫りにしていく。　２０１９

歴史・思想

ロシアとヨーロッパⅠ

ロシアにおける精神潮流の研究

T・G・マサリク著　石川達夫訳

Ａ５判上製
３７６頁
４８００円
978-4-915730-34-4

第1部「ロシアの歴史哲学と宗教哲学の諸問題」では、ロシア精神を理解するために、ロシア国家の起源から第一次革命に至るまでのロシア史を概観する。第2部「ロシアの歴史哲学と宗教哲学の概略」では、チャアダーエフからゲルツェンまでの思想家たちを検討する。　２００２

歴史・思想

ロシアとヨーロッパⅡ

ロシアにおける精神潮流の研究

T・G・マサリク著　石川達夫・長與進訳

Ａ５判上製
５１２頁
６９００円
978-4-915730-35-1

第2部「ロシアの歴史哲学と宗教哲学の概略」（続き）では、バクーニンからミハイローフスキーまでの思想家、反動家、新しい思想潮流を検討。第3部第1編「神権政治対民主主義」では、西欧哲学と比較したロシア哲学の特徴を析出し、ロシアの歴史哲学的分析を行う。　２００４

歴史・思想

ロシアとヨーロッパⅢ

ロシアにおける精神潮流の研究

T・G・マサリク著　石川達夫・長與進訳

Ａ５判上製
４８０頁
６４００円
978-4-915730-36-8

第3部第2編「神をめぐる闘い。ドストエフスキー」は、本書全体の核となるドストエフスキー論であり、ドストエフスキーの思想を批判的に分析する。第3編「巨人主義かヒューマニズムか。プーシキンからゴーリキーへ」では、ドストエフスキー以外の作家たちを論じる。　２００５

歴史・思想

A・F・ローセフ著　大須賀史和訳

神話学序説

表現・存在・生活をめぐる哲学

四六判上製
322頁
3000円
978-4-915730-54-2

スターリン体制が確立しようとする一九二〇年代後半、ソ連に現れた哲学の巨人ローセフ。革命前「銀の時代」の精神をバックグラウンドに、ギリシア哲学、ロシア正教、宗教哲学、西欧哲学に通暁した著者が、革命の時代に抗いながら提起した哲学的構想の一つ。

2006

歴史・思想

御子柴道夫著

ロシア宗教思想史

四六判上製
304頁
2500円
978-4-915730-37-5

神を論じることは人間を論じること、神を信じることは人間を信じること。ロシア正教一千年の歴史のなかで伝統として蓄積され、今なおその底流に生き続ける思想とはなにか。ビザンチン、ヨーロッパ、ロシアの原資料を渉猟し、対話することで、その思想の本質に迫る。

2003

歴史・思想

御子柴道夫編

ロシア革命と亡命思想家

1900—1946

A5判上製
432頁
4000円
978-4-915730-53-5

革命と戦争の時代を生きたロシアの思想家たちが、その雰囲気を語り、その社会に訴えかけた諸論文を紹介する。その背後には、激しい時代の奔流の中で何かを求めて耳傾けている切迫した顔の聴衆が見える。時代を概観できる詳細な年表、各論文の丁寧な解題を付す。

2006

歴史・文学

セルゲイ・ブルガーコフ著　堀江広行訳

名前の哲学

二十世紀ロシア神名論の哲学

A5判上製
352頁
5000円
978-4-86520-049-2

無神論に対抗して二十世紀初頭に花開いたロシア宗教哲学は、ロシア正教の言語観と神名論に着目した独自の言語哲学を生む。名詞の背後に人間を介した宇宙の発話と、宇宙を介した個人の発話を見て、これら人間によるすべての命名の頂点にある神名の啓示を説く。

2021

歴史・文学

川崎隆司著

原典によるロシア文学への招待

古代からゴーゴリまで

四六判上製
336頁
3200円
978-4-915730-70-2

古代から近代までのロシア文学・思想を、その特異な歴史的背景を解説しながら、それぞれの代表的作品の原典を通して紹介。文学を理解するために一番大切なことはなによりも原典を読むことであるとする著者が、独自の視点で描く。

2008

歴史・文学

白倉克文著

近代ロシア文学の成立と西欧

四六判上製
256頁
3000円
978-4-915730-28-3

カラムジン、ジュコフスキー、プーシキン、ゴーゴリ。ロシア文学の基礎をなし、世界的現象にまで高めたかれらは、いかにして西欧と接し、どのようなものを享受したのか。西欧世界の摂取を通じ、近代の相克そのものを体験せねばならなかったロシアを微細に描きだす。

2001

歴史・文学

白倉克文著

ラジーシチェフからチェーホフへ

ロシア文化の人間性

四六判上製
400頁
4000円
978-4-915730-84-9

十八世紀から二十世紀にかけてのロシア文化が、思想・文学を中心に据えて、絵画や音楽も絡めながら、複合的・重層的に紹介される。そこに通底する身近な者への愛、弱者との共感という感情、そうした人間への眼差しを検証していく。

2011

歴史・文学

ゲーリー・マーカー著　白倉克文訳

ロシア出版文化史

十八世紀の印刷業と知識人

A5判上製
400頁
4800円
978-4-86520-007-2

近代ロシアの出版業はピョートル大帝の主導で端緒が開かれ、十八世紀末には全盛期を迎えた。この百年間で出版業の担い手は次々に移り変わったが、著者はその紆余曲折を、政治・宗教・教育との関係のなかに丹念に検証していく。特異で興味深いロシア社会史。

2014

歴史・文学

M・プリーシヴィン著　太田正一訳

森と水と日の照る夜

セーヴェル民俗紀行

A5変上製
320頁
3107円
978-4-915730-14-6

知られざる大地セーヴェル。その魂の水辺に暮らすのは、泣き女、呪術師、隠者、分離派、世捨て人、そして多くの名もなき人びと…。実存の人、ロシアの自然の歌い手が白夜に記す「愕かざる鳥たちの国」の民俗誌。一九〇六年夏、それは北の原郷への旅から始まった。

1996

自然・文学

M・プリーシヴィン著　太田正一編訳

プリーシヴィンの森の手帖

四六判上製
208頁
2000円
978-4-915730-73-3

ロシアの自然のただ中にいた！　生きとし生けるものをひたすら観察し洞察し表現し、そのなかに自らと同根同種の血を感受する歓び、優しさ、またその厳しさ。生の個性の面白さをとことん愉しみ、また生の孤独の豊かさを味わい尽くす珠玉の掌編。

2009

歴史・文学

太田正一編訳

プリーシヴィンの日記

1914—1917

A5判上製
536頁
6400円
978-4-86520-025-6

本書は、プリーシヴィンが長年に渡って書き続けた詳細かつ厖大な日記のなかで、第一次世界大戦からロシア革命に至る四年間を選び出し編訳したものである。メディアや人びとのうわさ、眼前に見る光景などが描かれ、時代の様相と透徹した眼差しが伝わってくる。

2018

歴史・民俗

中堀正洋著

ロシア民衆挽歌

セーヴェルの葬礼泣き歌

四六判上製
288頁
2800円
978-4-915730-77-1

世界的に見られる葬礼泣き歌を十九世紀ロシアに検証する。天才的泣き女と謳われたフェドソーヴァの泣き歌を中心に、時代とセーヴェル（ロシア北部地方）という特殊な地域の民間伝承、民俗資料を用い、当時の民衆の諸観念と泣き歌との関連を考察していく。

2010

歴史・文学

中村喜和編

イワンのくらし いまむかし

ロシア民衆の世界

四六判上製
272頁
2718円
978-4-915730-09-2

ロシアで「ナロード」と呼ばれる一般の民衆＝イワンたちはどんな生活をしているだろうか？「昔ばなし」「日々のくらし」「人ともの」「植物誌」「旅の記録」。五つの日常生活の視点によってまとめられた記録、論稿が、ロシア民衆の世界を浮かび上がらせる。

1994

文学

V・ベローフ著　中村喜和訳

村の生きものたち

B6判上製
160頁
1500円
978-4-915730-19-1

ひとりで郵便配達をした馬、もらわれていった仔犬に乳をやりにいく母犬、屋根に登ったヤギのこと……。「魚釣りがとりもつ縁」で北ロシアの農村に暮らす動物好きのフェージャと知り合った「私」が、村のさまざまな動物たちの姿を見つめて描く詩情豊かなスケッチ集。

1997

文学

大森雅子著

時空間を打破するミハイル・ブルガーコフ論

A5判上製
448頁
7500円
978-4-86520-010-2

二十世紀ロシア文学を代表する作家の新たな像の構築を試みる。代表作に共通するモチーフやテーマが、当時のソ連の社会、文化の中でどのように形成され、初期作品から生涯最後の長篇小説『巨匠とマルガリータ』にいかに結実していったのかを明らかにする。

2014

文学

S・ドヴラートフ著　沼野充義訳

わが家の人びと

ドヴラートフ家年代記

四六判上製
224頁
2200円
978-4-915730-20-7

祖父達の逸話に始まり、ドヴラートフ家の多彩な人々の姿を鮮やかに描きながら、アメリカに亡命した作者に息子が生まれるまで、四代にわたる年代記が繰り広げられる。その語りは軽やかで、ユーモアに満ち、どこまで本当か分からないホラ話の呼吸で進んでいく。

1997

文学

S・ドヴラートフ著　ペトロフ＝守屋愛訳　沼野充義解説

かばん

四六判上製
224頁
2200円
978-4-915730-27-6

ソ連からアメリカへ旅行鞄一つで亡命したドヴラートフ。彼がそのかばんをニューヨークで開いたとき、そこに見出したのは、底の抜けた陽気さと温かさ、それでいてちょっぴり悲しいソビエトでの思い出の数々だった。独特のユーモアとアイロニーの作家、本邦第二弾。

2000

文学

古宮路子著

オレーシャ『羨望』草稿研究

人物造形の軌跡

A5判上製
240頁
4000円
978-4-86520-058-4

革命後のロシア文壇に彗星のごとく現れ、わずか10年の活躍ののちにスターリン体制によって窒息させられたユーリー・オレーシャ。無名だった彼を一躍文壇の寵児にした小説『羨望』の草稿を読み解き、作品として形を取るまでのプロセスに肉薄、小説誕生の軌跡に迫る。　2021

文学

竹内恵子著

廃墟のテクスト

亡命詩人ヨシフ・ブロツキイと現代

四六判上製
336頁
3400円
978-4-915730-96-2

ソ連とアメリカ、東西陣営の両端から現代社会をアイロニカルに観察するという経験こそ、戦後の文化的廃墟から出発した彼を世界的詩人へと押し上げていく。ノーベル賞詩人の遺したテクストを読み解く本邦初の本格的研究。「極上の講義を受けている気分」（管啓次郎氏）。　2013

歴史・文学

高橋誠一郎著

ロシアの近代化と若きドストエフスキー

「祖国戦争」からクリミア戦争へ

四六判上製
272頁
2600円
978-4-915730-59-7

祖国戦争から十数年をへて始まりクリミア戦争の時期まで続いたニコライ一世（在位一八二五－五五年）の「暗黒の三〇年」。父親との確執、そして初期作品を詳しく分析することで、ドストエフスキーが「人間の謎」にどのように迫ったのかを明らかにする。　2007

歴史・文学

高橋誠一郎著

黒澤明で「白痴」を読み解く

四六判上製
352頁
2800円
978-4-915730-86-3

「白痴」の方法や意義を深く理解していた黒澤映画を通し、登場人物の関係に注目しつつ「白痴」を具体的に読み直す－。ロシアの「キリスト公爵」とされる主人公ムィシキンの謎に迫るだけでなく、その現代的な意義をも明らかにしていく。　2011

歴史・文学

高橋誠一郎著

黒澤明と小林秀雄

「罪と罰」をめぐる静かなる決闘

四六判上製
304頁
2500円
978-4-86520-005-8

一九五六年十二月、黒澤明と小林秀雄は対談を行ったが、残念ながらその記事が掲載されなかったため、詳細は分かっていない。共にドストエフスキーにこだわり続けた両雄の思考遍歴をたどり、その時代背景を探ることで「対談」の謎に迫る。　2014

歴史・文学

高橋誠一郎著

「罪と罰」の受容と「立憲主義」の危機

北村透谷から島崎藤村へ

四六判上製
224頁
2000円
978-4-86520-031-7

青春時代に「憲法」を獲得した明治の文学者たちの視点で、「憲法」のない帝政ロシアで書かれ、権力と自由の問題に肉薄していた『罪と罰』を読み解き、島崎藤村の『破戒』や『夜明け前』との関連に迫る。さらに、徳富蘇峰と小林秀雄の文学観の危険性に迫る。　2019

文学

長瀬隆著

ドストエフスキーとは何か

四六判上製
448頁
4200円
978-4-915730-67-2

全作品を解明する鍵ドヴォイニーク（二重人、分身）は両義性を有する非合理的な言葉である。唯一絶対神を有りとする非合理な精神はこの一語の存在と深く結びついている。ドストエフスキーの偉大さはこの問題にこだわり、それを究極まで追及したことにある。　２００８

文学

木下豊房著

近代日本文学とドストエフスキー

夢と自意識のドラマ

四六判上製
336頁
3301円
978-4-915730-05-4

二×二が四は死の始まりだ。近代合理主義への抵抗と、夢想、空想、自意識のはざまでの葛藤。ポリフォニックに乱舞し、苦悩するドストエフスキーの子供たち。近代日本の作家、詩人に潜在する「ドストエフスキー的問題」に光を当て、創作意識と方法の本質に迫る。　１９９３

文学

木下豊房著

ドストエフスキー その対話的世界

四六判上製
368頁
3600円
978-4-915730-33-7

現代に生きるドストエフスキー文学の本質を作家の対話的人間観と創作方法の接点から論じる。ロシアと日本の研究史の水脈を踏まえ、創作理念の独創性とその深さに光をあてる。国際化する研究のなかでの成果。他に、興味深いエッセイ多数。　２００２

文学

木下宣子著

ロシアの冠毛

A５判上製
112頁
1800円
978-4-915730-43-6

著者は二十世紀末の転換期のロシアを三度にわたって訪問。日本人として、日本の女性として、ロシアをうたった。そこに一貫して流れるのは、混迷する現代ロシアの身近な現実を通して、その行く末を温かく見つめようとする詩人の魂である。精霊に導かれた幻景の旅の詩。　２００３

歴史・芸術

近藤昌夫、渡辺聡子、角伸明、大平美智代、加藤純子著

イメージのポルカ

スラヴの視覚芸術

A5判上製
272頁
2800円
978-4-915730-68-9

聖像画イコン、シャガール、カンディンスキーの絵画、ノルシュテイン、シュヴァンクマイエルのアニメ、ペトルーシュカやカシュパーレクなどの喜劇人形——聖と俗の様々な視覚芸術を触媒に、スラヴ世界の共通性とともに民族の個性を追い求める六編を収録。

2008

文学

新編 ヴィーナスの腕

J・サイフェルト詩集 飯島周訳

四六変上製
160頁
1600円
978-4-915730-26-9

詩人の全作品を通じて流れるのは『この世の美しきものすべて』、特に女性の美しさと自由に対するあこがれ、愛と死の織りなす人世模様や不条理を、日常的な言葉で表現しようとする努力である。ノーベル文学賞を受賞したチェコの国民的詩人の本領を伝える新編選集。

2000

文学

チェスワフ・ミウォシュ詩集

関口時正・沼野充義編

四六判上製
208頁
2000円
978-4-915730-87-0

ポーランドで自主管理労組《連帯》の活動が盛り上がりを見せる一九八〇年、亡命先のアメリカでノーベル文学賞を受賞し、一躍世界に名を知られることとなったチェスワフ・ミウォシュ。かれの生誕百年を記念して編まれた訳詩集。

2011

文学

飯島周、小原雅俊編

ポケットのなかの東欧文学

ルネッサンスから現代まで

四六判上製
560頁
5000円
978-4-915730-56-6

隠れた原石が放つもうひとつのヨーロッパの息吹。四十九人の著者による詩、小説、エッセイを一堂に集めたアンソロジー。目を閉じてページをめくると、そこは、どこか懐かしい、それでいて新しい世界。ポケットから語りかける、知られざる名作がここにある。

2006

芸術・文学

ブルーノ・シュルツの世界

加藤有子編

A5判上製
252頁
3000円
978-4-86520-001-0

シュルツの小説は、現在四十ちかくの言語に訳され、世界各地で作家や芸術家にインスピレーションを与えている。そのかれは画業も残した。かれのガラス版画、油彩を収録するほか、作品の翻案と翻訳、作品が各所に与えた影響を論じるエッセイ、論考を集める。

2013

歴史・文学

沓掛良彦・阿部賢一編

バッカナリア 酒と文学の饗宴

四六判上製
384頁
3000円
978-4-915730-90-0

「酒」を愛し、世界の「文学」に通じた十二名の論考による「饗宴」。世界各地の文学作品で言及される酒を、縦横に読解していく。盃を片手に、さらなる読書へと誘うブックガイドも収録。酒を愛し、詩と小説を愛するすべての人に捧げる。

2012

歴史・芸術

石川達夫著

チェコ・ゴシックの輝き

ペストの闇から生まれた中世の光

Ａ５判上製
１９６頁
３０００円
978-4-86520-056-0

不条理な受難をいかに受け止め、理不尽な不幸といかに折り合いをつけるか――チェコがヨーロッパのゴシック文化の中心地のひとつとなった時代はペストが猛威を振るった時代でもあった。建築・美術のみならず文学・音楽も含めたチェコ・ゴシックの全体像を探る。　２０２１

歴史・文学

アロイス・イラーセク著　浦井康男訳

暗黒 上巻

18世紀、イエズス会とチェコ・バロックの世界

Ａ５判上製
４０８頁
５４００円
978-4-86520-019-5

フスによる宗教改革の後いったんは民族文化の大輪の花を咲かせたものの独立を失い、ハプスブルク家の専制とイエズス会による再カトリック化の中で言語と民族文化が衰退していったチェコ史の暗黒時代。史実を基に周到に創作された、本格的な長編歴史小説。　２０１６

歴史・文学

アロイス・イラーセク著　浦井康男訳

暗黒 下巻

18世紀、イエズス会とチェコ・バロックの世界

Ａ５判上製
３６８頁
４６００円
978-4-86520-020-1

物語は推理小説並みの面白さや恋愛小説の要素も盛り込みつつ、いよいよ佳境を迎える。隠れフス派への弾圧が最高潮に達した18世紀前半の宗教・文化・社会の渾然一体となった状況が、立場を描き分けられた登場人物たちの交錯により、詳細に描写されていく。　２０１６

文学

ペトル・クラール著　阿部賢一訳

プラハ

四六判上製
２０８頁
２０００円
978-4-915730-55-9

パリへ亡命した詩人が、故郷プラハを追憶するとき、かつてない都市の姿が浮かび上がってくる。さりげない街の光景に、詩人は、いにしえの都市が発するメッセージを読み取っていく。夢想と現実を行き来しながら、百塔の都プラハの魅力を伝えてくれる珠玉のエッセイ。　２００６

歴史・文学

エマヌエル・フリンタ著　ヤン・ルカス写真　阿部賢一訳

プラハ　カフカの街

菊判上製
１９２頁
２４００円
978-4-915730-64-1

プラハ生まれのドイツ語作家フランツ・カフカ。彼のテクストに刻印された都市を、世紀末プラハを知悉する批評家エマヌエル・フリンタが解読していく。世紀転換期における都市の社会・文化的位相の解読を試みる画期的論考。写真家ヤン・ルカスによる写真を多数収録。　２００８

芸術・文学

阿部賢一著

イジー・コラーシュの詩学

Ａ５判上製
４５２頁
８４００円
978-4-915730-51-1

チェコに生まれたイジー・コラーシュは「コラージュ」の詩人である。かれはコラージュという芸術手法を造形芸術のみならず、言語芸術においても考察し、体系的に検討した。ファシズムとスターリニズムの時代を生きねばならなかった芸術家の詩学の全貌。　２００６

文学

古いシルクハットから出た話

アヴィグドル・ダガン著　阿部賢一他訳

四六判上製　176頁　1600円　978-4-915730-63-4

世界各地を転々とした外交官が〈古いシルクハット〉を回すとき、都市の記憶が数々の逸話とともに想い起こされる。様々な都市と様々な人間模様――。プラハに育ち、イスラエルの外交官として活躍したチェコ語作家アヴィグドル・ダガンが綴る晩年の代表的な短編集。　2008

歴史・建築

ベドジフ・フォイエルシュタインと日本

ヘレナ・チャプコヴァー著　阿部賢一訳

A5判上製　296頁　4000円　978-4-86520-053-9

プラハで『ロボット』の舞台美術を手がけ、東京で聖路加国際病院の設計にも加わった、チェコの建築家・美術家フォイエルシュタインの作品と生涯を辿る。日本のモダニズム建築への貢献、チェコでのジャポニスムの実践と流布など、知られざる芸術交流をも明らかにする。　2021

文学

ミラン・クンデラにおけるナルシスの悲喜劇

ローベル柊子著

四六判上製　264頁　2600円　978-4-86520-027-0

クンデラは、自らのどの小説においてもナルシス的な登場人物の物語を描き、人間全般にかかわる根幹的な事柄として、現代のメディア社会が抱える問題の特殊性にも着目しつつ、考察している。本書はクンデラの小説をこのナルシシズムのテーマに沿って読み解いていく。　2018

文学

アレクサンドレ・カズベギ作品選

三輪智恵子訳　ダヴィド・ゴギナシュヴィリ解説

四六判上製　288頁　3000円　978-4-86520-023-2

ジョージア（旧グルジア）の古典的著名作家の本邦初訳作品選。グルジア出身のスターリンもよく読んでいたことが知られている。ジョージア人の慣習や気質に触れつつ、ロシアに併合された時代の民衆の苦しい生活を描いた作品が多い。四つの代表的短編を訳出。　2017

文学

イヴァン・ツァンカル作品選

イヴァン・ゴドレール、佐々木とも子訳　鈴木啓世画

四六判上製　176頁　1600円　978-4-915730-65-8

四十年間働き続けたあなたの物語――労働と刻苦の末、いまや安らかな老後を迎えるばかりのひとりの農夫。しかし彼の目の前に突き出されたのはあまりにも意外な報酬だった。スロヴェニア文学の巨匠が描く豊かな抒情性と鋭い批判精神に満ちた代表作他一編。　2008

文学

慈悲の聖母病棟

イヴァン・ツァンカル著　佐々木とも子、イヴァン・ゴドレール訳　鈴木啓世画

四六判上製　208頁　2000円　978-4-915730-89-4

町を見下ろす丘の上に佇む慈悲の聖母会修道院――その附属病棟の一室に十四人の少女たちがベッドを並べている。丘の下の俗世を逃れたアルカディアのような世界で四季は夢見るように移り変わり、少女たちの静謐な日々が流れていくが……。　2011

文学

新版 ファンタジー文学の世界へ
主観の哲学のために

工藤左千夫著

四六判上製
160頁
1600円
978-4-915730-42-9

ファンタジーは現代への警鐘の文学であるとする著者が、J・R・R・トールキン、C・S・ルイス、フィリパ・ピアス、神沢利子、M・エンデ、ブロイスラー、宮沢賢治、ル・グウィンなどの東西の著名な作品を読み解き、そのなかで、主観の哲学獲得のための糸口を探る。

2003

文学

すてきな絵本にであえたら
絵本児童文学基礎講座Ⅰ

工藤左千夫著

四六判並製
192頁
1600円
978-4-915730-46-7

小樽の絵本・児童文学研究センターで長年にわたって開講され、好評を得ている基礎講座の待望の活字化。第一巻の本巻は、就学前の児童にどのような絵本を、どのように読み聞かせたらよいのかを解説する。母親が子どもと一緒に学んでいくための必携、必読の書。

2004

文学

本とすてきにであえたら
絵本児童文学基礎講座Ⅱ

工藤左千夫著

四六判並製
200頁
1600円
978-4-915730-66-5

絵本・児童文学研究センター基礎講座の第二弾。本巻は、就学後の児童にどのような本を与えたらよいのかを解説する。情操の必要性、第二次反抗期と秘密、社会性の意味、自尊の必要性など、子どもの成長に合わせ、そして自己実現へ向けた本との出会いを考えていく。

2008

文学

だから子どもの本が好き

工藤直子、斎藤惇夫、藤田のぼる、工藤左千夫、中澤千磨夫著

四六判上製
176頁
1600円
978-4-915730-61-0

私は何故子どもの本が好きか、何故子どもと子どもの本にかかわるのか、子どもの本とは何か——。五人の著者たちが、多くの聴衆を前に、この難問に悪戦苦闘し、それぞれの立場、それぞれの方法で、だから子どもの本が好き!、と答えようとした記録。

2007

文学

南裕介著

シベリアから還ってきたスパイ

四六判上製
340頁
1600円
978-4-915730-50-4

敗戦後シベリアに抑留され、ソ連によってスパイに仕立てられた日本人。帰国したかれらを追う米進駐軍の諜報機関、その諜報機関の爆破を企む反米過激派組織。戦後まもなく日本で起きたスパイ事件をもとに、敗戦後の日本の挫折と復活というテーマを独自のタッチで描く。 2005

国際理解

横浜国立大学留学生センター編

国際日本学入門

トランスナショナルへの12章

四六判上製
232頁
2200円
978-4-915730-72-6

横浜国立大学で六十数カ国の留学生と日本人学生がともに受講することのできる「国際理解」科目の人気講義をもとに執筆された論文集。対峙する複数の目＝「鏡」に映り、照らし合う認識。それが相互に作用し合う形で、「日本」を考える。 2009

哲学

佐藤正衞著

素朴に生きる

大森荘蔵の哲学と人類の道

四六判上製
256頁
2400円
978-4-915730-74-0

大森哲学の地平から生を問う！　戦後わが国の最高の知性の一人である大森荘蔵と正面からとり組んだ初めての書。大森が哲学的に明らかにした人間経験の根本的事実を、人類の発生とともに古い歴史をもつ狩猟採集文化の時代にまでさかのぼって検証する。 2009

芸術

マイヤ・コバヒゼ著　鍋谷真理子訳

ロシアの演劇教育

A5判上製
228頁
2000円
978-4-86520-021-8

ロシアの演劇、演劇教育は、ロシア文化と切っても切り離せない重要な要素であり、独自の貢献をしている。ロシアの舞台芸術に長く関わってきた著者が、劇場、演劇教育機関、その俳優教育メソッドを紹介し、ロシアの演劇教育の真髄に迫る。 2016

語学

宮崎千穂、エルムロドフ・エルドルジョン著

調査・実務・旅行のためのウズベク語会話

ロシア語付き

A5判並製
196頁
2000円
978-4-86520-029-4

勤務先の大学で学外活動をウズベキスタンにおいて実施する科目を担当する著者が、現地での調査や講義、学生交流、ホームステイ時に学生たちの意思疎通の助けとなるよう、本書を企画。初学者から上級者まで、実際の会話の中で使えるウズベク語会話集。 2018

歴史・思想

石川達夫著

マサリクとチェコの精神

アイデンティティと自律性を求めて

A5判上製
310頁
3800円
978-4-915730-10-8

マサリクの思想が養分を吸い取り、根を下ろす土壌となったチェコの精神史とはいかなるものであり、彼はそれをいかに見て何を汲み取ったのか？　宗教改革から現代までのチェコ精神史をマサリクの思想を織糸として読み解く。サントリー学芸賞・木村彰一賞同時受賞。　1995

歴史・文学

カレル・チャペック著　石川達夫訳

マサリクとの対話

哲人大統領の生涯と思想

A5判上製
344頁
3800円
978-4-915730-03-0

チェコスロヴァキアを建国させ、両大戦間の時代に奇跡的な繁栄と民主主義を現出させた哲人大統領の生涯と思想を、「ロボット」の造語で知られるチャペックが描いた大ベストセラー。伝記文学の傑作として名高い原著に、詳細な訳注をつけ初訳。各紙誌絶賛。　1993

チャペック小説選集

珠玉の作品を選んで編んだ本邦初の小説集

【全6巻】

子どもの頃に出会って、生涯忘れることのない作家。
今なお世界中で読み継がれている、チェコが生んだ最高の才人。
そして「ロボット」の造語で知られるカレル・チャペック。
文学史上名高い哲学三部作を含む珠玉の作品を選んで、作家の本領を伝える。

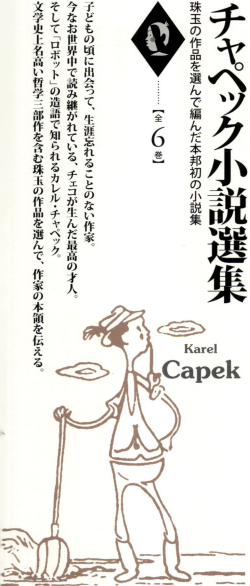

文学

①受難像

K・チャペック著　石川達夫訳

四六判上製
200頁
1942円
978-4-915730-13-9

人間が出会う、謎めいた現実。その前に立たされた人間の当惑、真実を探りつつもつかめない人間の苦悩を描いた13編の哲学的・幻想的短編集。真実とは何か、人間はいかにして真実に至りうるかというテーマを追求した、実験的な傑作。

1995

文学

②苦悩に満ちた物語

K・チャペック著　石川達夫訳

四六判上製
184頁
1942円
978-4-915730-17-7

妻の不貞の結果生まれた娘を心底愛していた父は笑われるべきか？　外的な状況からはつかめない人間の内的な真実や、ジレンマに立たされ、相対的な真実の中で決定的な決断を下せない人間の苦悩などを描いた9編の中短編集。

1996

文学

③ホルドゥバル

K・チャペック著　飯島周訳

四六判上製
216頁
2136円
978-4-915730-11-5

アメリカでの出稼ぎから帰ってくると、家には若い男が住み込んでいて、妻も娘もよそよそしい……。献身的な愛に生きて悲劇的な最期を遂げた男の運命を描きながら、真実の測り難さと認識の多様性というテーマを展開した3部作の第1作。

1995

文学

④流れ星

K・チャペック著　飯島周訳

四六判上製
228頁
2233円
978-4-915730-15-3

飛行機事故のために瀕死の状態で病院に運び込まれた身元不明の患者X。看護婦、超能力者、詩人それぞれがこの男の人生を推理し、様々な展開をもつ物語とする。一人の人間の運命を多角的に捉えようとした作品であり、3部作の第2作。

1996

文学

⑤平凡な人生

K・チャペック著　飯島周訳

四六判上製
224頁
2300円
978-4-915730-21-4

「平凡な人間の一生も記録されるべきだ」と考えた一人の男の自伝。その記録をもとに試みられる人生の様々な岐路での選択の可能性の検証。3部作の最後の作品であり、哲学的な相対性と、それに基づく人間理解の可能性の認知に至る。

1997

文学

⑥外典

K・チャペック著　石川達夫訳

四六判上製
240頁
2400円
978-4-915730-22-1

聖書、神話、古典文学、史実などに題材をとり、見逃されていた現実を明るみに出そうとするアイロニーとウィットに満ちた29編の短編集。絶対的な真実の強制と現実の一面的な理解に対して、各人の真実の相対性と現実の多面性を示す。

1997

書名索引

＊は現在品切れです。

ルグ宛の手紙でピウスツキは、ギリヤークの民話を採録したこと、ギリヤークの少年チュルカが三編の民話を口述したこと、他のギリヤークの民話の語り手たちも見つけたこと、まず一行ごとにキリール文字表記でギリヤーク語を記録し、その下にロシア語訳を書き、行間にいろいろな注釈を付けていることを伝えている。チュルカは有能なインフォーマントで、木製ペーパーナイフ作りの名人だったが、その過大な報酬要求はピウスツキを時に辟易させた。十二月十一日付の手紙からは、ピウスツキによる民話と語彙収集が進展したことが分かる。十一～十二月に彼は少なくとも二十編のテクスト、翌年には二十七編以上のテクストを採録したようだ。チュルカの他に有能なインフォーマントとしてはニスパイン少年、孤児のコイヌィト少年らがいた。ピウスツキは後者がシャーマンに変貌する瞬間を目撃している（БП и ЛПШ, 49, 54, 64; Пилсудский2017a, 7-8; Gruzdeva, 247; Латышев2008a, 136）。

ピウスツキのギリヤーク調査

　ピウスツキとシュテルンベルグは二人で同時に一つのテクストを記録して、それをつき合わせる作業を行ったのだが、前の引用にあったように一つの音を書き取るうえで二人の意見が分かれることも珍しくなかった。一八九一年にシュテルンベルグは論文「サハリンのギリヤーク」の原稿をモスクワへ送った。翌年十月にそれは同地の自然科学・人類学・民族学研究協会で報告として代読され、『モスクワ通報』紙に掲載された。エンゲルスはこの報告を読んで、そのドイツ語訳に注を付して新聞に発表

チュルカ

し、とりわけギリヤークに集団結婚が存在することを確認した点にその意義を認めている（БП и ЛШ, 17）。エンゲルスの『家族、私有財産および国家の起源』再版には、シュテルンベルグの論文がモスクワの学会で朗読され、一八九三年に『民族学評論』誌に発表されたことが紹介されている（エンゲルス、二三四―二三八）。そもそもシュテルンベルグはサハリンに送致される前にオデッサでエンゲルスのこの著作の初版を入手して、人類学に関心を抱いたのである。

一八九五年にシュテルンベルグはプリアムール地方と沿海州の民族調査のために一時的に大陸へ渡る許可を得た。親友の出立はさすがにピウスツキに衝撃を与えた。彼は親友に、「あなたの出立がとても急だったので、あなたがサハリンにはもういないということをなぜか信じたくない気持です」（一八九五年九月十七日付）（БП и ЛШ, 99）と書き送っている。その後シュテルンベルグはサハリンへ戻った後、一八九七年五月に三年前の恩赦により刑期を終えてジトーミルへ帰った。そして一九〇一年からペテルブルグのピョートル大帝記念帝室科学アカデミー人類学・民族学博物館《クンストカーメラ》勤務となり、館長ラドロフの右腕として活躍した。これ以後ピウスツキはギリヤークのもとで採録した大量のフォークロア・テクストと手紙をシュテルンベルグに送り続けることになる。ポーランドの東洋学者ヴワディスワフ・コトヴィチは後に両者の違いをこう表現している。

> ピウスツキはギリヤークのことをよりよく知り、より緊密な個人的関係を結んだので、彼らのさまざまな困窮の際に援助の手を差し伸べることを自分の最優先の義務と考えていた。従って学術的な収集は緩慢にしか進まなかった。その代わりシュテルンベルグは実地に慣れた、先見の明のある人間なので、学術資料、とりわけ言語学とフォークロアの資料の迅速な集積に力点を置いた。ピウスツキ自身は民衆芸術に通じた人々を集めて、この点でシュテルンベルグを支援した。かくして自己の課題の異なる理解が、両者のその後の運命を決定したのである。（Латышев, Роон, 107）

ピウスツキは生涯にわたって膨大な量の長文の手紙を書き、そのうちのかなりの量の手紙が世界各地で発見されている。なかでもシュテルンベルグ宛の手紙は別格だ。今日我々はこの親友のお陰で一八九三年一月から一九一七年四月まで二十四年間にわたって書かれた全一〇八通のピウスツキの手紙と電報文を読むことができ、それらによってピウスツキの歩んだ道のりとその時々の息吹を感じ取ることができるのである。後にピウスツキは親友にこう書き送っている。

> あなたと結びついているのは最良の思い出で、つらい瞬間は一つとしてありません。出会いの日からつらい別離の瞬間まで。（БП и ЛШ, 195）

ちなみにピウスツキのペテルブルグの第五中学校時代の同期生にガゲン＝トールンというロシアに帰化したスウェーデン人の双子の兄弟イワンとヴィクトルがいた。イワンは後に有名な外科医、軍事医科大学教授となった。その娘ニーナは後に有名な民族学者となり、スターリン時代に二度収容所《ラーゲリ》に投獄されるも、恩師シュテルンベルグに関する本を執筆し、その多くの頁がピウスツキに割かれることになるのだが、果たして彼女は自分の父とピウスツキが同窓生だったことを知っていただろうか（Дударец2007, 141; Латышев2008a, 51; Дударец2010a, 92）。

気象観測とユヴァチョーフとの同居

ピウスツキは警察本署の事務局で働きながら、一八九二年四月から測候所のユヴァチョーフの観測の仕事の見習いを始めた。そして翌年六月から測候所の正式の観測員となった。サハリンでピウスツキの最初の知的活動の対象となったのは気象学である（Ювачёв2014, I-269; Латышев, 167）。

一八九三年に三代目サハリン島長官[7]にウラジーミル・メルカジン、そして一八九八年に三代目プリアムール総督にニコライ・グロデコフ[8]が就任すると、島の状態は改善された。文化生活が活気づいて博物館や図書館がつくられ、『サハリン要覧』の刊行が始まった。『サハリン要覧』はサハリンで最初の出版物で、アレクサンドロフスク哨所で一八九五～九九年に全四号が出た。第一号にはシュテルンベルグのルポルタージュ「サハリン島極北地方への旅」が掲載された。そして一八九六年版の『サハリン要覧』にピウス

ピウスツキ

ツキの前年の気象報告が載った。これは活字になった最初の仕事で、武官知事の依頼によるものである。また一八九七年版の『サハリン要覧』にも彼の前年の気象報告が掲載された。ちなみにこの出版物が、後に日露戦争で日本の大本営がサハリン侵攻に備えて研究のために編纂した『樺太島誌』（一九〇四年）の貴重な資料となったのは、なんとも皮肉なことである（天野二〇一一、四五。БП и ЛШ, 100, 104, 229, 237, 240; Латышев2008a, 165）。

一八九二年七月からピウスツキは測候所でユヴァチョーフとの同居生活を始めた。しかしながら、これは彼にとって容易なことではなかった。ユヴァチョーフの宗教的な盲信や神秘的な啓示の話に耐えられなかったからである（Ювачёв2014, I-296; Дударец2004a, 39）。一八九四年八月六日付の家族宛の手紙にピウスツキはこう書いている。

僕の同居人のイワン・パーヴロヴィチはとても話好きですが、僕はその逆です。彼はたいがい家にいて、ひまな時は喜んでいますが、僕はめったに家にいないし、家では短い時間を平安と沈黙のうちに過ごしたいのです。それゆえ我々の間では少なからず腹立たしい瞬間があります。（Пилсудский2015, 83）

もっともユヴァチョーフにも言い分はあるだろう。彼の日記に二人の衝突が初めて記されるのは同居開始から一月後、一八九二年八月十四日のことである。ユヴァチョーフはこの日は早めに寝たが、ピウスツキは遅くまで起きていて彼の眠りを妨げたのである。

ブロニスワフと喧嘩をして、すんでのところで殴り合いをするところだった。奴が私から離れるように、奴を殴ってもいいのだと脅してやった。（Ювачёв2014, I-308）

八月十九日の日記にはこうある。

内心を明かさず、ある役を演じるゆえに（彼は「陰謀家」と呼ばれている）、ブロニスワフに対して不満。（Ювачёв2014, I-309）

また十二月十五日の日記にはこう記されている。

夜九時過ぎに（十二月十五／二十七日）ポーランド人について夢中になって話し出した（私とブロニスワフ）。私は我慢できなくなって、とても興奮して大声

> で彼らを罵り始めた。このことが我々の関係をますます緊迫化させた。（Ювачёв2014, I-354）

好むと好まざるとにかかわらず、毎日面つき合わさざるをえない、資質の異なる二人の知識人の悲喜劇といえよう。ユヴァチョーフは一八九一年の恩赦を受けて刑期が短縮され、一八九三年六月に刑期満了となった（Ювачёв2014, I-44-45）。一方、一八九一年と一八九四年の恩赦はいずれもピウスツキには適用されなかった。別れが判明すると、さすがに二人の関係は穏やかになったようだ。一八九四年一月十九日のユヴァチョーフの日記にこうある。

> その後〔夜〕九時から〔翌〕朝五時までブロニスワフと、我々の間には言い残したこと、不明なこと、秘されたこと、不愉快なことが沢山たまったことについて話し合った（なごやかで穏やかに）。別れに際して彼が私をあまり非難しないように、「悪い思い出を持たないように」、私はとりわけ努めた。（Ювачёв2014, II-135）

後年ユヴァチョーフはピウスツキの思い出を孫に語っている。これによってユヴァチョーフがいつも持ち出した話の内容とピウスツキが嫌った理由が浮かび上がってくる。

> ブロニスワフは私より若くて、とても不安定な性格をしていた。おそらくそれ故、自分の方が年上でより経験があると思って、時折彼に教訓を垂れる話に夢中になることがあった。〔中略〕私はブロニスワフの精神を強固にし、何かしら有益な活動をするよう勧め、彼特有の鬱状態から抜け出させようと努めた。〔中略〕彼は私が感動していたさまざまなテーマについて長時間話すことや議論を交わすことが好きではなかった。今では後悔しているが、私は我慢できずに自分の説教を乱用したようだ。〔中略〕心の弱い人間が天の庇護なしに地上の生活の苦しみに耐えるのはとても辛いことだと、私はブロニスワフに分からせようとした。私は自分を例に挙げて、神への信仰のみがもっとも絶望的な瞬間に私を救ってくれたことを話した。とりわけブロニスワフには精神的な支えが必要だと私は確信していた。自らの罪深い生活による苦悩ではなく、心の平和と愛が必要なのだと。（Махортова, 283-284）

ユヴァチョーフは一八九五年五月にサハリンを去り、ウラジオストクへ移った。その後東回りでペテルブルグへ帰

ニコライ

る途中、彼は船で長崎、下関、神戸、横浜に立ち寄り、東京の日本ハリストス正教会の宣教師ニコライのもとを訪ねている。祈禱を見学した彼の感想は以下のとおりである。

「キリストは蘇り給えり…」と聖堂全体が日本語で歌い始めたが、その後はロシア語で「神よ、祝福し給え!…」と歌った。私は耐え切れずに泣き出した。ああ!なんと見事に歌ったことか!なんというさわやかな声だろう、とりわけ女性のソプラノは!すべての祈禱が日本語で行われたが、歌はわがロシアの旋律なのだ。見事に曲付けされている。そして日本人が不協和音になっている楽譜に正確にしっかりと従って、その後〔判読不能〕に美しく融合したことに私は驚いた。〔中略〕私は入り口のそばにある脇の部屋に出た。そこでロシアの神学大学を卒業したエメリヤン・ニコラエヴィチ・樋口と出会った。我々は互いに喜び合った。彼はロシア語を見事に話し、ロシアを愛している。私はニコライ師のもとに立ち寄り、さらに彼と少し話し、その庭園〔聖堂のまわり〕から「日本の小枝」を記念にねだり、帰宅した。(Ювачёв2017, 316)

「エメリヤン・ニコラエヴィチ・樋口」は樋口艶之助のことである。一方ニコライの一八九七年四月十九日/五月一日の日記にはこう記されている。

イワン・パーヴロヴィチ・ユヴァ《マ》チェ《マ》フとかいうロシア人が、徹夜禱にやって来た。アムール川〔黒龍江〕を周航する蒸気船の船長である。サンクト・ペテルブルグの親戚のところへ行くため、ロシアに帰国するところだという。かれは教会の合唱に涙がでてくるほど感動したと語った。〔中略〕また、ユヴァチェフも神経が興奮するので、いつもお茶を飲まないようにしていると話した。そういうわけで、われわれの合唱が感動的なのか、それとも、巡礼者が感動しやすい性質をしているのか、わからない。きょうの合唱は雑で、ときとして聞くに堪えない叫び声や金切り声が混じっていたことを思い合わすと、無論、後者のほうだろう。ユヴァチェフ氏は、教会の庭に植えられた木の枝を記念に持ってかえりたいと頼んだ。わたしは暗がりのなかで椿の花のついた二本の枝を折って、かれに差しだした。（『宣教師ニコライの全日記』四、三五二）

「アムール川を周航する蒸気船の船長」というのは間違いではない。サハリン出立後来日するまでの沿海州時代に、ユヴァチョーフはシベリア鉄道建設のためにイマン川とウスリー川沿いに荷船を曳航するタグボートの船長として働いていたのだ（Дударец2015, 311）。

サハリン博物館

民族学資料の収集はピウスツキにとって新しい、責任ある仕事となった。十九世紀九十年代にはブラゴヴェシチェンスク、ウラジオストク、ハバロフスクなど極東地方で次々に博物館が開設された。一八四五年十月にペテルブルグで創設された「帝室ロシア地理学協会」のプリアムール支部がハバロフスクに開設され、その付属の博物館が造られることになった（Оглезнева, 14）。そこには独立したサハリン部門も予定されていた。サハリン島はザバイカル、アムール、沿海の三州とともに、ハバロフスクのプリアムール総督府の管轄下にあった。

そのプリアムール総督からこの事業に関する支援の依頼がサハリン島知事に届き、一八九四年七月にピウスツキにそのお鉢が回ってきた。ティミ管区においてはハバロフスク博物館とサハリン博物館のために資料を収集する仕事のすべてがピウスツキひとりに負わされることとなったのである。彼は高山植物採集のためにサハリン島の最高峰、海抜一六〇九メートルのロパーチン山へ十二日間にわたる登山旅行に出かけている。かくして一八九六年十二月六日にアレクサンドロフスクの知事官房のあった建物に博物館が開設された。千点を超える民族学コレクションのほぼすべてが、ピウスツキとシュテルンベルグによって寄贈されたものである。博物館開設に関わるメルカジン武官知事の布令の末尾に、開設に寄与した人々三十七名の名前が記されているが、その中にこの二人の流刑囚の名前が見られるのもむべなるかなである（Пилсудский2015, 84-86; БП и ЛШ, 324; PdS2, 105; Majewicz1998, 20, 25; Дударец2018, 44-45）。

ギリヤークへの支援

ピウスツキのギリヤーク研究は中断していたが、一八九五年初頭には再開されたようだ。二月四日のユヴァチョーフの日記に、「ギリヤークがブロニスワフの「民話のために」ずっと我々のところに住み込んでいる」（Ювачёв2014, II-144）とある。

島の植民地化が先住民に深刻な打撃を与えていることをピウスツキは看て取った。自然環境は悪化し、ギリヤークの土地と漁場はロシア人入植者に奪われ、彼らが夏期の漁労に出かけている間に、その住居はロシア人入植者によって破壊され、焼き払われ、盗難に遭った。また文明の導入により、新しい条件下での生活はより多くの出費を必要としたが、貧しいギリヤークに金はなかった。彼らの生活状態を改善するためにピウスツキが考えた方策は次の諸点である。即ち、彼らの主たる生業を狩猟と漁労ではなく、牧畜と農耕にすること、一八九六、一八九七年は不漁でギリヤークが飢饉に見舞われたことを踏まえて、一八九八年より馬鈴薯の栽培と、従来の鮭の日干し法ではなく塩蔵加工を教え、塩蔵魚の国庫納入によって彼らに安定収入を提供すること、安上がり、または無利子の融資の整備、貴重な毛皮獣である黒テン猟に従事する川筋のギリヤークによる独占権を確立すること、手工業を奨励すること、医療活動がギリヤークのより身近な存在となること、ギリヤークの名誉調停官をロシア官憲が認証することである（ピウスツキ二〇一八、八五—九二、九九—一〇〇、一〇四、一〇六、一一〇—一一一、一一六）。馬鈴薯の植付けに同意しようとしない村の長老ミリクを説得する場面を、ピウスツキはこう描写している。

そこで私はこの頑固一徹の、橇の中にふんぞり返る老人を笑わせようと試みた。私も土を掘り返した経験はなく、彼に輪をかけた弱虫ながら、ともに働くべく彼の許に赴くつもりだと述べて、我ら二人でならば一人前の仕事がこなせるはずだ、と挑発したわけだ。せめて一度でも掘ってみて、きつ過ぎるようならば止めればよい、などとも進言した。私はこのように騙し騙しながらも、遂にミリクの同意を、したがってまた全村の合意をも取り付けたわけである。これは、掛け値なしの赤子であるギリヤークが己に有益なことを、私との良好かつ友好的な付き合いに免じて遂行してくれたという、まことに稀有な事例である。（ピウスツキ二〇一八、九四）

ピウスツキのこの悪戦苦闘ぶりをイギリスのジャーナリストで作家のチャールズ・ホーズ（一八六七—一九四三）がサハリン島調査旅行報告記に書き残している。

先住民にとってこの作業〔馬鈴薯植付けの作業〕は

これまで経験したことがないほど辛いもので、二時間後にはもう腰が痛いとこぼして植え付けをやめてしまう。またある者たちは種芋を食べさせてくれとうるさく付きまとう。大変な努力のお陰でピウスツキはギリヤークたちに数プード[10]の馬鈴薯を植え付けさせることができたが、側面からの支援がなければ彼のこの企ては失敗に終わるだろう。(Хоуз, 194-195)

ロシア人流刑囚たちは既に魚の塩蔵加工を行っていた。彼らは一年中それを食するばかりでなく、一プード一ルーブル六十五コペイカで国庫に売却して金を稼いでいた(PdS, 6, 74)。チェーホフもサハリンの農業のなかで唯一例外的に実りをもたらしているものとして野菜づくりを挙げ、またサハリンの主な資源とその幸福な未来は産卵期の銀鮭《ケタ》とニシンにあると書いている(チェーホフ、三〇七—三一二)。

ピウスツキは一八九七年夏にニコライ・ロバス医師がアルコヴォでギリヤークに対して実施した種痘接種を手伝った(БП и ЛПШ, 124)。ロバスは一八九三～九九年にティミ管区、アレクサンドロフスク管区の医師、そしてサハリン島医務局副主任をつとめた。先住民が接種を受け入れた理由として、医学に対する信頼感以外にピウスツキは次のような点を挙げている。

ロバス医師によるギリヤークへの種痘接種

この件では、彼らの言葉に対する私の知識が奏功したが、彼らとの友好関係はそれ以上に有益だった。〔中略〕一人の男の子が泣きだすと、両親と周りの老人たちは「大丈夫だ、彼は良いお人だから」と言って、宥めてくれた。一部の子供たちは、私の古い旧知だった。年配者には説得もさることながら、子供に対するような冗談で機嫌を取ることにもこれ努めた。恐らく、私が持参した手土産も幾許かは役に立ったであろう。接種後に、子供は飴と胡桃を、大人は煙草をそれぞれ受領した。（ピウスツキ二〇一八、一一二）

一八九七年八月にティミ管区長に就任したイワン・ヴォログディンの依頼で、翌年にピウスツキは「樺太ギリヤークの困窮と欲求」[11]という論文を書き上げた（БП и ЛШ, 126)。サハリン先住民に関するピウスツキの最初の民族学の著作である。本論文は学問的関心のみならず、悲惨な状態にある民族への同情と、彼らの運命をより良きものへと変えるために何か具体的なことをしてやりたいという願望に満ち〳〵ている。彼は一八九五年二月二十二日付のズーリャ宛の手紙にこう書いている。

> 僕にとって大事なのは、現在迫害、抑圧され、飢餓のためにゆっくりと死滅しつつあるこれら不幸な人々のために、当局がなんらかの注意を払い、何かをしてくれることなのです。（Пилсудский2015, 92-93）

一八九四年にピウスツキはギリヤークの青少年たちにロシア語の読み書きの学習を呼びかけたが、それに応えたのは十歳の少年インディン（一八八五？―一九〇三）一人だけだった。インディンはその後ロシア人の入植囚や少年たちとの交流によって学習を積み、一八九六年冬から再びピウスツキのもとに通い出した。そして一八九七年夏にピウスツキがアルコヴォに開いた学校の教師役をつとめた。ピウスツキはインディン先生のことをこう書き残している。

> 一人の生徒は仕事で数日も欠席を重ねるので課業が思わしくないとか、今一人は怠け者だ、などと愚痴をこぼしにやって来る、小さいながらも真摯な教師の来訪は、可笑しくもあり、また可愛くもある。（ピウスツキ二〇一八、一一九）

この聡明な少年はやがてピウスツキの忠実な弟子となる（Латышев, 136, 145, 146）。

ピウスツキのシュテルンベルグ宛の手紙で写真撮影の話が最初に登場するのは一八九五年三月四日、ズーリャ宛の手紙でも同年（月日不明）のことである。ティミ管区の診療所の軍医ニコライ・トローピンの写真機を後述のポッドゥブスキイがピウスツキに貸してくれたのである。この頃ピウスツキは写真機にかなり熱中していたようだ。写真撮影術を彼に最初に手ほどきしてくれたのは、アルテュニャンツとスンバト・ブダギアンツである。前者はコーカサス地方での革命運動に加わったかどでサハリンに流刑になった元ペテルブルグ大学学生のアルメニア人、後者はチフリス（現トゥビリシ）市裁判所の判決によってサハリンへ苦役となったジョージア人である。ピウスツキは撮影、現像のために必要な材料を、シュテルンベルグに送金してアレクサンドロフスクから取り寄せていた。その後この写真機は返却したが、農業監督官アレクセイ・フォン・フリケンがピウスツキのために古い写真機を置いていってくれた。これらの写真機を使って彼はギリヤークの写真撮影を行った（БП и ЛШ, 91, 93, 94, 98, 100, 129; Пилсудский2015, 96, 99, 112; Латышев2008a, 186; Прокофьев2017, 73）。サハリン流刑中にピウスツキは既に写真機に慣れ親しんでいたのである。これは以後の彼の民族学調査において大変な威力を発揮することとなる。

共同文庫と教育活動

一八九六年頃の日々の生活を、ピウスツキはシュテルンベルグに手紙でこう説明している。

午前は仕事に使うか、読書か、書き物か、授業の準備をするか、報告書を書くかしています。十一時から二時までは文庫の本の貸出しをしますが、その間に何かすることも可能です。その後ある有料の授業に出かけ、四時からは子供たちと授業を始めます。終わるのは八時頃、もしくは深夜です。子供たちはよく夜も残り、何人かは泊まっていくこともあり、一緒に本を読みます。自分に残される時間はごく僅かなのがとても残念です。でも概して昨年の冬よりも自分と自分の生活にはるかに満足しています。（一八九六年一月十九日付）（БП и ЛШ, 102）

前列左よりユヴァチョーフ、シュテルンベルグ、後列左がマトヴェーエフ（1895 年、『ウラジオストク』紙編集部）

一八九〇年代中頃に苦役囚の数は六千五百人と最大多数を数えた。一八九四年頃からピウスツキは何人かの囚人と共同で雑誌『ロシア思想《ルースカヤ・ムィスリ》』、『畑《ニーワ》』、『万国イラスト《フシェミールナヤ・イリュストラーツィヤ》』と新聞『一週間《ネヂェーリャ》』、『ウラジオストク』を取り寄せ、さらに『ロシアの富《ルースコエ・ボガーツトヴォ》』誌も発注した。そして共同文庫を作った（Ищенко, 88; БП и ЛШ, 71, 81, 88)。『ウラジオストク』紙では一八九三〜九四年にシュテルンベルグが「ヴェルス」のペンネームで「サハリンについての談話」を連載し、島の行政当局を狼狽させていた。ピウスツキらは島の外部世界の出来事も最低限は把握していたのである。引用文中の「文庫」の貸出係は、かつてヴィルノの中学時代に彼がポーランド語文献の秘密文庫の貸出係をしていたことを想起させる。

また「有料の授業」は当地の官吏の子弟相手の個人授業、「四時からの授業」は流刑囚の子弟たち相手のものだろう。一八九一年八月から一八九六年十月末までピウスツキはルィコフスコエの学校の女性教員（アレクサンドリンの妻）の助手をつとめていた。生徒は七名いたが、うち二名は脱落し五名が残った。ピウスツキはサハリン島における子供たちの教育に意を用い、国民教育とティミ管区における学校の設置に関する覚書を提出して、島当局の注意を喚起しようとした。この試みは実現しなかったとはいえ注目に値する（Госткевич1926, 149; PdS2, 107; БП и ЛШ, 105, 107, 108, 112)。ピウスツキはルィコフスコエの社会生活に積極的に加わり、「学校、文庫、測候所、博物館、大衆向けの読書会」（БП и ЛШ, 123）に取り組んでいた。

ピウスツキ（後列中央）、アレクサンドリン（その右下）と流刑囚の子供たち

一八九七年九月から翌年四月まで彼はアレクサンドロ

フスク哨所に滞在して、サハリン島医務局主任レオニード・ポッドゥブスキイ医師の下で事務係をつとめた。ポッドゥブスキイは一八九二年六月にこの任に就き、同時にアレクサンドロフスク管区の診療所の上級医師とサハリン島の測候所主任をもつとめていた。医務局のスタッフは、主任と副主任、薬剤師と二人の助手、獣医と二人の獣医学准医師の計八名である。島の三つの管区にはそれぞれ診療所があり、医師二名と助産婦一名が配置されていた（БП и ЛШ, 126; PdS2, 113; Латышев2013a, 249）。だが医療の状態は劣悪で、チェーホフの言葉を借りれば、「何しろ当地の病院制度ときたら、少なくとも二百年くらい、文明から遅れている」（チェーホフ、九七）。ピウスツキがポッドゥブスキイと出会ったのは一八九三年、ルィコフスコエの測候所においてであり、その後両者は親しい間柄となった。ピウスツキのアレクサンドロフスク滞在は、ポッドゥブスキイの招聘による。ポッドゥブスキイはサハリン島で働く医師たちの権利を守るために島の当局と闘いを繰り広げたが、とどのつまり一八九八年秋に病気を理由とする退職願いを提出することを余儀なくされ、島を去った（Латышев, Прокофьев2011, 180-184）。

南サハリンへ

気象観測は、島の経済生活のあらゆる分野において必要な天気予報を行うために重要なことであった。一八九六年六月末にピウスツキは、コルサコフ哨所（日露戦争後の日本名・大泊、現コルサコフ）とガルキノ゠ヴラスコエ村に測候所を開設するために、海路コルサコフ管区に派遣され、八月まで滞在した。コルサコフ哨所はチェーホフが訪問した一八九〇年の時点で人口は千名強。作家は当地に電信局も測候所もないが、測候所建設のために奔走している人がいることを指摘し、その設立には教育ある流刑囚の労力を利用することを提案している。六年後にまさにこの提案が実現したことになる。測候所主任とサハリン島農業監督官の依頼により、ピウスツキは詳細にわたる「サハリン島第二級測候所の観測者用要領」を作成したが、そこで気象観測と天気予報は測候所の観測者の良心と仕事の正確さに依拠するところ大であることを強調している。二箇所の測候所は十一月から起動した（チェーホフ、一九二、一九五、二〇〇。БП и ЛШ, 114; Латышев, Прокофьев2011, 182）。

同時にピウスツキはサハリン博物館のために南サハリンのアイヌのもとで民族学資料を収集することも依頼された（Латышев2008a, 170-171）。アイヌが居住していたのはコルサコフ管区だが、彼はこの地で初めてアイヌに接し、新たにその言語と文化の研究に着手したのである。アイヌは漁労、狩猟、山菜採取、農耕を生業としていた。彼らとの初対面の感想をピウスツキは後にこう書いている。

だが、その時でさえ、アイヌの人々の外観—それはヨーロッパで見られる人種のタイプ、ある時にはユダヤ人の一派、ある時にはロシア人の農民、またある時にはジプシーといった人々を強烈に思い起こさせた—や、またそれ以上に、その微妙な、いわば耳をくすぐるような音の陰影のおかげで私の耳にはとてもメロディアスに聞こえる彼らの言葉は、私の胸を激しく打ち、少なくとも北樺太に住むギリヤーク人について自分が知っているぐらいには彼らについて知りたいという気持ちを、私に度々起こさせたのだった。（ピウスツキ一九八三、一〇三）

この年の五月十四日にニコライ二世（一八六八—一九一八）が戴冠し、その折に布告された恩赦令により、それが発効した十二月三十日にピウスツキの刑期が十五年から十年に短縮された。父ユゼフの度重なる嘆願がついに功を奏したのである。翌年二月二十七日にピウスツキは刑期が満了し、苦役囚から流刑入植囚の身分となって、強制労働から解放された（PdS2, 60, 103-104, 115-116; Латышев2008a, 174）。居住は島内に限定され、警察の監視下に日常生活を送るのである。

ウラジオストクからの誘い

一八九三年からピウスツキは「アムール地方研究協会」の会員たちと手紙のやりとりをしていた。これはウラジオストクにあるロシア帝室地理学協会のプリアムール支部傘下の研究機関である。一八八四年一月にフョードル・ブッセによって創設された、ロシア極東で最古の文化・啓蒙組織で、その主要課題のひとつは極東地方に住む民族の研究だった。

一八九七年五月にアムール地方研究協会はピウスツキを付設の博物館で資料管理人として働かせるべくウラジオストクへ移すよう、二代目プリアムール総督セルゲイ・ドゥホフスコーイに請願を行なった。この博物館は一八九〇年にオープンした、ロシア極東で最大のものだが、コレクションを整理、体系化する人間がまだいなかったのである。ピウスツキを推薦したのはシュテルンベルグであり、彼に白羽の矢を立てたのは、協会の会長をつとめていた海軍軍医ニコライ・エポフである。前述のようにアレクサンドロフスクにサハリンで最初の博物館がつくられ、ピウスツキがそれに大いに寄与したことは、ハバロフスクとウラジオストクでも知られていたのである（PdS2, 43-44, 51; Матвеев Н.1917, 2; Бабцева2000, 19; Латышев2008а, 202, 332)。彼にとってサハリンを脱出する絶好の機会が訪れたのだ。

しかしながら、この請願は却下された。この時点でピウスツキの身分は入植囚であり、納税階級である流刑農民身分に編入される前だったからである（PdS2, 51）。翌一八八九年三月には父ユゼフがプリアムール総督宛に請願書を提出し、息子にウラジオストクへ移る許可を与えてほしいと訴えた。

私の息子は閣下にとっては灰色の大量の番号に紛れ込んだ一つの番号にすぎないでありましょうが、私にとってはこれは、清らかな魂の全力を挙げて正しく有益な勤労学術生活に立ち戻ることを願う、大切な、道に迷った子供なのです。また私が恐れておりますのは、私の息子がサハリンのような苛酷な気候のもとで長期にわたって滞在した結果です。息子の健康がどれほど損なわれたことでありましょうか。かの地にさらに留まることは、息子の生命にとって危険なことなのです。

(PdS2, 49)

だがこの請願も効果をもたらさなかった。エポフに替わってアムール地方研究協会の会長に就任したアポロン・チェレムシャンスキイは、同年五月に新しいプリアムール総督グロデコフ宛に再度の請願書を提出した。チェレムシャンスキイは海軍軍医で、一八九四～九五年には長崎の稲佐に設けられたロシア太平洋艦隊沿岸診療所の所長をつとめた（Бабцева2000, 22; Латышев2008а, 189, 332)。またこの年の夏には父ユゼフも警務局に再度嘆願書を提出した。

十一月末になってようやくピウスツキのウラジオストク移管に関するプリアムール総督の許可証が出た。前述のように、この七カ月前にピウスツキは「樺太ギリヤークの困窮と欲求」を書き上げた。この論文はヴォログディンがグロデコフに送り、グロデコフが地理学協会に渡して、同年のハバロフスクの『ロシア帝室地理学協会プリアムール支部紀要』（第四巻四分冊）に掲載され、大変な反響を惹き起こした。このこともグロデコフの許可証交付を促進したものと思われる。しかしながら、この頃にはサハリンと大陸を結ぶ船の航行期は終わっていた。またギリヤークの民話と歌謡の翻訳の完成に体系的に取り組むためにも、ピウスツキはサハリンで越年することに決めた（PdS2, 7-8; БП и ЛШ, 133; Латышев2008а, 190)。

ギリヤークの少女ヴニト

一八九九年一月三十一日にギリヤークの友人たちがピウスツキを見送るためにルィコフスコエにやって来た。その折、ギリヤークの少女ヴニトがピウスツキに恋愛叙情歌を捧げた。この少女が彼の子供をもうけたという説がある（Семенкова, 2001, 280）。

話は遡って一八九三年十二月十一日、ピウスツキはシュテルンベルグに手紙を送り、「チュルカとその弟がロシア語と算数を習いに通っています」（БП и ЛШ, 54）と伝えている。ピウスツキはこの時弟のインディンと知り合ったのだろう。チュルカの妹でインディンの姉ヴニトもピウスツキのところに来て、彼のために歌を歌っていた。彼女はギリヤーク最初の女流詩人のひとりだった。その後一八九七年の夏から十月中旬までピウスツキは始終ギリヤークたちの間で暮らし、彼らに魚の塩蔵加工を教えたが、この時ヴニトと親しく交流していたようだ（Огрызко, 7, 203, 207; БП и ЛШ, 125）。彼はこう書いている。

> 私が（一八九七年に）ギリヤークの村をまわって、彼らに魚の塩蔵加工を教えていた時、彼女〔ヴニト〕はモジブヴォ近くのティミ川沿いの小島にあるケジリヴォ村に住んでいた。（Пилсудский1998d, 111）

ティミ川

ヴニトはピウスツキに二編の恋愛叙情歌を捧げている。彼はこのジャンルの歌の最初の採録者といえよう。一編は一八九八年春、もう一編はこの一八九九年一月三十一日にヴニトの歌を採録したのである。これらの歌が最初に日の目を見るのは、前述の論文「ギリヤークの詩歌」においてである。第一の歌ではヴニトは人目をはばかって、ピウスツキに対して兄に対するような歌い方をしている。だが前記の説によると、アルコヴォでもルィコフスコエでもヴニトがピウスツキの子を宿していることは公然の秘密となっていた。第二の歌は二人の永遠の別離の場で歌われた、熱烈な恋愛叙情歌である。長くなるが全編紹介しよう。

あなたは遠い地へと行ってしまう時、私たちのことは思わないでしょう。でも私はあなたが行ってしまう時、あなたのことだけを思うでしょう。あなたが散歩するのが好きだった場所を、私も歩き回るでしょう。あなたが踏みならした道を見たら、「ここ、ここであの人を見たんだわ」と思うでしょう。そこを通る男の人を見たらあなただと思うでしょうが、それはあなたではないでしょう。あなたに似た男の人を見たら、あなたのことを思い出すでしょう。それが違う人だと分かると、私は悲しくなるでしょう。あなたは素敵なギリヤークの男性よりもっと素敵です。たくさんの木々を見る時でさえ、私は他の木々よりも一番高い木が好きです。同じようにあなたも他の男の人たちのなかでやさしさゆえに聳え立っているのです。

行き先が近くにしろ遠くにしろ、私の言葉を旅に携えて行ってください。あなたがそれを声に出して言い、耳にする時、あなたは喜びを味わい、私たちのことを思い出すでしょう。幸せに暮らしてください。私の言葉をよその場所、よその村へ携えて行ってください。たくさんの男の人たちが聞けるように、それを携えて行ってください。私の言葉を若者にも老人にも、すべての人に聞かせてください。私はあなたに私のすべての言葉を捧げました。私があなたを忘れるのは夢の中だけでしょう。目覚めると、またあなたのことを思うでしょう。あなたは私から遠く離れて、そこでどのように暮らしているのかと。もはやあなたの噂を耳にすることはないでしょう、一度たりとも。これがあなたに会う最後の機会です。あなたも私の噂を耳にすることは決してないでしょう。私の身に何が起ころうと—凍えたり死んだりするかもしれません—あなたが知ることはないでしょう。私があなたのことを何かまだ耳にすることはできても、あなたが私についてもはや何一つ知ることはないでしょう。(Пилсудский2017a, 8-9)

前述の説によると、ピウスツキがウラジオストクへ出立した後で、ヴニトは女児ヴァイを出産した。ヴァイは成長して巻き毛の、美しい、ポーランド人そっくりの娘となった。ヴニトはその後男児サラトも出産したが(Лок2001b, 168-171; Огрызко, 204)、サラトの父親は不明である。

ピウスツキは論文「ギリヤークの詩歌」のなかでヴニトに言及している。それによると、ヴニトの父は死の直前に自分の友人に彼女を嫁にやると約束した。この友人は彼女の父親くらいの年齢だった。この男は彼女とその兄弟姉妹も引き取ったが、まもなく中風になり、働けなくなって、乞食のような生活を送っていた。ヴニトは夫を支えるためにひたすら働いたが、貧困のうちに生まれた子供たちは病弱で、長く生きられなかった。

　辛い生活にもかかわらず、ヴニトは心の繊細さと、日常生活の苦悩の上に飛翔する能力を保持していた。その上、卓越した記憶力と雄弁の才を備えていた。彼女は自分の才能を恥じないばかりか、自分を他の女性たちと区別するものとしてそれを誇りにしていた。

（Пилсудский2017a, 8）

　ピウスツキがヴニトらから採録した詩歌のテクストは、その後彼からシュテルンベルグ、そしてシュテルンベルグからその教え子のクレイノーヴィチに渡された。ソ連の有名な民族学者・言語学者のエルヒム・クレイノーヴィチ（一九〇六―一九八五）は、レニングラードの北方諸民族大学で学んでいたサラトとともに丸一年間ギリヤーク語テクストの復元作業に従事した。この折サラトは図らずも自分の母の歌に遭遇したのである。またクレイノーヴィチは一九二六年にサハリンへ調査に赴き、老爺となったチュルカと面会している（クレイノヴィチ、二三―三五。Крейнович, 119）。ピウスツキが彼らのもとを去った二十七年後のことである。

　ちなみにユジノ・サハリンスクにあるサハリン州郷土誌博物館の元館長ヴラディスラフ・ラティシェフ氏によると、一九九〇年代のある日曜日、自分の不在中にギリヤークたちが博物館を訪ねてきて、そのなかの一人の女性が自分はピウスツキの孫娘であると名乗った。その後ラティシェフ氏は彼らの所在を捜したが、ついに見つからなかったという。[12]

　ピウスツキは一九一三年に擱筆した論文「サハリン島のオロッコへの一九〇四年の旅より」に付した注で、ギリヤークも親切であることの例としてこう書いている。

　私が一八九九年にサハリンを去るとき、一連の全く未知の村々を通過したが、どの村でも、宿泊や飲茶や鮮魚に対する支払いをさせてもらえなかった。「だってお前はギリヤークじゃないか」というのである。

（ピウスツキ二〇一八、四三〇）

一八九九年二月初めにピウスツキは、氷結したタタール海峡の駅逓馬車道を犬橇で大陸へ向かった。この時彼は三十二歳。サハリン島は背後に遠ざかりつつあった。

注

1　*Чехов А.П.* Остров Сахалин (Из путевых записок). Полное собрание сочинений и писем в 30-ти томах. Т. 14-15. М.: «Наука», 1978. С. 57, 82, 84. チェーホフ著、原卓也訳『サハリン島』中央公論社、二〇〇九年、二六、五七、五九頁。以下、本作品からの引用は本文中の括弧内に日本語訳の頁数のみを示す。

2　女性苦役囚は任意の男性のもとに自発的合意に基づいて嫁ぐ、という誓約書を提出させられた。男性との暮らしがうまく行かなければ、アレクサンドロフスクの女性房に戻って、新たな相手が見つかるまで過ごした（天野二〇一〇、一三四）。

3　Pilsudski B. *Materials for the Study of the Ainu Language and Folklore.* Cracow: Polish Academy of Sciences, "Spółka Wydawnicza Polska," 1912, pp. VII-IX. B・ピウスツキー著、北海道ウタリ（アイヌ語で「同胞」の意）協会札幌支部アイヌ語勉強会訳「樺太アイヌの言語と民話についての研究資料〈一〉」『創造の世界』四六、一九八三年、一〇二―一〇四頁。以下、本著作からの引用は、本文中の括弧内に日本語訳の頁数のみを示す。

4　九一三年にその英語版「ギリヤークとその詩歌」がロンドンの学会誌に発表された。

5　ロバス医師の記録では、工事に派遣された囚人は五百名、逃亡者は二二六名、死者は七十名となっている（Лобас, 251-252）。

6　Edward B. Tylor. *Primitive Culture.* 2 vols. London: J. Murray, 1871. のことだろう。

7　一八九四年五月三十日より「武官知事」に格上げされた。これは総督府を構成する県や州の統括者となる武官で、管内の軍民両部門を管掌した。将官をもって充てられた（原、二五三）。

8　一九九五年にハバロフスク地方郷土博物館にこの人物の名前が冠された。

9　一八九七年の時点で島に住むギリヤークは一九六九人、オロッコは七四九人、アイヌは一四四三人で、先住民が島の総人口に占める割合は一四・八％だった（Высоков, 111, 117）。

10　一プードは一六・三八キログラム。

11　「困窮と欲求」は、十九世紀後半のロシア民族学界において頻用された「民衆の窮状」を象徴する常套句である（ピウスツキ二〇一八、七七―七八、九八）。

12　二〇一六年三月四日付のラティシェフ氏の著者宛電子メール。

第四章　ウラジオストク時代

当地の慌ただしさゆえに集中することができません。私の落ち着きのなさは人々の噂の的となっています。

ウラジオストクへの旅

一八九九（明治三十二）年二月初めにピウスツキはサハリン島対岸のニコラエフスクに到着し、ここに数日滞在した。一八五〇年にゲンナーヂイ・ネヴェリスコーイによって海軍哨所として礎を築かれたこの町は、早くも一八五六年には沿海州の中心にしてシベリア艦隊の主要基地となる。一八七一年に主要海軍港がウラジオストクに移され、一八八〇年に沿海州の州都がハバロフスクになると、ニコラエフスクの町は衰退するが、一八九〇年代になって金鉱が発見されるや、再び町は活気づき、一八九七年頃には人口は六千人に達していた（Латышев2008a, 195）。

ニコラエフスクからハバロフスクまでは氷結したアムール川上を馬三頭立ての橇で一週間以上の厳しい旅を続けた。ハバロフスクは州都の地位を獲得すると、俄然建設ブームがわき起こった。一八九四年一月にこの町に帝室ロシア地理学協会プリアムール支部が創設され、一八九七年には一昼夜余りでウラジオストクとの間を結ぶウスリー鉄道が開通した。十九世紀末頃の人口は一万五千人にまで膨れ上がっていた。この町でピウスツキはプリアムール総督への表敬訪問を行ったようだ（Латышев2008a, 199; Кучинский1995, 68）。

三月九日にピウスツキはウラジオストクに到着した。この時期はウスリー川もまだ氷に覆われているので、彼は鉄道を利用したはずだ。ウラジオストクでは元政治囚として彼に対して秘密の監視が続けられ、何らかの咎むべき点があればサハリンへ送還される可能性もあった（БП и ЛШ,

136; Курилов, 313; Бабцева2000, 21; PdS2, 7)。
ウラジオストクは一八六〇年に礎を築かれた大都市である。その商業生活は一八九一年から目立って活気づく。シベリア鉄道の工事が始まり、起工式に臨席したニコライ皇太子のためにニコライ・アーチがつくられた年である。アムール地方研究協会の博物館はアーチの傍らのプルドヴァヤ通りにあった。一八九八年一月一日時点でのロシア人人口は、男性二万四六〇五人、女性四五八〇人の計二万九一八五人で、その他に日本人一二六一人、朝鮮人一三六一人、中国人一万一八一人がいた。ポーランド人は一八六〇～七〇年代にこの地に軍人が出現したのに始まり、極東地方に留まった元流刑囚によって補充され、一八九〇年代にシベリア鉄道のウスリー区の開発と建設の専門家たちが来て増加した(Бабцева2010, 390-391)。

現在のウラジオストク駅

ピウスツキはさしあたりコレイスカヤ(現ポグラニーチナヤ)通りのイワン・ツィムメルマンの家に仮寓

した。この人物は一八六七年にキャフタのザバイカル・コサックの家に生まれ、ウラジオストクに来て、市議会の議員と書記、市参事会会員、副市長となった。一九〇五年には市長に選ばれ、五年間その職をつとめた。革命後は一度ならず逮捕される。一九三一年に矯正労働収容所《ラーゲリ》十年の刑を受け、同年に監獄病院で亡くなった（Матвеев-Бодрый, 3; Шульгина1989, 131; Хисамутдинов2004, 64; Хисамутдинов2006, 180; Хисамутдинов2016, 414-415）。

マトヴェーエフ

ピウスツキはその後マトロースカヤ街のアブレクスカヤ通り九番にあるマトヴェーエフ家に居を定めた。ニコライ・マトヴェーエフ（一八六五—一九四一）は箱館のロシア領事館の准医師の子として生まれ、〈日本で生まれた最初のロシア人〉といわれる。誕生の数カ月後に一家はニコラエフスクへ戻るが、父が急死する。ニコライはその後ウラジオストクで立憲民主党員《カデット》として革命運動に加わるかたわら印刷・出版業に携わり、「ニコライ・アムールスキイ」、「グルホフカのハイネ」などのペンネームをもつ詩人でもあった。一八九六年にアムール地方研究協会に入会し、一八九八年から協会の書記、一九〇一年からは正会員となった（Лишинский, 26; Иващенко, 3; Дьяченко, 267; Хисамутдинов2004, 61）。『ウラジオストク小史』（一九一〇年）などの著作がある。

マトヴェーエフと長男ゾーチク（1908 年）

マトヴェーエフ家

煉瓦造りの二階建てのマトヴェーエフの家は、偽造パスポートを所持する多くの革命家の隠れ家となり、ここで地下活動の秘密の会合がもたれた。ここを訪れたのは、ゴストキエヴィチ、ユヴァチョーフ、ヴォルケンシュテイン夫妻、キリーロフ、シュテルンベルグ、アルセーニエフなどである。ギリャリイ＝ベルナルド・ゴストキェヴィチ（一八六一―一九二八）はポーランドの「プロレタリアート」党員で、一八八四年に逮捕され、十三年の苦役を宣告されて、一八八七年にサハリンへ送られた。ピウスツキのサハリン時代の友人で、ウラジオストクに来るや、ピウスツキをアムール地方研究協会博物館に招聘するために尽力した（БП и ЛШ, 121-122, 234; Бабцева2010, 398）。ユヴァチョーフは一八九七年にペテルブルグに戻ると文筆活動に従事し、「ミロリューボフ」のペンネームで一九〇一年にサハリン時代の回想記『サハリンの八年』を刊行した（Дударец2004a, 35）。ヴォルケンシュテイン夫妻は一九〇二年にサハリンからウラジオストクへ移った。夫は開業医として、一方妻はこの地での居住を許されていなかったが、ベテラン医師としての夫ゆえに当局は目をつむったのである（Теплинский, 176）。ニコライ・キリーロフ（一八六〇―一九二二）は医師にして極東地方の先住民の研究者で、かつてモスクワ大学医学部でチェーホフと机を並べて学んだ。ザバイカル州のチタやネルチンスクで医師として勤務。一八九六年八月にサハリンに来て、コルサコフ管区診療所に勤務し始めた時にピウスツキと知り合った。一八九九年末に退職してウラジオストクへ移り、一九〇二年までウラジオストク要塞病院の医師をつとめた（Пальчевский, 332; Латышев2008a, 209, 335）。シュテルンベルグは一八九五年にギリヤーク調査のためブラゴヴェシチェンスクへ赴く途中初めてウラジオストクを訪問し、マトヴェーエフ宅に滞在した（Прокофьев2017, 376; Матвеев Н.2017, 381）。ウラジーミル・アルセーニエフは有名な極東探検家で民族学者である。

アムール地方研究協会

一八九九年四月にピウスツキからアムール地方研究協会の博物館に、南部ウスリー地方の植物相の標本集とサハリンのギリヤークの二百点以上の民族学コレクションが収められた。とりわけ前者は貴重なものだった。これらは前年十一月の協会の依頼により、ピウスツキがサハリン出立前に入手したものだ（Бабцева2000, 21）。これらのコレクションは翌年のパリ万国博覧会に出展するために海路オデッサ経由でパリへ送られた。これはロシア帝室地理学協会副総裁の元老院議員ピョートル・セミョーノフ（一九〇六年より「セミョーノフ＝チャン＝シャンスキイ」、一八二七―一九一四）がアムール地方研究協会博物館に託した事業で、出展品の選定はピウスツキが担当した。ちょうどこの年の夏にフランスの旅行家でフランス地理学協会会員のポール・

アムール地方研究協会博物館

ラッペが、サハリン旅行の途次ウラジオストクに滞在した。アムール地方研究協会のコレクションを送るべきパリ万博の「シベリアとロシアのアジア地方」のパビリオンの責任者が他ならぬラッペだったので、搬出する資料に関する打合せがあったものと思われる。

搬出されたのは、「一　南部ウスリー地方の植物相の標本集、二　先住民オロチ、チュクチ、ギリヤーク、アイヌの写真、三　これらの種族の研究に関するアムール地方研究協会や他の組織、研究者の出版物、四　特に陸軍大佐ミハイル・ラテルネルによって提供された黒キジ、五　ピウスツキが収集したギリヤークの民族学コレクション一五八点、オロチ一二六点、チュクチ一〇二点、アイヌ六十三点」である。一九〇〇年四月から十一月まで開かれたパリ万博ではこれら展示品のほぼすべてが売却され、アメリカへ渡ったものもあった（Севела2015, 28-29）。国際審査員がこの極東コレクションの展示を高く評価して、ロシア帝室地理学協会に銀牌を授与した。ちなみにこの万博では、「オッペケペー節」で知られる壮士芝居の役者・川上音二郎と妻・貞奴が結成した川上一座が公演を行っている。

一八九九年から翌年にかけてピウスツキはアムール地方研究協会副会長のニコライ・パリチェフスキイ（一八六二―一九〇九）とともに、写真撮影と新しい展示品を入手するために何度か沿海州方面へ調査旅行に出かけた。コダック社のお陰で一八八八年から写真機が一般に入手できるようになり、この当時写真は研究報告書において既に不可欠のものとなっていた。ピウスツキはまた沿海州の気象研究にも従事した。一八九九年十一月に彼はハンカ湖畔のカーメニ＝ルィバロフにある測候所を視察し、その活動を復活させるための手立てを見つけるためにかの地へ赴いた。かつてサハリンのコルサコフ哨所とガルキノ＝ヴラスコエに測候所を設営した経験が買われたのだろう。この頃のピウスツキの俸給は年四五〇ルーブルだった。彼はその後も気象観測の仕事を続け、沿海州の予定観測（降水量、雷雨、積雪、吹雪、解氷と結氷）地点のリストを作成した。またさまざまな人物からの問い合わせに回答するために、パリチェフスキイ、マトヴェーエフらとともに農業、気象学、植物学に関して得られた情報を分析した（Бабцева2010, 396; Шульгина1989, 131; Хисамутдинов1991）。

一八九九年十月にロシア極東では最初の高等教育機関である東洋学院がウラジオストクに創立された。中国語、日本語、朝鮮語、モンゴル語の専門家を育成する学校である。ピウスツキは同学院の中国学のラトヴィア人教授ピョートル・ペトローヴィチ・シュミットと交流を持った。シュミットはピウスツキの依頼に応えて博物館所蔵の中国の民族学コレクションの目録に目を通し、必要な補訂をしてくれた（Пилсудский2014, 86; Бабцева2000, 29; Бабцева2010, 393）。

ピウスツキはアムール地方研究協会の会員で企業家のミハイル・ヤンコフスキイ（一八四二―一九一二）とも交流を持った。この人物はポーランド貴族の出自で、一八六三年の一月蜂起の後に政治犯としてロシア極東に流刑となった。そしてウラジオストク南方のピョートル大帝湾の現ヤンコフスキイ半島で一八七九年から農場と馬牧場を経営し、若鹿の袋角を養育、朝鮮人参を栽培するかたわら、ウラジオストク市内で本と文房具の店を開いていた。ヤンコフスキイはアムール地方研究協会の創設と博物館の建設に大いに貢献し、カムチャトカ探検隊も組織した[2]（Бабцева2000, 24; Хисамутдинов2016, 447-451）。

一九〇一年二月にアムール地方研究協会はチェーホフに手紙を送り、著書『サハリン島』を協会の図書館に寄贈してくれるよう依頼した。この手紙にはパリチェフスキイとピウスツキが名を連ねているが、執筆したのはピウスツキだろう。チェーホフはサハリンからの帰途ウラジオストクに立ち寄り、この図書館で一定の時間を過ごしたので、快く依頼に応えてくれた（Датышев, 207-208）。三月にピウスツキはアムール地方研究協会の準会員に選出された。この資格はその後一九一七年まで保持された（Бабцева2010, 397）。

『東洋通報』

博物館の仕事とは別に、一八九九年五月からピウスツキはマトヴェーエフらとともに『東洋通報』紙の編集陣に加わった。この新聞の存在を彼は既にサハリン時代に把握しており、ここで働きたいと考えていたのである。当時ウラジオストクでは一八八三年創刊の『ウラジオストク』（一九〇六年まで存続）、一八九二年創刊の『極東』（一九二三年まで存続）、一八九八年創刊の『東洋通報』（一九〇四年まで存続）の三紙が出ていたが、ピウスツキはこれらのなかで『東洋通報』を相対的に高く評価していた。そして博物館よりもむしろ『東洋通報』の編集作業の方が、主たる仕事となった。「生きた、社会問題」への志向を抱くピウスツキは、新聞にその可能性を見、やりがいを見出していたのである。だが編集長のワシーリイ・スシンスキイがほとんど働かず、自分が余りにも多くの時間を割かなければならないことに不満を感じていた（БП и ЛШ, 132, 134, 138, 152; Латышев2008a, 208, 209）。

その後オルジフも同紙のルポライターになった。ユダヤ人のボリス・オルジフ（一八六四―一九三四以降）は一八八六年にシュテルンベルグらの協力を得て南部ロシアに「人民の意志」党を再建しようとして逮捕、無期徒刑となり、シュリッセルブルグ要塞監獄に入れられた。一八九八年にウラジオストクに流刑となり、この地で園芸業を営んでいた。一九〇五年十月のウラジオストク反乱に加わり、その後長崎へ移った（Курилов, 316; Пальчевский, 324, 332; Латышев2008a, 335）。

一九〇〇年八月一日から二週間、快速大型帆船《クリッパー》「ラズボーイニク号」がウラジオストク港に停泊した。この船にはユヴァチョーフの義弟（妹アンナの夫）にあたる船医ドミートリイ・チェルヌィショーフが搭乗していた。チェルヌィショーフは義兄の依頼に応えて何度かピウスツキを訪問した。訪問結果を報告するチェルヌィショーフの手紙によると、ピウスツキは大量の時間と労力をむだに失っており、一つの話に集中することができず、こちらから話を遮らなければ最終的に何一つ言い切らず、始終ある話題から別の話題へと移っていったという（Дударец2004a, 38-43）。ピウスツキ本人も翌年四月二十日付のシュテルンベルグ宛の手紙にこう書いている。

> 当地の慌ただしさゆえに集中することができません。唯一の利点は、ふさぎの虫にかかったり、滅入ったりする時間がないことです。〔中略〕私の落ち着きのなさは、人々の噂の的となっています。（БП и ЛШ, 141）

インディン

一九〇一年夏にギリヤークの少年インディンがピウスツキの招きに応じてサハリンからウラジオストクにやって来た。この少年はとても聡明だったので、ピウスツキはサハリンで彼を他の子供たちと区別して、個人教育を施した。インディンは長いことピウスツキの住まいに同居していた。さらにウラジオストクでこの少年に教育を授け、サハリンで開設した先住民のための学校の教師にしようとしたのである。旅費は恐らくピウスツキが支払ってやったのだろう（БП и ЛШ, 141; Пилсудский2006c, 66; Латышев2008a, 210-211, 213）。マトヴェーエフの次男で後の郷土史家ニコライ・マトヴェーエフ＝ボードルイが、インディンが来た日のことをこう回想している。

インディン

> それは一九〇〇年代初めのことだった。台所の入口に背の高い、頬骨が出っ張って黄色い顔をした弁髪のギリヤーク人が現れた。目を細め、軽く微笑みながら、彼は私たちを見ていた。とりわけ母がコンロのそばに立って、ブリンなりお焼きなり何かおいしいものをこしらえている時には、私たちは「ママの尻尾」のまわりを動き回るのが概して好きな子供たちだった。ギリヤーク人はわが家に住み着いた。概してわが家は、父の思いやりの心と母のもてなし好きゆえに客好きの家だった。食客、間借人、客、親戚、父の友人たち、召使、偶然来合わせた人々、これらすべての者に「食卓も住まいも用意されていた」。わが家のドアはいつも広く開け放たれていた…ところでエン《ママ》ディンはとりわけ私たちの興味を引いた。私たちは初めてこんなに近くで生粋のサハリン人を見たのである。彼が私たちの興味を引いたのは、その弁髪、中国の綿織物の色である青色の服、それに多分獣の毛皮で作った長靴、彼がマンザ（この地方にとても沢山いる中国人を我々は普通こう呼んでいた）ではなくギリヤーク人だったからだ。ギリヤーク人はウラジオストクではよく見うけられる客ではなかった。後に私は、ブロニスワフ・オーシポヴィチ・ピウスツキに捧げた詩で父がエンディンを呼んだように、この「自然の継子」の悲劇を知った。
> （Латышев2006b, 68-69）

インディンは六年制のウラジオストク市立学校の第四学年で学び始めた。この学校は市民、とりわけ貧しい家庭の子弟に対して初等教育を施した。ピウスツキはサハリン時代、一八九六年二月二十三日付のシュテルンベルグ宛の手紙で、自分が教えている子供たちの進学先の候補としてこの学校の正確な情報を伝えてくれるよう依頼していた。通学のかたわらインディンは、ピウスツキがサハリンで記録したギリヤーク語のフォークロア・テクストの推敲を手伝った。ピウスツキはサハリン時代からこの作業において ロシア語ができるこの少年を一番当てにしていたのである(БП и ЛШ, 108, 132)。このテクストはシュテルンベルグがペテルブルグで公刊する予定だった。第三章末尾で触れた説に従えば、ピウスツキはインディンから自分の娘の誕生を知らされたであろう。

パリチェフスキイとの確執

一九〇一年五月にピウスツキは、健康上の理由によりアムール地方研究協会博物館を退職し、ブラゴヴェシチェンスク市のより乾燥した気候の地へ移って、私営銀行かアムール汽船会社に勤務し、かの地に住民登録をしたいという請願書をプリアムール総督宛に提出した。プウォスキが一八九七年にサハリンでの刑期を終えてブラゴヴェシチェンスクに移っており、シベリア銀行副支店長として働いていた彼が、かの地での就職斡旋を約束してくれたのである(БП и ЛШ, 129; Латышев2008а, 223)。一九〇五~〇六年にプウォスキはこの地で第一次ロシア革命に積極的に関わることとなる。

この退職請願の背景には、ピウスツキの博物館の仕事への飽き足らなさと、パリチェフスキイ副会長との確執があった。パリチェフスキイは極東地方の植物学と生物学を研究し、協会の創立以来十七年間にわたってその屋台骨を支えてきた人物である。この年の春と夏に『東洋通報』と『極東』紙に、協会の活動が不活発だとして運営委員会と副会長を攻撃する一連の記事が載った。記事の著者はキリーロフ、ピョートル・ミクーリン、民衆読書協会理事長パーヴェル・トルガショーフ、オルジフ(最初の三名は実名、オルジフのみペンネーム)という、協会内の元政治犯のリベラル派の知識人たちである。彼らは七月三十日に開かれた協会の総会で監査委員会を立ち上げ、初代議長にトルガショーフを選出した。

ピウスツキは七月十日付で一九〇〇年度の協会の活動報告書の草稿を書き上げた。そこで博物館の資料が未整理のまま放置され劣化しつつあること、収納スペースが足りず倉庫をつくるべきなのに何の手だても講じられていないこと、自分の給料を半減させてでも資料保管のスペシャリストを招聘すべきだという自分の要請が繰返し却下されたことなどを指摘し、パリチェフスキイの責任を問うた。草稿は次のような文章で締めくくられている。

他人の意見を尊重することが必要だ。協会の会員を好ましい者と好ましくない者に区別すること、失敗や怠惰に対する厳しい、必ずしもデリケートでない叱責は、協会の繁栄には役立ちえない。指導が巧みであれば、多種多様な資質や認識、見解〔、若干の人々の過度の批判好きすら〕を利用して、協会に益をもたらすことができるのだ。（Пилсудский2014, 89）

パリチェフスキイは激昂して暴言を吐くことがあり、異なる意見に不寛容だったが（Прокофьев2001a, 37）、かたやピウスツキは自己の信念と行為において完全な独立を保ち、勤務上の上下関係を遵守しようとする意識は欠落していた。

パリチェフスキイ

これに対してパリチェフスキイは八月二十五日に協会の総会で、「一九〇一年七月三十日の騒動で協会の副会長の職を辞すことを余儀なくされた協会準会員N・パリチェフスキイの声明」という異例に長い報告を行った。彼はこの報告でピウスツキ、オルジフ、トルガショーフ、キリーロフら七人の名前を挙げて、一人く弾劾した。パリチェフスキイは新聞の批判記事の首謀者はピウスツキだと断じた。そしてピウスツキの職務怠慢と仕事上のミスを指摘したが、これは酷というものだろう。ピウスツキはサハリンから赴任の途中ニコラエフスクでシュテルンベルグ宛に書いた手紙で、「標本収集者の新しいポストが心配です。もし過度の期待を抱かれているのであれば、私のことは落胆されるでしょう」（БП и ЛШ, 134）と書いている。博物館で彼は誰のサポートも得られず、すべてのことを独力で行なわなければならなかったのだ。また彼が協会に将来し、パリの万博でセンセーションを巻き起こしたコレクションについてはまったく言及がない。他方、パリチェフスキイの批判に一理ある点もある。ピウスツキが『東洋通報』の編集により多くの時間を割き、博物館での勤務時間中にインディンの勉強を見たり、外部の様々な人間と面会していたことだ。

パリチェフスキイによれば、これはピウスツキとトルガショーフを中心とする、協会の管理の転覆を狙った徒党の行為であり、流刑囚のような有害な輩は協会から排除すべだと主張して、官憲の注意を喚起した。例えば、この年の五月一日に金角湾のチュールキン岬で非合法メーデーが催されたが、ピウスツキはその参加者の一人だった。パリチェフスキイの言う「官憲の注意の喚起」はサハリン送還を暗示するものであり、ピウスツキが最も恐れることだった。パリチェフスキイは自ら副会長の職を辞し、協会を退会した。一方、ピウスツキも博物館の退職願を提出した。ピウスツキはともかく、パリチェフスキイの決断は容易ではなかっただろう。祖国を同じくする、確固たる君主制主義者と元政治流刑囚の不幸な出会いと言わざるを得ない（ヤンタ＝ポウチンスキ、一四一—一四二。Прокофьев2001a, 37, 39; Курилов, 309-319; Пальчевский, 320-336; Латышев2008a, 220-221）。

キリーロフ

ピウスツキはその後スシンスキイの編集方針に反発して、キリーロフとともに『東洋通報』社を辞めた。そして月給七十五ルーブルの雇傭契約によって沿海州州立統計委員会で働き始めた。彼の招聘には、委員会書記の地位にあったキリーロフが一定の役割を果たしたのだろう。委員会のメンバーは四十五名。ピウスツキはキリーロフに協力して委員会の活動に積極的に関わり、月刊紙『沿海州州立統計委員会新聞』のための資料の準備と編集に従事した（БП и ЛШ, 158; Савада, Латышев, Прокофьев, 8; Латышев2008a, 220; Латышев2009, 8; Бабцева2010, 398-399）。だがここでの仕事もピウスツキに満足をもたらすことはなかった。シュテルンベルグ宛の手紙に、「委員会での仕事に私はまったくもって熱中できませんし、将来に向けての正しい知識を得ることもできません。ここでは万事旧習墨守のやり方だからです」（БП и ЛШ, 154）とある。

帝室科学アカデミーによる南サハリン派遣の提案

十月にピウスツキにブラゴヴェシチェンスクに居住する許可が下りたが、彼は転地療養を急がなかった。新しい状況が生まれたからである。事の起こりは、ピウスツキがシュテルンベルグ宛の手紙で、再度サハリンへ赴いて、ギリヤーク研究のやり残した仕事を完成させ、新たにオロッコ研究に着手してもいいと伝えたことである。オロッコはサハリン先住民のなかで最も少数で、研究面でも最も立ち遅れた民族である。この手紙の中継役を果たしたのは、十月に旅行の途次ウラジオストクに立ち寄り、協会で報告を行った民族学者・作家のウラジーミル・ボゴラス（筆名ボゴラス＝タン、一八六五―一九三六）である。ボゴラスはアムール地方研究協会内部の状況をよく把握し、細部にいたるまでシュテルンベルグに話した筈だ（БП и ЛШ, 141-142; Латышев2008a, 224）。前述のように、シュテルンベルグはこの年にペテルブルグの人類学・民族学博物館の館員となっていた。そして後述のように、彼は「中央・東アジア歴史学・考古学・言語学・民族学研究ロシア委員会」の書記に就任するが、その主導により学術探検を組織することによってコレクションを補充する方針が採用された。一九〇二年からそのような学術探検が始まったが、ピウスツキのサハリン派遣がその最初の一つとなったのである（Латышев2005b, 23; Бабцева2010, 402）。

一九〇二年二月にペテルブルグの帝室科学アカデミーからプリアムール総督宛に電報が届いた。アイヌとオロッコの民族学資料収集のためピウスツキを南サハリンへ派遣し、彼に対して現地行政機関の支援を与えることを依頼する内容である。アイヌのもとで研究に従事したロシア人民族学者はこれまで誰一人おらず、人類学・民族学博物館にはアイヌ関係の資料はばらばらの状態でわずかしか収蔵されていなかったのである（Латышев2005b, 26）。このサハリン再訪が実現に向かいつつある時期、四月二日に父ユゼフがペテルブルグで永眠した。享年六十九歳であった。ピウスツキは愛する父の死をいつ、どこで知ったのだろうか。

六月にピウスツキは事前準備としてハバロフスクの博物館とその民族学資料を見学するために、またサハリン島の子供の教育について流刑囚家族保護協会書記ルドルフ・ブクスゲヴデンと車中で話し合うために、一週間ハバロフスクへ出かけた。ピウスツキはアムール地方研究協会からもサハリン島の異民族コレクションを購入することを託された。この頃、彼は第五モルスカヤ通りのズダノフスキイ宅の部屋を借りていた（PdS2, 25-27; БП и ЛШ, 145; Бабцева2010, 389）。

かくして七月八日、ピウスツキは東清（中東）鉄道会社の汽船「ゼーヤ号」でウラジオストクを出立、サハリンへ向かった（PdS2, 30）。この時彼は旅行許可証、科学アカデミーから送られた千ルーブルの出張費、アムール地方研究協会から委託された民族学資料購入のための前金六十ルーブル、写真機と恐らくエジソン式蓄音機を携えていたはずだ。これらは科学アカデミーから受け取った調査費でウラジオストクで購入したものと思われる。一八九八年末のシュテルンベルグ宛の手紙に、「最近、つまりもうちょうど丸一年、私は何一つ撮影をしていません。おまけに撮るべき手段がないのです。写真機は医師のグリゴーリエフにあげました」(БП и ЛШ, 132)とある。また市立学校の第四学年を終えたものの肺結核を発病したインディンも、故郷の島で養生させるべく帯同していたであろう(БП и ЛШ, 148; Кучинский2000, 135)。

* * *

このサハリン行はピウスツキの研究者としての生涯においてもっとも重要な契機となった。この時に彼は自らを一人前の学者として具現することができ、生涯の最後まで取り組んだ膨大な量の資料を収集しえたからである。

注

1 この人物はポーランド人出自ながらウラジオストクに定住し、ロシア人社会で活動していたので、氏名のロシア人表記を適用した。

2 この人物にも氏名のロシア人表記を適用した。彼とその一族について詳しくは遠藤の著書を参照のこと。

第五章　サハリン島調査Ⅰ

この、全く異質な文明に侵略されて困惑している自然児たちと出会ったとき、私はすべての権利を剝奪され、生涯で最悪の時期を過ごしていたこの自分でも、まだ多少の力があり、人の助けになってやれることに気がついた。

サハリン再訪

一九〇二（明治三十五）年七月十一日、ピウスツキはコルサコフに到着した。かつて測候所設置のためにこの地に派遣された時から六年ほどが経過していた。彼はこの時三十五歳、十五年前にサハリンに初めて到着した時の茫然自失の学生ではなかった。今回の身分は前回とは決定的に異なっていた。帝室科学アカデミーからの派遣者というステータスは、この後さまざまな局面で威力を発揮することとなる。

この時彼が携行したのが蠟管蓄音機と写真機という、当時として最新の科学技術の粋である。蠟管蓄音機はエジソンの発明以後約四十年にわたって世界中で使用された。これら文明の利器はフィールドワークにとって不可欠のものとピウスツキは考えており、彼はこのような手法を用いた民族学研究の先駆者の一人といえる。また先回りして言えば、蠟管蓄音機は、以前に録音したアイヌの音声を初対面のアイヌたちに聞かせることによって、ピウスツキとの距離をたちまちのうちに縮める役割をも果たした（БП и ЛШ, 157）。

マウカ村での調査

ピウスツキは直ちに西海岸のマウカ（日本名・真岡、現ホルムスク）周辺で調査を開始し、初めてアイヌ・フォー

西海岸のアイヌ一家

クロアを採録した。当時のアイヌの総人口は二万人弱で、そのうち一万八千人以上が北海道に、百人ほどが千島に、そしてピウスツキの一九〇四年の調査によれば男七一三人、女六四九人、計一三六二人が南サハリンの四十九の村落《コタン》に分住していた（ピウスツキ二〇一八、三六〇）。

サハリンで最大のアイヌ集落はマウカだった。東海岸は寒流と寒風にさらされて峻厳な気候であるのに対し、西海岸では寒流が暖流の黒潮によって和らげられ、南へ下るほど温暖になった。また島の南部西海岸のアイヌのなかには日本式家屋を建設した者もおり、調度品や食べ物も半ば日本風になっていた。マウカは昆布の好漁場として知られ、漁業会社「セミョーノフ＝デンビー商会」が一八七七年から広く事業を手がけていた。ヤーコフ・セミョーノフ（一八三一―一九一三）はウラジオストクに来た最初の民間人で、市の初代首長をつとめた。ジョージ・デンビー（一八四一―一九一六）は一八七六年にロシア国籍を取得したスコットランド人実業家である。この地でピウスツキはこの商会に勤めるロシア人の総支配人と日本人従業員から歓待を受け、調査のために家屋も提供された。この十二年前にチェーホフもマウカを訪れて、セミョーノフとデンビーに会っている（ピウスツキ二〇一八、三六、二二六。チェーホフ、一八五―一八六。神長、六九。БП и ЛШ, 157）。

ピウスツキはマウカで一カ月弱にわたって調査と資料収集を行ったが、そこからコルサコフへ戻る船便が途絶えてしまった。そこに救いの手を差し伸べてくれたのは「セミョーノフ＝デンビー商会」の社員である。ピウスツキとその荷物を船で函館まで運び、そこから出る船でコルサコフへ戻るという方法を提案してくれたのだ。通行困難な陸路をたどるより、このルートの方が安上がりで、より安全だった（ピウスツキ二〇一八、二二八。Латышев2008а, 237）。かくしてピウスツキは八月六日にマウカを出港し、函館へ向かう漁船に便乗して函館に来着した。初めての来日、但し日本官憲の許可を得ない不法入国である。ここで三週間コルサコフへの便船を待つ間、デンビー一家と交流した。デンビーの妻は正教徒の日本女性・森高メリー（アンナ・モネテッサ）である。この函館でピウスツキは、サハリン東海岸でも資料を収集するべくかの地で越冬することを決意した。そして新しい蠟管を買い足している（ピウスツキ二〇一八、二二八。井上二〇〇三、一一。БП и ЛПШ, 157; Латышев1999, 17; Латышев2008a, 239)。

デンビー家の人々を中心に

リャプノフ武官知事の依頼

八月三十日、ピウスツキはコルサコフへ帰着した。そしてこの地で九月中旬にサハリン島武官知事リャプノフと会談した。ピウスツキは知事に調査への支援と国勢調査の資料の利用、後述の「アイヌ識字学校」への理解と協力を要請した。知事は彼の要請をすべて快諾した後、サハリン先住民統治規程草案の起草と、先住民の人口と経済生活の調査の実施を懇願した（ピウスツキ二〇一八、三八—三九。БП и ЛПШ, 159)。

一八二二年にアレクサンドル一世時代の能吏ミハイル・スペランスキイが制定した「シベリア異族人《イノロッツィ》統治法」が、二十世紀初頭までほぼそのまま存続していた。十九世紀末に皇帝が古色蒼然たる同法の改定を命ずる勅令を再度にわたって発し、内務省はプリアムール総督府を通じてサハリン島武官知事に対しても、同州の改訂案を提出するよう命じていた。だが〈牢獄の島〉サハリンでこの業務をこなせる人材が見出せず、リャプノフ知事が頭を抱え込んでいたまさにその時に、ピウスツキが目の前に現われたのである。結果としてピウスツキは、知事がその希望を託しえた世界でほぼ唯一の人材だったといえよう。ピウスツキはサハリン先住民の研究に従事していた数少ない専門家であるばかりか、一学期のみとはいえペテルブルグ大学法学部に在籍して法律を学んだ経歴の持主でもあったのだ。この翌年十月二十八日付のリャプノフのピウスツキ宛の手紙で、知事は元国事犯になんと「貴殿《ミロスティーヴィ・ゴスダーリ》」(БП и ЛШ, 339)と呼びかけている!規程草案起草の作業中、おそらくピウスツキの脳裏にはペテルブルグ大学の長い廊下と教室が一度ならず浮かんだことであろう。かくしてアイヌとオロッコの民族学資料収集のみならず、統治規程草案起草と人口調査が彼の使命に加わった。

アイヌ語の学習と医療行為

ピウスツキはこの年の秋にシュテルンベルグからミハイル・ドブロトヴォルスキイの『アイヌ・ロシア語辞典』を入手し、それを現地の生きた言葉と比較した。ドブロトヴォルスキイは一八六七~七二年に東シベリア国境守備大隊の軍医としてサハリンで勤務し、短期間のうちにアイヌ語を習得した。この辞典は彼の死後一八七五年にカザンで出版された。ピウスツキはこの辞典を入手するまでは、徒手空拳でアイヌ語と格闘していたのである。彼は面談の際に用いるであろう、ロシア語を解さないアイヌの子供、女性、老人のためのさまざまな文句や質問をアイヌ語で作成した。その結果、翌年三~四月頃にはさまざまなテーマについてアイヌと流暢に話せるようになっていた(ピウスツキ二〇一八、四二。БП и ЛШ, 158; Латышев2008a, 253)。これに伴ってアイヌ調査は徐々に軌道に乗っていった。後に彼はこう書いている。

> 打ちとけた雰囲気というものが作られるのは、母語による会話という方法によってのみ〔中略〕可能であり、その雰囲気の中でこそ、ある時には一族の者によって課せられた沈黙の掟を破り、ある時には口にすらしたくなかった傷に触れて我々のアイヌ語調査に応じてくれるようなそういった対象—生きた人間—を見つけることができるのだ。〔中略〕そのうち次第次第に、私は多くの人と知りあいになり、その人たちもじきに、私が友好的であり、ロシア人相手の用事—例えば、要求を提示するとか、許可を求めるとか、植民者との争議や地方当局と意見の相違があった際に彼らの代理をしてやるとかいった—ができないわけではないということを確信するに到った。そうなると、彼らは前よりは喜んで私と関係を結ぶようになり始めた。(ピウスツキ一九八三、一〇三、一〇七)

ピウスツキは医学的訓練を受けていなかったが、流刑地での生活に不可欠な自己の病気への対処と利他的な医療活動への要請は、彼にかなりの医学的知識と技術を身につけさせたものと思われる（和田完、一一三）。ピウスツキはシュテルンベルグ宛の手紙で感冒やジフテリアの流行や、自身それに罹患したこと、胃の不調、風邪など繰り返し不調を訴えており、それは同居していたユヴァチョーフの日記にも垣間見られる（БП и ЛШ, 47, 71, 97; Ювачёв2014, II-56, 93, 114）。彼が先住民に無料で医療行為を施してやったことも、調査を促進することとなった。論文「樺太アイヌの熊祭りにて」（一九一四年）にはこうある。

> 私は好奇心むき出しの子どもらに囲まれて、前庭にでんと腰を据えた。何人かの勇敢な少年は「クスリレペカイン！」（薬が一杯だ）と叫んで走りだし、この知らせを自分の母親らに伝えた。私が〔瘡蓋の少年を〕消毒後、清潔な綿を載せ、新しいガーゼを被せて包帯を巻き、できものには軟膏を擦り込み、るいれきの瘡蓋にも清浄な魚油を塗る間に、私を取り巻く子連れの女たちの数はどんどん増えていった。「ヤイ アタィ サㇵ」（ほれ、ただよ、支払い無用だって）という囁きを耳にしながら、私の許へ続々と駆けつける性や年齢を異にする子供たちを、私は診療せねばならなかった。すぐ傍に、大幕舎の中で私の存在を咎めてブツブツこぼしていた若いアイヌの姿を認めて仰天する。彼は自分の兄弟のために歯痛鎮静薬を求めた。私が病人の診療を終える頃にはすでに夕闇が迫っていた。無論、全員に支援の手を差し延べることは叶わなかったが、今夕は村人たちと近づきになれて、その後、私たちの友情は深まるばかりだった。（ピウスツキ二〇一八、四九九）

アイヌの熊祭り

ピウスツキの調査は、先住民の伝統文化が辛うじて保持された最後の段階に実施されたもので、それ自体がかけがえのない記録である。その代表的著作として、論文「樺太アイヌの熊祭りにて」を挙げることができる。これは一九〇二年九月下旬、即ちピウスツキがアイヌ研究に着手した三カ月後にオタサン（日本名・小田寒、現フィルソヴォ）で挙行された熊祭りの、六日間にわたる詳細極まる観察記録である。熊祭りは、森で捕えた子熊を二、三年間育てた後、それを殺害して親の元へ送り返し、山の神々の庇護を願うという、この部族最大の祝祭である。論文の内容は、初日

熊祭り

のピウスツキのシャンツィ（日本名・落合、現ドリンスク）からオタサンへの移動、二日目のセラロコ（日本名・白浦、現ヴズモーリエ）への北方の集落からの客人の出迎え、三日目の前夜祭—熊殺しの前日、不寝の一夜、四日目の本祭—熊を連れ出す、五日目の熊肉の会食—肉を食する日、客人らの日、熊の骨の搬出、六日目—禁忌の日、熊が己の家へ帰着するので幕舎内で大きな音を立ててはいけない—この日にピウスツキ自身がシャンツィへ戻る、というものだ。熊祭りは普通は冬に主要村落で順番に挙行されるのだが、この村では春に海難事故があったのでこの時期に行われたのである。〈語り手〉であるピウスツキ自身も時折登場し、彼がアイヌ人と同じ扱いで儀礼に参加するのを許されていたことが分かる。急いで写真機を取りに戻る彼の姿も描かれている。その猛ダッシュのお陰で今日の我々はこの儀礼の重要な場面を写真で見ることができるのである。

　ピウスツキは本論文の末尾でまとめとして、熊祭りの四つの異なる要素、即ち原始共産制の痕跡である、食卓には滅多に載らぬ美味な動物肉の共同消費、ほとんど部族を挙げての壮大な遊楽、死者へ向けての追悼や追善、そして山の神々のもとへ熊を遣わすことによって神々を喜ばせ、人間への慈悲心を起こさせることを挙げている（ピウスツキ二〇一八、五五五、六〇三—六〇六）。本論文は彼の主著『アイヌの言語とフォークロア研究資料』（一九一二年）と論文「樺太アイヌのシャーマニズム」（一九〇九年）とともにその著作中最良のものである。

　ちなみにピウスツキは祭祀の参加者、目撃者にとどまら

熊祭り

ず、時には実施者でもあった。自分で二匹の狐を購入し、祭りの費用をアイヌと共同で賄ったのである（ピウスツキ二〇一八、二四）。

ピウスツキはこの年の十月八日に流刑農民階級に編入された。入植囚になってから十年、恩赦条件が適用されれば六年ほどで流刑上がり農民（以下「流刑農民」）に編入された。彼の場合は後者である。苦役囚と流刑囚は手紙の事前検閲を受けたが、流刑農民になると市民権はほぼ完全に回復されて検閲は不要、島内の移動も自由になった。だが故郷への帰還と、ペテルブルグとモスクワの両首都への移住は依然として許されなかった（チェーホフ、三八、二五二―二五三。PdS2, 119）。

トゥナイチャ村での調査

ピウスツキは一九〇三年四～五月にトゥナイチャ（日本名・富内、現オホーツコエ）で行なった調査について「一九〇三～〇五年にサハリン島のアイヌとオロッコの許へ出張したB・O・ピウスツキの報告」にこう書いている。

> 当地の人々は隣人の入植者たちの影響をさほど受けていません。ここでの生活は己の関心の閉鎖性ゆえに、より正常に経過していました。先祖たちの遺訓や幾星霜を経た伝承が、より純粋な形で保存されています。
> （ピウスツキ二〇一八、四三）

トゥナイチャに山邊《やまべ》安之助（アイヌ名ヤヨマネクフ、一八六七―一九二三）という対雁《ついしかり》アイヌがいた。対雁アイヌとは、一八七五年の千島・樺太交換条約の直後にアニワ湾沿岸一帯の村落から北海道江別市の石狩川河口の対雁《ついしかり》へ八四一人が移住したが、コレラと天然痘の流行などで約四百人が死亡し、その後サハリンへ引き揚げてきたアイヌのことであ

山邉安之助

る。このようなアイヌは、ピウスツキの調査によれば、一九〇四年の時点で子供も含めて男が一〇二人、女が一〇一人いた。[2]対雁アイヌの大半は西海岸に住んでいたが、トゥナイチャは東海岸では例外的にこのようなアイヌが多く住んでいる村落だった（ピウスツキ二〇一八、四五、一九四、二三二―二三三。田村二〇一一、一〇四―一〇五）。

山邉は一八九三年にサハリンへ帰還した。トゥナイチャはサハリンの中でも古伝や古謡に通ずる先住民が多く、山邉もその一人だった。彼は一九〇三年以来ピウスツキと交流があり、インフォーマントとしてフォークロアを口述している（佐藤忠、七―八、一七）。山邉は一九一〇～一二年に犬橇の専門家として樺太犬二十頭を連れて白瀬矗《のぶ》中尉率いる南極探検隊に参加し、また『あいぬ物語』（一九一三年）の著者としても知られている。おなじく対雁アイヌの花守信吉（アイヌ名シシラトカ）、内藤忠兵衛（アイヌ名チベーカ

前列右より千徳太郎治、ピウスツキ、佐藤平吉、山邉安之助（1897年、トゥナイチャ）

とその妻ヨルサンマもピウスツキに説話を口述している。花守も白瀬南極探検隊に参加した。

トゥナイチャには佐々木平次郎の漁場があった。佐々木は秋田県由利郡象潟町の商家の出で、一九〇一年に養父からサハリンの漁場を引き継ぎ、後に衆議院議員となった人物である。ここでピウスツキは佐々木やその末弟・佐藤平吉とも親交を深めたものと思われる（内山・明石、「附録」一、七―八。千徳、五〇―五一。加藤強、一二九。小野田、六九五。佐藤忠、七―八、一七、一九）。その漁場の様子をアイヌ学者・金田一京助（一八八二―一九七一）はこう書き残している。

アイヌ達が〔自分たちにのみ許されたマスの種川からマスを〕勝手に取る、それを二里程へだたった所に秋田出身の佐藤平《ママ》次郎という人の漁場がありまして、この漁場は大きな漁場で汽船も持っていますから内地から米、味噌、醤油、或いは反物、そういうものをどんどん月に一、二度でしたが取り寄せまして、アイヌ達にくれるのです。売るといってもアイヌにはお金がないのですからくれるより仕方がないのです。くれて、その代り漁場の為にアイヌ達が魚を取る。その、取っただけの魚は皆佐藤という漁場へ出すのです。（金田一一九九三b、二七六）

また一九〇四年四～五月に滞在したナヨロ村（日本名・内路、現ガステロ）でも、ピウスツキはより純粋な形のフォークロアを調査することができた。

細やかな観察と克明な描写

ピウスツキの論文を読むと、その観察が実に細やかで描写は克明、さながら実況中継を目にしているようだ。例えば「樺太アイヌの熊祭りにて」。

百人を超す人々が啜り泣き号泣しつつ、己の悲しみを声高に吐露する。アイヌが涙もろいことは私も承知していた。ギリヤークらが駄々をこねる自分の子を叱りつけるとき「ヴウンド クギ ヴァランド」（「アイヌみたいに泣くな」）と戒めるからだ。しかし、大の大人が子供のように泣きじゃくることなど、私には想像だにできなかった。地面にへたり込み、両膝に肘ついて、悲しみに暮れる顔を手で蔽う者あり、立ったままで頭を檻に押し付ける者もいる。女らは地上に伏臥する。全員が涙をとめどなく垂れ流し、鼻からは鼻水も流れ落ちる。嗚咽や慟哭はますます強くなって、広い空間の全方向へと轟きわたる。これを聴きつけた人たちは、村外れの幕舎からも遅ればせながら慌ただしく駆けつけて、慟哭する人々の数を増加させる。高く震える、悲哀と絶望に満ちた女らの声は心を刺し貫き、依然として平静な私の神経をも揺さぶりつづける。平静を保てなくなった私は、誰に対して同情すべきかすら判然とせぬままに顔を背けて、濡れた目頭を拭った。（ピウスツキ二〇一八、四九八―四九九）

これはまもなく殺される熊ではなく、この年の春にアザラシ猟に出て溺死した六人の若者たちを悼んでいるのである。次に「樺太アイヌのシャーマニズム」。

シャーマンがあげる声もさらに大きくなった。この声たるや人間の体から出るとは信じ難いほど様々な音色を持っている。犬や狐の吠える音、狼の咆哮、熊の唸りなどは言うまでもなく、カラスの鳴き声、があがあという鴨の声、小鳥のさえずり、嵐にざわめく木々の音などにいたるまで彼の叫びの中に聞くことができるのである。〔中略〕彼の叫び声は次第に強く鋭くなってである。〔中略〕シャーマンの扶助霊たちがそばに来たのいった。今やこの儀式でもっとも重大な瞬間が始まろうとしている。精霊がシャーマンの口を借りて〔中略〕病人をどう扱うべきか出席者に託宣を告げようとしているのである。〔中略〕やっと、とぎれとぎれの言葉ながら神々の託宣が聞こえてきた。病気の子供の父親をはじめ大勢の聴衆は二度と繰り返されない厳かな言葉を、一言も聞き漏らすまいと耳を傾けた。〔中略〕この時の神々の命令は次のように聞き取れた。山麓に生えている白樺の木を捜し、東側から皮を剝ぎ、木部を少し切り取りなさい。この木片で「タクサ（払子）」を作り、子供の臥所の上に吊るしなさい。しかし、子供の着物には「サンザシ」の刺を縫いつけなさい。そうすれば、翌朝の日の出の頃、願い事はかなっているはずです。（ピウスツキ一九九九、六四―六六）

また論文「サハリン島のオロッコへの一九〇四年の旅より」に書き留められたオロッコとギリヤークの若者たちの舟漕ぎ競争は、読んで実に楽しい（ピウスツキ二〇一八、四六八―四六九）。

ピウスツキは一九〇二年十月末に収集資料と約三十本の蠟管と調査旅行予備報告を、また翌年十月末にも収集資料を義勇艦隊の汽船「ヤロスラーヴリ号」でペテルブルグへ送り、かの地の人類学・民族学博物館に世界最大かつ最良の樺太アイヌ・コレクションをもたらした（ピウスツキ二〇一八、四〇、四六。Majewicz2004, 578)。ピウスツキの民族学研究は帝室地理学協会によって高く評価され、一九〇三年に協会は民族学部門で彼に小銀牌を授与した。推薦したのはロシア科学アカデミー会員の東洋学者ワシーリイ・バルトリドである（БП и ЛШ, 340; Отзыв, 110-111)。

先住民への支援

サハリンの先住民はピウスツキにとって単に調査の対象にはとどまらなかった。彼は『アイヌの言語とフォークロア研究資料』の序文で、異国の支配下に少年時代を過ごし、苦役囚となったわが身と、異文明の侵略にさらされた先住民の境遇の類似性を挙げて、こう記している。

私は十八年以上にわたり極東に滞在したが、それは自ら望んだものでは全くなかった。私は、つねに故郷の地に戻ることを願いながら、自分が流刑者であり、捕われの身であり、愛するものすべてから引き裂かれているという悲しみからなんとか逃れようとした。私がこの国を愛する唯一の人々、ここを流刑植民地とした者たちからは厭われているが、太古からの自分たちの居住地であるこの国を愛するサハリンの原住民たちに、私が心惹かれるようになっていったのも当然のことといえよう。この、全く異質な文明に侵略されて困惑している自然児たちと出会ったとき、私はすべての権利を剥奪され、生涯で最悪の時期を過ごしていたこの自分でも、まだ多少の力があり、人の助けになってやれることに気がついた。それに、自らの歴史と民族の文化をさげすませるように学校に冷酷な圧力をかけられ、異国の侵略者たちの言葉を話すよう強要された、あの暗い時代にヴィルノで学生時代を過ごして以来、私は常に個人と民族の権利を破壊する憎むべき者たちの仲間入りはしないように、生き、行動するよう努力してきたのだ。〔中略〕絶えず増大する生活の厳しさに苦しむこの素朴な民族の人々の心を、いささかなりと楽しませ、よりよき未来への希望を与えることは私にとって喜びであった。子供たちが面白がって上げる腹の底からの笑い声、心やさしい婦人の目からこぼれる感動の涙、病気の男の顔に浮かぶ消え入るような感謝の微笑、賛同の叫び声、それに、嬉しいという印に私の肩をぽんと叩く親友のあの仕草。そういったことを私は喜んで自分の過酷な運命の慰めとしてきたのだ。（ピウスツキ一九八三、一〇二）

これはピウスツキの少年時代に培われた〈社会への奉仕〉

という使命感の、極東の地での実践と見ることもできよう。

ピウスツキの持って生まれた心優しい性格と人道主義、そしてこのような支援に対して、先住民の方も彼に全幅の信頼を寄せた。「一九〇三〜〇五年にサハリン島のアイヌとオロッコの許へ出張したB・O・ピウスツキの報告」にはこうある。

> アイヌらと私の関係はすでに確立されていまして、彼らの間では私が久しく待望された賓客でした。率直な会話が不愉快な結果を招くような不信や恐怖は、まして私はすでにアイヌ語でかなり自在に自己表現が可能でしたから雲散霧消してゆきました。〔中略〕アイヌたちから寄せられるようになった友情や信頼を大事にしていましたので、彼らの信頼を根底から揺るがすようなことは何もできません。それにまた、心から同情を禁じ得ない人たちを悲しませることも、辛くてできませんでした。（ピウスツキ二〇一八、五一、五三）

一九〇四年五月に彼はオロッコのこじれた離婚話の調停判事役を押しつけられている。オロッコとギリヤークが雑居する大集落ソチガレで開かれた調停〈裁判〉には、当事者を含めて十名以上のオロッコとギリヤークが列席し、アイヌ語を共通語として審理が進められた。とどのつまり、妻は自由を克ち取り、夫は妻の持参財—三頭のトナカイ、数多くの衣料品、寝具、容器類など—のうち二頭のトナカイのみを得るという形で合意が成立した（ピウスツキ二〇一八、五六、四一六—四一八）。オロッコはトナカイを飼育し、ある地区での飼料が不足すると別の地区へと移動した。

先住民との間に培われた信頼感ゆえに、ピウスツキは彼らの秘儀の写真撮影も許された。相互の信頼感のもっとも代表的な所産としては、医療人類学の論文「サハリン島の原住民《トゥゼムツィ》における分娩、妊娠、流産、双子、畸形、不妊、多産」（一九一〇年）を挙げることができる。これは〈女性に関する人類学〉とも称すべきものだ。とりわけアイヌに関する記述が詳細をきわめている。ピウスツキはキリーロフ医師がアイヌ女性の閉経期を四十歳としているのを否定して、閉経後三年しか経っていない五十六〜五十八歳の女性がおり、それが例外的ではない事実を挙げている（ピウスツキ二〇一八、三四五）。彼の収集品には下着まで含まれている。

識字学校の開設

一九〇二年から一九〇五年までピウスツキは東海岸のアイヌのもとで識字学校を開設し、子供たちにロシア語と算術・算盤を教えた。先住民教育のプランは、ウラジオストク出立前に既に彼の頭にあったようだ。一九〇二年三月二十四日付のシュテルンベルグ宛の手紙に、「ペテルブルグにシベリアの異族人向けの特殊文字はありませんか。それを持参して、例えば自分用の一人の通訳に教えて、学習のきっかけを与えることができればいいでしょう。さしあたり異族人の学校はまだありませんので」(БП и ЛШ, 153) とある。

学校は子供らが家事から解放される冬場に開いた。この構想を実現に向かわせたのは、一九〇二年夏のマウカ訪問である。かの地のアイヌが日本語が堪能であることにピウスツキは驚愕し、ロシア語を教えてもきっとうまくいく筈だと確信したのである。アイヌたちも自分の子供に読み書きを学ばせることに賛同した。そこでピウスツキは彼らに学校を開設するようリャプノフ知事に陳情させ、陳情書は自ら執筆した (PdS2, 128, 134-136)。

まず一九〇二年の冬にピウスツキは南サハリンの二つの村で識字学校を開設した。一つは十八歳のインディンが病の体に鞭打って死の直前まで教鞭を執ったシヤンツィで、十一月十日から翌年二月二十八日まで続いた。生徒は十歳、十一歳、十四歳、二十四歳の計四名である。だがインディンは翌年三月にコルサコフの病院に入院し、四月初めに亡くなった[3] (PdS2, 132; Латышев2006b, 69-72; Латышев2008a, 247-248)。ピウスツキは悲嘆に暮れ、自らを責めた。

「自然の継子」インディン

後にマトヴェーエフはウラジオストクの新聞『遠き辺境《ダリョーカヤ・オクライナ》』で連載記事「政治犯たちの回想」においてピウスツキを取り上げた。『遠き辺境』は一九〇七年から一九一九年まで出ていた、ロシア極東地方の生活の情報がもっとも豊富な新聞のひとつである (Матвеев З., 14)。この記事でマトヴェーエフはピウスツキとインディンの師弟関係をこう書き残している。

自分の自然の継子に心底打ち込んでいた彼〔ピウスツキ〕は、サハリン島からエンディン《ママ》というギリヤークの少年を連れてきて、自分の手元においていた。当地でエンディンを手元においておくことは、ブロニスワフ・ヨシフォヴィチにとってきわめて困難なことだった。野生児は未開人の絶ちがたい習慣ゆえに、住まいで彼に対して大変な面倒を引き起こしたのである。エンディンのロシア語教育はとても困難なことだったが、ブロニスワフ・ヨシフォヴィチはこの難事を克服して、エンディンを市立学校に入れることができた。

ブロニスワフ・ヨシフォヴィチの若い野生児に対する心の配り様は、父親が自分の実の子供に対してもめったにしないほどのものだった。従って、若い野生児が発病して、まもなく亡くなったことは、ブロニスワフ・ヨシフォヴィチにとっては大変な打撃だった。

マトヴェーエフは一九一五年にウラジオストクで第一詩集を刊行したが、そこには「自然の継子（B・O・P-iiに捧げる）」と題する長詩が収められている。これは、サハリン先住民に対するピウスツキの愛情と、彼とインディンの歩んだ苦難の道のりを詠ったものである（Латышев2006b, 69-75; Латышев2008a, 247-248）。「自然の継子」という表題は、インディンが自然児の末裔でありながらロシア文化の薫陶を受けたことを意味している。

自然の継子（B・O・P-iiに捧げる）

過酷な島に追いやられ　彼は自らの足枷を忘れて
わが身を愛の事業に捧げたいという　熱烈な思いに身を焦がした。
そして長いことねばり強く探し求めた　粗暴で凡俗な人々のあいだに　鋭敏な心のための仕事を…。
だが集落に未開人を見出しただけだった。
そしてみすぼらしい　煙たいユルタの中　彼は長いこと彼らのあいだをさまよった　自然の哀れな継子のあいだに　彼は友と親しい人々を見いだした。
愛しい乙女の愛撫のように　彼は自分の未開人を愛した　昔の人々や獣についての　彼らの子供みたいに無邪気なお伽噺を。
彼の寵愛ゆえに　一人の少年が師に親愛の情を抱いた。
そしていずこをさすらい歩くにも　彼の後をその忠実なエンディンが付き従った。

だが不自由な囚われの身の　過酷な歳月も過ぎ去った…。
そして長らく待ち望んだ自由の　うれしい知らせがもたらされた…。
そして未開人の集落の住人　夢想のために目覚めた魂をもって　彼らの愛する友であり師である人が　呻吟と涙のなかを去って行く　そして彼は遥かな町へと向かう　多くの白人がいる町へと　彼は彼らのもとを運命に忘れ去られた孤独な未開人たちのもとを去る…。
だが自分と一緒に若者を　貧しいギリヤーク人一家

業のために

の息子　エンディンを彼は連れて行く　高邁な愛の事

彼は崇高な夢に生きていた　神聖な学問の火を　彼

は己の手で　未開人の若々しい胸に点せるだろうと…。

わずかな歳月が飛び去れば　少年は再び彼らの間に

現れるだろう　哀れな自然の継子たちの間に　親愛な

る人々の教師になるだろうと…。

だがその夢はむなしかった　彼は、若い未開人は苦

しんだのだ　彼は親しい人々に会いたいとひたすら

願った　親愛なるユルタに思い焦がれた…。

生まれ故郷のお伽噺で　師は彼を楽しませようとし

たがむだだった　優しい愛撫で　実の息子のように可

愛がったがむだだった…。

自分のふるさとの山と野と谷へ　彼はいつも帰りた

がった　だが遠い異郷の地に　若い未開人は葬られた

のだ。

彼の師は永遠に失ってしまったようだった　親愛な

るすべてのものを　そして長いこと　心のなかでひど

く苦しんでいた…。

そして暮れない一日が輝く　高邁な文化の国々で

みすぼらしい自然児の幻影が　彼の前に立ち現れ　心

は幻影に苦しむ　そして彼は自らを責める　無分別な

志に熱中して　自分は少年を愛しながら殺してしまっ

たのだと…。

そして過去の夢想　自分の心の衝動ゆえに　涙が

苦い涙が　彼の目に悲しく光る…（Амурский 1915）

識字学校の継続

東海岸のオタサンでは一九〇二年十二月三十一日から翌年三月末まで学校が開かれ、ナイブチ（日本名・内淵、現ブィコフ）に住む千徳《せんとく》太郎治（一八七二―一九二九）が教えた。千徳は日本人の父と樺太アイヌの母との間にナイブチで生まれた対雁アイヌである。彼はアイヌのために建設された対雁小学校に通って日本語の読み書きを身につけた上で、一八九五年にサハリンに戻った。その直後にピウスツキと出会った訳である。千徳はロシア語ができなかったので、一九〇一〜〇三年の三冬の期間ピウスツキは彼にロシア語の特訓をほどこした。ロシア人の巡回官吏は日本国籍を持つ対雁アイヌたちに対して漁業規則の外国籍労務者に関する条項を適用して、彼らが自分の親族の共同体漁場で漁労に携わることを禁じ、それに違反した場合には高額の

罰金を取り立てた。ピウスツキの仲介によって、一九〇五年四月に千徳を含む四家族二十人がロシア国籍を取得している。日露戦争中に対雁アイヌはロシア官憲から親日派と目されて、辛い立場に立たされた。千徳は月俸四十円でロシア軍の通訳として働いた（田村二〇一一、一〇二。葛西、五、一三）。

千徳太郎治

オタサンの生徒は十一歳から十八歳まで計十名である。千徳の方はインディン以上の成果を収めたが、これは彼が生徒たちの母語であるアイヌ語で授業を行ったためである（БП и ЛПШ, 164; PdS2, 132-133）。

一九〇三年十二月二日から一九〇四年三月末日までピウスツキはナイブチでロシア軍部隊の建物を利用して二年目の識字学校を開設した。これについてはサハリン島武官知事補佐官フリードリヒ・フォン・ブンゲから全面的な協賛を得ることができ、二百ルーブルの補助金を得た。この人物はロシア極東各地の法務畑で実務経験を積んだ文官で、一九〇二年以来このポストにあった（ピウスツキ二〇一八、四七。原、二五四。PdS2, 121; БП и ЛПШ, 174）。また日露戦争が始まった後、元流刑囚の漁場経営者フリサンフ・ビリチが組織した義勇隊が日本の密漁船を拿捕したのだが、戦利品の拿捕船を受け取る代わりに支払われた金を、ビリチはこの学校の設立基金として寄付してくれた（倉田二〇一〇、一四八―一四九）。インディンが亡くなったので、千徳を助手としてピウスツキ自らが教鞭を執った。彼は自分の助手のことをこう書いている。

> 教師はアイヌの太郎治であったが、彼はまた学校の生徒でもあった。というのは、いつも大変熱心に私のもとでロシア語を学び、文法を覚え、手紙や会話の練習をしていたからだ。学校での教授法を知らないため、当然のことながら彼は教師の理想には程遠かったが、それでも今私の身近なところでは私の助手としても彼は全くの適任者である。（Пилсудский1991b, 56）

生徒数は六〜十人、年齢は十〜十七歳である。今回は子供たちが寄宿舎に寝泊まりする形で授業を試みたこともあり、ロシア語の読み書きで長足の進歩が見られた。ピウスツキはシュテルンベルグ宛の手紙（一八九五年九月十七日付）で学校成功の要件として「［教師と生徒］互いの愛着と教師の十分な権威」（БП и ЛШ, 99）を挙げているが、まさに互いが愛着を感じる雰囲気のなかで授業が行われたのだろう。この折、予期せぬ副産物が得られた。アイヌ語に書き言葉は存在しないが、生徒らがロシア語を学ぶうちにキリール文字を使ってアイヌ語の文章を書き記すことが自然発生的に起きたのである。これは生徒らの学習意欲をすこぶる高めることになり、彼らは毎日いろいろなテーマで作文を書いてはピウスツキのもとへ持ってきた（PdS2, 121-122; Латышев2008a, 248-249）。だがこの学校が開かれている最中に日露戦争が始まった。戦争の勃発はアイヌたちにパニックを引き起こし、動揺した親たちが次々に生徒を寄宿舎から引き取っていったので、授業は若干早めに終了することを余儀なくされた。

一九〇三年にはマウカでも識字学校が開設された。教鞭を執ったのはピウスツキの友人のキリーロフである。キリーロフは当地にある「セミョーノフ＝デンビー商会」の漁場で医師として働くために、この年の春に再度来島したのだが、ピウスツキは彼にこの事業を託したのである。商会の建物を利用したこの学校では、アイヌの子供とともにロシア人の子供も学んだ。同年秋にはピウスツキのウラジオストク時代の知り合いの元書籍商ゼンジーノフが、商会の代理人としてマウカに来た。そして彼がキリーロフに替わって学校で教えた。ゼンジーノフの報告によると、授業は十一月三十日から始まり、アイヌ人生徒は八名、うち四名はキリーロフ先生の時から学んでいて少し読むことができ、残り四名は新入生。ロシア人生徒は四名で、うち三名は読み書きができ、一名は新入生だった。だが日露戦争が始まるとゼンジーノフはこの地を去り、授業はなくなった（PdS2, 129-130）。キリーロフは一九〇五年十二月末にウラジオストクで開催された沿海州南ウスリー地方農民大会に代議員として出席して逮捕され、ウラジオストク要塞監獄に一年半の禁錮刑を受けた。刑期を終えた後は、ペテルブルグ、サイゴン、ハバロフスクで開かれた学会で研究報告を行った（Латышев2009, 11）。

シヤンツィのインディンの学校でとてもよくできた生徒は、十八歳のトゥイチノだけだった。トゥイチノは一九〇四年夏にシヤンツィで子供らにロシア語と算術の手ほどきをした。これがインディンの最大の功績である。また同年十二月中旬から翌年二月中旬まで、ナイブチでは戦時下で学校が開けないため、ピウスツキは訪問授業に切り替えた。千徳はロレー（日本名・呂礼）、ナイブチ、アイ、オタサン、セラロコを巡回して、生徒らが前年に習得した知識の復習に努めた。トゥイチノもシヤンツィで訪問授業を行った(PdS2, 126, 133)。

ちなみに一九〇五年秋に南サハリンが日本領となった後、ナイブチに「土人教育所」[4]が開かれ、一九一二年三月から一九二〇年まで千徳が教師を務めた（葛西、一三。田村二〇〇八、一〇三）。ピウスツキの遺志は千徳によって受け継がれたのである。また山邊は一九〇九年に寄付を募ってアイヌ子弟のための学校をトゥナイチャにつくったが、これまたピウスツキの教育実践を継承するものだった。

アイヌの首長バフンケ

ピウスツキと先住民の交わりはこれにとどまらない。一九〇二年十二月十四日に彼は東海岸のアイ村[5]に移動し、アイヌの首長バフンケ（日本名・木村愛吉、一八五四頃―一九一九）の家を冬越しの住居とした。この家は東海岸で最良のロシア式丸太小屋で、三部屋あり、ペチカも完備していて実に暖かかったという。またここから一・六キロのところにロシア人の集落オホーツコエ（現ドリンスク地区ソヴィエツコエ村）があり、そこではパン、バター、卵、肉を入手することができて、ピウスツキには好都合だった。この二カ月前、彼はオタサンとセラロコへ熊祭りを見に行った帰途に、初めてアイに立ち寄った筈である。一八九七年の国勢調査ではアイには三戸、男女十九人が暮らし、一九〇四年のピウスツキの調査では二戸、二十一人となっている（ピウスツキ二〇一八、四〇、二一五、二五〇。松川、一〇五―一〇六。葛西、五）。

右が晩年のバフンケ

バフンケは一八六〇年代終わりから一八七〇年代前半頃にオタサンからアイに移住した。若い頃セラロコのある官吏のもとで働いていた時に、アイヌ人の大漁業家やロシア人と日本人の実務家たちとの関係を築いた。そして東海岸の有力な首長《ホロニシパ》となり、日本語とロシア語が堪能で日本人にもあまねく知られていた（千徳、六四、六五。葛西、五）。ピウスツキは「樺太アイヌの熊祭りにて」でこの人物とその兄シレクアについてこう記している。

　事実、アイの二兄弟は東海岸でも一、二を争う資産家と見做されている。彼らは裕福な一族の出身で、父親は日本人の下で酋長を務めたが、兄弟はここ数年の間にのし上がって、他に抜きん出た存在となる。弟の方は若い頃から日本やロシアの官憲にうまく取り入り、つい先頃は漁場の賃借許可を取り付けた上で、日本の漁業者と組んで実入りの良い個人事業を展開している。コルサコフへは常時往来し、日本でさえすでに二度も赴き、この折もリウマチ治療のため日本のどこぞやの温泉に逗留中だった。弟は好んで日本人やロシア人の間を泳ぎ回り、自前の資産を友人らとともに景気良く蕩尽して己が甲斐性を誇示する。たった今到来したばかりの兄の方は、逆に、同族者の間で自らの名誉を高める方をむしろよしとする。（ピウスツキ二〇一八、五二二）

一九〇〇年にサハリン島当局によって認可された「漁業実施規則」によって、異族人に対する漁場の割当てが初めて行われた。その後四年の間に四人のアイヌ漁業家が頭角を現し、その一人がバフンケだった（Пилсудский2004, 317, 318）。一九〇八年末から一カ月間樺太を訪れた『読売新聞』記者の松川木公《もっこう》は、五十代のバフンケの容貌をこう描写している。

　彼は容貌頗る魁偉《かいい》、身の丈は六尺五寸（一九七センチ）に餘り、其顔は此偉大なる身體に比してすら不釣合を感ずる程大きくて、而して威厳と愛嬌とに富み加ふるに太く丈夫さうな毛は頭から顎まで包んで居る正に天下一品の面魂動物園の獅子を見るやうな感がある。（松川、一〇四）

また千徳も、「維新の豪傑西郷翁は斯く有らんかと思わしむるなり」（千徳、六五）というおもしろい喩えを書き残している。

チュフサンマ

この家にはバフンケの姪チュフサンマ[6]（一八七九頃—一九三七）も住んでいた。ピウスツキが彼女と初めて会ったのは一九〇二年九月下旬のことである。前に紹介したオタサンでの熊祭りに、チュフサンマの父シレクアが息子のポンチクとチュフサンマを連れて来たのだ。「樺太アイヌの熊祭りにて」に二人の様子がさりげなく書き留められている。

右がチュフサンマ

老人の若い娘は馬車に近付いて、絹製衣服や暗青色の南京玉を収めた小ぶりの包みを下ろし、息子の方は、数本の刀が収納されている草製の袋を運び出していた。（ピウスツキ二〇一八、五二二）

ピウスツキの著作にチュフサンマが登場する恐らく唯一の例である。この時彼女は二十四歳だった。やがてピウスツキは彼女と恋仲になって、一九〇四年二月十二日に二人の間に長男・助造、翌年十二月十八日には長女・キヨが誕生した。この最果ての地の恋物語を、アイヌ学者・知里真志保《ちりましほ》は次のように描き出している。

> 今から遡ること凡そ四十年、波蘭《ポーランド》の人類学者ブロニスラフ・ピルスヅキー氏（Bronislaw Pilsudski）は流謫の身となつて樺太へ来た。白浜の近くにあつたアイヌコタンのアイ（現在の相浜）で侘しく民俗調査の仕事に日を送つてゐた。コタンの長に一人の愛姪があつた。その名をチュフサンマと云ひ、美人の多い樺太アイヌの中でも、その美貌を謳はれてゐた。若きピルスヅキーは西洋人特有の如才なさと、堂々たる風貌をもつて、コタンの畏敬を一身に集めてゐた。美しいチュフサンマのピルスヅキーに対する敬愛は、愛情に変つて行つた。いつしかこのメロコポ〔娘〕と碧眼の美丈夫とは、ハマナスの赤い花咲く浜辺や、緑濃い椴林で恋を語り合ふやうになつた。今なほ、コタンの語り草となつてゐる『胸まで長鬚を垂れた立派な人で、良い人だつたピルスヅキーさん、村一番の美しいメロコポだつたチュフサンマ』の恋は淋しいコタンの話題だつた。アイヌ女性は自分の意思で嫁に行くのが常ではあつたが、この恋はチュフサンマの両親挙げての劇しい反対にあつた。だが二人は反対を押し切つて結婚した。溯北のコタンで愛の巣を営み、二児をもうけるに至つた。
> （知里、一四八—一四九）

ピウスツキにとってチュフサンマは恋人のみならず、理

チュフサンマとピウスツキの像（ジョルィ市博物館）

想的なアイヌ語教師でもあっただろう。「一九〇三〜〇五年にサハリン島のアイヌとオロッコの許へ出張したB・O・ピウスツキの報告」に、一九〇三年二月にアイ村でアイヌ語の実践的学習を継続し、三〜四月にも同地でより流暢な会話の練習を続けたとあるが（ピウスツキ二〇一八、四二、四三）、その相手はチュフサンマだっただろう。また論文「サハリン島の原住民《トゥゼムツィ》における分娩、妊娠、流産、双子、畸形、不妊、多産」のアイヌ女性の出産に関わる記述には、チュフサンマが助造を出産した場に立ち会った自らの観察に基づくものも恐らくあるのだろう。例えば、次のようなくだりである。

例えばあるとき、私が一人の褥婦へ、普段なら大好物であるパンを勧めたところ、彼女はそれを頑として受け付けなかった。褥婦には冷たい物を一切食べさせず、あらゆる食物は温めてから提供する。〔中略〕日常生活で下穿きを着用せぬ〔月経中の〕女が歩きだすときは、床に血が垂れることもありうる。女たちはそのような粗相をせぬよう努めるにもかかわらず、私自身にもこれを認める機会があった。（ピウスツキ二〇一八、三三〇、三四六）

調査の継続

一九〇二年にピウスツキはシュテルンベルグに手紙を送り、当初は数カ月の予定だったサハリンでの調査を翌年も継続したい旨を伝えた。そしてこの希望は叶えられたが、これには以下のような事情がプラスに働いた。即ち、この年ペテルブルグに「中央・東アジア歴史学・考古学・言語学・民族学研究ロシア委員会」が設立された。これは「国際中央・東アジア歴史学・考古学・言語学・民族学研究協会」のロシア支部で、ロシアおよび外国の調査隊の組織と協力を使命としていた。後者の協会は、一九〇〇年にローマで開かれた第十二回国際東洋学者会議でラドロフとオリデンブルグがその結成を提案したものだ。ワシーリイ・ラドロフ（一八三七―一九一八）はドイツ生まれのチュルク学者で帝室科学アカデミー人類学・民族学博物館の館長、第二章でも言及したオリデンブルグ（一八六三―一九三四）は科学アカデミー会員の東洋学者で、ロシアにおけるインド学創始者の一人である。ラドロフはロシア委員会の委員長もつとめ、バルトリドとシュテルンベルグが書記に任命された。国際研究協会の中心となる機関がロシア委員会であり、その委員長がラドロフであることは、人類学・民族学博物館を有利な立場に置いた。外務省の管下にあるロシア委員会は予算が潤沢で、十六年間のその存続期間中に百回を超える探検隊をシベリア、極東、中央アジア、中国、インド、チベットへ派遣し、その成果が人類学・民族学博物館に収められた。その嚆矢となったのがピウスツキのサハリン調査旅行だったのである。ロシア委員会は一九〇三年度のみならず、一九〇四年度、一九〇五年度半年分のピウスツキの調査旅行計画も認可し、経費を支出した（ピウスツキ二〇一八、三八。Соболев, 99; Majewicz1998, 28-29; Латышев2008a, 255-256）。

注

1　デンビー一族と「セミョーノフ＝デンビー商会」については、岡田、ヒサムトヂーノフの論文と清水恵の著書を参照のこと。

2　彼の別の論文では男九十人、女九十一人となっている（ピウスツキ一九〇六下、四五）。

3　ピウスツキのシュテルンベルグ宛の手紙には、インディンは一九〇三年二月末に入院し、ほどなくして亡くなったとある（БП и ЛШ, 162）。

4　「土人」はアイヌを指し、一八五六年に幕府の命により「蝦夷」に代わって公称と定められた。

5　アイ川の河口にあるドリンスク地区の村。一九六七年に廃村となる。現在は鉄道のアイ駅がある。

6　アイヌ語で「太陽から下りて来た女」の意（ピウスツキ二〇一八、六九〇）。

7　助造のご子息・木村和保氏によると、一九六三年に作成された戸籍には助造の生年月日は「明治三十六（一九〇三）年二月十二日」と記載されているとのことだが、状況証拠からしてこれは計算が合わない。

第六章　北海道調査旅行

ピウスツキはその善良さとやさしい接し方、ほがらかな笑みによって、我々が金銭とさまざまな国家文書の助けを借りて獲得するよりも多くのものを数時間のうちに獲得するのだった。（シェロシェフスキ）

シェロシェフスキ

一九〇三（明治三十六）年の夏、ピウスツキはポーランド人のヤクート専門家で後に有名な作家となるヴァツワフ・シェロシェフスキ（筆名シルコ、一八五八―一九四五）の指名により、彼とともに北海道アイヌの調査旅行に出かけることとなった。

シェロシェフスキは早くから社会主義運動に加わり、流刑地の東シベリア・ヴェルホヤンスクから逃亡を企てた廉で一八八〇年にヤクーチヤに流刑となった。そこで十二年を過ごし、ヤクート人の民族学研究に従事して、イルクーツクで大著『ヤクート人たち』（一八九六年）を執筆。これによってロシア帝室地理学協会から金牌を授与され、これが功を奏してペテルブルグ、一八九八年にはワルシャワへの帰還を許された。一九〇〇年のミツキェヴィチ記念碑の除幕式当日に労働者のデモ行進が行なわれたが、それを組織し檄文を執筆した嫌疑をかけられてシェロシェフスキは告発され、イルクーツクに戻される可能性が出てきた。それを回避する方策として、第四章で言及した帝室ロシア地理学協会副総裁のセミョーノフは、地理学協会と帝室ロシア科学アカデミーによる北海道調査旅行を彼に提案した。シェロシェフスキはシュテルンベルグに相談し、後者は同行者としてピウスツキを推薦したのである。ピウスツキは一九〇二年九月八日付のシュテルンベルグ宛の手紙で、翌年夏に日本を公式に訪問したいこと、シェロシェフスキと

シェロシェフスキ

も会いたいことを伝えている。北海道行きについてシュテルンベルグから照会があったのだろう。

シェロシェフスキはピウスツキのことをある程度知っていたはずだ。かくしてシェロシェフスキは、ピウスツキが調査旅行に同行するのであればという条件付きでこの提案を受け入れたのである（シェロシェフスキ、七三七―七三九。БП и ЛПШ, 159; Латышев2008a, 260; Вуйцик2012, 174）。

アジアでコレラが蔓延していたため、シェロシェフスキは予定より一年遅れで新暦一九〇三年一月末にワルシャワを出発した。モンゴル、満洲、中国経由で四月に長崎に来航。その後大阪、横浜を経て、五月中旬に函館に到着し、桟橋前の「キト旅館」（東浜町十三番地）に投宿した（シェロシェフスキ、七三九。吉上一九八七、八四。井上二〇〇三、一九―二〇。Дударец, Латышев2002, 141, 150-151, 157-159）。

その後函館駐在ロシア領事マトヴェイ・ゲデンストリョームの要請により、シェロシェフスキはロシア領事館に移った。彼はセミョーノフから甲虫の採集を依頼されていたが、領事はロシア語のできる日本人を見つけ、その人物に甲虫の採集・保存方法を教えた上で、二週間宗谷地方に派遣し、甲虫を採集させてくれた。また日本語の訓練のため小樽へ派遣されたロシア人学生が函館に立ち寄った際、シェロシェフスキは彼にも甲虫の収集・保存のための道具を手渡した（シェロシェフスキ、七四一。Дударец, Латышев2002, 157, 160, 163; Домбровский2006, 20-21）。

函館へ

一方ピウスツキは旧暦六月六日に北サハリン踏査のため、タライカ湾（現チェルピエニエ湾）へ向かう便船を確保すべくコルサコフ哨所へ移動。そこでシェロシェフスキが五月十八日に函館から発送した手紙に接した。ピウスツキにとってシェロシェフスキは八歳年長の未知の人物だったが、その従弟アダムが一八八七年春からサハリンへ流刑となっていたので、ピウスツキは彼からヴァツワフのことは聞いていたと思われる。アダムは技術学校出身で、サハリンではアレクサンドロフスク管区のミハイロフカ村にある精神病院の総務課主任をつとめていた。かつてプウォスキ夫妻がアレクサンドロフスクで家を新築した時、大工として建築を差配したのはこのアダムである（井上二〇〇三、一六。Плоский, 133; Список, 180）。

ピウスツキは直ちに北サハリン行きを中止し、便船の契約を解除して、民族学コレクションを注文するために東海岸ナイブチへ行った。アイヌ語とロシア語と日本語の通訳として千徳太郎治と北海道調査旅行参加について合意するが、サハリン島知事が出国を許可せず、二週間余り足止めを食らうこととなった（シェロシェフスキ、七四二—七四三。Латышев2008a, 260）。

この間にシェロシェフスキは函館から船で室蘭に行き、イギリス長老教会の宣教師にしてアイヌ研究家ジョン・バチェラー（一八五四—一九四四）と落ち合った。バチェラーは一八七七年に札幌に来て、アイヌ語の研究を思い立った。

バチェラー（1932年頃）

シェロシェフスキとの出会いの二年後に『アイヌ・英・和辞典及アイヌ語文典』を東京で刊行して名声を博することになる。シェロシェフスキは七月一日からその巡回旅行に同行して、室蘭から噴火湾（内浦湾）を渡って伊達紋別町と宇留村のアイヌ村落を訪れた。この調査旅行の報告は、地理学協会書記をつとめる統計学者アンドレイ・ドストエフスキイ（作家フョードル・ドストエフスキイの甥）宛の一九〇三年八月十一日付の手紙でなされている（シェロシェフスキ、七四三。井上二〇〇三、二一。Дударец, Латышев2002, 165-167）。

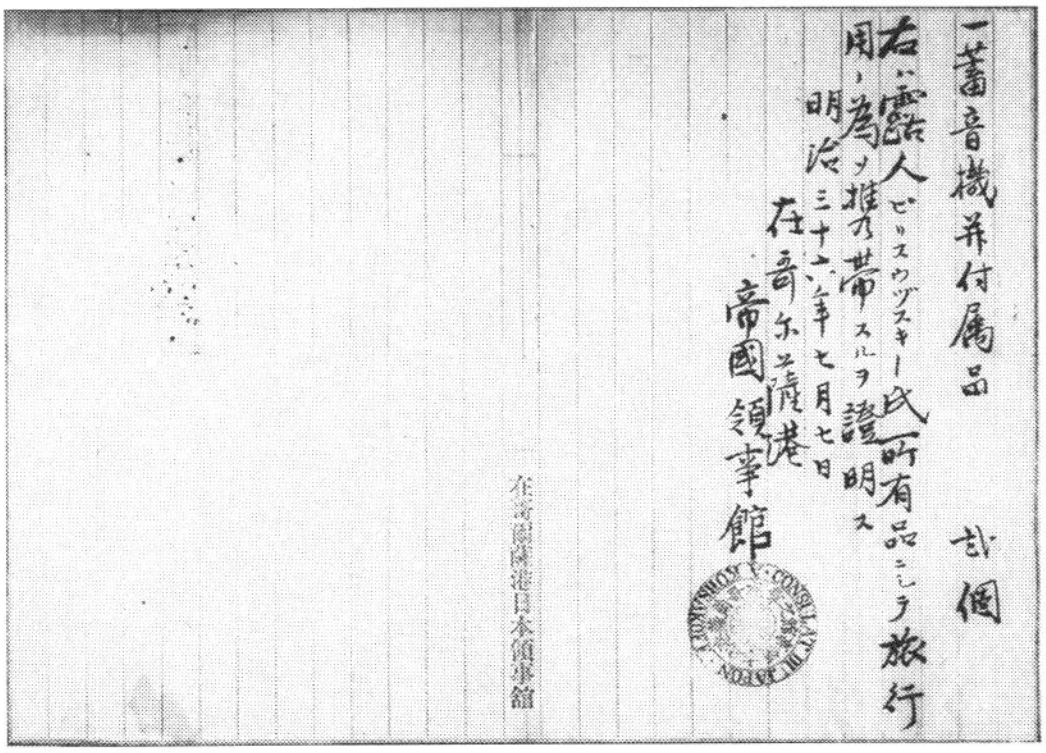

一蓄音機并付属品　弐個
右ハ露人ピースウヅスキー氏所有品ニシテ旅行用ノ為メ携帯スルヲ證明ス
明治三十六年七月七日
在哥尓薩港
帝國領事館

蠟管蓄音機携帯証明書

ピウスツキは旧暦六月二十日に千徳とともにエジソン式蓄音機を携えてコルサコフを出発し（ピウスツキ二〇一八、四五）、新暦七月八～十日（旧暦六月二十五～二十七日）の間に函館に到着した。この折にコルサコフの日本領事館が発行した蓄音機と付属品の携帯証明書が残っている。彼はシュテルンベルグ宛の手紙でこの地の印象をサハリンと比較してこう述べている。

> ここ函館はとても静かで感じが良くて安全なので、毎年数カ月ずつここで休むことができればと思います。(БП и ЛШ, 168)

一方、シェロシェフスキは弟と面会するために小さな日本の漁船でアレクサンドロフスク哨所へ行き、ピウスツキと行き違いになってしまった（БП и ЛШ, 167; Латышев2008a, 261; Домбровский2006, 25, 33）。彼は七月三十一日もしくは八月一日に函館に戻り、ようやく両者の対面が成った。彼らはただちに調査計画の策定に取りかかった。ちなみにシェロシェフスキの後年の回想記『毛深い人々の間で』（一九二七年）では、彼がバチェラーとの巡回旅行から函館へ戻った直後にピウスツキと対面したことになっており、サハリン行の話は出てこない。

アイヌとの遭遇

ちょうどこの頃、ピウスツキは函館で路頭に迷うアイヌ人たちと遭遇した。北海道胆振《いぶり》郡白老《しらおい》村の野村シパンラム（シパラン／シマンラン、日本名・野村芝蘭《しまんらん》）一行である。彼らは和人《シャモ》の興行師に誘われて大阪・天王寺で開かれた第五回内国勧業博覧会に赴き、「熊祭り」を上演していたが、興行師は彼らを欺き逐電してしまった。三月一日から七月三十一日まで開かれたこの博覧会では、「学術人類館」と銘打たれたパビリオンでアイヌ、沖縄、朝鮮、台湾などの先住民族の人たちの〈生身の人間展示〉を行なった。ここを訪れた人類学者・坪井正五郎は、「諸種の住居の中ではアイヌのものが一番好く整つて居る。それも其筈北海道から実際の家を取り崩して持つて来て此所に建築したのである」（川村、二一五）と感想を述べている。この展示は近年多くの批判を浴びているが、これらアイヌ人たちも〈展示〉されていたのだろう。アイヌ人らは大阪から辛うじて函館までたどり着いたのである。シェロシェフスキは大阪で博覧会を見学しているが、果たして彼らの「熊祭り」を見たかどうか。ピウスツキはこの出会いをシェロシェフスキにこう説明した。

> 路上に立ち尽くし、途方に暮れてあたりをきょろきょろ見回す人たちが目に止まる…。私が近づきながら「そこで何してるのだ」とアイヌ語で声をかける。彼らは一瞬雷に打たれたように身をすくめた。声を

失って立ち尽くすばかり。一人の女が泣きだす。和人たちが蝟集する。そこでアイヌらを脇へ連れてゆき根掘り葉掘り訊ねる…。彼らに弁当《ベント》（米飯を詰めた小箱）を買ってやる…。するとようやく、彼らの舌は呪縛から解かれてゆく…。奇蹟ではないか？…。われらの旅立ちの前日に…。（シェロシェフスキ、七五〇）

ピウスツキは調査費から五円を捻出して、アイヌ人らの帰郷を支援した。もちろんサハリンでの経験で、寸志を与えるならば全身全霊をもって返礼されるという思惑もあっただろう（吉上一九八七、八四、八六。井上二〇〇三、二二一—二三）。そしてこれが機縁となって、調査団はまず白老を訪ねることとなった。

白老村の「毛深い人々の間で」

ピウスツキとシェロシェフスキと千徳太郎治は函館から海路室蘭に到着し、そこからは鉄路で八月五日の正午頃に白老駅に到着した（「室蘭船客」。井上二〇〇三、二二二。Pilsudskii1998a, 21; Inoue2010b, 273）。

ここからは主にシェロシェフスキの『毛深い人々の間で』に依拠して彼らの調査旅行を再現してみよう。彼らは線路北側の和人村の小旅館に荷物を預けて、南側のアイヌ村へ赴いた。村の戸数は約六十戸だった（Дударец, Латышев2002, 164, 169）。散策中に野村シパンラムの姉妹イシュウチ、妻ネンタシク、兄らと遭遇し、野村シパンラムの宏大な家《チセ》に着いた。シパンラムは賓客に鮮魚を振る舞うべく出漁して不在だった。シパンラムの兄はその後三人を海辺へ案内した。ピウスツキらは夕刻に旅館へ戻った。

現在の白老の旧アイヌ民族博物館

翌六日の朝、就寝中の彼らの部屋をシパンラムが訪ねてきた。その後、アイヌ村での宿泊をめぐる交渉が展開される。シパンラムが白老郡各村戸長役場の各村戸長（村長と警察所長を兼ねる役職）から了解を取り付けることを条件に自宅への彼らの受け入れに同意するや否や、当の各村戸長が登場して許可を与えた。夕刻に三名はシパンラム宅に移った。

七日の朝、シパンラムは客人たちに朝風呂を提供した。旅の疲れと汚れを洗い落とした三名は、心機一転して調査に着手した。

十二日に「青森の人」飯島桂とその友人の「生田文学士」がシパンラムの住居を訪問した（飯島一九〇四、三四）。シパンラム宅にさしかかった二人はピウスツキに呼び止められて、家の中へ連れ込まれた。飯島はピウスツキとシェロシェフスキの姿を、「何れも上衣をぬぎ、日本の単衣を纏い、ポンチ絵の如き姿にて研究し居たり」（飯島一九〇四、三六）と書き留めている。その後併せて五人の客人たちは隣村の社台《シャッタイ》へ赴き、和風化の著しいアイヌ人・田村弥吉宅で休息を取った。夕刻にシパンラムの家に帰還。風呂をつかい、アイヌ料理に舌鼓を打った後に、ピウスツキの蓄音機から流れる樺太アイヌの諺歌に皆が耳を傾けた。飯島は「最と《ママ》面白く異様の感ありたり」という感想を述べている（飯島一九〇三、一七。同一九〇四、三六—三八。内田祐、四六—四七）。

野村シパンラムとピウスツキ

シパンラム宅滞在中にピウスツキは謎々、歌、伝説、昔話を採録した。かたやシェロシェフスキは植物や昆虫の標本を採集し、野帳にスケッチをした。シェロシェフスキはカメラ二台のみならず、映画撮影機も携えていた（Домбровский2006, 21）。ピウスツキがアイヌ人とアイヌ語で意思疎通していたことが、シェロシェフスキの回想記から判明する。樺太アイヌと北海道アイヌの言語は若干異なるが、意味は十分に通じたのだろう。数日の間に彼らとアイヌたちの関係は実に近しいものになった。シェロシェフスキはセミョーノフ宛の手紙とドストエフスキイ宛の手紙で、通訳としてのバチェラーとピウスツキの能力を自分の実体験から比較して、明確に後者に軍配を上げている（Дударец, Латышев2002, 163, 165）。またシェロシェフスキはシュテンベルグ宛の手紙にこう書いている。

ピウスツキは立派な青年で、素晴らしい、生まれついての民族学者です。彼にはとにかく民族学的才能があります！彼はアイヌ語をかなり上手に話します。（Пилсудский2006a, 33）

さらにシェロシェフスキは一九二一年に『ポトハレ年報』に発表したピウスツキ回想文のなかでこう述懐している。

〔アイヌ人たちはピウスツキを〕長年住みついたヨーロッパ人が漸く知るような儀礼へ密かに招じ入れ、異国の人には明かさぬ秘儀を教え、歌を歌い、最大の機微に属する物語を語り、お守りや神像の撮影を許し、秘蔵品を売ったり贈ったりした。〔中略〕どこかの〔アイヌの〕村なり宿営地に到着すると、ブロニスワフ・ピウスツキはいつも自分の仲間が滞在するための設備に気を配り、自らはどこかへこっそりと姿を消した。まもなく村のはずれで子供たちに囲まれて未成年と話している彼の姿を見つけることができた。彼はまたたく間に彼らの心に「入り込み」、その信頼を勝ち得た。子供たちの後を女たちがついて来た。彼女らは卑しむべき、人を信用しない「生活の支配者」を引き連れて来た。ブロニスワフ・ピウスツキはその善良さとやさしい接し方、ほがらかな笑みによって、我々が金銭とさまざまな国家文書の助けを借りて獲得するよりも多くのものを数時間のうちに獲得するのだった。（井上二〇〇三、二四。Вуйцик2012, 178-179）

ピウスツキらが白老を出発する前夜に盛大な送別の酒宴が開かれた。

ブロニスワフが答辞を述べる番が遂にやってきた。彼もまた、やはり慣習に倣って咳払いを三度繰返したのち、己の演説をアイヌ語で朗々と吟じだした。若者らの間でさえも笑声や悲鳴は聞かれなくなる。ブロニスワフはアイヌの善良さと客人歓待の習わし、彼らの剛毅と今日の惨状、また、南北の島々も含めたすべての島嶼にアイヌの民が遍在し、天の星に擬えられるほどの大人口を擁した頃の、彼らの往時の威勢と栄華…についても語った。

「君たちは数が少ないけれど、互いに助け合い、愛し合うこと、そうすれば数の多い民に伍して、強力で幸福な民になれるだろう…。ホタラ・アイヌ！」と、答辞は締め括られた。

深い沈黙がしばらく続いたあと、人々は思い思いに酒盃を空ける。立ち上がったエカシ・テパ〔村長〕は、己の頭から外した礼冠をブロニシの頭にかぶせた。同じことをシパンラムは私に対して行った。その後、エカシ・テパはわれらに向かって、われらは彼らの兄弟であり、部族の一員に迎え入れられた…と告げた。

「ブロニ・クル〔アイヌ語で「ブロニシ君」ほどの意味か〕よ、わしらの承知するところ君はわしらのクラフトゥ〔カラフト〕の同胞を、オロス〔ロシア人〕たちから守ってくれとるそうだな！……」―エカシ・テパはブロニシへ顔を向ける―「御礼仕《つかまつ》る！……」（シェロシェフスキ、七九四―七九五）

白老のピウスツキ像

日高地方の調査と調査の打ち切り

八月末または九月初めにピウスツキ、シェロシェフスキ、千徳はアイヌたちが見送る中、列車で白老を出発した。そして早来《はやきた》駅で下車し、乗馬数頭と道案内人を雇って小さな旅籠に一泊した。白老出発二日目、彼らは馬に乗って日高地方の原生林を踏破し、鵡川《むかわ》のアイヌ村落に到着、そこで一泊した。鵡川ではバチェラーの布教によって長老派教会に帰依したプロテスタントのアイヌらが、バチェラーの札幌からの指示で調査団を出迎えてくれた。三日目、三人は日高山麓の山道を踏破して沙流《さる》川の河岸に達し、午後にはその河谷にある平取《ぴらとり》（現・平取町）のアイヌ村落に到着した。そして村で唯一の旅籠に止宿した。踏破距離は白老から鵡川までが三十キロ、鵡川から平取までが三十キロ、併せて六十キロである。平取には約一週間滞在して、ピウスツキは多くの信仰、伝説、古謡を記録し、シェロシェフスキはアイヌの身体測定を行なった（Дударец, Латышев2002, 169）。

ところが平取に突然野村シパンラムが現われた。彼は六十キロの道のりを踏破して、日本とロシアの間に戦争が始まること、ピウスツキとシェロシェフスキがロシアの軍事密偵と見なされて殺害される恐れがあることを伝えに来たのである。その後函館のゲデンストリョーム領事からも、東京のロシア公使館の訓令によりただちに調査を中止すべしという通達が届いたので、彼らは四カ月の予定の調査を途中で打ち切らざるを得なかった（シェロシェフスキ、七四八—八一〇。БП и ЛПП, 337）。これは日露開戦の五カ月前のことである。そもそもシェロシェフスキのワルシャワ出発が当初の予定より遅れたこと、そしてピウスツキのサハリン出立も遅れたことが、結果としてマイナスに作用したと言わざるをえない。

九月十日過ぎに彼らは馬に乗って平取を出発し、恐らく早来駅に到着。そこから列車に乗り、札幌駅に到着した。ピウスツキはバチェラー宅に二、三日宿泊。シェロシェフスキは開拓使がつくった高級西洋ホテル「豊平館《ほうへい》」に投宿し、北海道庁に出頭して農園、博物館の見学を願い出た。これは札幌農学校の博物館だろう。十五日に三人はバチェラーに見送られて列車で札幌を出発し、室蘭へ向かった（バチラー一九二八、二八九—二九〇。「波蘭人の土人研究」。Дударец, Латышев2002, 172）。後にバチェラーは彼らのことを、「多分露西亜の間者ではなかつたかと思ひます」（バチラー一九二八、二八九）と述べているが、これは信じ難い。

同日、ピウスツキと千徳は室蘭から船で函館に到着。一方シェロシェフスキは十七日に室蘭から船で函館に帰着した（「人」a。「人」b）。十九日にアイヌ調査団は函館で解散となった。ピウスツキと千徳はさらに半月ほど日本に滞在した後、コルサコフに戻った（吉上一九八七、八八。Дударец, Латышев2002, 142）。

かくして調査旅行は中断のやむなきに至ったが、分厚いノート一杯に書き記したメモ、アイヌ語のテクストの記録、写真のネガフィルム二百枚余り、アイヌの踊りを撮影した映画フィルム十二本という二人の成果は、大いに評価すべきだろう。シェロシェフスキはシュテルンベルグ宛の手紙にこう書いている。

> 私は札幌で博物館を見学しましたが、そこに展示されているほぼすべてのものがあなたの所にあるばかりか、それ以上に沢山あることが分かり、満足しました。
> (Пилсудский2006, 32)

＊　＊　＊

千徳も含めて調査団に日本人が含まれなかったことも、余計な干渉が入らず、好結果をもたらしたといえる。ただピウスツキが持参した蓄音機の伝導装置が壊れてしまい、横浜から交換の部品を取り寄せようとしている間に北海道を去ることになったので、録音に関しては十分な成果はなかったと思われる。ピウスツキはこの旅行によって樺太アイヌと北海道アイヌを比較する機会を持つことができた。また精神的に甦り、さらに数年間極東の地で研究に従事する覚悟を固めた（ピウスツキ一九八三、一〇四。БП и ЛШ, 170; Дударец, Латышев2002, 168, 171）。

一方シェロシェフスキは十二月初めまで日本に滞在した後、[2]朝鮮、中国、セイロン、エジプト、イタリア経由で翌年二月にワルシャワへ帰着した。彼の極東旅行記はモスクワの『ロシア通報』紙に連載されてその文名を高めることとなり、ゴーリキイやコロレンコの注意を惹いた。その後シェロシェフスキはユゼフ・ピウスツキのポーランド軍団に入って第一次世界大戦に参加し、側近の一人として独立運動を共に行なうことになる（吉上一九八七、八一、八七―八八。Дударец2005, 265-267）。わが国では彼の作品『悲惨のどん底』が二度エスペラント語からの重訳で翻訳されている（シエロシエヴスキ。シエロツエウスキ）。

注

1　シェロシェフスキは収集品をペテルブルグの人類学・民族学博物館に送付した。

2　彼の観た日本と日本人については、土谷一九九五を参照のこと。

第七章　サハリン島調査II

一体あなたは妻子を忘れてしまったのでしょうか。一体どういうわけで、こんなふうにあなたが子供をつくった女性が本当にかわいそうなことになったのでしょう。(千徳太郎治)

日露戦争の勃発

一九〇三（明治三十六）年九月二十四日にピウスツキと千徳はコルサコフに戻った。その直後、ピウスツキはここでポーランド人の鉱物・岩石学者ユゼフ・モロゼヴィチ（一八六五―一九四一）と出会った。この人物はベーリング海南西端に位置するコマンドル諸島調査の後、サハリン経由で帰国の途にあった。ピウスツキはペテルブルグへ送るべき北海道の写真、アイヌ語のテクスト、アイヌの歌謡を録音した蠟管をモロゼヴィチに託した（Латышев2008a, 263-264）。この折の知事宅での出会いを、後にモロゼヴィチはこう回想している。

とてもの静かで礼儀正しい人間であるこの人物は、知事夫人の注意を引き、夫人は子供たちの養育係として彼を自宅に招いた。私はこの時サハリン在住のポーランド人と知り合いになったことをとてもうれしく思い、知事夫人がブロニスワフ氏のこの〈公式的な拘束〉からの解放に尽力してくれるよう頼んだ。(Кучинский2007, 174)

この月にアイ村でピウスツキとチュフサンマの婚礼が伝統的なアイヌ風儀式に則って挙行された。花婿は三十七歳、花嫁は二十五歳だった（ピウスツキ二〇一八、六九〇）。

ピウスツキの生涯において稀有な、この平和な時代は、しかしながら、長続きしなかった。一九〇四年一月二十六日（新暦二月八日）に日露戦争が勃発したのである。ピウスツキは医療に関する知識を評価されたのだろう、コルサコフ管区に開設予定の野戦病院の監視官のポストを引き受けるよう当局から再三要請されたが、これを断わった（ピウスツキ二〇一八、二三、四八。БП и ЛШ, 177）。これは結果的に見て正しい選択だったといえる。仮にこの要請を受諾していれば、彼が収集した資料のみならず、彼の生命そのものも危機に瀕していたであろう。

　ピウスツキ自身の証言によれば、ロシア領とはいえ日本に近いサハリンのいたるところで、そしてアイヌの間にも激しい不安と動揺が起こった。その上、ほぼ日本との通商に頼りきっていたこの島にとって、戦争による経済的打撃は大きく、物価は高騰した。一九〇五年の冬に感冒が蔓延し、特にアイヌの死亡率が上がり始めると、先住民はロシア政府に対する不信感をあらわにし始め、しかもその感情は時として白人であるピウスツキにも向けられた（ピウスツキ一九八三、一〇七—一〇八。Пилсудский1999d, 69）。彼は「一九〇三〜〇五年にサハリン島のアイヌとオロッコの許へ出張したB・O・ピウスツキの報告」にこう書いている。

> 老人らは自宅で悲しげに座して、—ある老人が別れ際に「ロシア人は己の人々を守ることもできない」といみじくも私に語った—まさに同じ思いをさらにしみじみと噛みしめていました。悲しみはそれぞれの家族にしみわたって、先回は聞こえた笑声もなくなり、私に快適で心地よかったこの一隅からは、喜びも賑わいも消えていました。（ピウスツキ二〇一八、六八）

北サハリン調査

一九〇四年三月末から十一月中旬までピウスツキは開戦にもかかわらず、懸案だった北サハリンのタライカ地方とポロナイ川、ティミ河谷の踏査を敢行した。この旅は前年に予定していたものの、北海道旅行によって延期していたのである。そしてアイヌのほかにオロッコ、ギリヤークの民話や歌謡を採集するなどすばらしい成果を挙げた。最北のアイヌ村落であるタライカ（日本名・多来加、現ネフスコエ）はナヨロとともにサハリンの二大アイヌ村落の一つで、旧習と伝統が他の地域よりも厳格に保持されていた。一方、ポロナイ川流域に暮らすオロッコの調査は困難をきわめた。ロシア正教の洗礼を受けていた彼らは、ピウスツキが日露戦争の徴兵のために来たと誤解して、彼との接触を極力避けたからである（ピウスツキ二〇一八、二五、二七。БП и ЛШ, 180)。

ちなみにこの時期、新暦七月十日に弟ユゼフが日本政府から招かれて来日し、三十日まで滞在した。彼は日露戦争を、ポーランド軍団を編成して武装蜂起するための好機と見て、日本軍部から支援金と武器弾薬の援助をとりつけようとしたのである。だがユゼフの宿敵、親ロシア派の指導者ロマン・ドモフスキ（一八六四―一九三九）もその計画を阻止すべく同時期に来日して、彼の目論見は失敗に終わった（和田春、上二三六―二三九。稲葉、六六―六七）。弟の日本訪問はブロニスワフには知る由もなかっただろう。

「ノヴィク号」乗組員との邂逅

ピウスツキは日露戦争の推移をどのように見ていたのだろうか。書かれずに終わった彼の回想記「極東より　サハリン―シベリア―日本　一流刑囚の回想」の第五章のプランは次のようなものである。

五　日露戦争。北海道旅行。シェロシェフスキとともに日本のアイヌのもとに滞在。民族学調査が困難となる。函館。住民のすさんだ気分。戦争のアジテーション。サハリン帰還。日本人の出立。攻撃の恐怖。囚人による義勇隊の組織。コルサコフ砲撃。「ノヴィク号」沈没。搬入停止の結果としての飢餓。サハリンから住民の退去。講和条約締結直前にプリアムール地方へ。ウラジオストクとハバロフスクでの自由の日々。ストライキ。日本への出立（Латышев2008a, 268-269）

「コルサコフ砲撃。「ノヴィク号」沈没」をピウスツキが自分の目で見た訳ではない。これらの事件が起こった一九〇五年八月に、彼はティミ管区にいたからである。にもかかわらず彼はこれらの出来事をよく把握していた。

快速を誇る巡洋艦「ノヴィク号」は七月二十八日の対馬沖の海戦でロシア東洋艦隊中ただ一隻旅順港を抜け出し、日本艦隊の追撃を振り切って、日本列島の太平洋側を迂回してウラジオストク港を目指したが、石炭不足のためコルサコフ港へと進路を変更した。だが宗谷海峡で日本の戦艦「対馬」と「千歳」に発見され、砲撃を受けて壊滅的な打撃を被り、八月七日夜に乗組員退去の後やむなく自沈した。

翌朝「千歳」が「ノヴィク号」に砲撃を浴びせて、最終的に煙突と甲板上の建物を破壊した。「ノヴィク号」の乗組員たちには、アレクサンドロフスク哨所まで行軍し、そこからニコラエフスク、ハバロフスク経由でウラジオストクに到着すべしという命令が下った。「ノヴィク号」の武装解除のためコルサコフ哨所に残るアンドレイ・マクシーモフ海軍中尉以下四十四名を除いて、二七〇名の乗組員が八月十七日に海軍大尉カジミェシュ・ポレンプスキの指揮下に出発した。途中、九月七日に一行は二隊に分かれた。四十五名は海軍大尉アンドレイ・シュテルの指揮下に武器や物品を入れた袋を積み込んでポロナイ川をボートで上り、残りの人員は馬に食料のみを積んでオノール村方面へ行軍を続けることとなった。後者は十四、十五日頃にオノールに到着したはずである。

一方ピウスツキは南部へ行くためオノール目指して九月二日にルィコフスコエを出発した。そして二十四日までオノール村に滞在した。即ち、ピウスツキとポレンプスキ隊はオノールで邂逅しているのである。二人はともにポーランド人で、同じくヴィルノの出身。ピウスツキの方が六歳年長とはいえ同じ中学校で学び、その後ともに進学してペテルブルグへ出た。ポレンプスキは一八八九年に海軍兵学校に入学している。ロシア帝国の東端の地で出会った二人のポーランド人はどのような会話を交わしたのだろうか。オノールでピウスツキは、二十日に到着したシュテル隊とも出会っている。

その後「ノヴィク号」乗組員たちはルィコフスコエで合流し、十月一日にアレクサンドロフスク哨所に到着、そして十日にはウラジオストクに到着した。サハリンの密林、山、川を南から北へ、六百キロ以上を四十五日間で踏破したのである（ピウスツキ二〇一八、五九。Латышев2008а, 268-277）。まさに特筆すべき行軍である。[2]

離島の決意

ピウスツキは十月に帰路にナヨロに立ち寄り、十二〜十六歳の四人のアイヌ少年に数週間ロシア語と算術を教えた。日本軍は旅順と満洲に過剰な戦力を投入したのでサハリンを占領する余力はないという観測が秋に流れ、不安感が薄らいできた。だが十二月十九日の旅順要塞陥落後は日本軍がサハリンへ侵攻する可能性が高まって、不安をかきたてる様々な噂が乱れ飛び、アイヌが日本人に共感を抱いているという事実がこれに拍車をかけた（ピウスツキ二〇一八、六三―六四。PdS2, 124）。このような情勢下でアイヌにロシア語を教えるのは、すこぶる微妙かつ複雑な問題だった。

十一月にピウスツキはアイに到着、そしてコルサコフ哨所へ出発した。これ以降は翌一九〇五年二月まで活動拠点を同地に移した模様である。そこで人心の動揺、飢餓、物価高騰を目の当たりにしたピウスツキは、予定していた西海岸のマウカとその北方地域の調査を断念した。離島して大陸に居を移すことを考え始めたのもこの頃のことだろう。彼は東海岸のいくつかの村を歴訪した後、二月十日にコルサコフ哨所へ戻った。これが最後のコルサコフ滞在となった。ピウスツキは収集した民族学資料の発送と保全措置、採録したテクストの翻訳、統計データの収集、資料製作者らとの清算など、離島を控えての残務整理に奔走した。この月に郵便の配送が終了し、大陸との連絡はほぼ途絶えた（天野二〇一一、五二）。

家族との別れ

二月二十三日にピウスツキはコルサコフ哨所に別れを告げ、三月一〜五日にアイ村に滞在。ここで出発の準備をし、コレクションの一部を家族の保管に託した。この折、彼は妻子を連れて行くことをバフンケに申し入れるも、峻拒に遭ったものと思われる。これに関連して思い出されるのは、「樺太アイヌの熊祭りにて」で熊が不満を抱くと人間に病気を送りつける例として、ピウスツキが次のように書いていることだ。

郷長《スタルシナ》のバグンカ〔バフンケ〕は、若者が父祖伝来の慣習を放棄したことで罰せられたのだそうだ。郷長は夢を見たあとで己の原因を皆へ〔そのように〕説明した。（ピウスツキ二〇一八、六一八）

ピウスツキは家族を残してサハリンを去る決意を固め、衣類、書籍、陰画写真乾板、収集コレクションを携えて、五日に犬橇でアイを出発、一路北上した。この四半世紀後にチュフサンマとのインタビューに成功した『樺太日日新聞』の記者・能仲《のなか》文夫は、別れの場面をこう描き出している。

やがて毛皮に身を包んだプ〔ピウスツキ〕氏は、十頭曳きの犬橇の人となつた。妻のシンキ〔チュフサンマのこと〕はまだいたいけない乳呑児の我が子を背負ひ、さつきから、張り裂けるやうな悲しみを制へて雪の中に埋くまつてゐる。橇は動き始めた。虫が知らせたか、プ氏はこれが最後の別れになるのではないかと思ふと、後髪を引かれるやうな気持だつた。今まで眼に涙をたゝへ、黙つて下うつむいてゐたシンキは、突然半狂乱になつて、走り行く橇の後を泣き叫びつゝ追つたのである。けれど、走り出した大橇《ママ》は止まらうともしなかつた。プ氏は手をあげて、幾度々々も後振り返り、別れを惜んだ。走り疲れたシンキはバツタリと雪の中に打ち倒れた。そして、大声を挙げて泣きわめいた。見送るバフンケの眼にも何時しか熱い涙が宿つてゐた…。（能仲、一五）

右から三人目が助造を抱くチュフサンマ（1904 年頃、バフンケの家の前）

ピウスツキは出立に際して、自分のことは口外しないようチュフサンマに言い聞かせたという（能仲、一七）。

一九〇九年初めにバフンケの家に投宿した前記『読売新聞』の記者・松川によると、ピウスツキの出発後アイ村は日本の戦艦の猛烈な砲撃を受けたという。これは一九〇五年七月十四日のことである。上陸した日本人がバフンケをロシア人かと怪しんだが、それは彼のロシア式丸太小屋のせいだったようだ（松川、一〇八。田村二〇一一、一一六）。戦後バフンケは日本軍のために働いていたが、現地で彼にインタビューをした日本の従軍記者は、「餘程擦れ枯しの人物と思はれぬ〔中略〕何となく狡猾気に見ゆる」（小西）との感想を述べている。

「サハリン島のアイヌの統治制度に関する規程草案」

ピウスツキはナヨロ、チフメネフスク哨所（日本名・敷香《しすか》、現ポロナイスク）を経て、三月二十八日から五月十日までオノール、次いでルィコフスコエに滞在し、「サハリン島の個別アイヌ村落に関する若干の情報」、「サハリン島のアイヌの統治制度に関する規程草案」、一九〇四～〇五年の冬に実施した識字学校の活動報告を擱筆した（ピウスツキ二〇一八、六八。井上二〇〇四、八五―一〇二）。とりわけ「サハリン島のアイヌの統治制度に関する規程草案」は、彼が足掛け二年半を費やして完成させ、知事に提出した重要な文書だ。

この「草案」はその後八十年間埋もれていたが、一九八六年にウラジオストクで発見された。これとは別に、トムスク国立大学学術図書館手稿部で発見された一九〇五年三月の日付のある「アイヌの生活整備と統治に関する規程草稿」が残っている[3]。こちらが最初の版で、法律文書として仕上げたのがウラジオストク版だろう。仕上げの要点は、分量をかなり減らしたこと、文体を改善したこと、そして検閲に備えたことである。最後の点は、たとえば表題の「生活整備」という先住民の側面が消えて、「統治制度」という当局の側面が強調されていることにもうかがえる。その後ピウスツキはトムスク版を印刷に付す予定で一九一二年頃まで手元に置いて推敲を加えていたと推定される。分量はウラジオストク版の二倍に達していて、改訂版と見なすべきである（井上二〇〇四、八五―一〇二。Пилсудский2000a, 41-61; Латышев2000a, 32-40; Inoue2003, 49-74; Иноуэ2004, 131-158; Majewicz2010, 243）。

より詳しいトムスク版にもとづいて「草稿」を紹介しよう。これは全二十八条から成っており、樺太アイヌの生活のあらゆる側面を包含している。それは、㈠社会・政治面の整備、㈡義務と社会保障、㈢備蓄倉庫、㈣狩猟・漁撈と分与地、㈤アルコール対策、㈥互助基金、㈦医療制度、㈧学校教育、㈨司法分野での特別措置、㈩異族人長官と知事の職責・統制、に大別できる（ピウスツキ二〇一八、一二九）。全体を貫く精神は、アイヌの自治と自立を法的に担保することを通じて、伝統文化を維持しながら彼らの公民化を漸進的に図ることである。

まず自治の単位として、ロシア帝国で最小の地方行政区域である「郷《ヴォーロスチ》」が、コルサコフ管区の西岸に二、東岸に二、計四郷設定される。即ち、「郷」の範囲内でアイヌが自立して生業活動を行い、伝統文化を維持できる方策を考えるのである。行政組織の指揮系統は、知事→異族人長官→郷長・助役・書記→行政村長となっているが、「草稿」の独創的な部分は「異族人長官」の設定である。このポストは知事直属の行政官だが、先住民に対する監督責任を有するため、その言語を解する者を任命すべきだとしている。サハリンの先住民はこれまで兵役と納税を免除されていたが、ピウスツキはアイヌの兵役は従前どおり免除し、他方漁獲物販売益に対する直接税の賦課を提案している。アルコール対策としては、異族人の村落内で酒舗の開設は不可、また異族人のもとで強い酒《スピルト》の購入も全面禁止とした。アイヌの漁業権と狩猟権の確定については、大規模な行政村を設営し、その域内に漁区や猟区を確保するとともに、ロシア人入植者はアイヌ村落の存在しない所に漁場を設定すべきことを謳っている。医療に関しては、各郷に一つ必ず診療所を設置し、アイヌに対して人道的に接する医師を常駐させることを提言している。この条項でピウスツキがプーシキンの抒情詩「さわがしい街筋をさまよい行こうとも」を引用して、アイヌの死生観を語っているのが興味深い。

もはや感覚をなくしたむくろにとって　いずこに朽

ちゆくも　同じとはいえ　それでも　なつかしいあの
地に　なるべく近いところで　やはりわたしは　眠り
たいもの（プーシキン、二八〇—二八一）

この詩行はピウスツキ自身の心にも疼くような痛みを引き起こしたことだろう。教育問題では、ロシア人入植者とアイヌが共住するナイブチに、ロシア人とアイヌの子弟が共学する学校の設置を提案し、ロシア語教育のみはアイヌ子弟のために別立ての授業を実施すべきとしている。

この「草稿」は、抑圧された先住民の状態に深く心を痛めた人間によって書き上げられたものであり、文書の行間にはより低い発達段階にある民族の運命に心を砕き、救いの手を差し伸べたいという立案者の心情が読み取れる。これは世界的に見ても先住民に関わる二十世紀最初の法律文書の一つだが、驚くほど先進的だ。かくしてピウスツキは八十年前の「統治法」を格段に前進させたのである。本来統計委員会がなすべき仕事を一人の人間が成し遂げたと言っても過言ではない。

しかしながら日露戦争後南サハリンは日本領の「樺太」となり、アイヌはロシア帝国の異族人ではなくなったので、この「草稿」が日の目を見ることはなかった。その後アレクサンドロフ哨所に着任した五代目サハリン島武官知事アルカージイ・ヴァルーエフが異族人（アイヌではなくギリヤーク、オロッコ、ツングース（現エヴェンキ））統治規程を策定する際に、この「草稿」が利用された。また一九一六年に八代目プリアムール総督ニコライ・ゴンダッチ管轄下のハバロフスクで「プリアムール地方の異族人に関する規程」を策定する際にもある程度利用された（Пилсудский2007b, 70; Латышев2000a, 37-38）。

ピウスツキ像（サハリン州郷土誌博物館）

「樺太アイヌの経済生活の概況」

知事に提出された「草案」には、アイヌの人口調査結果をまとめた報告書が添付された。こちらの方は「樺太アイヌの経済生活の概況」という表題で一九〇七年に『アムール地方研究協会紀要』に発表された。この論文でピウスツキはアイヌがおかれた悲惨な状態を描き出している。即ち、アイヌが漁具を借用する時は高利子を取られること、共同漁場の海産物が現金売買ではなく物品交換の仕組みになっていること、アイヌの漁業組合長たちのうち廉直で組合員の利益を図る者は稀であること、日本人に海産物を販売後、残金受け取りのために組合長が函館に出かけるが、遊蕩に耽る日本人漁夫に誘われて自らも遊蕩に耽り、受取金を遣ってしまうこと、アイヌは独立自営の才能が発達していないこと、アイヌの村と漁場が離れていてロシア人の暴漢や流刑囚を恐れる彼らは家を空けて漁場に行けないこと、牛馬の売込み人がアイヌの無知を利用して病気の牛馬を売りつけること、アイヌの村に土地の分配がないためにロシア人流刑囚が村付近に入植してアイヌとの間にいさかいが絶えないこと、日本人の出漁に伴ってアイヌ女性の淫売が広く行なわれ性病に感染する者が多いことである。と同時にピウスツキは、米と酒がアイヌの必需品であること、ロシア政府がアイヌに共同漁場を分与したことによって彼らにロシア政府への感謝の念を起こさせたことを伝え、最後にこう結んでいる。

原始的部族の導きの星たるべき文化的国家の課題は、その生活に導入される当為・公正をめぐる新概念が、旧来よりも着実に高邁であることである。（ピウスツキ二〇一八、二〇〇）

本報告書の漁場と漁獲高のデータ、また「サハリン島の個別アイヌ村落に関する若干の情報」に付された村落ごとのアイヌの戸数と人口、出産と死亡者数、物品の価格等の詳細を極めるデータには圧倒される。ピウスツキが調査を行ったのは東海岸で二十八カ村、西海岸で二十五カ村で、一九〇四年の時点でアイヌの全人口は一三六二名である。

サハリン島脱出

脱出行の途次、四月三十日にピウスツキは流刑入植囚としての期間が満了し、ロシア帝国の両首都と首都のある県以外の任意の場所に警察の監視下に居住する許可が出た(PdS2, 136-137)。故郷ヴィルノ県への帰還が可能となったのである。

五月三十日にアレクサンドロフスク哨所から報せが届いた。それによると、ニコラエフスクから船が到着し、それに乗って島を出立する人々のなかにピウスツキも含まれているという。これは、開戦直後からリャプノフ知事が汽船をチャーターして、軍務に関わらない官吏の家族に渡航費用の補助を与えて島外へ退去させていたものだろう。ピウスツキは直ちに出発した。そして六月十一日、アレクサンドロフスク港から小型船艇「ウラジオストク号」[4]で島を脱出し、翌日ニコラエフスクに到着した（天野二〇一一、六三。Тригони, 52; Латышев2008a, 280; Иноуэ1992, 85）。同月二十四日に樺太軍司令官・原口兼済中将率いる日本軍第十三師団がアニワ湾岸メレヤ（日本名・女麗、現プリゴロドノエ）に上陸するまで、二週間も残っていなかった。

その後七月十八日にリャプノフ知事を総司令官とする北サハリン軍が降伏し、知事らは俘虜となって東京へ連行された。そして八月二十三日（新暦九月五日）にポーツマス講和条約調印。ちなみに一九一三年にユヴァチョーフが財務省国家貯蓄金庫管理局員として十八年ぶりにサハリンを訪れた。ルィコフスコエも再訪したが、そこで耳にしたのは、日露戦争時に一三〇名の囚人が日本兵によって虐殺された話だった（Ювачёв2014, II-219-220）。

日露戦争はピウスツキに多くの点で挫折を余儀なくさせた。まずシェロシェフスキと共同で行った北海道アイヌの調査。第二に「サハリン島のアイヌの統治制度に関する規程草案」の実施。これが人口調査報告書とともに有効に活用され、法制化される機会は永遠に失われてしまった。仮にこれが成案となって施行されていたならば、樺太アイヌにはまったく異なった歴史がありえただろう。第三にアイヌ子弟のための学校。そしてピウスツキの束の間の家庭生活である。

調査の成果

ピウスツキの踏査行は、日露戦争の開戦前夜と戦時下という厳しく不穏な情勢下で遂行された。彼の自己評価は、「私が三年間の仕事を総括するに当たり、当初に期待したものからほど遠いことは認めねばなりません」（ピウスツキ二〇一八、六九）と厳しい。だがこのような情勢にもかかわらず、ピウスツキは大成功を収めたというべきだろう。彼が持ち帰った資料は、本人の報告によれば以下のとおりである。即ち、民族学のメモはアイヌ関係が一八八〇頁、ギリヤーク関係が三二〇頁、オロッコ関係が一八〇頁、この後アムール川流域で書いたものが四〇〇頁。テクストはアイヌ語が八七〇頁（一部は翻訳未完）、ギリヤーク語が二八五頁、オロッコ語が十三頁。語彙はアイヌ語が一万語以上、ギリヤーク語は一万語弱、オロッコ語とオリチャ語[5]はそれぞれ約二千語。陰画写真乾板が三百枚[6]。アイヌの歌謡や物語を収録した蠟管が約三十本（ピウスツキ二〇一八、七〇）。但し、蠟管は別送したものもあり、絶対数はもっ

犬　橇

とあった筈だ。これらの資料はピウスツキのその後の研究活動の基礎となった。

さらにこれら以外に彼が一九〇二～〇五年にサハリンのアイヌ、ギリヤーク、オロッコから、また一九〇五年にアムール川下流域のゴリド（現ナナイ）から収集、購入し、ペテルブルグの人類学・民族学博物館とウラジオストクのアムール地方研究協会博物館へ送った資料が千五百～二千点ある（Пилсудский2004, 358; БП и ЛШ, 21)。

他のサハリン先住民の研究者との決定的な相違点は、ピウスツキが長期間にわたって島に滞在し、各地で調査と資料収集に励んだことである。彼は三年間に旅行用四輪馬車、四輪荷馬車と橇で二六四一キロ、乗馬で九十五キロ、海上を小船で四九一キロ、湖沼河川を舟で五六六キロ、冬道を犬橇やトナカイ橇で八百キロ、そして徒歩で三七三キロを踏破した（ピウスツキ二〇一八、七〇）。都合四九六六キロに上る。ちなみにサハリン島の全長は九五〇キロ、東西は最大一三二キロ、最小二十六キロである。チェーホフは囚人の脱走を妨げる要素として、「通行不能なサハリンの密林、山地、たえざる湿気、霧、無人、飢え、ブヨ、さらに冬になると恐るべき酷寒、吹雪」（チェーホフ、三八四―三八五）を挙げているが、まさにこれらの障碍を克服しての調査行だった。

かつてペテルブルグで逮捕時に作成された身体の記録には、「胸の発達は著しく脆弱で、肋骨と鎖骨が突き出ている。〔中略〕両腕と両足の筋肉の発達は著しく脆弱」と記されていたが、その外見にかかわらず身体は意外にも強健で、それを強い精神力と使命感が支えていたのだろう。当然のことながら、調査行には数多くの困難と危険がともなった。例えば、「サハリンの夏の風物詩である蚊や蚋の襲来」（ピウスツキ二〇一八、五七）。また一九〇四年九月二十九日、増水したポロナイ川でピウスツキとアイヌの乗った小舟が沈み始め、彼らはあやうく溺死するところだった（ピウスツキ二〇一八、六〇。БП и ЛШ, 184)。

かくしてピウスツキは五十二年の生涯のうち、青・壮年期の約十五年間をサハリン島で過ごすことを余儀なくされたのである。

在サハリン島日本人との交流

一九〇六年七月六日に「ヤマグチ」なる日本人がウラジオストクからピウスツキに書簡を送った。これは山口為太郎《ためたろう》（一八七二―一九四三）である。この人物は[7]一八九六年に陸軍少尉になった後、第二次東京外国語学校露語科で二葉亭四迷（本名・長谷川辰之助）らからロシア語を学び、一九〇〇年七月に第一期生として卒業した。露語科の第一期入学者は十五名いたが、卒業したのは六名である。在学中に二葉亭が中心となって古川常一郎増補訂正『増訂露和字彙』（一九〇三年）の編纂作業を行ったが、その原稿作成を山口ら一期生が手伝った。山口は卒業後、一九〇一年から一九〇三年まで外務通訳生としてコルサコフ領事館に在勤。日露開戦時は領事事務代理をつとめ、一九〇五年三月に五百～六百人の居留民を引率して帰国した（外務大臣官房人事課、三一―三。『東京外国語学校一覧　従大正四年至大正五年』一〇五。「山口副領事略歴」。佐藤勇、二。野中、一〇四、四二二、四二五―四二六、四四九―四五〇。Lensen, 61, 91)。山口はコルサコフ時代にピウスツキと交流があった。ピウスツキは『アイヌの言語とフォークロア研究資料』の序文にこう書いている。

山口夫妻

流刑植民地のすぐ近くに住むアイヌ人でさえ、おそろしく崩れたロシア語しか話せず、彼らが出会った流刑者たちの様々な民族なまりで話すことだ。そして、それ以外の者は、日本語しかしゃべれなかった。そこで、日本語については全く素養のない身でありながら、私は露日ポケット辞典を使うことを余儀なくされ、コルサコフに住む日本人紳士たちの協力を乞うことも少なくなかった。その人たち―とくにT・ヤマグチ氏―に、この場を借りて感謝の意を表しておきたい。（ピウスツキ一九八三、一〇六）

「T・ヤマグチ氏」とは、むろん山口為太郎のことである。ピウスツキが知己を結んだ可能性のあるコルサコフの日本領事館員は、その他に領事の久世原《くぜげん》と二口美久《ふたぐちよしひさ》、副領事の野村基信《もとのぶ》、書記生の鈴木陽之助と清水八百一《やおいち》がいる（Lensen, 90-91）。チェーホフは書記生たちのロシア語の語学力を称

野村夫妻

賛しているが（チェーホフ、二四四）、ピウスツキも同じことを感じたはずである。

もう一人、井田侾吉《こうきち》（一八四五―一九一一）を挙げなければならない。井田は函館における写真術の先駆者・田本研造の一番弟子である。井田は一八七八年夏に開拓使官吏に自費で同行して千島列島のシュムシュ島とシムシル島を訪れ、島の風景と千島アイヌの生活を写真に収めた。一八八四年九月に独立開業し、一八九七年頃コルサコフに支店を設ける。この支店は一九〇四年三月に日本領事館から退去命令が出て閉店した。函館の本店の方は一九〇九年頃に閉業し、その後は貸家業、次いで薬局を経営していた（桑嶋、

ピウスツキ（1903年？、函館・井田侾吉写真館）

六五—六六。大矢・遠峯、二六）。本店で撮影したピウスツキの写真と、支店で撮影したピウスツキと日本人（氏名不詳）の写真が残っている。

さらに北海道で採録した、日本語方言が混入したアイヌ語テクストの解読のために、ピウスツキはコルサコフで日本の商人の使用人や平民、北海道の住人らに協力を仰いだ（ピウスツキ二〇一八、四六）。

サハリン島とのつながり—千徳太郎治

サハリンを去った後もピウスツキを島に結びつけていた人間が、アイヌ家族以外に少なくとも二人いた。一人は千徳太郎治である。彼が日本滞在中のピウスツキに送ったキリール文字表記のアイヌ語の手紙が三通残っている。これは、ナイブチの識字学校で生徒らがキリール文字を使ってアイヌ語の文章を表記することになったことの延長線上にある。

一通目は一九〇六年六月四日付で、ピウスツキの手紙を受け取ったこと、バフンケが漁場の番屋を日本人に取り上げられたこと、今後の生活がどうなるのか、様子を確かめるためにバフンケが東京へ行ったこと、チュフサンマが女児を出産し、ピウスツキに会いたがっており、再婚していないことを伝えている。千徳の家からアイ村までは約十キロ、犬橇で一時間弱の距離にあった（松川、一〇四）。

バフンケはロシア領時代にイタタクスナイ（現アルツィシェフスキイ岬）で建網（定置網）漁を許可され、函館の漁業者から資金提供を受けて多数の日本人漁夫を使役していたが、日本領になると先有権を認められず、建網漁を禁じられた。彼らが再度建網漁を許可されたのは一九〇九年のことで、バフンケはセラロコ漁場で鰊・鱒・鮭漁を行なっている。また同年十月に「土人惣代人」制度が設置され、バフンケは豊原（元ウラジミロフカ、現ユジノ・サハリンスク）支庁の土人惣代人に任じられて、月二十五円の手当を給された。「堂々たる風貌の持主なり且義侠心に富む故にアイのバフンケと言へは樺太土人にして敬服せざる者なく又官庁に於ても信用厚かりき」と日本側の記録に残っている。この有名なアイヌは一九一九年に亡くなった[8]（葛西、五一六、一七、一二六。田村二〇〇七、九四）。

千徳の二通目は一九〇六年六月十五日に書いたもので、二月四日付のピウスツキの手紙を今受け取ったこと、チュフサンマには男の子一人と女の子一人がおり、再婚せず、ピウスツキを待っていることを伝えている。三通目は八月十一日付で、神保から手紙を受け取ったこと、自分は前年に二回東京のピウスツキへ手紙を送ったこと、函館で千徳のおばの夫である日本人が裁判にかけられたので沢が函館へ行ったこと、バフンケからの言伝としてピウスツキの持物を昨年コルサコフまで運んだが、イノガワが帰ってしまった後だったので、また持ち帰ったことを伝えている（荻原二〇〇一、二一三―二一三。Сэнтоку, 92-93）。

三通目の「神保」は、地質・鉱物学者で東京地質学会会長をつとめた東京帝国大学理科大学鉱物学講座教授・神保小虎《じんぼことら》（一八六七―一九二四）のことである。この年の六月から十月までサハリン島の北緯五十度で日露両国による国境画定作業が行なわれたが、神保は日本側委員の一員としてこの作業に参加し、五十度線地域の地質と地理を調査した（志賀一九二八、七五。『日本地質学会史　日本地質学会六十周年記念』三一、三九、四五）。彼はアイヌ語を巧みに話した。「沢」は漁業家・沢克己のことだろう。この人物は大阪・岸和田の出身で、同志社で学び、ロシア語と中国語ができた。一八九一〜九二年頃ウラジオストクに渡航して、かの地の宮本商店の支配人として働き、その後は達者なロシア語を生かして露領漁業の開拓に従事し、日本人の漁業権の獲得やその施設経営に成果を収めた。函館に来たのは一八九七年頃のことである。沢の住む函館市青柳町の小路は「露探《ろたん》小路」と呼ばれたが、逆に彼は密かに日本軍部のために働き、国権主義者・内田良平と親密な間柄にあった（「露探！売国奴！」。黒龍会、七九八。南北海道史研究会、四七七）。また「ピウスツキの持物」とは、ガラスの食器、スウェーデン製の瓶数個、小さな桁網数個などである（Пилсудский2004, 364）。千徳はある種の非難と叱責を込めてこう続けている。

神保小虎

バフンケさんもあなたを待ち続けています。あなたの子供二人は本当に元気でいます。チユサンマは、ニシパの子供であるから、男の子一人、女の子一人本当にニシパに似ている、顔も似ている、今はチユサンマも元気で暮らしています。毎日ニシパだけを待っています。〔中略〕ニシパの子供たちにも会ってやりなさい。〔中略〕一体あなたは妻子を忘れてしまったのでしょうか。一体どういうわけで、こんなふうにあなたが子供をつくった女性が（こんなふうに）本当にかわいそうなことになったのでしょう。（荻原二〇〇一、二一三、二一三。Сэнтоку, 92, 93）

三通目はピウスツキの日本出立後に書かれたので、日本からガリツィア（オーストリア・ハンガリー領ポーランド）へ転送されたはずで、ピウスツキがそれに目を通したのは十月下旬以降のことだろう。彼が千徳に返事を出したかどうかは不明である。

ピウスツキの切手

千徳はその後ナイブチの村長をつとめた。彼の家で休息した前記松川がこう書き残している。

> 此家の主人千徳太郎治は樺太アイヌ中第一の学者で、日本字も書けば露西亜文字も書く、書物も餘り六ケ敷いもので無ければ滞りなく読む。（松川、一〇三）

金田一京助も彼を、「ロシア語、ロシア文にも通じたアイヌ中の学者」（金田一一九三四、一三〇）と呼んでいる。千徳は『樺太アイヌ叢話』（一九二九年）という貴重な著書を残した。

サハリン島とのつながり—稲川猛治

ピウスツキをサハリンとつなぐもう一人が、千徳の手紙で言及された「イノガワ」、あるいはピウスツキとラッセル、二葉亭四迷の書簡のやり取り中に何度か登場する「T・イナカワ」である。ピウスツキはヨーロッパに戻った後、長崎のラッセルを通じてイナカワと連絡を取ろうとした。革命家ラッセルについては第八章で述べる。ピウスツキの一九〇六年十二月三日付のラッセル宛書簡にはこうある。

> イナカワの手紙を同封します。この人物には私の推挙で『ヴォーリャ』を送っていたのですが、彼の現住所へ、もし彼が移っていなければ、サハリンへ転送してくださるようお願いします。〔中略〕イナカワに私の荷物をサハリンからあなたに届けるよう頼んでありますが、かの地にある写真機はペトローフスキイのもので、残りは本ですが、それを私は受け取りたいのです。（Пилсудский1999c, 28, 29）

一方ラッセルは一九〇七年二月三日付のピウスツキ宛書

簡にこう書いている。

イナカワ宛のあなたの手紙は、直ちにサハリンのコルサコフへ郵便で発送しましたが、かの地に彼がいるかどうかは分かりません。(Руссель, 38)

　ピウスツキは二葉亭を通じてもイナカワと連絡を取ろうとした。ピウスツキの日本滞在中、二葉亭が彼にとって最も近しい人間だったことはよく知られている。一九〇八年三月九日付の二葉亭宛書簡にピウスツキはこう書いている。

友人のT・イナカワ（かれはあなたのかつての教え子の山口の友人です）の消息がわかりません。かれはサハリンと函館に住んでいました。幾度かかれに手紙を出しましたが、返事がありません。（『二葉亭四迷全集』別巻、一六二―一六三）

「山口」はむろん山口為太郎のことである。その後ようやくピウスツキはイナカワと連絡が取れた。ピウスツキのラッセル宛書簡（年月日不明）にこうある。

イナカワが手紙をよこしました。彼は函館にいます。すばらしい若者で、我々の解放運動に心から帰依しており、リュドミーラ・アレクサンドロヴナ・ヴォルケンシュテインの弟子です。彼の住所は、函館区青柳町四十四番地です。私は彼にサハリンから、ほとんど大部分が本である私の荷物を入手してくれるよう頼みました。もし彼があなたに送ってくれれば、どこかの営業所を通じてオーストリアのロイド汽船か、個人的にこちらに来る人たちに託すか、もしくは義勇艦隊で発送してください。(Пилсудский1999c, 33)

「リュドミーラ・アレクサンドロヴナ・ヴォルケンシュテイン」については第三章で紹介した。「ロイド汽船」は一八五六年に設立された北ドイツ・ロイド汽船のことで、ドイツ政府が同汽船会社に補助金を出して、ドイツと極東地方、オーストラリア間の郵便汽船航路を経営させていたのである（「ロイド瀛船會社の航業景況」一一六）。

　さて「イナカワ」とは、函館の漁業家・稲川猛治（竹治）のことである。彼は一八九六年に創設された薩哈嗹《サガレン》島漁業組合の職員で、ロシア語通訳だった。「函館区青柳町四十四番地」の所有者は樺太漁業家の村上祐兵で、稲川は村上の養子になっていた（加藤強、一七九。宮城、四〇。内山・

明石、「附録」一、八）。稲川は論文「時局破裂後の露都に於ける水産界の片影」の冒頭でこう自己紹介している。

> 元コルサコフに居住し、薩哈嗹島出稼漁業者の代表者たること数年、屢々日露漁業者の間に介在して内外交渉の任に當り、後年露人の租借漁場賃借のことに加はり営業をなしたりしが〔…〕。（稲川一九〇六、三）

薩哈嗹島漁業組合は一八九六年に「コルサコフ商店」という名の組合商店を開設し、この店は主にロシア人を顧客として相当繁盛した。また邦人出漁者がコルサコフ港でロシア官憲から漁場免状の下付を受けるのに時間を要し、漁期を逸することが度々あったので、組合は私設外交を図り、稲川らが流暢なロシア語を生かしてロシア官憲の上層部と親密な関係を築き、日露開戦まで免状は速やかに下付されるようになった（加藤強、一九〇―一九四）。稲川は一時「数十名の徒刑植民を雇役し」（稲川一九〇六、三）たというから、あるいはその折にピウスツキやヴォルケンシュテインと出会い、革命思想に触れたのかもしれない。[10]『日本とロシア』紙（次章で紹介）をコルサコフから発注する、一九〇五年十一月二十三日付の「桟橋脇酒保」稲川の手紙が残っている（社会革命党文書）。

薩哈嗹島漁業組合商店職員（左端が稲川）

稲川はロシアの水産業界視察のために、一九〇三年十月末（新暦）に函館を出発して、ウラジオストク、モスクワ経由で翌年二月中旬、即ち日露戦争勃発直後にペテルブルグに到着した。彼は各所で歓迎され、ブラージュニコフやシュミットと面談した。ウラジーミル・ブラージュニコフ（一八七〇―一九二二）はハバロフスク総督府漁業主任官。ピョートル・ユーリエヴィチ・シュミット（一八七二―一九四九）はペテルブルグの魚類学者で、一九〇〇～〇一年にロシア地理学協会のサハリン・朝鮮調査旅行を率いた人物である。著書に『サハリン島の漁業』（一九〇〇五年）がある。稲川はこの二人とは既にコルサコフで面識があり、シュミットの東京の農商務省水産講習所訪問記を日本語に訳出している（稲川一九〇六、三一一。シュミット）。

ブラージュニコフの名はピウスツキの論文「樺太アイヌの経済生活の概況」に登場し、彼のサハリン視察が地元土着住民への漁区貸与をもたらしたとある。ピウスツキは最初の離島直後もしくは二度目の来島直前にハバロフスクでこの人物と会っていたようだ（ピウスツキ二〇一八、一七六、二三九）。またシュミットは一九〇〇～〇一年の調査旅行時にウラジオストクのアムール地方研究協会にも滞在したので、この時ピウスツキと会っていたはずだ。シュミットの名はピウスツキの論文「サハリン島の先住民《アボリゲヌィ》」（一九〇九年）に登場する（Пилсудский2005a, 30, 38; БП и ЛШ, 246; Хисамутдинов2006, 237-238; Пальчевский, 333）。つまり、この二人はピウスツキと稲川共通の知人だったのである。稲川はその後ベルリン経由で帰国した（稲川一九〇六、三一一一）。

ロシア科学アカデミー文書館ペテルブルグ支部所蔵のシュテルンベルグの個人フォンドに、稲川が一九〇六年の正月前に函館の自宅からペテルブルグの「ワシーリエフスキイ島の大学付属民族博物館」宛に送った二通の絵葉書が残っている。うち一通はシュテルンベルグ宛で、クリスマスと新年の祝辞を述べ、「機会がありましたら、私の住所をあなたの友人のピウスツキにお伝えください」と書き添えている。もう一通はピウスツキ宛で、同じくクリスマスと新年の祝辞を述べ、「ニュースを書いてください。いかがお過ごしですか。〔中略〕弟さんによろしくお伝えください」（Дударец2004b, 110）と書いている。だがこちらの葉書は名宛人には届かなかった。この頃ピウスツキが来日したことを稲川は知らなかったのである。

ピウスツキは稲川からの連絡を待っていた。ピウスツキは自分の荷物をアイ村の家族のもとに残してきたので、稲川から家族の情報も得たかったのだろう。但し、ラッセルや二葉亭、シュテルンベルグがこのアイヌ人家族の存在を知っていたかどうか、知っていたとすればどの程度把握していたのかは不明である。

注

1　ユゼフの訪日について詳しくは、阪東とパワシュ＝ルトコフスカの著書を参照のこと。

2　その後「ノヴィク号」は日本軍によって引揚げられ、函館港で修繕を施されて、「鈴谷《すずや》号」と命名された（「軍艦鈴谷の消息」）。

3　ヴィリニュスのリトアニア科学アカデミー図書館にも一九〇五年三月の日付の「草案」が残っているというが

(Шостакович1992, 78)、著者未見。

4　浅瀬の航行しかできないこの小型ランチは、同年秋に大破した（ピウスツキ二〇一八、六九）。

5　「マングン」とも呼ばれる。アムール川下流域に住むツングース系少数民族で、現「ウリチ」。

6　ピウスツキの写真撮影の技能、とりわけ肖像写真のそれは、後のプロの写真撮影家や写真評論家が保証するところである。彼が撮影した写真は全部で六百枚くらいと考えられている(Majewicz2010, 320)。

7　第一次東京外国語学校は一八七三年十一月に開設され、一八八五年九月に東京商業学校と合併して消滅した。第二次東京外国語学校は一八九七年四月に高等商業学校附属外国語学校として創立され、一八九九年四月に独立した（『独立百周年（建学百二十六年）記念　東京外国語大学史』一三六一、一三六五、一三六九、一三七一）。

8　バフンケが亡くなる二年前に、彼を含む三人のアイヌから聞き取り調査を行ってまとめたのが、樺太あいぬ族酋長ばふんけ・あといさらんで・しべけんにし説述の本である。ちなみに一九三六年夏に北海道大学医学部の児玉作左衛門教授が樺太東海岸の複数の集落でアイヌ人墓地の発掘作業を行い、四十九体以上の遺骨を持ち帰ったが、そのなかにバフンケの遺骨が含まれていたことが近年発覚した（三股）。

9　「ニシパ」はアイヌ語で「金持ち、主人、領主、長」の意。

10　ヴォルケンシュテインがコルサコフ哨所で執筆した論文（Л. В.）は、北海道とサハリンの漁場で自発的に数年間労働者として働いたインテリの日本人からの聞き書きによって日本の漁場の労働者の悲惨な状態を描き出したものだが、「インテリの日本人」とは稲川であるかもしれない。

第八章　ロシア極東再訪

声高に叫ぶ者のある種の行き過ぎ、騒々しい演説、何物を前にしても止まらぬ陰謀、世の中を一瞬にして作り替えることなどできないということを忘れ、明日のことを忘れ、ほんのわずかの先見の明もそなえていない彼らのとめどもない民衆煽動は、ピウスツキを怖じ気づかせた。（マトヴェーエフ）

ウラジオストク帰還

一九〇五（明治三十八）年六月十二日にピウスツキはニコラエフスクに安着し、ここに十日ほど滞在した。その間にサハリンからアムール川流域に移住したアイヌと面会し、伝承を採録した。その後汽船でハバロフスクへ向かう途上、マリインスク村に数日間立ち寄り、オリチャ

前列左がピウスツキ、後列はオリチャで中央は中国人とのハーフ

の村を訪ねて伝承を採録した（ピウスツキ二〇一八、七一。Пилсудский2001c, 61; Тригони, 52; Иноуэ1992, 85）。

七月一日にハバロフスクに到着。ここでは地理学協会プリアムール支部付属図書館で仕事をした（БП и ЛШ, 184; Пилсудский2001c, 61）。またピウスツキはこの年の一月二十七日付のシュテルンベルグ宛の手紙で、ヨーロッパ・ロシアまでの鉄道の無料乗車券を入手するための協力を依頼していたが、この地で無料乗車券を送付することはできないと通告するシュテルンベルグの手紙に接して悲嘆に暮れている。七月二十六日にピウスツキはヴィルノの姉ズーリャ宛にニコーリスクからアイヌ関係の草稿のかなりの部分を、また同月ハバロフスクから写真原板と冬帽とトナカイ皮の長靴を発送した（ピウスツキ二〇一八、三一。Пилсудский2001c, 62; БП и ЛШ, 183, 184; Пилсудский1998a, 26）。

ピウスツキは八月初旬に三年ぶりにウラジオストクに戻った。この町は大きく変貌していた。多くの新しい建物が立ち並び、人口は一九〇〇年の二倍になっていた。同月五日と十二日に彼はアムール地方研究協会で「B・O・ピウスツキによるサハリンと北海道の原住民に関する集団討議」と銘打つ連続講演会を行なった。そこでサハリンの石器時代の住人、伝説上の種族トンチ、アイヌ、ギリヤーク、オロッコ、そして少数のツングースとヤクートが次第に現われたこと、彼ら相互の関係と生活に関する問題を紹介した。そして先祖伝来の生活、婚姻・家族関係、若い世代の教育、彼らの歌謡の例などをかいつまんで説明した。十八日の第三回講演会は、開会の一時間前に日露講和の知らせが届いてお流れとなった（Бабцева2001, 400; Бабцева2010, 404-405）。二十三日にポーツマスで日露講和条約が調印され、その結果ロシアはサハリン島の南部を失った。

ピウスツキはアムール地方研究協会の活動に貢献し、自分の不在期間中の仕事を補おうと努めた。八月二十六日に彼は協会の運営委員会の会議に出席して、今後の事業に関する具体的な施策を提案し、ゴリド語とツングース語の宗教文献を寄贈した。また四年前に自分たちが設置した測候所は観測結果を送ってくるものの、その観測結果が数年間利用されていないことを委員会に報告した。さらにこの三年間に協会が入手したコレクションの個々の物品の記載のチェックと補足の作業を行なった。この後極東を去った後も、ピウスツキはアムール地方研究協会と緊密な関係を保ち続けた。

神戸・南サハリン訪問

新暦一九〇五年十月初旬にピウスツキは神戸に姿を現した。これは、ポーツマスで日露講和条約が締結された直後

『日本とロシア』創刊号

ラッセル

の時期にあたる。ピウスツキは神戸でラッセルの事務所を手伝った。ロシア人革命家ニコライ・ラッセル、本名スジローフスキイ（一八五〇―一九三〇）はアメリカに亡命し、その後ハワイに帰化した。彼は、日本に送られたロシア人・ポーランド人俘虜兵士に革命思想を鼓吹する目的で、社会革命党《エス・エル》系の「アメリカ・ロシア自由友の会」から派遣されて、一九〇五年五月三十日に来日した。七月五日に神戸に移り、播磨町十六番地に居を据えた。神戸ではその三日後に露文週刊紙『日本とロシア《ヤポーニヤ・イ・ロシーヤ》』が出始めた。これはロシア人俘虜の慰安のために日本人正教徒が創刊したものだが、第七号からラッセルがその編集権を握り、革命思想を鼓吹する内容に変えていった。本紙は一九〇六年一月二十五日発行の第十六号まで続いた。そのかたわらラッセルは寺内正毅《まさたけ》陸軍大臣の許可を得て、慰問を口実にして習志野、静岡、松山、熊本、姫路、伏見の俘虜収容所を巡回し、ロシア・ポーランド兵と直接話し合った（「国事犯人の引取」。桧山一九八九、八〇―八二、八六。稲葉、七三）。

サハリンでまずピウスツキを探すようラッセルに忠告を与えたのは、ジェイムズ・ダグラスである（和田春、上三一一。Руссель, 41）。このポーランド生まれのイギリス人は、日本軍に投降したポーランド兵を国外に送り出すべく、ポーランド社会党によって日本に送り込まれたものの、後には自分の使命をラッセルにおしつけて姿をくらました人物である。ラッセルはサハリンに政治囚がいることを知っており、いち早くその解放と身柄の引き受けを日本の陸軍省に陳情した。彼らのなかに自分の協力者を得たいという気持

座っているのがラッセル、その後ろがオルジフ、右隣がピウスツキ（1905年、神戸）

ちもあり、第一にピウスツキに白羽の矢が立ったということだろう。トリゴーニによれば、一九〇五年八月四日（旧暦）、政治囚は第十三師団の法律顧問・蜷川《にながわ》新から自由の身たることを通告され、同時にラッセルの海軍大臣宛の手紙の写しを見せられた。この時サハリンにいた政治囚は、彼やペルラシュケヴィチをはじめ六名だったという（原、五〇。Тригони, 56）。ピウスツキは既に島にはいない。ミハイル・トリゴーニ（一八五〇―一九一七）は「人民の意志」党執行委員会のメンバーで、ウクライナで将校たちの間で宣伝活動を行っていた。二十年の苦役を宣告され、シュリッセルブルグ要塞に十八年間収監。一九〇二年にサハリンへ送られた。

十一月九日頃までラッセルのもとにいた後、ピウスツキは日本領となった南サハリンのアイ村のチュフサンマと助造のもとへ向かった（Пилсудский1999c, 19; Маевич1996, 226; Дударец2008, 150）。彼は後に『アイヌの言語とフォークロア研究資料』の序文で、サハリン行の理由をこう説明している。

それからしばらくの間、仕事の一部がまだ未完成のままになっているという感じ―それに他のもっと個人的な動機―から、私は、アイヌの人たちのところへ戻

り、さらに完璧な調査をしたらどうか、という申し出を受けてみようかという気になっていた。（ピウスツキ一九八三、一〇八）

「他のもっと個人的な動機」は、もちろん家族との面会を意味する。渡航ルートは不明だが、この年の九月に日本郵船は函館・大泊（コルサコフ）線の航路を開始していた（『七十年史』一〇三）。アイにはピウスツキが収集したアイヌ資料の一部が保管されていた（Латышев2008a, 283）。彼は再び戻るというチュフサンマとの約束を果たしたのである。これは長女キヨが十二月八日に誕生する、その直前の時期である。だが家族の引取り交渉は再びバフンケの峻拒に遭って不首尾に終った。これが家族との永遠の訣別となる。ピウスツキが自分の娘を見ることはなかった。この旅行報告は、「日本人支配下の南サハリン」と題してマトヴェーエフの雑誌『極東の自然と人々〔東洋週報〕』に発表された。

ウラジオストクの革命運動

その後ピウスツキはウラジオストクへ戻った。この年の秋に「全ロシア十月ストライキ」と称される未曾有の民衆運動が高揚し、旧暦十月十七日にニコライ二世は「十月詔書」を公布した。三十日にはウラジオストクで反乱が起こる。十月下旬にアムール地方研究協会の依頼により、ピウスツキはアムール川下流域のハバロフスク近辺にあるトロイツコエ村に十日ほど滞在し、ゴリド人の民族学資料五百点を購入した。前章で紹介した彼が持ち帰った資料のリストのうち、「アムール川流域で書いたものが四百頁」はこの折の成果である。ハバロフスクでは一月半過ごしたが、ここでも兵士や農民の革命的示威行動が盛んになっていた（ピウスツキ二〇一八、七一―七二。和田春、下一二―一八。БП и ЛШ, 185）。十一月五日にピウスツキはハバロフスク市住民集会に参加し、「労働ビューロー」設立を提案して、そのために百ルーブルを寄付した。[2]

同月十三日にピウスツキはウラジオストクでトリゴーニと会っている。トリゴーニは八月にサハリンから日本に来て、横浜でラッセルと会い、神戸でしばらく彼の仕事を手伝った。その後上海経由でウラジオストクに移って、アムール地方研究協会の図書係として働いていた。彼のサハリンでの解放と来日は日本の新聞で報じられていた。ピウスツキが面会した時にはトリゴーニは白内障を患い、ほぼ視力を失っていた（「樺太国事犯解放」。「樺太を出たる志士（トリゴニー博士）」。「トリゴニー博士神戸に向ふ」。「国事犯人の引取」。和田春、上三〇六―三〇七、三一一、下四五。Тригони, 52, 58; Теплинский, 176, 178）。

マトヴェーエフの雑誌創刊計画

マトヴェーエフとの交流も復活した。クラクフのポーランド芸術アカデミー・科学アカデミー学術図書館に、マトヴェーエフがピウスツキに宛てた手紙が二通残っている。一通は一九〇五年十一月十三日付のものである。

親愛なるブロニスワフ・オーシポヴィチ！

十一月五日にようやくウラジオストクに戻りました。まったく予期しなかった遅滞のせいで私はネルチンスクですっかり調子が狂ってしまい、まったく余計な出費を余儀なくされましたので、すぐには立ち直れないでしょう。いずれにせよ雑誌は一月一日以前ではなく、むしろ以後に出るでしょう。近日中に私は日本に出かけます。金を集めることができれば、雑誌専用に小さなタイプライターを購入するつもりです。それがだめなら、現在既に私の印刷所で使っているタイプライターで我慢し、集まった少額で若干の印刷資材と鉛版と雑誌用の絵を入手しなければならないでしょう。

現在の状況は次のとおりです。植字工兼印刷工一人の印刷所はまずまずうまく行っていますが、若干の印刷資材が不足しているために、もう一、二人の植字工を雇うことができず、彼らなしで働いても儲けにはならないのです。私は既にこれらの資材を日本で発注しました。資材がくれば、働き手を増やせるでしょう。

同時に私は小さな書籍保管所を作るつもりで、その土台は既に据えられています。現在、棚と小さな事務所をこしらえていて、ここで同様にあらゆる新聞と雑誌の予約を受け付ける予定です。もし私がこれらすべてを軌道に乗せることができれば、あなたは自分の好きな仕事を恒常的にできると考えていただいて結構です。その仕事は私の見込みでは、食いぶちをも提供してくれるでしょう。あなたが資金に言及されていることについては、それはまったくむだな話です。どんな馬鹿でも資金があれば事業を行うでしょうが、資金なしでやらせてみればいいのです。

あなたの考えでは、資金なしでは始める価値もないということになります。やってみましょう、戦ってみましょう。

もし私の不在中にいらっしゃれば、こちらに移って来て、私の事務所に居住し、そこで仕事をしていただいて結構です。日本へ出かける前に、事務所を幾分なりとも整えたいと思っています。もしどこかより良い場所に落ち着かれるようであれば、事務所を訪ねてください。いくつかの小さな仕事でもまとまれば、手始めに二、三人に仕事を提供することができると思います。

マカーエフ夫妻によろしく

一九〇五年十一月十三日

あなたのN・マトヴェーエフ

追伸　やり残したことのリストを残しておきます。

(Biblioteka: 4646, t. 2, k. 53)

書簡の冒頭に「ネルチンスク」の地名が出てくるのは、この年の一月初旬、日露戦争の旅順陥落とともに、マトヴェーエフの息子二人が学んでいたウラジオストクの男子中学校がネルチンスクに移されたが、終戦後同校を早期にウラジオストクに戻し、中学生を無料で鉄道輸送するために、マトヴェーエフがネルチンスクに派遣されて、同校に関わる仕事をしていたからである。「まったく予期しなかった遅滞」とは、十月十七日の郵便局と鉄道の一斉ストライキのことで、マトヴェーエフは中学生輸送のための特別列車を仕立てて、ハルビン経由でウラジオストクに戻って来たのである。また「雑誌」とは第十章で取り上げる『極東の自然と人々〔東洋週報〕』のことだろう。マトヴェーエフが雑誌発刊前からピウスツキを執筆陣の一員として念頭に置いていたことが分かる。マトヴェーエフの印刷所は妻や上の息子たちも手伝い、文字どおりの家内工業だった（大庭一九二五a、一四三）。印刷資材は既に日本で注文したとあるのは、三年前の日本旅行の折のことか。マトヴェーエフはピウスツキに自分の事務所を住居兼仕事場として使用するよう申し出ており、二人が親密な関係にあって、前者が後者に物心両面で支援の手を差し伸べていたことが分かる。

もう一通は日付は不明だが、内容からして第一信からほど遠からぬ時期に書かれたものと思われる。

親愛なるブロニスワフ・オーシポヴィチ！

我々の雑誌のプランをお送りします。それは公式には以下のような形で許可を得ています。

一　極東諸国の歴史、民族学、日常生活に関わる論文。

二　極東の国家・社会・その他の活動家たちの伝記。

三　これらの国々の旅行記。

四　学術と芸術のニュース。

五　短編小説とルポルタージュと詩。

六　雑報欄。

七　編集局の回答。
八　広告。
九　本文への挿絵。
年間予約購読料　送料別で八ルーブル、送料込みで九ルーブル。

私は既にニコライ・エドゥアルドヴィチ・スペングレルと話し合いました。彼は編集局員になることに同意しました。

彼は翻訳と諸説の集成の部門で自分が役に立ちうることを説明しました。機会があり次第、物を送ります。

あなたのN・マトヴェーエフ（Biblioteka: sygn. 4646, t. 2, k. 54）

日本渡航

マトヴェーエフの一通目の手紙に、近日中に日本に出かけるとあるのは注目に値する。これがピウスツキが日本へ行く契機になったことはまちがいない。前述のように、一九〇五年四月末にピウスツキは、ヨーロッパ・ロシアへ帰り、両首都を除く場所に居住する許可を得ていた。そしてペテルブルグのシュテルンベルグとラドロフに、中央・東アジア研究ロシア委員会からペテルブルグまでの二人分（！）の鉄道無料通行券を送ってくれるよう繰り返し依頼した。戦時の物価高騰のため、彼はコルサコフ出発からハバロフスク到着までの四カ月にわたる移動に四百ルーブル（または二百ルーブル以上）を使い果たし、持ち金は底をついていたのである（Пилсудский2001c, 62; БП и ЛПШ, 184-185; Бабцева2010, 405-406）。だが鉄道無料通行券は依然として届かなかった。

ピウスツキ（1905年、神戸）

一九〇五年十二月四日、ピウスツキはマトヴェーエフとその長女ゾーヤとともに日本へ出発した。十一歳のゾーヤは重い脚疾を患っており、日本の病院で治療を受ける予定だった。一九〇二年夏の函館不法滞在、一九〇三年夏の北海道調査旅行、一九〇五年の神戸短期訪問に次いで、これはピウスツキにとって四度目の日本訪問になるが、一九〇二年に小樽から札幌、室蘭、函館、青森、仙台、東京、横浜、京都を経由して長崎まで、日本全国を縦断した経験をもつマトヴェーエフと一緒の旅は心強かったにちがいない（大庭一九二五a、二四六。Матвеев Н.1917, 2; Амурский1903, 8）。

一九〇六年四月二十五日に東京からシュテルンベルグへ発送した手紙によると、ピウスツキは前年十一月にウラジオストクからヨーロッパ・ロシアへ出発する予定だったが、鉄道のストライキが発生して極東とヨーロッパ・ロシアを結ぶ旅客便がストップし、すぐに復旧する見込みがなかったので、その時間を利用して短期間日本を訪問することにし、費用は友人（マトヴェーエフだろう）に立て替えてもらった。しかるに日本滞在中にウラジオストクや全シベリアで恐ろしい弾圧や軍事独裁の事態となったので、ロシアへ戻るのは危険と判断し、アジアまわりでガリツィアへ行くことにしたという。ピウスツキは既に市民権と移動・居住地選択の自由を回復されていたので、短期日本訪問のためのパスポートの発行は問題なかったはずだ。しかしながら、日本から帰国せず第三国へ移動することは、非合法の出国を意味した。これ以降ピウスツキがロシア帝国領内に足を踏み入れることは二度となかった。ペテルブルグまでの鉄道の無料通行券の送付先を尋ねるシュテルンベルグの電報が届いたことをウラジオストクのマトヴェーエフがピウスツキに知らせたのは、後者が既に東京滞在中のことであった（БП и ЛШ, 185-186）。

＊　＊　＊

一九〇五年はピウスツキの生涯において重要な道標となった。彼はヨーロッパへの帰還を許されたが、十八年以上滞在した極東を去る最終的な決断へと彼を押しやったのは、ロシアの革命事件である（Пилсудский1992, 165）。とりわけウラジオストクは日本に収容されていた数千人のロシア人・ポーランド人俘虜が帰還する乗換え地点で、〈火薬樽〉の様相を呈していた。この七カ月ほど後に彼は長崎からアムール地方研究協会委員会に宛てた手紙にこう書いている。

> ロシアが速やかに法治国家に変わり、そこで穏やかに暮らせるという望みを失ったので、私は他の国々へ向かうことに決めます。（Пилсудский2004, 366）

その三日後にアムール地方研究協会運営委員会副委員長ミトロファン・ソロヴィヨーフ宛に書いた手紙でも同じことを述べている。

> ロシア国内が速やかに落ち着くかもしれないという望みを私は今失ったので、アメリカ経由でヨーロッパへ行きます。ですからお会いするのは多分少し後のことになるでしょう。（Пилсудский2004, 367）

後にマトヴェーエフもピウスツキについての回想記でこう記している。

ブロニスワフ・ヨシフォヴィチが生涯で味わった苦労と喪失は、いたく彼の力を奪い、彼は人を信じなくなった。彼はロシアの自由もポーランドの自由もすぐに実現するとは思っていなかった…。解放運動が起った時、もちろん彼は喜んだが、この運動に身を委ねはしなかった。彼はとりわけこの運動を信頼していた訳ではない。声高に叫ぶ者のある種の行き過ぎ、騒々しい演説、何物を前にしても止まらぬ陰謀、世の中を一瞬にして作り替えることなどできないということを忘れ、明日のことを忘れ、ほんのわずかの先見の明もそなえていない彼らのとめどもない民衆煽動は、ピウスツキを怖じ気づかせた。彼は自分の自然の継子たち、そして自分の学問とともにとどまることを堅く心に決めた。彼は生まれついての政治の闘士ではなかった。
(Матвеев Н.1917, 2)

ピウスツキが「生涯で味わった苦労と喪失は、いたく彼の力を奪い、彼は人を信じなくなった」というくだりは痛々しい。またシェロシェフスキも次のような言葉を書き残している。

ピウスツキはサハリンからシベリアを経て帰国すべくウラジオストクへ行ったが、一九〇五年の革命が彼を驚かせた。その町で彼は、最も著名な文化人の一人として現地知識人のいくつかの集会の議長をつとめ、さらに現地当局が行なおうとしていた無意味な殺戮を止めさせようとした。それと同じ精神から、彼は革命家たちに影響を及ぼそうとした。その結果彼は何ら目的を達せず、また殺戮を止められないまま、そこを逃げ出さざるをえなくなったのである。(Sieroszewski1921, 21)

注

1 ダグラスの日本での活動については、稲葉の論文を参照のこと。ポーランド社会党は一八九二年にパリで結成された。

2 Biblioteka Naukowa PAU i PAN w Krakowie. Rękopisy Bronisława Piłsudskiego: sygnatura 4646, t. 1, k. 10. 以下、このクラクフ・ポーランド芸術アカデミー・科学アカデミー学術図書館所蔵「ブロニスワフ・ピウスツキ手稿」からの引用は、本文中の括弧内に"Biblioteka: syg..., k..."と記す。

第九章　日本滞在

　小さな意見の不一致のために、もっとも大切な共通のものと共通の主要な敵を見落とさないように、私個人は常にすべての進歩的な党を集約することに賛同してきました。

上京

　ピウスツキは新暦一九〇五（明治三十八）年十二月中旬にマトヴェーエフ父娘とともに来日した。来航地は不明だが、門司港もしくは敦賀港か。ピウスツキの来日の目的は、『北海タイムス』のインタビュー記事によれば、自分の著述を「日本に於て…印刷に付して日本の学者と共に之れを研究」することであり、マトヴェーエフの目的は、「日本の写真其の他の材料を蒐集し併せて印刷の設備をも日本に於て整ふる」ことと、「令嬢をも伴ひ来り福岡病院に入院せしめ日本博士の手術を受け」（「浦汐より二人の珍客」）させることだった。福岡の病院を選んだのは、別府温泉での療養を兼ねたためだろう。マトヴェーエフは長崎に滞在して、娘の全治を待って二人で上京することになっていた（大庭a、二四六。「浦塩よりの二珍客」。「浦塩よりの珍客」）。

　翌年一月二十九日にマトヴェーエフは長崎からピウスツキに手紙を送った（Пилсудский1999c, 21）。この手紙は未発見だが、二月一日付でピウスツキが神戸のラッセルに次のように書いているのは、この手紙のことだろう。

　　マトヴェーエフが私にくれた手紙では、（ウラジオストクで）蜂起が起ったのは、集会の代表者が逮捕されたためだとかいう噂が長崎で流れています。それはヴォルケンシュテイン医師、ペルラシュケヴィチ、兵士シュペール（低い位の者たちの集会の代表者）かなど

と様々な憶測がなされているとのことです。（Пилсудский1999c, 19)

マトヴェーエフは一カ月以上日本に滞在した後、上海経由で一月末頃にウラジオストクに戻ったのだろう。日本でも上海でも多数の貴重な写真を入手することができた。また二月十五日にゾーヤが福岡医科大学病院の病室からピウスツキに手紙を送っている（Моряк, 910; Biblioteka: sygn. 4648, k. 8-24)。

свободѣ, равенствѣ и братствѣ, поджали хвосты и молчали, трясясь за свои шкуры. Кто-то изъ солдатъ участниковъ собранія схватилъ изъ казармы портретъ царя Николая-Кровавого и высоко поднялъ его надъ головами и вотъ по странной случайности

боды. Но вотъ народъ разбился на партіи, пропало единодушіе, пропала и вольность. Кучка богатыхъ людей очень хитро воспользовалась народными бѣдствіями, она захватила власть въ свои руки и съ помощью разныхъ слугъ и наемниковъ порабо-

раны. Стоналъ и въ судорогахъ бился православный народъ и не было силъ у него чтобы подняться и задушить своихъ мучителей. Терпѣлъ народъ— много терпѣлъ, но вотъ, наконецъ, стало не въ мочь, нехватило терпѣнія. Все

Штабсъ-Капитанъ, Вячеславъ Константиновичъ Вадецкій, предсѣдательствовавшій на солдатскихъ массовыхъ собраніяхъ Новокіевскаго гарнизона.

Брониславъ Іосифовичъ Пилсудскій, бывшій политическій ссыльный на Сахалинѣ, изслѣдователь быта сахалинскихъ Айновъ.

Борисъ Дмитріевичъ Оржихъ, редакторъ „Свободнаго Слова" во Владивостокѣ, бывшій Шлиссельбуржецъ.

Макаровъ, желая рубнуть шашкой меня, рубнулъ портретъ. Изменникъ получилъ подарокъ. Разсѣянная толпа, оставивъ на мѣстѣ 10 человѣкъ раненыхъ, увлекли меня въ казармы откуда я вышелъ переодѣвшись солдатомъ. Черезъ нѣсколько дней я уѣхалъ во Владивостокъ. Чтобы очернить меня передъ солдатами, офицеры измышляли противъ меня всевозможныя грязныя инсинуаціи, забывая что этимъ они только сами обвиняютъ то подлое дѣло,

тила народъ. Пропала народная вольность, пропало равенство и свобода. Силою, разными ухищреніями и неправдой, русскій народъ превратили въ покорныхъ рабовъ. Люди ставшіе правителями мнили себя богами. Они смотрѣли на народъ какъ на животныхъ — и безсловеснымъ скотамъ жилось на Руси даже лучше, чѣмъ угнетенному народу. Чтобы русскій народъ не могъ опомниться у него отняли все. Отобрали землю, ли-

громче и громче слышался голосъ Христа: „Горе вамъ книжники и фарисеи, что поѣдаете домы вдовъ и сиротъ! Горе вамъ вожди слѣпые, и безумные! Услышали правители этотъ грозный голосъ съ небесъ, услышали и испугались. Очнулся народъ. Проснулся, посмотрѣлъ на себя и крикнулъ отъ боли душевной и ужаса. Эхомъ разнесся этотъ отчаянный вопль народный по всей землѣ русской. „Проклятые! гдѣ наши права, отдайте намъ

『日本とロシア』第16号の記事

一方ピウスツキは来日後東京へ移動する途中であろうか、神戸で「新鮮な空気を吸うために」ウラジオストクから三週間の予定で来日したリュドミーラ・ヴォルケンシュテインと一緒になった（ラッセル、一一九。和田春、下四五、五〇、七四。Тригони, 61; Волкенштейн1908, 91-92; Судзиловский, 170)。ピウスツキはラッセルが出していた『日本とロシア』紙の第十五号（一九〇六年一月十五日）を『東京日日新聞』編集部で入手している（Пилсудский1999c, 18)。最終第十六号には元陸軍大尉の革命家ヴャチェスラフ・ヴァデーツキイとオルジフの写真とともに、「ブロニスラフ・ヨシフォヴィチ・ピルスツキイ、元サハリン政治流刑囚、樺太アイヌの習俗の研究者」というキャプション付きでピウスツキの写真が載った。

東京外語露語科出身者

ピウスツキは十二月下旬、遅くとも翌一九〇六年一月上旬には上京して、当初は「セントラルホテル」や「松田」の家に仮住まいをした。「セントラルホテル」は築地明石町三十二番館にある木造二階建てのホテルで、フランス女性ドットリングが経営していたが、この年の六月八日に全焼した（Biblioteka: sygn. 4648, k. 1-5, 9-24; Пилсудский1999c, 19;「東京築地のセントラルホテル全焼」)。「松田」は松田衛《まもる》のことだろう。松田は一九〇三年に東京外国語学校露語科を卒業して三菱に入社したが、日露戦争の勃発で志願して奏任通訳となった。一九一九年に母校の教官となり、一九三三年に『松田和露大辞典』を出すことになる（佐藤勇、二〇『独立百周年（建学百二十六年）記念　東京外国語大学史』八一八―八一九。野中、四四六、四五二、四五三、四六九、四七四）。

東京外語露語科教授の鈴木於兎平《おとへい》が一月六日付で同ホテル滞在のピウスツキに送った手紙が残っている。鈴木は一八八一年に同校露語科を卒業し、ロシア沿海州の実業界で働いた後、一八九九年から母校で教鞭を執っていた（『独立百周年（建学百二十六年）記念　東京外国語大学史』八〇八―八〇九。野中、九二、一〇四、二八三、四二一、四二七―四三二）。この手紙で鈴木は、ピウスツキをサポートする人間として、「前年に露語科を修了したシマダ氏」を推薦し、「彼はロシア語がとてもよくできる〔中略〕が、金に困っているので、多少とも長期間彼を使役するのであれば、いくばくかの報酬を支払ってやってください」（Biblioteka: sygn. 4646, t. 4, k. 50-82）と書いている。これは島田正靖《まさはる》のことだろう。島田は一九〇五年一月に六期生として露語科本科を卒業し、陸軍通訳を命じられて十一月まで勤務した。翌一九〇六年五月から一九〇七年四月まで再度陸軍通訳を命じられた後、外務省の翻訳生、外務属、外務通訳生、外務書記生としてロシア各地に在勤した（ポズドネエフ、一〇〇。佐藤勇、四。『外務省年鑑　大正二年』二九八）。鈴木がピウスツキに島田を推薦した時点では、島田は無職だったのである。この推薦が実を結んだかどうかは不明である。

もう一人、ピウスツキと交わりを持った露語科関係者として、大井包高《かねたか》を挙げることができる。大井は東京外語在学中に姫路のロシア人俘虜収容所の通訳をつとめた。一九〇六年六月に同校を卒業し、後にペテルブルグ大学で法律学を学んだ後、日露貿易に携わり、ロシア通のジャーナリストとなった[1]（Biblioteka: sygn. 4648, k. 1-5; 佐藤勇、四。『大正人名辞典』下、一八七六。野中、四六一）。

箱館屋

一九〇六年一月中旬にピウスツキは東京市京橋区尾張町二丁目九番地の[2]「箱館屋」という、富士の看板を掲げた商店の二階に居を据えた。箱館屋の主人は〈銀座の三奇人〉の一人、信大蔵《しんたいぞう》（一八三八―？）という人物。もと尾張藩江戸詰の武士で、榎本武揚に従って五稜郭の戦いに参加し、銃弾を六発受けて江戸へ護送されてきた敗残兵の前歴を持つ。その後プロテスタント信者となり、一八七四年に銀座に来て、榎本の援助のもとに函館の天然氷や牛乳を商い、宮内省御用として知られ、後にはアイスクリームや洋酒類も置いて、スタンドバーの元祖として銀座の名物のひとつとなった。ある資料によれば、箱館屋の主人は函館出身の漁師だったが、ウラジオストク沖合で嵐に遭い、ロシアの軍艦に助けられて、艦内で五、六年暮し、軍艦とロシア語、カクテルの作り方の知識を身につけた。その後函館で通訳をつとめた後、榎本によって江戸に呼び寄せられ、彼に従って五稜郭の戦いに参加した。一八七二年に上京し、銀座に榎本の命名で箱館屋という洋酒屋を開いた。アイスクリームを売り始めたのは一八七九～八〇年頃で、五稜郭の戦いの折に徳川脱走艦隊の顧問をつとめていたフランス人から作り方を教わったという。当時アイスクリームは高級菓子だった。西園寺公望《きんもち》侯をはじめとする洋行帰りのハイカラ連中がこの店に集まった。一九二三年の関東大震災頃まで箱館屋は存続していたという（石角、一三〇—一四一。信、一三）。

与謝野鉄幹に、店を蜂の巣、客を蜂、洋酒の棚を密の倉にたとえた「箱館屋」という一九〇七年の長詩がある（与謝野、一〇一—一〇三）。この店はウラジオストク方面のロシア人と取り引きがあり、旧幕臣や日本に亡命した朝鮮の政治家・金玉均《キムオクキュン》、外国の水兵などがたむろしていたという。箱館屋は一八七六年にフランス人「M・テレウィアルソレールベール」著、木村宗三訳『小供らが読むべき理学の問答』という子供向け科学入門書を出版しているが、その経緯は不明である。名わき役として活躍した俳優の信欣三《きんぞう》は大蔵の孫にあたる。ピウスツキを箱館屋に紹介したのは、おそらく後述の二葉亭四迷だろう。二葉亭の父も尾張藩江戸詰の武士だった（内田魯、三二一—三三四。『中央区史』下、九七五。『銀座六丁目小史』二六—二七、三七。野口一九八五。小島津、五〇。銀座文化史学会、九五。野口一九九七、二五六

箱館屋の２階？

一二五八)。ピウスツキは一九〇六年七月初旬まで約半年間ここに滞在した。

　前頁に掲げた写真二葉は、被写体と光の量がともに違うので異なる日時に撮影したのだろうが、部屋は同じである。女性たちの写真の左背後に薬缶、男性たちの写真の右背後には目覚し時計という生活用品が写っている。またいずれの写真でも和室に椅子が置いてあることからして、これは箱館屋の二階の可能性が高い。もしそうだとすれば、これらはきわめて貴重な写真である。写真に写っている女性たちと男性たちは特定できない。

新聞『ヴォーリャ』と日本正教会関係者

　一方ラッセルの方はロシア人・ポーランド人俘虜工作の目的を半ば達成したものの、俘虜を武装させてシベリアへ送り込むことはできなかった。一月三十一日に彼は長崎へ赴いた(桧山一九八九、八六)。日露戦争と一九〇五年の第一次ロシア革命の挫折の後、多くのロシア人革命家がサハリンやウラジオストクから日本に亡命して、長崎がその拠点となった。ラッセルはこの地の下《さが》り松南山手十二番地に居を構えて[4]、同志を糾合した。この人物は当時わが国でよく知られており、例えば二月十一日に『報知新聞』、また同日と翌日の『読売新聞』にも紹介記事が載っている。

三月にラッセルは家庭の事情でハワイへ帰った。

　四月二十七日に長崎でヴァデーツキイとオルジフが中心となって露字新聞『ヴォーリャ(自由)』を発刊した。この新聞は沿海州やシベリアの各地に広がって、争って読まれたという。ピウスツキは東京でこの新聞の協力者をつとめた。彼は四月二十六日付のソロヴィヨーフ宛の手紙にこう書いている。

　長崎に行く者を介していつもすべてのものを送り、例えばオルジフかズヴェーレワ女史か、あるいはかの

『ヴォーリャ』創刊号

地にいる他の人物に渡してもらって結構です。

(Пилсудский2004, 366)

日本人の『ヴォーリャ』支援者としては、いずれも日本ハリストス正教会のニコライ神学校出身である上田将、軍司義男、高井万亀尾《まきお》を挙げることができる（Biblioteka: sygn. 4648, k. 630）。当時の日本でロシア語学習の拠点は、東京外国語学校露語科と一八七四年創立のニコライ神学校だった。上田については後述する。

軍司は一八九七年六月に神学校を卒業し、副伝教者としてニコライ主教に期待されたが、胸を病んでいた。一九〇〇年五月に伝教者を辞める旨を申し出て、ニコライの怒りを買っている。一八九七年から一九〇二年まで女子神学校の婦学・文芸雑誌『裏錦』に「旧約烈女伝」などを連載。一九〇二年頃には金沢商業学校と金沢の陸軍第九師団司令部でロシア語を教えていた（『宣教師ニコライの全日記』五、六四、九〇—九一、一〇三。同六、一二二—一二三。Васкевич, 300, 301, 318, 345）。そして一九〇六年には『ヴォーリャ』の準社員として、日本の社会主義者の機関紙『光』の記事を数回ロシア語に訳して掲載した。恐らく日露戦争中は金沢のロシア人俘虜収容所の通訳をしていたのだろう。そしてその時にラッセルと知り合い、彼の思想に共鳴して協力するに至ったのだろう。軍司の七月十二日付のピウスツキ宛書簡に、「最近し終えた翻訳をお送りします。お急ぎでなければ、さらに第二の翻訳に取り掛かることができます」(Biblioteka: sygn. 4646, t. 1, k. 66）とある。一方ピウスツキの一九〇九年の論文「サハリン島の先住民」に岡本柳之助の『日魯交渉北海道史稿』（一八九八年）からの引用があり、「知人の日本人が私のために訳してくれた」とある。[5] これは軍司の翻訳を意味しているのかもしれない。第二次世界大戦前に亡くなる直前まで、軍司は長く南満洲鉄道のハルビン事務所に勤務した（加島、四八。「正教神学校々友会名簿」三七。和田春、下一四四—一四五、一四八、一五四、一五七、三三一。梶森、四）。

ピウスツキの一九〇六年六月十七日付の二葉亭宛書簡に、「数日間出発を延ばさねばならないでしょう。ウラジオストクの友人たちからニュースを持ってきてくれるはずのたかいさんが近く帰るとの報らせを受け取りましたので」（『二葉亭四迷全集』別、一一六）とあるが、この「たかいさん」とはアントニイ高井万亀尾（一八七四—一九六六）のことだろう。高井は神学校を卒業後、伝教者として働き、一九〇二年九月から神学校で教鞭を執った。一九〇五年四月に輔祭に叙聖され、熊本のロシア兵俘虜収容所に派遣された。その後彼は長崎のロシア人に請われて司祭として長

高井万亀尾

崎教会に赴任し、以後約四十年間かの地を中心に正教の伝道に当った（『宣教師ニコライの全日記』四、二三一。同七、一七六。同八、一八三、一八四。『日本キリスト教歴史大事典』八一八）。従って、前記ピウスツキ書簡が書かれた時点で、高井は長崎におり、現地のロシア人と交流があったのである。ニコライ主教は長崎での高井の活動についてこう書いている。

アントニイ高井〔万亀尾〕神父が受難週の様子、長崎のロシア人、日本人信徒の復活大祭の祝いの模様を知らせてきた。〔中略〕長崎には、日本人だが敬虔な奉仕と穏やかな性格のゆえにみなから称賛され、慕われる司祭がいることは、ロシア人信徒には幸せなことのようだ。（一九〇八年五月三日（十六日）の日記）（『宣教師ニコライの全日記』八、三一二）

長崎へ

七月初旬にピウスツキは長崎へ移り、一カ月間稲佐の志賀親朋《ちかとも》（一八四二—一九一六）方に居を定めた。志賀は、本邦最初のプロのロシア語通辞として幕末、明治期の日露交渉に活躍した人物である。[6] ピウスツキは長崎で直接ロシア人・ポーランド人革命家たちの活動を支援した。プウォスキをはじめとするサハリンとウラジオストク時代の知り合いがいたのである。プウォスキはその後ブラゴヴェシチェンスクで革命運動に加わり、逮捕を逃れて来日していた。これらの人々に会って、その後自分がアメリカでいかなる点で彼らの役に立ちうるかを探ることが、長崎訪問の目的だった。

またピウスツキは長崎でアレクサンドル・アレクセーエフスキイ（一八七八—一九五七）から東京方面での教職探しの依頼を受け、それに応えて東京、横浜の知人や学校に問い合わせの手紙を送った。アレクセーエフスキイは社会革命党員で、ブラゴヴェシチェンスクから長崎に亡命してきた。後の一九一八年、ブラゴヴェシチェンスクでアムール州長として日本軍の特務機関員・石光真清《まきよ》と出会うことになる（和田春、下一〇七、一一八、一一九、二二五、三二〇—三二一。石光、七二—七三、二〇四—二〇九、二五八—二六三、二七五—二七六、三〇〇—三〇三）。後述の社会主義者・加藤時次郎の七月十一日付のピウスツキ宛ドイツ語書簡が残っている。それによると、長崎のあるロシア人が東京で日本の学生を教える仕事で生活していけるかどうか、ピウスツキが加藤に問い合わせたことが分かる。それに対して加藤は、もし最初の数カ月間授業料なしでも生活できるのであれば次第に学生が見つかるだろうと書き、当人が英語やドイツ語もできるかどうかを尋ねている。またピウスツキは横浜のセント・ジョセフ・インターナショナル・カレッジから、さしあたりロシア語教員の募集はないこと、横浜のロシア総領事ヴィクトル・グロッセからも別人物の推薦があったことを伝える、七月十五日付のフランス語書簡を受け取っている。さらに次章で紹介する女性社会運動家・遠藤清の七月十七日付のピウスツキ宛英文書簡が残っており、彼の友人が東京に来て私立のロシア語学校をつくるのであれば協力すると伝えている（Biblioteka: sygn. 4646, t. 2, k. 4; sygn. 4646, t. 3, k. 85a; sygn. 4646, t. 1, k. 35-36）。アレクセーエフスキイは翌年初めにウラジオストクへ渡っているので、東京方面での求職運動は不首尾に終わったものと思われる。

ピウスツキは長崎のロシア人たちのために自分のパスポート[7]を『ヴォーリャ』社に置いていった。これは結果的に見て大変な判断ミスと言わざるを得ない。後々ヨーロッパで彼はとても苦労することになるからだ（Пилсудский1999c, 24, 28; Пилсудский2006b, 46, 48）。

ロシア人革命家たちの内紛

『ヴォーリャ』は翌一九〇七年三月五日発行の第九十八／九十九号まで続いたが、グループ内部には不協和音が響いていた。当初編集長をつとめていたヴァデーツキイは他の亡命者たちと不和になり、アメリカへ去った（Пилсудский1999c, 25; Пилсудский2006b, 45）。一九〇六年十一月二十一日付の書簡でピウスツキはクラクフから長崎の同志宛にこう書いている。

> ニューヨークでヴァデーツキイと会いました。〔中略〕あなたがたのコロニーと手紙のやり取りをして、彼は起こってしまったいさかいのすべてに誠実にけりを付けると私に約束しました。彼がそれを実行するか

どうか、興味あるところです。（Пилсудский2006b, 48）

『ヴォーリャ』は一九〇六年五月十七日発行の第十一号からオルジフが編集長となった（和田春、下二二〇）。ピウスツキは情勢の「好転はありえない」(Biblioteka: sygn. 4646, t. 1, k. 42）とセルゲイ・ガルフィリドに書き送っていることからして、革命運動に対して少なからず懐疑的になっていたふしがある。ガルフィリドはウラジオストクの評論家兼詩人で、一九〇六年六月に横浜に来て「クラブホテル」に滞在していた。ガルフィリド夫妻はピウスツキとほぼ同時期に日本を去ってウラジオストクに戻り、八月に立憲民主党系の新聞『ウスリー生活』を創刊した。翌年一月にはペテルブルグへ去った（『二葉亭四迷全集』別、一一六。Biblioteka: sygn. 4646, t. 1, k. 42-43; Хисамутдинов2007, 167）。

ピウスツキはハワイのラッセルに一九〇六年四月十日と六月十三日に手紙を書いたのに対し、ラッセルの方は『フィリピン委員会報告書』二巻を郵送してきた（Руссель, 34-35）。翌年十月十五日の『読売新聞』に長崎発の内地電報として「ラセ、ル博士の著書」という記事が載り、「當地ラセ、ル博士（マニラ移民主唱者革命黨主領）の比律賓《ひりつぴん》に関する著書は米国政府の注意を惹けり」とある。ラッセルはハワイ滞在中から『ヴォーリャ』に批判的で、六月二十四日付の手紙で次のような手厳しい意見をピウスツキに伝えている。

> 長崎の我々の仲間の劣悪な財政状態に関して言えば、彼らに大いに責任があります。株式会社をつくり、日刊新聞を出し始めたものの、それは国外では意味を持たない、等の点です。〔中略〕ヴァデーツキイの出立により、『ヴォーリャ』は良くなりましたが、この週三回〔発行〕という形式では、決して金を稼ぐことはできないでしょう。（Руссель, 35）

一方ピウスツキは七月三十日、日本を離れる直前にラッセルに手紙を書いた。ピウスツキはこの手紙で、革命運動にとってシベリアが重要な位置を占めていること、それゆえ長崎に確固たるサークルが必要なこと、自分の出国とともに日本国の代表者たちとのつながりの最後の糸が切れてしまうこと、長崎でロシア人亡命者の間に軋轢が生じていること、そしてこれらの問題を解決できるのはラッセルしかいないことを伝えている。オルジフと『ヴォーリャ』の置かれた状況についてはこう書いている。

> 現在、例えばオルジフは忍耐力がなく、過度に権威

主義的になる欠点があります。〔中略〕社会民主労働党員は『ヴォーリャ』に敵対しているし、他の者は批判するための多くの材料を見つけ、協力しようとしません。〔中略〕オルジフはユダヤ人で、ウラジオストクでの活動において社会活動家にとっては不可欠の尊敬の念を獲得できなかったことも、意味をもっています。（Пилсудский1999c, 27）

ピウスツキは自己の革命運動に対する関わり方を後にこう述べている。

小さな意見の不一致のために、もっとも大切な共通のものと共通の主要な敵を見落とさないように、私個人は常にすべての進歩的な党を集約することに賛同してきました。（Пилсудский1999c, 30）

彼がこの態度を死の直前まで保持したことを、後に我々は見るであろう。ピウスツキの手紙をハワイで受け取ったラッセルは、八月二十三日に彼に返事を書き、その意見に従ってヨーロッパに戻ることを断念し、長崎に戻る旨を伝えている。ラッセルが長崎に到着するのは九月十七日のことである（Руссель, 35-36;「ラッセル氏帰着（長崎）」。和田春、下一八五）。ラッセルの留守中に実権を握ったオルジフは、彼を疎外しようとした。ラッセルが長崎に戻ったことも、彼とオルジフの対立もまだ知らないピウスツキは、十月にニューヨーク出発前に長崎の同志たち宛にこう書いている。

私個人は『ヴォーリャ』のことをひどく愚痴りました。『ヴォーリャ』からは、私の出立以後シベリアについては何ひとつ知ることができなかったのです。〔中略〕遠くからますますはっきりと私の目に飛び込んできたのは、『ヴォーリャ』のあらゆる欠点と、それがシベリアの生きた仕事と生活とのつながりを欠いていることです。『ヴォーリャ』は主としてそれを使命としているのに。〔中略〕ニコライ・コンスタンチーノヴィチ〔ラッセル〕のみからは手紙を受け取りましたが、それはまだハワイから長崎へ出発する直前に書いたものです。（Пилсудский2006b, 45-47）

ラッセルが長崎に戻ったことをピウスツキが知るのは、レオンチイ・ポドパーフが十月十四日に東京から発送した手紙をクラクフで受け取った時である（Biblioteka: sygn. 4646, t. 3, k. 37; Пилсудский1999c, 28）。ポドパーフは「人民の意志」党員で『ウラジオストク新聞《リストーク》』を発行していたが、一九〇六年に日本へ亡命した。一方、ラッセルは十一月十六日にピウスツキに手紙を書いた。

　私のすべての要求を支持する『ヴォーリャ』批判に対してもお礼を申し上げます。私の要求はきわめて敵対的に迎えられたので、しばらくの間脇に離れて、編集者と委員会議長から自発的に私的な顧問に替わらざるをえませんでした。(Руссель, 36)

オルジフやボレスワフ・オヌフロヴィチ一派とラッセルの闘争は、前者が勝利を占めたようだ。オヌフロヴィチは「プロレタリアート」党の活動家で、一八八五年に東シベリアへ五年の流刑となった。プウォスキの妻ゾフィアは彼の姉にあたる。一九〇七年十月十七日付のラッセルのピウスツキ宛書簡によれば、オルジフの仲間の中傷により、中央委員会がラッセルらの東洋在外委員会のスタッフを「偽物」と見なし、党から切り離したのである。ラッセルは『ヴォーリャ』と袂を分かって、一九〇六年十二月に約三十名から成る別の組織「人民解放救援同盟」をつくった。会長がラッセル、副会長がヨシフ・チャキ、書記がボリス・タゲーエフである(「露国革命党組織(長崎)」。〔ラッセル、チャキ、タゲーエフの写真〕)。十二月十七日の『東京朝日新聞』に長崎発の内国電報として「露国革命黨組織」と題する次のような記事が載った。

　當地に於る露国革命黨本部の組織完成し會長にラッセル博士を副會長にチヤツキ氏を推し別に書記を置く黨員三十五名なり又支部を東京に置かん計畫あり當地本部の役員明日東上し目下東京滞在の哈爾賓某新聞社長プツトパーフ氏と萬事打合せを為す筈なり

この組織はロシア人亡命者の救援活動を目的としたものと思われ、そのためにラッセルは「ヴォーリャ」出版所とは別個に、資本金一万ルーブルの「極東」印刷所を設立した。一九〇七年一月二十九日の『読売新聞』に「露国革命黨員の會社設立」と題する次のような記事が載った。

　長崎在留露国革命黨の首領ラツセル氏は同市に資本金一萬圓を以て極東會社なる株式會社を組織せんとて此程設立の出願に及びたり其目的は諸般の印刷物、活版、翻刻の発行発賣等なるが要するに我邦に在留せる同黨員の衣食の計を為すに在りと云へりだが人民解放救援同盟は長続きせず、一九〇七年八月に解散した（Руссель, 40; 和田春、下二二七、二四一―二四二）。出版物から判断すれば、「ヴォーリャ」出版所の方が「極東」社よりはるかに充実していたことは事実である。[8]

オルジフは一九〇九年にアメリカへ去り、その後チリに移って、そこで亡くなったようだ。一方ラッセルは一九一〇年にマニラへ去ったが、一九一五年に再び長崎に戻り、一九二〇年まで滞在した。そして一九三〇年に中国・天津で亡くなった。

中国人革命家

ピウスツキは在日中国人革命家とも交わりを持った。時間を戻して一九〇六年三月十日の午後から夜の十二時まで、彼は東京・芝区芝橋の「大光」で宋教仁（一八八二―一九一三）と会見した。湖南出身の宋は一九〇四年十二月初頭に来日し、和仏法律学校（現・法政大学）で学び、東京で雑誌『二十世紀之支那』を発行していた。そして翌一九〇五年八月に東京で孫文を総理として「中国同盟会」が結成されると、その幹事として会務を担当した。当時二十四歳の早稲田大学の学生である。後の辛亥革命の原動力となる中国同盟会は、十一月に月刊機関誌『民報』を発刊した。日本の文部省はこのような動きに対して、清朝政府の要請を受けて同月二日に「清国留学生取締規則」を公布した。それに対して留学生たちは十二月四日に抗議のストを行なった。一八九六年三月に清国は初めて十三名の留学生を日本に派遣したが、それ以来一九一一年までに日本に留学した中国人学生はのべ五万二千人余で、最多は一九〇六年の約一万二千人である。彼らは清国の腐敗と西欧列強による侵略を憂え、明治維新の経験を学ぼうとしたのである。その後「規則」に反発した留学生が大量に帰国し、日本留学の大きな流れは急速にしぼんだ。早稲田大学は一九〇五年九月十一日に清国留学生部始業式を挙行したが、丸五年でこれを閉鎖せざるをえなかった（小島淑、一三。林。早稲田大学、五〇一）。

ピウスツキと宋の会見の仲介の労をとったのは宮崎民蔵（一八六五―一九二八）。中国革命支援で名高い宮崎兄弟の次男で、土地問題の先駆者である。宋の当日の日記には次のように記されている。

> しばらく待っていると、ロシアのビルスドスキーがきた。四十くらいの渦巻きのひげをはやした人であった。フランス語を喋るので余らはみんなわからなかったが、宮崎がまえもってつれてきていた某君が通訳に当った。〔中略〕「ロシアの革命党派は多く主張も一つ

ではなく、人民の程度も一様ではない。革命の成功は何時期待できるかわからない」といい、また、「自分はポーランド人で今回はシベリヤの○○○○〔四字、カラフト?〕からきた。さらに数人の同志がおり、当地で出版して祖国に運び込もうと思っている」と語った。また「革命の事業は一方面から着手すべきではなく、政治革命ばかり説いても、必ずしも真の自由を得ることはできないし、社会革命ばかり説いても、必ずしも真の自由を得ることはできない。必ず二つを同時に行ない、そうした後、自由の権利を得ることができ、目的を達成できるのである」、といった。また「自分はこれまで懸命に民主主義を主張してきたが、しかしアメリカを見ると、民主国であるが人民はなお自由ではない。フランスも民主国であるが、しかしその人民もやはり自由ではない。日本、イギリス、ドイツなどの諸国でも人民は政治上の自由は多少得ていないとはいえないが、しかし社会上の不自由さはますますひどくなっている。だから自分の最近の主張は、以前に較べるとやや変ってきており、じつは政治社会方面を併行して改良したいと考えている、「云云」といった。（宋、一五一）

三月二十五日夕刻にもピウスツキは中国人留学生らと飲食店で食事をした（宋、一六〇）。ピウスツキは宋に当時計画中の『ヴォーリヤ』のことも話した。ピウスツキはこの後民報社を訪れ、宋教仁、黄興、その他多くの中国人及び宮崎民蔵、宮崎兄弟の末弟・滔天《とうてん》（本名・寅蔵）、その他の日本人とともに記念撮影を行なった。黄興は日本に留学して東京の弘文学院で学び、帰国後

前列左より三人目から宮崎民蔵、宋教仁、ピウスツキ、黄興、最後列左より二人目が宮崎滔天（1906 年、民報社庭園）

故郷の湖南省で反清国組織「華興会」を結成したが、一九〇四年に長沙での武装蜂起に失敗して日本に逃亡、翌年東京で孫文とともに中国同盟会を設立した。孫文と黄興を結びつけたのは滔天である（林。大矢）。ちなみに滔天らは九月から翌一九〇七年三月まで雑誌『革命評論』を発行したが、これはロシアの革命運動と中国の革命運動との連携を目的の一つに掲げていた。後にクラクフでピウスツキはこの雑誌のある号を受け取っている（宮崎竜、一〇六、一〇七。Пилсудский1999c, 32）。

　ピウスツキは孫文（一八六六―一九二五）とも会っている。ピウスツキはアメリカでロシア通のジャーナリスト、ケナン宛に書いた英文書簡の下書きと思しきもので、自分と孫文とラッセルを既知の間柄にあるものとして語っている（Biblioteka: sygn. 4647, k. 5-6）。ジョージ・ケナン（一八四五―一九二四）は一八八五〜八六年にシベリアの徒刑監獄や革命家たちの流刑地を訪れ、大著『シベリアと流刑』を著わした。日露戦争の最中にニューヨークの雑誌『展望《アウトルック》』の特派員として来日している。ピウスツキは一九〇六年四月十日付のハワイのラッセル宛の書簡にこう書いている。

ケナン

『民報』という名前で日本国内で出ている革命機関誌のメンバーの、ある中国人学生の手紙を同封します。彼らは皆ロシア国内の革命運動に大いに共鳴しており、いずれ役に立つかもしれません。（Пилсудский1999c, 23）

　ピウスツキは中国人とさらに交流を深めたのであろう。『民報』第四号（四月二十八日）に『ヴォーリャ』刊行の紹介文が掲載されたが、その材料を伝えたのはピウスツキである。彼は六月十三日付の書簡でラッセルに『民報』社のアドレスを伝えている（和田春、下一九〇―一九一）。一方ラッセルは同月二十四日付のピウスツキ宛の書簡にこう書いている。

中国人革命家たちの手紙を有難うございます。私は彼らに手紙を書き、何やかや送ったのですが、また宛先がなかったので、東京の『中国語新聞』社としか書

けませんでした。（Руссель, 35）

結局ラッセルの書簡は中国人たちのもとに届いた（Пил-судский1999c, 27)。いま一人、呉弱男《ウールーナン》ともピウスツキは会っている。呉は安徽《あんき》省廬江出身の名門の娘で、妹・呉亜男《ウーヤーナン》とともに神田駿河台にあった英和女学校に通っていた[10]（宋、四九九）。中国同盟会にも入会、当時十八歳である。宮崎滔天の甥は彼女のことを後にこう述懐している。

清楚で気品があり、つゝしみ深く、確りした人でありました。纏足《てんそく》でありましたが、滔天又は民蔵と時事を論ずる場合には、紅唇火を吐き、熱烈なる気魄、壮士を圧倒せんばかりであると云う有様であり、民蔵は激賞して居りました。（築地、四八六）

呉弱男

呉はピウスツキと四月三日に会い、翌日自分と妹の写真と自著『二十世紀自由の鐘』[11]を彼に送ってきた（Biblioteka: sygn. 4646, t. 3, k. 56）。呉をピウスツキに引き合わせたのは、後述の社会主義者・横田兵馬《ひょうま》である。横田は三月三十日付のピウスツキ宛フランス語の葉書にこう書いている。

まだ十八歳で、革命派の中国人のお嬢さんがいるのですが、会っていただけるでしょうか。彼女が是非何としてもお目にかかりたいと言っているのです。彼女は今ある学校で学んでおり、夜は外出できません。お宅へ伺えるのが日中に限られるため、ご迷惑にならない日時をご指定いただきたく存じます。（Biblioteka: sygn. 4646, t. 4, k. 29)

七月五日の『ヴォーリャ』第三十二号に「中国女性革命家」と題して呉の編集長宛の手紙（英語からのロシア語訳）が掲載されたが、あるいはこれもピウスツキの仲介によるものか。彼女はこう書いている。

あなたがたの革命は民族的な事業であるばかりでなく、国際的なものです。われわれは自らの工作を各々の祖国で始めねばなりません。しかし、われわれの思想は全地球へ広げましょう。正義は将来必ずや勝利いたします。(Китайская революционерка)

ピウスツキはポーランド人として、民族独立の課題を持つこれら中国人に関心を寄せるところ大だったのだろう。後に一九〇七年十月五日付の手紙で、ピウスツキは二葉亭にこう伝えている。

朝鮮に関していえば、我々日本の真の友人は、日本が大規模な帝国主義と弱者の独立を抑圧する途へ踏みだしたことを、極めて残念に思っています。(『二葉亭四迷全集』別、一四三)

二葉亭四迷

ピウスツキが知り合った日本人の数は、有名、無名の人物を併せて百名を超える。

一九〇六年初頭、ピウスツキは二葉亭四迷、本名・長谷川辰之助(一八六四—一九〇九)のもとを訪ねた。二葉亭は一九〇四年三月より大阪朝日新聞社東京出張員となっていた。彼は文学の世界に踏み込んでからも、対露政策に関心を持ち続け、ロシア革命派への関心を強めつつあった。二葉亭は一九〇五年八月一、二、四日の『朝日新聞』紙上に「露国革命党」という記事を連載した。この記事で彼は同時代のロシアの三大革命党として、社会革命党、社会民主労働党、自由同盟(後の立憲民主党)の名を挙げてそれぞれ説明し、また「地方党」としてフィンランド、ポーランド、ジョージアなどの革命党にも言及している。二葉亭はロシアの革命運動の動向をかなり詳しく、正確に把握していたことが分かる。

ちょうどこのような折にピウスツキに出会ったわけで、二葉亭はピウスツキに物心両面で惜しみなく援助を与え、さまざまな人々に引き合わせた。彼の真意は、「日本のために満州経営を必要とし、露国の為には社会主義者一派に援助して、民権の伸ぶるを必要としたものだらう」[12](横山一九〇九、上ノ二八)という。二人はほとんど毎日行き来し、短時日のうちに極めて親密な間柄となった。二葉亭の長女せつ(先妻つねとの間の娘)は後にこう述懐している。

ポーランドの革命家ピルスッキーといふ人が日本橋箱崎町に仮住居して平野水といふ飲料水の販売を始めたが成功しなかつたやうだ。この人は非常に人なつこくて母〔後妻りう〕や私の写真を所望したり兄〔長男・玄太郎〕にはピストル（玩具ではあるが一見真物と見えるやうなもの）私には欧米女子立身伝といふ本を下すつた。二階の書斎にて本箱を椅子の代りにすすめて会談するがしばらくすると父は客をつれて出かけていく。それは食事の為めだとあとできいた。（片山せ、二一〇）

「日本橋箱崎町」はせつの記憶違いか。「平野水《ひらのすい》」は兵庫県川辺郡多田村字平野（現・川西市平野）の鉱泉から汲み上げて販売していた炭酸水のことで、現在の三ツ矢サイダーの元祖にあたるが、ピウスツキとの関わりについては不明。二葉亭自身はピウスツキについて次のように述べている。

▲現に自分の知つて居る露人中に斯様の人物が一人居る。西比利亜で苦役に服し、今は四十才位であらうか、未だ家をなさない。而もアイヌ救済を一生の大責任と心得て、東京まで出て来た。所が世間が餘りに冷淡なので大に憤慨して居たやうだ。▲さらば御當人はと言へば、嚢中屢ば空しと言ふ有様で、衣服などは粗末で、食物などは何をも選ばぬ、生命さえ継げば、夫れで充分だ、ドウしてもアイヌの如き憐むべき人種を保護しなければならぬと考えて居る。▲局外から見れば、実に馬鹿げて居るやうだが、其のあどけない真面目の態度が、吾々の同情を惹く所である。[13]（二葉亭b、二〇五―二〇六）

まもなくピウスツキは二葉亭を見込んで、革命党の資金作りのために、ラッセルがハワイに持つ百エーカーの邸宅農園の売却に協力してほしいと頼んだ。一月二十四日に二葉亭は神戸のラッセルに初めて手紙を書き、ロシア革命派の新聞『イスクラ（火花）』、『新生活』、『革命ロシア』の編集部の宛先と年間購読料を問い合わせている（沢田二〇〇九、二〇五―二〇七）。これは、ピウスツキが二葉亭にこの相談を持ちかけた頃のことと思われる。二葉亭は朝日新聞社の社費でロシアの新聞を購入することができた。

彼がロシアの革命運動との関わりで取り寄せたい新聞として『イスクラ』、『新生活』、『革命ロシア』を挙げているのは、実に正鵠を射たものと言える。『イスクラ』はロシア最初のマルクス主義新聞で、編集部をミュンヘン、ロンドン、次いでジュネーブに置いて一九〇〇〜〇五年に発行された。二葉亭は前記記事「露国革命党」に、「此党〔社会民主労働党〕にはイースクラ派とフペリヨード派との二派あり。共に機関雑誌の名より思ひ付たる名なり」と書いている。『新生活』はボリシェヴィキの機関紙で、一九〇五年十月から十二月までペテルブルグで毎日出ていた。『革命ロシア』は社会革命党の機関紙で、一九〇〇～〇五年に発行された。最初はクォッカラ（フィンランド）、次いでトムスク、その後ジュネーブで印刷された。二葉亭はこの記事に、「さて〔社会革命〕党の機関紙を革命的露西亜（レウオリユチオンナヤ、ラシーヤ）と日ふ。倫敦《ロンドン》にて発行するが如くなれども、確なることは審《つまびら》かならず」と書いている。

後にピウスツキはクラクフからラッセルに宛てた書簡（一九〇七年一月下旬）で、「あなたは長谷川と知り合いになりましたか」（Пилсудский1999c, 31）と尋ねている。即ち、ラッセルがハワイに帰る前には、二葉亭は彼と会う機会はなかったのである。ラッセルが長崎に戻った後、二人が顔を合わせたかどうかは不明である。

二葉亭は張り切ってピウスツキと共に衆議院議員で『毎日新聞』の社主・島田三郎、大隈重信、『女学雑誌』を主宰し女子教育で名高い巌本善治を訪ね、また『自由党史』の編集者・和田三郎の紹介で板垣退助を訪ねた。この要人訪問はいずれも不成功に終わったかに見えたが、しかしそれがラッセルの土地売却のためというのは名目上のことで、実は日本政府が亡命ロシア革命家をロシア政府に引き渡すつもりかどうかを打診するためのものだったのである。この年の春にロシアは日本に対して、政治犯を含む犯罪者引き渡し協定の締結を申し入れていた（和田春、下一二七―一二八。Маринов, 93）。後に島田三郎は次のように述懐している。

其後〔長谷川君は〕亡命の露国人某を同伴せられて其の安全を保つべき方法を相談せられたれば愚見を述べ、且大隈伯其他一二の人々に紹介したり。（島田、下ノ一一二）

この一事が『ヴォーリャ』の人々の心配の種だった。後述の横山源之助の回想によれば、「特に大隈伯の如きは、例の長広舌を以て「西比利亜の広野に共和国を創立すべし」など〻放語したので、ピ氏は大喜び！」（横山一九〇九、上ノ二一九）したという。

さて打診の結果はどうだったか。ピウスツキは三月三～四日付の書簡でラッセルにこう書いている。

当地では何も変わっていません。私が言葉を交わすことになったすべての人が請け合うところによれば、引き渡しのことは何ひとつ恐れることはなく、そうなるのはさほど簡単ではなく、さほどすぐのことでもあ

りません。（Пилсудский1999c, 21）

また四月十日付のラッセル宛書簡にもピウスツキはこう書いている。

私は大隈とさらに何人かの人物を訪問しましたが、現在のところ皆が亡命者に対して好意的です。（Пилсудский1999c, 23）

五月七日発行の『ヴォーリャ』第六号にはウラジーミル・ゴルヴィツの記事「政治亡命者引き渡し」に付して、次のような編集部の発表が掲載された。

東京その他の日本の地域にいる編集部員が、日本の文化界の代表的人物、若干の議員や政治家と行なった多くの話し合いから、日本が政治犯の引き渡しを許さないばかりか、ロシア政府の意を汲んで政治犯を圧迫することもしないという点について、まったく疑いはないことが明らかとなった。（Горвиц, 4）

日本の支配層のロシアに対する警戒心はなお強烈で、露国革命党は依然として同盟者たる資格を失っていなかった。他方社会主義に対しては、この年一月に成立した第一次西園寺公望内閣は一定の柔軟路線をとり、この月に堺利彦と深尾韶《しょう》による日本社会党の結党を認めている。このような政策のもとで、『ヴォーリャ』グループはわが国で存在していたのである。

ピウスツキは四月五日付の書簡で二葉亭にこう伝えている。

ブラゴヴェシチェンスクから数名逃亡してきました。チタからも幾人か到着しました。オルジフもうまく検挙を逃れました。それで、今や長崎でかなりのグループが組織できます。―こちらへ移住するよう誰に勧めたものか、どのように生計をたてたものか、この問題に決着をつけるためあなたと相談したかったのです。〔中略〕四、五日後に、オルジフおよび、こちらへ来るとの電報をくれたその同志に会います。（『二葉亭四迷全集』別、一一五）

「同志」とはプウォスキのことである。二葉亭はこの人物とも会ったのだろう。またこの五日後にピウスツキはラッセルに宛ててこう書いている。

オルジフがうまく逮捕を逃れて、今長崎におり、近日中に東京に来ることを、あなたは恐らくもうご存知でしょう。（Пилсудский1999c, 23）

オルジフはこの頃来日し、東京で二葉亭とも会っている。まもなく二葉亭は革命派の運動に冷淡になっていった。同年（月日不明）、北京警務学堂時代の同僚・阿部精二に宛てて、彼は次のように憤懣をぶちまけている。

西伯利より露国革命派続々逃込み、中には東京へ来るものも有之候故、此等を相手に一と仕事と出懸けし處、相手か丸でお坊ちやんにて話にならず、到頭骨折損となりたり、今も革命派の上京する者は必ず来つてあれこれと相談を掛け候へども最早相手にならない事に決し候、渠等は皆空論を以て事を成さんと欲する徒にて口舌以上の活動をせんといふ意なし、こんな事で何が出来るものかと愛想をつかしたる次第に候（『二葉亭四迷全集』七、二四八）

この点について横山はこう書いている。

用心深い君〔長谷川君〕の眼にはかれ等が余りに理想的で、実際運動の拙劣に失望したのであらう。後日君は露国革命派の主義に忠実なのを認めてゐたが、露国の人物は、武断派に在りといつてゐたのを見ると、渠等の人物が余りに単純で、実際的手腕の欠けてゐるのに愛想が盡きたものと見える。（横山一九〇九、上ノ二一九）

先に触れた革命家たちの内紛も、二葉亭の憤懣の一因だろう。ピウスツキは二葉亭の心境の変化を察知していた。彼はラッセル宛書簡（六月十三日付）にこう書いている。

ロシア語の翻訳者のうち私が信頼できるのは長谷川だけです。しかし彼は東京でのオルジフとの会談の後、あるいは別な理由でか、亡命者サークル全体に対してひどく冷淡になりました。あなたがすぐに〔長崎へ〕来ないのか、と彼は始終尋ねています。（Пилсудский1999c, 24）

モスクワのロシア連邦国立文書館《ガルフ》に二葉亭のオルジフ宛の手紙が三通と葉書が一通、ラッセル宛の手紙が一通、そして二葉亭の名刺が保管されている。二葉亭のロシア語は文法的にほぼ非の打ちどころがなく、筆記体の筆蹟も実に自然で巧みで、日本人の手になるとは思えない。これは二葉亭の優れたロシア語力を示すとともに、彼が学んだ東京外国語学校の徹底した語学教育ぶりをも物語っている。彼のウラジオストク滞在は一月弱、ハルビン滞在は三カ月弱にすぎない。これら五通のうち四通において、二葉亭はラッセルとオルジフに露文の図書と定期刊行物の入手に関する問い合わせ、もしくは依頼をしている。二葉亭にとってロシア人・ポーランド人革命家との交流は、露文の新刊を入手するための手段および情報源としての意味をもっていたのであり、それ故彼が彼らに「愛想をつかした」後も両者の交流は続いたのだろう。

『自由戦士アルバム』

一九〇七年十月二十四日付のオルジフ宛の手紙で二葉亭は前日にアルバムを受け取ったことを伝えている（沢田二〇〇九、二一五）。二葉亭の十月二十三日の日記に「夕方、オルジフよりアルバムを受取る」とあり、翌日の日記に「オルジフに手紙を出す」とあるのが、この手紙である。二葉亭が受け取ったのは、「ヴォーリャ」出版所がこの月に出した『自由戦士アルバム　第一巻　一五四人の個々の肖像画と三十七グループと三十七種の伝記及びそのコメント』である。

ピウスツキとの交際も変わりなく続いた。二葉亭は彼の「年を取った小児」のような人柄を愛したのである。帰国が決まった時、「イの一番に尋ねたのは、長谷川君の家で、二十幾貫の大男が飛びついて、潸《はら》々と涙を出して、君に喜

二葉亭とピウスツキ

悦を分つたといふ」（横山一九〇九、上ノ二一九）。六月十九日にピウスツキと二葉亭は東京・本郷の中黒写真館で記念写真を撮った（Biblioteka: sygn. 4648, k. 8;『二葉亭四迷全集』別、一一六）。

ピウスツキに文学の素養があったことも、両者の交遊を途切れさせなかった一因だろう。ウラジオストクでマトヴェーエフが発刊した雑誌『極東の自然と人々（東洋週報）』にピウスツキは「日本より」という記事を連載したが、同誌第二十号（旧暦六月十一日発行）所載の記事にこうある。

> マクシム・ゴーリキイは日本の読書界でとても有名である。多くの者はゴーリキイを英語訳で読んでいるが、いくつかの短編は日本語訳もある。ゴーリキイのみならず、概してロシア作家たちの最良の翻訳者としては、ロシア文学とロシア語通の長谷川氏を挙げなければならない。[14]

後にピウスツキはゴーリキイと文通し、ある書簡で二葉亭のことを伝えている。一九〇六年七月に二葉亭はピウスツキから、クプリーンの『決闘』を収めた『ズナーニエ社文集』を入手している（『二葉亭四迷全集』別、一一七、一二〇）。「ズナーニエ（知識）社」は一八九八～一九一三年にペテルブルグにあった出版社である。当初は自然科学、教育、芸術関係の啓蒙書を出していたが、一九〇〇年にゴーリキイが加わって文学作品を出版し始めた。一九〇四年に『ズナーニエ社文集』の刊行を開始し、一九一三年までにゴーリキイ、チェーホフ、セラフィモーヴィチ、アンドレーエフ、ブーニンなどの新作を収録した全四十巻が出た。

横山源之助

二葉亭がピウスツキを引き合わせた人物のひとりに横山源之助（一八七〇―一九一五）がいる。代言人（弁護士）試験に失敗し、文学や宗教問題に興味を持ち始めた横山は、一八九一年に初めて二葉亭の門をたたいたが、その頃二葉亭は文学放棄を決意し、下層社会研究に従事していた。その強烈な影響を受けた横山は、同じ関心を持つ嵯峨の屋お室（本名・矢崎鎮四郎《しんしろう》）や松原岩五郎と交わって社会問題に興味をもち、『毎日新聞』に入社。以後ジャーナリストとしての生活を続けた。そして一八九九年に二冊の名著、『日本の下層社会』と『内地雑居後之日本』を出版した（立花、二三二―二三四、二四九）。横山は、明治維新の性質、財閥富豪の生成と経済外的特質、日本の産業革命が社会に及ぼした影響、貧民、労働階級の発生と状態を究明し、大衆に知らせようとした。一八九〇年代前半の日本には労働運動も社会主義運動もまだ存在していなかったのである（立花、二七─二九）。

一九〇六年早春のある雨の日の夕方、二葉亭とピウスツキが本郷区湯島天神二丁目二十六番地の横山の下宿「伏龍館」にやって来た。二葉亭の死後三カ月弱で出た追悼文集のなかで横山の回想はとりわけおもしろく、二葉亭とピウスツキの交流についてもかなり具体的に述べている。彼はピウスツキとの初対面の模様をこう書いている。

> 玄関に出て見ると、四十を越したかと思はれる、でつぷりとした外人が、君〔二葉亭〕と駢《なら》んで立てゐる。ピルスウツキー氏である。僕の顔を見ると、君の紹介も待たず、莞爾《にこ〵》として手を出す。（横山一九〇九、上ノ二一五）

三人はお成道[15]の西洋料理店で夕食を済ませた後、横山の下宿に引き返して語らい始めた。「特に本国を亡命して二十年余、頭《かしら》に白髪を交へてゐるにも似合わず、些《すこし》も幽欝《ママ》の模様がなく、無邪気で、暢気で、キヤツ〵騒ぐ具合などは丸で小供のやうだ」と横山は書いている。ピウスツキは横山に、「日本の学者は何故日本の舊民族である此のアイヌを閑却してゐるのであらう」と言った。「学者的態度を以て研究するばかりでなく、正義博愛の観念強く、社会的同情を以てアイヌの現状を見てゐたのが日本の学者と異なる所」（横山一九〇九、上ノ二一六）だったと横山は書き残している。二葉亭がピウスツキを紹介したのは、ピウスツキのアイヌ研究と横山の下層社会研究に相通ずるものがあると考えたためだろう。次のような横山の証言も、彼がピウスツキと身近に接した人間であることを示している。

> で、ピ氏自身は革命運動に怖気を立て、革命は好物だが、運動が嫌ひだといつてゐたが、永年西比利亜に漂ひ、革命者に知己が多かった所から、此の無邪気の人も、日本に在留してゐた露国革命党の捲き添となり、日本に在留して長崎と東京との連絡と為つて、革命党の為に民間に運動してゐた。（横山一九〇九、上ノ二一七）

横山が被差別部落民のことを話すと、ピウスツキは強い関心を示し、すぐに自分で浅草の亀岡町を訪ねていった。被圧迫民族のポーランド人である彼が、この日本でアイヌ人と被差別部落民に関心を寄せたことは記憶されてよい。ラッセルの土地売却の件で二葉亭とピウスツキを島田三郎に紹介したのは、以前『毎日新聞』に勤めていた横山である。但し、二葉亭は横山に要人訪問の真の目的を明かしてはいない（和田春、下二二八）。

横山はピウスツキからの聞き書きで、二つの文章を著した。一つは「露国革命婦人」と題するもので、松原岩五郎編集の雑誌『女学世界』の一九〇六年四月号に発表された。[16] リュドミーラ・ヴォルケンシュテインの一代記である。ピウスツキは彼女とサハリンで同囚だったので、その死を深く感じて横山に話したのだろう。ピウスツキは横山のために、ヴォルケンシュテインの伝記をラッセルに依頼した。

> また鉛版を予約するために、リュドミーラ・アレクサンドロヴナの伝記と写真をお願いします。（一九〇六年二月十四日付。Пилсудский1999c, 20）

ちょうどこの頃、リュドミーラの夫アレクサンドルが長崎に滞在していた（「露国革命派の名士」）。従ってピウスツキが頼んだ伝記は、ラッセルがアレクサンドルからの聞書きで執筆したか、あるいは後者が執筆したかのいずれかだろう。「露国革命婦人」は明らかにこの伝記に依拠している。ラッセルは写真は送らなかったようで、写真は掲載されていない。四月五日付の二葉亭宛書簡でピウスツキが次のように書いたのは、この論文のことである。

> すでに博文館の雑誌に横山さんの文章が掲載されています。彼が鉛版をくれるのを待っています。中国の学生たちに頼まれましたので―。（『二葉亭四迷全集』別、一一五）

いま一つの文章は「来遊中の布哇《ハワイ》砂糖王（露国革命党の金主）」と題するラッセルの一代記で、雑誌『商業界』の同年四、五月号に分載された。[17] 横山は俘虜工作の終わりまでのラッセルの経歴をかなり正確に物語っているが、その前書きと後書きから、ピウスツキがラッセル自身から聞いた談話を横山に伝えたこと、その際二葉亭が両者の通訳をつとめたことが分かる。本論文は、当時の日本の読者に露国革命派の一タイプを提示している。

ピウスツキは十一月二十一日付と翌一九〇七年十一月二十一日付の二葉亭宛書簡で、近く出る予定の横山の本のために序文執筆を頼まれたが断わったことを気にかけて、それは謙遜ゆえだったと繰り返し書いている（『二葉亭四迷全集』別、一二五、一五〇）。これは一九〇六年十月に出た『海外活動之日本人』のことだろう。

日本・ポーランド協会

ピウスツキと二葉亭は日本・ポーランド協会（以下「日ポ協会」）を設立し、両国の交流をすすめるために、「先づ一番容易で、一番故障の少ない文学」の翻訳、紹介を取り上げることにした。そして編集者・西本波太の出版所が協会の事務所となった。ピウスツキの帰国後も、両者の関係はとだえなかった。現在早稲田大学中央図書館に、ピウスツキが日本国内およびヨーロッパから二葉亭に書き送った書簡計十五通が保管されている。[18] これらの書簡から、ピウスツキがクラクフでシェロシェフスキ、レオン・ワシレフスキ、アダム・シマンスキといったポーランドの代表的作家、批評家に自作の推薦やその露・独・仏・英訳の寄贈を求め、それらを二葉亭に送ってきたことが分かる。東京に日ポ協会付属図書館を設けるためである。[19] そしてこれらの作品の日本への紹介を、ピウスツキは二葉亭に繰り返し依頼した。ピウスツキはこれらのことを通じてポーランド・リトアニアと日本の間に通商関係が樹立されることを望んでいた（Пилсудский2015, 123）。

そのうち二葉亭によって訳出されたのは、アンジェイ・ネモエフスキの散文詩『愛』（一八九六年）と自然主義作家ボレスワフ・プルス（本名アレクサンデル・グウォヴァツキ）の『椋のミハイロ』（一八八〇年）である。『愛』は革命家の心境をシンボリックに歌ったものである。『椋のミハイロ』は二葉亭の翻訳中、乞食や無宿人のような社会の最下層の人間を扱った作品群に属する。後者はマリア・ジャルノフスカ送付のロシア語訳からの重訳である。この女性については第十二章で詳しく述べる。これらの翻訳は、ポリワーノフの短編小説の二葉亭訳『志士の末期』とともに、福田英子（本名・福田英、一八六五―一九二七）の雑誌『世界婦人』に発表された。[20] ピョートル・ポリワーノフは「人民の意志」党員で、一八八二年に逮捕され、シュリッセルブルグ監獄などで二十年の刑期をつとめ上げた後、国外へ逃れたが、フランスでピストル自殺した。その自伝的短編『死んでしまった』（一九〇三年）は、若き日の純粋な正義感に燃えて革命運動に身を投じた主人公が、捕えられてペトロパヴロフスク要塞監獄につながれ獄死する心境を、暗い筆致で綴ったものである。これは二十年を牢獄で過ごして極度の神経過敏と精神異常の発作に見舞われた作者自身の内面に他ならない（Фигнер, 134-137）。二葉亭はこれを『志士の末期』の表題で訳出したのだが、彼の翻訳中これほど悲惨な作品は他になく、この作品においてほど革命と直面しているものはない。

福田は自由民権から社会主義へと思想的経路をたどった女性運動家である。一九〇六年二月に二葉亭を彼女に紹介したのはピウスツキである。そして『世界婦人』はあたかも日ポ協会の機関誌のような役割を果たすようになった。同誌は一九〇七年元日に創刊された半月刊の雑誌で、発行部数は千～二千部（村田、一四一）。後に福田は二葉亭追悼の記事で、「並々の雑誌社書肆等が如何に請ふとも仲々に筆とり給はぬ氏が斯く引続きて筆とり賜りしは全く孱弱なる吾が苦境を憐れみ給ひしが故なりき」（福田、一）と気配りを見せているが、内実はむしろその逆と言うべきである。即ち、『志士の末期』は後半が抄訳、『愛』は未定稿、『椋のミハイロ』は未完であって、ここには当時の二葉亭の創作と翻訳における苦渋の他に、ある種の我がままさをも認めることができ、『世界婦人』に対する彼の関わり方に一種の気軽さのようなものがあったことは否めない[21]。

一方二葉亭も一九〇七年、ピウスツキに森鷗外の『舞姫』[22]と木下尚江の長編小説『良人の自白』のそれぞれ英語版を送った。だが、前者は日本文学の特質が表われていないという理由で取り上げられず、後者のみがポーランド語に翻訳された[23]（『二葉亭四迷全集』別、一四一、一五八）。人妻との恋、姦通、懐妊、生と死をめぐる作品である。木下尚江（一八六九―一九三七）は東京専門学校（現・早稲田大学）卒業後に代言人試験に合格して法律事務所を開き、キリスト教の洗礼を受けた。その後毎日新聞社に入社。二葉亭と木下の出会いは一九〇六年二月初旬のことで、二葉亭がピウスツキを伴って、木下の勤務する毎日新聞社を訪問したのである。

> 長谷川君の背後に一人の外人が立つて居る。長谷川君は顧みて、其の人を紹介した。波蘭の革命党員で、シベリヤの流罪地から逃れて居たのだ。始めて見た時には一寸老人かと思つたが、話して居る中に壮年者であることが知れた。（木下、二四四）

その後も二葉亭と木下はいつも箱館屋の二階で会ったという。「薄暗い、まるで地下室か巌窟かのやうな閑かな一室」（木下、二四四）と木下は書いている。

後に二葉亭は自ら『舞姫』をロシア語に訳し、ポドパーフが横浜で発刊した露文雑誌『東洋《ヴォストーク》』の第一、二号（一九〇八年一、二月）に掲載した。『東洋』は日本文学の紹介と商工業関係の報道をうたっていた。その前に二葉亭は『舞姫』と思しき鷗外の短編を長崎のオルジフに送り、さらに『良人の自白』、『太閤記』[24]、『日本古典軽喜劇集』のそれぞれ英語訳を送ることを提案して、「ヴォーリャ」出版所が日本文学のロシア語訳を出すことを勧めたが（沢田二〇〇九、二一五）、オルジフはそれを受け入れなかったようだ。

右が加島斌

日本の社会主義者

ピウスツキは日本の社会主義者とも接触をもった。一九〇六年二月六日の夜、神田三崎町の「吉田屋」でアメリカから帰国した片山潜（一八五九―一九三三）の歓迎会が開かれた。日露戦争の最中の一九〇四年八月十四日にアムステルダムで社会主義者の国際組織である第二インターナショナル（国際社会主義者大会）の大会が開催されたが、その際片山は日本代表として参加し、ロシア代表のプレハーノフとともに副議長に選ばれて握手を交わしたことはよく知られている。ピウスツキはこの歓迎会に出席し、加島汀月《ていげつ》の通訳でロシア語で演説した。加島汀月、本名・加島斌《あきら》はニコライ神学校の出身で、日本ハリストス正教会の数多くの聖書注解や教書類を訳出した人物である。彼は一九〇三年七月に神学校を卒業し、正教会の出版社「愛々社」に翻訳者として入社した（『大日本正教会著訳出版図書目録』。『宣教師ニコライの全日記』七、二八一）。雑誌『裏錦』に数多くの論考を執筆している。ニコライ主教は加島の仕事ぶりを高く評価していた。

「福音経」を「端」に分ける仕事が終わった。「使徒経」も終わった。この仕事はアキラ加島がたいへんよく助けてくれた。教会内で使用する「福音経」と「使徒経」を印刷しなければならないが、アキラ加島はそれも手伝ってくれることになっている。慎重と精確が求められる仕事だが、かれにはその素質がある。若者だからときどきポカをやるときはあるが。（一九〇四年六月十日（二十三日）の日記）（『宣教師ニコライの全日記』八、八六）

ちなみに東京を出発する直前の六月二十四日、ピウスツキは加島に自分の写真を贈り、裏面の献辞の追伸にこう記した。「これまでは敵対していた民族や人種との統一と友情という大義に仕えよ」（ヤンタ＝ポウチンスキ、一四二）と。

安部磯雄、河上清、幸徳秋水、西川光二郎、片山潜、木下尚江によって日本最初の社会主義政党「社会民主党」が創設されたのは一九〇一年五月のことである。一九〇三年十月に堺利彦と幸徳秋水は「平民社」を創設し、翌月から週刊『平民新聞』を発行。日露戦争中は非戦の立場を貫いた。一九〇五年二月に『平民新聞』が発行禁止となり、その後継紙『直言』も九月で終刊。十月に平民社が解散し、石川三四郎、木下、安部らキリスト教派が「新紀元社」、幸徳、堺、西川、山口孤剣らが唯物論的社会主義の「凡人社」と分裂して、翌月からそれぞれ月刊紙『新紀元』、月二回刊紙『光』を出すことになった。その『光』の前日発行の号に片山の歓迎会の予告が載っている。それには、「尚ほ同日波蘭人にて国事犯の為十二年間樺太に流罪となりたる同志も出席すべし」とある。また当日の『毎日新聞』にも、「今六日午後六時より神田三崎町三の一吉田屋に於て片山潜氏の歓迎会を開き露国社会党員一名出席の筈」との予告が掲載され、ピウスツキの出席が一種の〈出し物〉として会に彩りを添えるものだったことが分る。彼の演説の要旨は次のとおりである。

> 予は小学校に通う時社会主義の名を聞きて之を祖国の賊なりとせり。稍々長じて書を読むに従って社会主義の救世の大真理なることを知るを得たり。二十歳の時ポーランド革命運動に加って国事犯に問われたり。十九年間樺太に流刑となり、今回の大赦で帰国の途次なり。社会主義は地上の天国なり、社会主義の理想国を建設するは人類の共同責任なり。（片山潜、一六五）

この席上、幸徳の夫人・千代子は絹手巾に老梅を描いて彼に贈った。幸徳は前年十一月に逮捕を逃れて渡米しており、帰国したのはこの年の六月のことである。ピウスツキは日本の社会主義者たちの談話をノートに筆記していたという（「片山潜氏歓迎会」。横山一九〇九、上ノ二一六）。彼は会から帰ってきて、社会主義者の集まりといっても労働者がいないと不思議がったのに対し、二葉亭は、「『日本の社会主義は学生の社会主義だ』と説明した」（横山一九〇九、上ノ二一七）という。

その後、『光』の四月五日発行の号に長崎のロシア人革命家グループに関する記事が、また五月五日の号には『ヴォーリャ』発刊の紹介と、無政府主義者で『長崎新報』主筆の久津見蕨村《くつみけっそん》によるヴァデーツキイの詳しい紹介記事「露国の革命家」が掲載された。

ピウスツキは堺利彦、加藤時次郎とも交わった（Bibliote-ka: sygn. 4646, t. 2, k. 4;『二葉亭四迷全集』別、一一六）。堺利彦（一八七一―一九三三）は日本にいち早くマルクスの思想を紹介したことで知られ、〈日本社会主義運動の父〉と呼ばれている。ピウスツキは二月中旬に彼の家を訪問した。堺は二年前に妻を失い、平民社を手伝っていた延岡為子と前年九月に再婚していた。堺はピウスツキの印象をこう述べている。

> 氏は其年未だ三十九歳といふのに、両鬢既に多く霜を宿して、多年苦労の痕を示して居るが、それにも似ず極めて無邪気な、極めて人の善い、親みやすい人物である。（堺、二九〇）

堺によると、ピウスツキは異人種間の結婚を大いに推奨し、翌日よこした手紙に、堺の娘・真柄《まがら》の夫をポーランドで探すと書いてあったという。真柄は最初の妻との間にできた当時三歳の女児である。その返信であろうか、堺のピウスツキ宛英文書簡が残っている。それによると、堺はピウスツキを今井歌子に紹介し、また幸徳千代子との連絡役をつとめていたようだ（Biblioteka: sygn. 4648, k. 26）。今井については次章で触れる。翌一九〇七年二月三日付の手紙でラッセルはピウスツキにこう書いている。

> 〈印刷〉機器購入のためクラルクを東京に遣りました。東京で出ている新しい社会主義者の新聞『平民新聞』の発行人・堺が購入を手伝ってくれています。私は時々彼らに自分の論文を送っています。堺と『平民新聞』の宛先は、東京京橋区新富町七丁目です。
> （Руссель, 39）

パーヴェル・クラルク（一八六三―？）は元「人民の意志」党員で、再三にわたる逮捕の後、息子ボリス（一八八九―一九一八）とともに東シベリアのアカトゥイ監獄を脱獄して長崎へやって来た（和田春、下二〇五）。東京へ派遣されたのが父子のいずれかは不明。『新紀元』は一九〇六年十一月に廃刊となり、十二月に同じく廃刊となった『光』派と合同して、一九〇七年一月から日刊『平民新聞』を出し始めたのである。だが二月に日本社会党の結社禁止、そして四月に同紙は早くも発行禁止となった（黒岩、一三三―一三五）。

加藤時次郎（一八五八―一九三〇）は長崎と東京の学校、大学でドイツ医学を学び、一八八八～九〇年にドイツへ留学した。帰国後に東京市京橋区水谷町に加藤病院を開業し、一八九四年に箱館屋の近く、京橋区木挽町六丁目十番地（現在の銀座七丁目十二番）に移転した。彼はドイツで社会主

加藤時次郎（1913、4年頃）

義思想に触れたのがきっかけで社会運動に関心をもった。一九〇三年十月に自宅に「直交団」を結成し、翌年一月から月刊機関誌『直言』を発行して、民衆の困窮に対して発言、活動を行った。その立場は社会改良主義といえるだろう。加藤は社会主義者たちに対して金銭的援助を行ない、週刊『平民新聞』、『光』、日刊『平民新聞』発刊に際しても出資した。そして週刊『平民新聞』廃刊の際には『直言』を後継紙として平民社に提供した。また一九〇六年二月二十四日の日本社会党第一回大会は加藤病院で開かれた。十二月に突如加藤は夫人とヨーロッパへ出発した。これは過激に走る社会主義者一派に巻き込まれないための方策だった。そして翌一九〇七年八月にドイツのシュトゥットガルトで開催された第二インターナショナル第七回大会に日本社会党代議員として参加し、移民問題で発言した（「列国社会党大会」『加藤時次郎選集』六九四―六九五。成田、一六―八六）。

この旅行のことはピウスツキも把握しており、同年五月十日付の手紙で二葉亭にこう書いている。

ドクトル・加藤が（スイスの）ベルンから手紙をくれました。私はかれと奥さんをこちらへ招待したいと考えています。弟がちょうどヨーロッパを巡歴するので、かれが直接会って、わが友を招待する予定です。

（『二葉亭四迷全集』別、一三四）

またラッセル宛の書簡（年月日不明）でも加藤に言及している。

社会主義者世界大会の日本代表・加藤医師が私に手紙をくれまして、私は彼と多分夏に会えるでしょう。

(Пилсудский1999c, 32)

ピウスツキと加藤のヨーロッパでの再会が成ったかどうかは不明である。加藤夫妻は一九〇八年九月に帰国した。

堺と親交があり、幸徳から強い影響を受けた小説家に上司小剣《かみつかさしょうけん》（本名・延貴《のぶたか》、一八七四―一九四七）がいる。上司はある時ピウスツキらと銀座のレストランで会食する機会があったが、その折の印象をこう書いている。

中列左から三人目から福田英子、逸見菊枝、木下操子、後列左から横田兵馬、一人おいて石川三四郎、木下尚江、ピウスツキ、安部磯雄

口髭のある、額の抜け上がつた、小づくりな男。彼れは粗末な料理をうまさうに食ふ。ピユルスドスキイ『オバラヴアン、…わたくし、函館で、…』と、身振り手振りに、面白い恰好を見せて、ゆッくりしたフランス語で話す。〔中略〕時々ロシヤ語を混ぜる。これは極めて早口に聞える。（上司、二〇八）

日本で何が珍しいかと訊かれて、ピウスツキは、「□□の起らぬことゝ、電車へ隣りに乗り合はした日本人たちが、仇敵のやうにして睨み合つたり、素知らぬ顔をしたり、一言も物を言はぬことです」（上司、二〇九）と答えたという。

ピウスツキは二葉亭の紹介で石川三四郎、安部磯雄、木下尚江、福田英子、横田兵馬など、新紀元社の面々とも交際した。そして二月二十五日に神田区美土代町の日本基督教会堂で開かれた定例の集会に出席して、一同と写真撮影を行った。その後一同は小川町のすきやき屋「いろは」（または「常盤」）に移って、晩餐会を開いた。「いろは」は木村荘平《しょうへい》が創業した「いろは牛鳥肉店」のことで、東京市内に二十数軒のチェーン店があり、神田区連雀町十八番地に「第六いろは」があった（「牛鍋「いろは」王国と木村荘平」）。ピウスツキは新紀元社の人々と何度か会食したようだ（「新紀元集会」。石川一九七八b、二八〇。石川一九七七、一七六。広瀬、一〇九）。

横田兵馬は陸軍幼年学校を中退して、この前年に第一高等学校に入学した。中退は大杉栄同様「危険思想」のゆえだった。当時十七、八歳であっただろう。横田は『世界婦人』第五号から編集主任をつとめたこともあった（大澤二〇〇六、一〇〇。村田、一四二）。彼と同級生だったフランス文学者・辰野隆《ゆたか》はこう回想している。

横田はすでに入学前からソシアリストとして、幸徳

秋水や堺枯川〔堺利彦のペンネーム〕や荒畑寒村や大杉栄と交わり、一高入学後も、時々本郷の警察署から呼び出されたり、検束を食ったりしていた。僕等同級の二三の友が平民新聞の購読者になったり、クロポトキンの書物を巴里のストック書房から取寄せて読むようになったのも全く横田の影響であった。彼は二年の末ごろから胸の病に罹って学校の方もだんだん欠席がちになったが、三年に進んでから遂に病が革《あらた》まって没した。(辰野、二一三)

横田は一高入学以前からフランス語が堪能だった。彼は三月三十日にピウスツキにフランス語の葉書を送り、「予定どおり、四月一日の午後六時にさまざまな年代のご婦人方と伺います」(Biblioteka: sygn. 4646, t. 4, k. 29) と伝えている。「さまざまな年代のご婦人方」とは、新紀元社の福田英子、逸見《へんみ》菊枝や木下操子、あるいは若い婦人運動家の今井歌子、遠藤清あたりのことか。遠藤についても次章で述べる。この年の十一月二十一日付の書簡でピウスツキは二葉亭に、ハルトマンを訪ねたこと、この人物は福田の本を翻訳していることを伝え、「私の出発後の『新紀元』を全号欲しいとも伝えて下さい。出発の時送料はおいてきました」(『二葉亭四迷全集』別、一二五) と依頼しているが、その十日前に『新紀元』は終刊となっていた。

ピウスツキは高野岩三郎 (一八七一―一九四九) にも交流を求めた。高野は統計学者で、労働運動への助言、指導と労働者教育の分野でも先駆的役割を果たした人物である。彼は一八九九年から四年間ドイツで社会統計学と経済学を学び、東京帝国大学法科大学 (後の法学部) 統計学講座の教授となった。同大学の便箋に認めた高野のピウスツキ宛ドイツ語書簡(日付不明)が残っている。それによると、ピウスツキが高野に書簡を送り、自ら何度か大学を訪問もしたが、会えなかったことが分かる (Biblioteka: sygn. 4646, t. 1, k. 16-17)。

大逆事件によって幸徳秋水をはじめとする社会主義者が厳しく弾圧されるのは、ピウスツキが日本に滞在した四年後のことである。ピウスツキの日本滞在時には既に私服刑事が社会主義者を監視、尾行していたので、彼自身にも監視の目が光っていたであろう。

論文「樺太アイヌの状態」

ピウスツキの第二の、そしてアイヌ関係では最初の学術論文が、日本語で日本の雑誌に発表されたことは特筆に値する。まず月刊誌『世界』の一九〇六年六月号に、ピウスツキが撮影した樺太アイヌの写真四葉とピウスツキ自身の

写真一葉が載った。前者の内訳は、熊祭りが二葉、チュフサンマと思しき女性を含む三人の女性と二人の子供の集合写真が一葉、二人のアイヌ首長の写真が一葉、後者には「露国人類学者ピルスドストキー氏樺太アルコウオ村の叢中にギリヤク人を集め歌を聞き取りて書き取る所」というキャプションが付いている。そして同誌七、八月号に論文「樺太アイヌの状態」が、彼の写真とアイヌの写真（七月号）、樺太アイヌの「疫病祓いの祈禱」と「熊祭見物の図」の写真各一葉（八月号）とともに掲載されたのである。この論文は、前年に執筆されてこの翌年にウラジオストクで発表された「樺太アイヌの経済生活の概況」の縮刷版からの翻訳にほかならない。本論文は、ポーツマス条約で南サハリンを獲得した日本当局の問い合わせに対する回答という側面をもっていた。シェロシェフスキは後のピウスツキ追悼記事で本人の言葉をこう伝えている。

> 私〔ピウスツキ〕は樺太アイヌたちの今後の状態について意見を述べるよう依頼された。日本人の移民の波がそこへ向かうはずだったのだ。この問題に関する私の回想記は殖民委員会によって好意的に受け入れられ、山縣〔有朋〕侯爵が出していた月刊誌『せはい《ママ》〔世界〕』の数号に掲載された。（Вихеркевич, 68）

と同時にピウスツキとしては、本論文によって日本社会にアイヌの悲惨な状態を知らせたかったのだろう。『世界』誌を発行していたのは二宮徳次郎。この人物は山県有朋の〈隠れ秘書〉を以て任じていた民間言論人で、「売らんかなの雑誌は作らず、ただ真面目な正しい原稿のみ集めて編集」（中薗、二三〇―二三一）していると評価されていた。ピウスツキの論文が本誌に掲載されることになった経緯は不明だが、後述の鳥居龍蔵の調査旅行記「蒙古旅行」が本誌に十数号にわたって連載されているので、あるいは彼の紹介によるものか。「樺太アイヌの状態」が活字になったのは、ちょうどピウスツキの離日前後の時期にあたり、本人はそれを目にしていなかったようで、その結果と反響を十一月二十一日付の手紙で二葉亭に問い合わせている。

> 「世界」誌で、アイヌ人の状態を書いた私の論文の翻訳を読まれましたか。それは簡約化された草稿から訳されたもので、しかもそれを上田がどう訳したか私は存じません。それに対して批評はありましたか。どんなでしたか。（『二葉亭四迷全集』別、一二五）

二葉亭がいかなる回答を送ったかは不明だが、本論文に込められたピウスツキの真意が日本の支配層や学者たちの理解と支持を得ることはなかっただろう。

上田 将

論文の訳者は上田 将《すすみ》[25](?—一九一二)。盛岡出身の上田はニコライ神学校第二期生としてロシア語を学び、「愛々社」の翻訳員となって数多くの聖書注解や教書類を訳出した(『大日本正教会著訳出版図書目録』。『日本キリスト教歴史大事典』一六二)。前記加島の同僚にあたる。『日露実用会話』(一八九六年)、在日ロシア人俘虜のための『日露会話捷径』(一九〇五年)のような著書もある。ニコライは上田の翻訳を高く評価していた。

> マトフェイ上田はうちでは最も腕のたつ翻訳者だから、いま抱えている『クロンシタートのイオアン師の日記』をかれが終えてしまったらすぐに、金口イオアンの翻訳を引き受けてくれるように頼んでみよう。〔中略〕上田がやる気を出すように、翻訳料として一巻(製本すると二冊になる)につき百円支払い、通常の給料に上乗せする。(一九〇〇年十二月三十一日(一九〇一年一月十三日)の日記)(『宣教師ニコライの全日記』六、二二一—二二二)

上田が亡くなった時に日本正教会の機関誌『正教新報』に載った訃報にはこうある。

> 上田氏の露語に精通せられたる其譯文の平易明瞭なることは世間既に定評ありて我等同人の常に敬服に堪へざりし所なり(「上田将氏の永眠」一七)

ピウスツキは上田と一九〇六年一月下旬頃に知り合ったようだ(Пилсудский1999c, 19)。当時上田は『東京日日新聞』の記者をつとめ、『ヴォーリャ』創刊号から第四十六号(八月七日)まで、東京での予約購読と広告の受付をしていた。ピウスツキは三月三〜四日付のラッセル宛書簡にこう書いている。

> 上田が当地で、オルジフのために注文して彼に送ったいくつかの品物の支払いのための金を今か今かと待っていますし、恐らくは自らもオルジフが自分に約束した給料を待っています。(Пилсудский1999c, 21)

ピウスツキはこの年の十月にニューヨークから長崎の同志宛に、「上田は『ヴォーリャ』の代理人をやめたのですか」

(Пилсудский2006b, 47) と問い合わせている。上田は二葉亭や神学校関係者、亡命ロシア人、中国人革命家等と広い交際範囲を持ち、十一月に東京・牛込で行われた孫文と社会革命党の創設者グリゴーリイ・ゲルシューニの会談の通訳をつとめたのも彼である（和田春、下一一四、一五六―一五七、二〇六）。

クラクフのポーランド芸術アカデミー・科学アカデミー学術図書館所蔵の「ブロニスワフ・ピウスツキ手稿」中に、上田がピウスツキに宛てた手紙と葉書が一通ずつ残っている。手紙は一九〇六年七月十九日付のもので、自分は長崎に行けないこと、『モンゴルとモンゴル人』の翻訳を頼まれたこと、現在ニコライ主教が正教会の司祭と伝教者を東京に集めており、湊《みなと》氏が色丹島から到着したこと、ガルフィリド氏が今朝横浜から長崎に向かったこと、自分はよく箱館屋に寄ってピウスツキのうわさをしていたこと、横浜に乗船が停泊したら電報を打ってほしいこと、『世界』誌は既にピウスツキ宛に発送済みであり、『世界』次号用のもう一つの鉛版が出来上がった時点で鉛版を送るつもりであることを伝えている（Biblioteka: sygn. 4646, t. 4, k. 5-7a）。

『モンゴルとモンゴル人』はアレクセイ・ポズドネーエフの著書で、この翻訳は一九〇八年に東亜同文会編纂局訳『蒙古及蒙古人』として出た（ポズドネェフ「凡例」二。堀川、一四）。「湊氏」とは、日本正教会の根室地方の伝教者モイセイ湊福太郎のことである。この人物はたびたび色丹島に出かけて越冬し、かの地で正教の教えを広め、仏教の伝道者と闘い、千島列島の先住民たちに父親のように慕われていた。一九〇九年七月に湊は輔祭セラフィムに叙聖された（『宣教師ニコライの全日記』四、四四、四七、六六、九二、一八〇、一八九、三七四―三七五。同五、一八八。同六、四八、五一、一二一、一七五。同七、一二三―一二三、一七五、二〇三。同九、五八―五九）。

葉書の方は一九〇七年七月一日付で、ピウスツキから手紙を受け取ったこと、ポドパーフが家族と東京にいて、ロシアの諸新聞のために特派員通信を書いており、日本の新聞からの翻訳を自分が手伝っていること、『ジャパン・タイムズ』と社会主義者の雑誌の近刊をピウスツキに送ったこと、最近神保〔神保小虎〕氏に会い、彼がピウスツキの手紙を受け取ったと言っていたことを伝えている。なお葉書の方の署名は「M・ウエダ」になっているが、筆跡からしてこれは明らかに同一人物であって、「M」は上田の洗礼名「マトフェイ」を指すのだろう（Biblioteka: sygn. 4646, t. 4, k. 7;『宣教師ニコライの全日記』九、「人名索引」七）。

「ピウスツキ手稿」には、宛先が上田になっている手紙がもう一通残っている。それは煙山《けむやま》専太郎（一八七七―一九五四）の一九〇六年二月二十五日付の手紙である。煙山はこの三年前に東京帝国大学文科大学（後の文学部）哲学科を卒業し、早稲田大学で西洋近世史、最近世史、政治史を講じていた。この手紙は上田とピウスツキの面会申し込みに対する回答で、二月二十八日の午後一時に早稲田大学で会おうという趣旨のものである（Biblioteka: sygn. 4648, k. 42）。

これらの上田宛の手紙からして、ピウスツキの東京滞在中上田が彼をいろいろな場所に案内し、さまざまな人々に引き合わせていたことが推測される。上田はピウスツキ宛の葉書で、ポドパーフのために日本の新聞の翻訳を手伝っていると書いていたが、次章で紹介する『極東の自然と人々〔東洋週報〕』にピウスツキが「日本より」を連載する際にも同様の援助がなされたのかもしれない。

ウラジオストクとの連絡

ピウスツキは日本を去るにあたって、ゴリド人コレクションの簡略な解説と、二本の浩瀚な論文「樺太アイヌの経済生活の概況」と「サハリン島のアイヌの統治制度に関する規程草案」をアムール地方研究協会に送付している（Пилсудский2004, 367; Латышев2008a, 289）。ゴリド人コレクションとは、前年十一月にアムール川下流域にあるトロイツコエ村とその周辺地域で彼が収集した一大コレクションのことである。ピウスツキは日本滞在中にこれらの仕事を仕上げたものと思われる。

ピウスツキは日本滞在中にさまざまなルートを通じてウラジオストクと連絡を取ろうとした。彼は六月十三日に東京から長崎のオルジフにこう書き送っている。

> ウラジオストクからもう二カ月以上何の知らせもありません。肉親と話し合いをしていたマトヴェーエフからは便りがありません。（Латышев2006a, 39）

ピウスツキにとってマトヴェーエフは、自分とウラジオストクを結ぶ糸のような存在だったのである。マトヴェーエフは四月に立憲民主党系の日刊新聞『極東地方《ダリョーキイ・クライ》』を創刊していた（Матвеев 3., 14; Хисамутдинов2004, 63）。

もう一人が、第七章で紹介した山口為太郎である。この人物はその後芝罘《チーフー》在勤を経て、一九〇六年三月からウラジオストク勤務となっていた（外務大臣官房人事課、三一三―三一四。「山口副領事略歴」。Lensen, 61, 210）。以下は彼のピウスツキ宛の露文の手紙である。

> 尊敬するピウスツキ様

東京から出したあなたの手紙を二週間以上前に受け取り、本日はウラジオストクに本日到着した「たいえき丸」から二通目を受け取りました。あなたのご依頼については、あなたの一通目を受け取るとすぐに、ヴィルチンスキイ〔ヴィリチンスキイ〕氏のもとを訪れましたが、氏は不在でしたので、あなたの手紙を氏のお宅に預けてきました。その後マトヴェーエフ氏宅を訪れたところ、氏はちょうど在宅で、直接手紙を渡しました。その時マトヴェーエフ氏が私に言うには、あなたがまもなくインド洋経由ではなく、アメリカ経由で故郷に出立されるらしいとのことで、もしかしたらあなたはもう日本にいないかもしれない、と付け加えました。それで東京宛にあなたに手紙を書くかどうか躊躇しましたが、今はあなたがまだ日本を去っていないことを知っています。

アムール地方研究協会の書記宛の手紙に関しては、私はまず博物館に行きましたが、その日は博物館は休館で、その後日曜日に行ったところ、書記は不在でした。ようやく彼がフョードロフ通りに住んでいることを知って、そこを訪ねましたが、またまた不在でした。彼は現在ニコーリスクの別荘にいるが、ウラジオストクによくやって来るとのことでした。それ故私は彼のところに手紙を預けて、渡してくれるよう頼んできました。それ以降は今のところ彼のもとを訪れていません。

当地では水兵の反乱に関する物騒な噂が広まっていますが、今のところは平穏です。

やっとなんとか落ち着いて、今は妻〔山口那可《なか》〕の到着を待っています。

まずはこれにて。

あなたのT・山口

一九〇六年七月六日 (Biblioteka: sygn. 4646, t. 4, k. 28)

マトヴェーエフはピウスツキの帰国のことを把握していたのである。七月二十日付のアムール地方研究協会司書宛の手紙でピウスツキは、自分が借りたヤドリンツェフ著『植民地としてのシベリア』は一月にマトヴェーエフ経由で返却したこと、彼がまだ返却していなければその件を彼に話してほしいこと、そのことでちょうど今彼に手紙を書いていることを伝えている。その三日後にピウスツキはウラジオストクのソロヴィヨーフ宛に手紙を書き、アイヌの経済状態に関する原稿と、サハリン県知事に提出したアイヌを始めとする異民族の習俗整備に関する新規程のプランをマトヴェーエフに送ること、原稿はできれば『アムール地方研究協会紀要』にも載せたいこと、マトヴェーエフが自分の雑誌に掲載し、その後綴じて冊子にし、アムール地方研究協会からも出版できるであろうことを伝えている。「アイヌの経済状態に関する原稿」とは「樺太アイヌの経済生活の概況」のことである。八月一日に横浜からアムール地方研究協会委員会へ送った手紙でも、七月二十三日の手紙の後半部分の趣旨を繰り返し、そうすれば出版費用を節約できるし、自分もいくらか稼げるだろうと書いている(Пилсудский2004, 366-367)。

しかしながら、その後状況が変わった。ピウスツキは十二月三日付でクラクフからラッセルにこう書いている。

> あのように不首尾に、自分でも予期せずに捕えられた可哀相なマトヴェーエフのことを聞きました。私はマトヴェーエフに渡すために『ヴォーリャ』に残しておいた原稿を入手しなければなりません。あれはどこにありますか。もし発送されていなければ、とても必要なのです。私は原稿を卑しむべき金属に変えられるでしょうし、それなしでは生きてゆけないのです。〔中略〕写真はマトヴェーエフが逮捕されたので、オヌフロヴィチのところに残してあります。彼に私に送らせてください。(Пилсудский1999c, 28, 29)

翌一九〇七年〔月日不明〕にアムール地方研究協会運営委員会委員フョードル・デルベクに送った手紙でもピウスツキはこの原稿のことに触れている。

> 私の論文がいかなる経路で協会に届いたのか知りません。N・P・マトヴェーエフはまず自分の雑誌に発表し、その後製版してアムール地方研究協会の小冊子として出すことを約束してくれました。〔中略〕今や、あわれなマトヴェーエフを襲った不幸の後では、プランは不成功に終わりました。(Пилсудский2004, 369)

マトヴェーエフの逮捕については第十一章で述べる。長崎の「ヴォーリャ」社からアムール地方研究協会に送られた論文とは、むろん「樺太アイヌの経済生活の概況」のことである。これは論文「サハリン島の個別アイヌ村落に関する若干の情報」とともに、一九〇七年に『アムール地方研究協会紀要』に掲載された。これら二論文は相互補完関係にあるので、同時に発表されたのだろう。逆にサハリン先住民統治規程草案は日の目を見なかった。その理由は、アイヌが居住する南サハリンが日本領となったこと、草案の内容が当時としては過度にユートピア的な思想に依拠していることに求められるだろう。

ポドパーフ

一九〇六年七月二十七日、ピウスツキは日本を去るにあたって、ポドパーフとの間に絵葉書の材料として四十七葉の写真の売買契約を結んだ。内訳は、アイヌの写真が三十四葉、サハリンの景観が四葉、ギリヤークが八葉、オリチャが一葉である。契約条件は、ポドパーフがピウスツキに初版は千部につき十ルーブル、それ以降の版では五ルーブルを支払う、そして年に一度ポドパーフがピウスツキに出版した絵葉書と売れた絵葉書の数を報告し、それに相当する額の金を支払うというものである（Biblioteka: sygn. 4650, k. 1-50）。だがその後ポドパーフからピウスツキへの連絡はなかったようで、ピウスツキは一九〇七年二月十一日付のラッセル宛の手紙でポドパーフの動静を尋ねている（Пилсудский1999c, 32）。同年五月四日付のピウスツキのアムール地方研究協会運営委員会宛の手紙では、サハリンやプリアムール地方を旅した日本人旅行家の日本語の古書数冊をポドパーフに預けてあるので、それらを取り寄せてロシア語訳を作成するよう伝えている（Пилсудский2004, 371）。十二月十日付の二葉亭宛の手紙でもピウスツキはこう書いている。

時々ポドパーフと会われるとのことですが、彼のことが気になっていますので、かれが今していることを知りたいものです。かれ自身手紙をくれれば一番よろしいのですが。かれはアイヌやギリヤークの写真をかなり沢山私から借りて行きました。それらをロシア向けの絵葉書にして発行したいといっていました。年に一度決算して、規定分を私に支払ってくれるはずでしたが、しかしもう一年か一年半以上も経つというのに、これについて沈黙しています。ほとんどこの一年間全く返事さえありません。―もしよろしければ、内々調べていただけませんか。―たった今かれの手紙を落手しました。今のところ何もしていないと書いています。病気をし、しかもまだ、ウラジオストクの印刷所を売った代金を受け取っていないようです。三種類の新聞に寄稿しているとも書いています。（『二葉亭四迷全集』別、一五七）

一方ポドパーフは一九〇八年一月二十二日にピウスツキに手紙を書いた。

私はついに雑誌を創刊しました。その創刊号をこの手紙と一緒にあなたにお送りします。〔中略〕さてあなたはアイヌに関する一、二本の論文のための資料を提供してくださるだろうと思います。そうすれば今までオガワのもとに保管されているあなたの写真を私は利用することができます。(Biblioteka: sygn. 4646, t. 3, k. 37)

「雑誌」とは『東洋』のことである。「オガワ」は、ポドパーフの一九〇六年十月十四日付のピウスツキ宛書簡でも、「近日中にオガワのところに行きます」(Biblioteka: sygn. 4646, t. 3, s. 37) と便箋の欄外で言及されている。これは当時の日

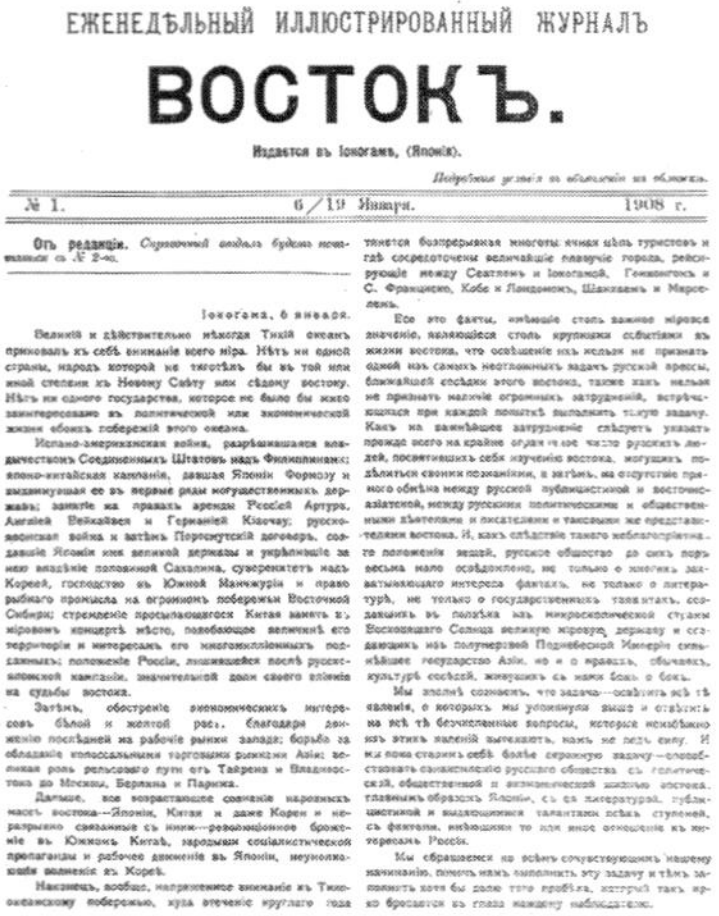

『東洋』創刊号

本写真界の第一人者・小川一真《かずまさ》（一八六〇―一九二九）のことだろう。小川は一八八二年に渡米し、かの地で三年間写真術を研修した後、帰朝して東京・飯田町で開業した。彼は本邦初のコロタイプ写真製版・印刷を手がけ、文化財や美術作品を緻密に再現した（「小川一真の帰国土産、広告写真燈」）。日露戦争時には『日露戦役写真帖』（一九〇四年）や『日露戦役外国画帳』第一～三集（一九〇五年）を出版している。この書簡を受けて、ピウスツキは一九〇八年三月九日付の二葉亭宛書簡にこう書いている。

ポドパーフが『東洋』紙を送ったと知らせてきましたが、まだ受け取っていません。非常に興味があります。アイヌについて二、三論文を頼まれました。（『二葉亭四迷全集』別、一六二）

ピウスツキはポドパーフの依頼に対して肯定的な回答をしたようだ。ポドパーフは同年四月二十一日付の二葉亭宛書簡に、「ピウスツキから手紙をもらいました。雑誌に協力したいといってきました」（『二葉亭四迷全集』別、一一四）と書いたが、同時に自己の破産を伝えている。『東洋』は六号で廃刊となった。

坪井正五郎

ピウスツキは日本の人類学者やアイヌ研究家にも積極的に交際を求めた。彼が初めて横山源之助のもとを訪れたのは、東京帝国大学理科大学（後の理学部）人類学教室で主任教授・坪井正五郎（一八六三―一九一三）の研究談を傍聴した帰りのことである（横山一九〇九b、上ノ二二五）。坪井は「遺跡にて　よき物獲《え》んと　あせるとき　心は石器胸は土器土器」という狂歌を詠むような諧謔に富み、一般聴衆にも平易な言葉で語りかける演説の上手さには定評があったので、研究談はおもしろいものだったであろう。坪井は人類学者、考古学者で、一八八六年に結成された「東京人類学会」の会長をつとめ、埼玉県の吉見百穴住居論を主張した。即ち、小人のような日本の先住民族コロボックル（アイヌ語で「フキの葉の下の人」の意）がここに住んでいたというのである。今日では吉見の横穴は葬穴として用いられていたことが明らかになっている。坪井は、第六章で触れた内国勧業博覧会の学術人類館の〈生身の人間展示〉に協力して批判を浴びたが、アイヌ救済を熱心に説いていたので、ピウスツキは共鳴するところ大だったであろう（川村、二九、二〇九―二一八）。

坪井正五郎

一九〇八年三月九日付の二葉亭宛書簡でピウスツキは、坪井らがサハリンを旅行したとの便りを受けとった、写真を撮っただろうからそのコピーを入手してほしい、と書き送っている。一九〇七年夏のこの二カ月の旅行中、坪井一行はバフンケの家に一夜の宿を求めた（『二葉亭四迷全集』別、一六二。坪井、一五、一七、一八。桑原、三三一―三三三）。また一九一一年四月にピウスツキは坪井に手紙を送っている。同年七月から翌年三月にかけて坪井は各国の博物館視察のため欧米に派遣された。このことはピウスツキが日本からの便りで知っていたようで、シュテルンベルグ宛の二通の書簡（一九一一年十一月二日付と一九一二年一月五日の消印）で繰り返し坪井のヨーロッパでの所在を尋ね、彼に会いたい旨を伝えている（Пилсудский2007b, 51; БП и ЛШ, 190, 213-214, 215）。さらに一九一三年五月に坪井は第五回万国学士院連合大会に出席のためペテルブルグに赴くが、急性腸疾患を発して同月二十六日にかの地のアレクサンドル男性病院で死去した（川村、三三五―三三六）。これは第十三章で述べるように、かつて二葉亭が入院した病院である。

鳥居龍蔵・きみ子

東京帝国大学理科大学講師の鳥居龍蔵（一八七〇―一九五三）とも、ピウスツキは上京早々に交わりを結んだ。徳島市の煙草問屋に生まれた鳥居は小学校を中退し、独学自習。考古学に興味を抱いて上京し、坪井に師事して人類学と考古学を学んだ。一八九三年に東京帝国大学理科大学人類学教室標本整理係、一八九八年に同助手、一九〇五年に同講師に任命された。鳥居は人類学と考古学におけるわが国最初のフィールドワーカーで、調査地は満蒙、朝鮮半島、台湾、中国西南部から南米にまで及び、北千島、樺太、東部シベリア、プリアムール地方の調査も行っている。わが国で初めてフィールドワークにカメラと蠟管蓄音機を携行したことは、ピウスツキとの共通点である（中薗、二―二六八）。だが最も重要な共通点は、消滅しゆく一民族の運命に対して、鳥居が自著『千島アイヌ』（一九〇三年）の自序で悲しみと怒りの涙をはらって次のように綴っている点であろう。

鳥居龍蔵（1906年）

> 千島アイヌ！千島アイヌ！〔中略〕嗚呼何ぞ其剽悍勇猛なる、されど適者生存、優勝劣敗の原則は、汝の手より幸福を奪ひ去り、今や昔日の勇気已に消滅し…

鳥居はニコライ神学校の生徒からロシア語を学び、辞書を引きながらロシア語を理解することができた（鳥居龍一九五三、四〇）。一九〇六年二月八日の『東京朝日新聞』に「露国人類学者」と題してピウスツキ紹介の記事が載ったが、それによると鳥居はピウスツキを東京北豊島郡西ヶ原の貝塚に案内し、土器の破片や石器などの表面採集を試みた。この貝塚は一八七七年にアメリカ人動物学者エドワード・モースが発見したものである。ピウスツキは毎日東京府下の骨董店をまわって、研究資料を収集していたという（「露国人類学者」）。七月三十日にピウスツキは神戸付近の「ダコタ号」上で後述のディボフスキに手紙を書いたが、そこにはこうある。

当地で私はある日本人の民族学者と知り合いになりました。この人物は千島列島に出かけ、かの地のアイヌに関する本を著しました。それは鳥居氏です。彼はあなたの小辞典のことを知りませんでした。私は彼に小辞典のことを教え、ガリツィアから取り寄せようとしました。現在この人はモンゴルに出かけています。(Пилсудский1999d, 51)

一九〇九年十一月に鳥居はロシア極東の郷土史家・考古学者・民族学者ワシーリイ・マルガリートフの論文「セデキミ河附近アムールスキー湾海岸に存在する貝塚」の翻訳を『人類学雑誌』に掲載した。これは第四章で触れたミハイル・ヤンコフスキイが一八八〇年に発見した、ウラジオストクの近くヤンコフスキイ半島にある淡水産貝塚、ヤンコフスキイ貝塚を紹介したものである。[26] 翻訳の序文にはこう書かれている。

忘れもせじ明治三十九年の初春、唐太アイヌ、ギリヤーク語に精通せるB. Pilsoudski[sic]氏同島より黒龍江下流地方を巡回し我国に来れり、當時余は氏と一見舊知の如く往来し以て、黒龍江、唐太方面の人種、言語、土俗等の事に就て得る所頗る多かりき。余は一日氏を案内し西ヶ原貝塚に到りしことあり。(Margoritof, 58)

西ヶ原貝塚案内の礼としてピウスツキは一九〇六年二月二日にこの論文を鳥居に贈った。これは一八八五年四月二十八日の『ウラジオストク』紙に載ったものである。鳥居は朝鮮の英文雑誌に出た本論文の英語訳とオリジナルを対照しながら訳出した。彼は一九一九年の第一回東部シベリア調査で現地を訪れ、石器や土器を採集している(Хисамутдинов2007, 386; 中薗、二五五)。

一九一一年に鳥居はピウスツキの「サハリン島の先住民」をドイツ語版から訳出して、『世界』、『人類学雑誌』、『北斗』の三誌にほぼ同時に発表した。この論文には鳥居の著書『千島アイヌ』と岡本柳之助『日魯交渉北海道史稿』からの引用、そして坪井のコロボックル説の紹介がみられる(ピウスツキ二〇一八、二七八—二八〇)。

ピウスツキは鳥居の妻きみ子とも親交を結んだ。鳥居きみ子(旧姓・市原キミ、一八八一—一九五九)も徳島市の出身で、地元の師範学校を卒業して尋常小学校の教師をつとめた後、東京音楽学校に入学した。そして東京音楽学校在学中、二十歳で龍蔵に嫁いだのである(中薗、二五、八二、

鳥居きみ子（1906 年）

九九）。夫の北千島探検に際して彼女は次のような短歌を詠んだ。

すずゞらんの花にやどるか島人の　かほりとゞめて露と消え行く（鳥居龍一九〇三）

一九〇六年二月九日の夜、大雪をついてピウスツキが鳥居家を訪問したが、龍蔵は既に就寝していて会えなかった。翌日その詫び状をきみ子はローマ字表記の日本語とフランス語の混交文で書いてピウスツキに送った（Biblioteka: sygn. 4648, k. 31）。ちょうどこの頃、きみ子は前任者の河原操子《みさこ》に代わって内モンゴルの東部に位置する喀喇沁《ハラチン》王府の毓正《いくせい》女学堂の教師に招かれることが決まった。モンゴルの各王府のなかで最も進歩的な喀喇沁王は、モンゴル人男女に新教育を施す計画を立て、雇い外人教師を招聘したのである（中薗、一八〇）。そして三月五日に彼女が新橋駅を発つ時、ピウスツキは見送りに行って、彼女に写真を手渡した。後にきみ子が出発の情景を回想しつつ、「勇ましき諸声して『鳥居夫人萬歳』と呼ばるゝもうれしく覚束なき日本語もて『サヨナラオクサン』と帽子捧げて呼ぶ露西亜人も亦愛らしく」（鳥居き一九〇六a、二。鳥居き一九〇六b）と書いた「露西亜人」とはピウスツキのことである。きみ子は門司の船中から彼にローマ字表記の日本語の礼状を認めている（Biblioteka: sygn. 4648, k. 31）。

龍蔵にもモンゴルの王府から雇い外人教師の誘いがあったので、彼は妻に一カ月遅れてモンゴルへ赴き、同じく喀喇沁王府の男子・崇正学堂で教鞭を執りながら、かの地の民族学調査に従事した。きみ子は翌年一月まで毓正女学堂で音楽教師としての腕をふるうかたわら、女生徒たちからモンゴル語を学んで、夫のモンゴル、満洲の調査には欠かせぬ助手をつとめた（「鳥居君子女史が蒙古王の家庭教師に」「鳥居龍蔵、夫人の後を追い蒙古王へ」。中薗、七二―一七八）。この時龍蔵は三十六歳、きみ子は二十五歳である。

小金井良精

ピウスツキは、東京帝国大学医科大学（後の医学部）解剖学第一講座教授で解剖学・形質人類学者の小金井良精《よしきよ》（一八五九―一九四四）とも大学で三回面会している。小金井は坪井のコロボックル説を批判し、〈コロボックル即ちアイヌ〉説を主張した。鳥居は小金井説に軍配を上げ、また研究上の姿勢が東洋史などの文学部門に広がっていったので、恩師・坪井との関係はこの頃気まずいものとなっていた。

まず二月六日におそらくアポイントメントなしでピウスツキが小金井研究室にやって来た。後者の日記に、「露国ポーレンピルスツキ氏教室へ尋ね来る　同氏は十二年間樺太島にありてアイノ其他の人種に付て調べたりと云ふ」とある。その日の夜に鳥居が小金井宅を訪問したので、ピウスツキのことが話題に出たであろう。アポイントメントを取った上で九日にピウスツキが小金井を再度訪問した。「午後二時頃約の如くピルスツキ氏来る」と後者の日記にある。この後ピウスツキは折からの雪を踏んで鳥居宅を訪問したのである。その後六月十九日にピウスツキが小金井の教室にやって来た。「露国ポーラン人ピルスツキ氏教室へ来る近日帰国すと云ふ」と後者の日記にある（『小金井良精日記明治篇　一九〇〇―一九一二』三一〇―三一一、三三一）。

ピウスツキの『アイヌの言語とフォークロア研究資料』の序文に付した文献中に、小金井のドイツ語論文「アイヌ人の形質人類学的考察」が含まれている。

小谷部全一郎

ピウスツキは日本のアイヌ支援者やアイヌ研究家とも交わりを結んだ。二月十四日に彼は「北海道土人教育会[27]主任　米国文学博士」小谷部《おやべ》全一郎（一八六八―一九四一）から、書物と洋風の食糧を持参すれば、北海道胆振郡虻田《あぶた》村の彼の自宅に好きなだけ滞在してアイヌ研究をしてよいという誘いを受けている（Biblioteka: sygn. 4646, t. 2, k. 85）。小谷部は青年時代に北海道、千島列島、カムチャトカ半島、アラスカ経由で〈神の国〉アメリカへの渡航を試みたが、

小谷部全一郎と長男・正義（1904 年）

カムチャトカ半島まで来て密入国者として函館へ強制送還となった。その途次北海道でアイヌ村落の悲惨きわまる状態をつぶさに見て、アイヌ救済を心に決めた。その後アメリカ渡航を果たし、ニューヨークのヴァージニア実業学校、ワシントンのハワード大学、ニューヘブンのイェール大学と大学院で学び、哲学博士の称号を得た。ここに至るまでの半生を綴った英文の自伝を小谷部は『ア・ジャパニーズ・ロビンソン・クルーソー』と題して一八九八年にボストンで出版した。

その後小谷部は帰国し、横浜の教会で牧師をつとめた後、虻田村に移住。社団法人「北海道旧土人救育会」を創立して、わが国最初のアイヌ人のための実業学校「虻田学園」を設立し、自ら教壇に立っていた。当時の小谷部の姿を目の当たりにした東京帝国大学学生の金田一京助は、「アイヌ種族の救世主」と伝えている。ピウスツキは「アイヌの生活整備と統治に関する規程草稿」の教育に関する項目で、「近年には日本人の小谷部〔全一郎〕氏が、アイヌに対する同情から、読書きのみならず手仕事や農作業までも教えるべく、アイヌの村に細君同伴で住みついている」（ピウスツキ二〇一八、一六三）と書いている。一九〇九年に「土人保護の議」が貴族院を通過し、小谷部の学校も国に移管されたのを機に、彼は東京に戻った。その後一九一九年に小谷部は陸軍省の通訳官に採用され、チタへ派遣された。現地で史跡調査に従事し、それをまとめたのが『成吉思汗ハ源義経也』（一九二四年）である。源義経とチンギスハーンが同一人物であるとするこの本は、大正末から昭和初年にかけて大ベストセラーとなった。また『日本及日本国民之起源』（一九二九年）では、日本人の祖先はヘブライ人であり、ユダヤ人と同じ血統であると論じた（小谷部、二一―三、二三八―二四六）。

日本のアイヌ研究家

ピウスツキは関場不二彦、村尾元長、神保小虎ともドイツ語、英語等で手紙のやりとりをした。関場不二彦（一八六五―一九三九）は外科医、医史学者で、札幌に「北海病院」を開設し、北海道医師会の初代会長をつとめた。二月二十日にこの医師は札幌からピウスツキにドイツ語の手紙と自分の著書『あいぬ医事談』を送付した。この本の緒言によると、一八九二年秋頃、関場が公立札幌病院勤務時に一月に七、八人のアイヌ患者を診察して、その言語や風俗、医事上にわたる事柄を調査しようと決めた。そしてバチェラーの勧奨によりアイヌ病室の患者を担当して研究の便宜と材料を得、四年をかけて本書をまとめたという（関場、「「アイヌ」医事談緒言」）。もっとも、この本は十年前の出版のため訂正や再調査が必要な箇所が少なからずあるので、二年以内に第二版を出版する予定であることを関場はピウスツキに伝えている(Biblioteka: sygn. 4648, k. 27-29)。『あいぬ医事談』はピウスツキがヨーロッパに戻った後も手元に携えており、彼の論文「ギリヤークとアイヌにおけるハンセン病」（一九一三年）には本書に関する言及が見られる(Пилсудский2007b, 67; ピウスツキ二〇一八、三八四―三八五)。

村尾元長（一八五四―一九〇八）はかつて開拓使、北海道庁につとめ、アイヌ研究家でもあった。面会日を打ち合わせる三月二十九日付の彼の達筆の日本語の葉書が残っている（Biblioteka: sygn. 4648, k. 32)。神保については第七章で触れた。

＊　＊　＊

七カ月半の日本滞在がピウスツキの全生涯においていかなる意味をもつか、一言で語るのは難しい。しかしながら、それがきわめて異例の、長い滞在期間であることは間違いない。元来シベリアやサハリンの流刑囚にとって日本とは、流刑地からの脱出路の途上にあるエキゾチックな島国にすぎなかった。しかるにピウスツキが半年間有効のパスポートを得ていたとはいえ、結果的に七カ月半も滞在したという事実は、彼の日本での居心地の良さを物語るものだろう。恐らく彼は少なからざる物質的、精神的援助を受けていたのであり、その点で二葉亭と上田が果たした役割は大だったであろう。

注

1　この人物について詳しくは、正木・楯岡の本を参照のこと。

2　現在の中央区銀座六丁目九―七の婦人服店「銀座マギー」銀座本店のある所。

3　また別の資料によれば、この人物は一八三八（天保九）年に尾張の国海東郡草平村に生まれた。十二歳の時に故郷を出て、箱館に来て開墾と海産事業に従事して成功した。維新に際し榎本軍に投じて戦う。その後ロシアと中国を周遊して帰朝し、一八七一年銀座尾張町に洋酒商「尾張屋」を開いた。これは東京における洋酒商の嚆矢だったという（『明治人名辞典』下、シ四〇）。

4　この番地の建物については、沢田二〇一四、三一七―三一八頁を参照のこと。

5　ピウスツキは「サハリン島の先住民」のロシア語版では引用文献の著者名と書名を失念していたが、ドイツ語版では明記している。

6　この人物については、沢田二〇一四、二九六―三一六頁を参照のこと。

7　ナンバー二三六、一九〇五年十二月一日付で沿海州庁が発行、有効期間は半年（БП и ЛШ, 225)。

8　双方の具体的な出版物については、沢田二〇〇七、二七四―

二七五、二九六―二九七頁を参照のこと。

9 ケナンの観た日本と日本人については、左近の論文を参照のこと。

10 呉弱男は上海に生まれて愛国女学校で革命家としての教育を受け、姉・呉亜男とともに来日して青山女学院英文科に入学した、とする説もある（和田春、下一九二）。

11 *The Twentieth Century Liberty Bell*. 1905.

12 引用に際して旧漢字は新漢字に改め、ルビは省いた。以下同様。

13 二葉亭aにもピウスツキの言及がある。

14 Из Японии // Природа и люди Дальнего Востока [Восточная неделя]. № 20, 11 июн. 1906 г. С. 7.

15 現在の秋葉原付近。御成街道は、江戸時代に将軍が菩提寺である上野の寛永寺へ参詣する時通った道のこと。江戸城から万世橋、旅籠町、末広町を経て黒門（寛永寺総門）に至る。

16 一九〇六年三月十五日執筆。後の横山一九一一では「砲弾に殪れたる婦人」と改題、加筆された。

17 一九〇六年三月十八日執筆。五月号の表題は「露国革命党の金主」のみ。横山一九一一所収時に「露国の亡命客」と改題、加筆された。

18 最初の書簡は一九〇六年四月五日に東京で書かれ、最後の書簡は一九〇九年六月一日にルヴフから発送された（『二葉亭四迷全集』別、一一四―一六四）。

19 一九〇七年十月二十四日にピウスツキはワシレフスキ宅を訪問した。また同月二十七日付のマリア・ジャルノフスカ宛の手紙で、シマンスキから短編小説のドイツ語訳を入手したことを伝えている（Пилсудский2005b, 61, 64）。

20 『志士の末期』は四―六、九、十一、十五号（一九〇七年二月十五日―八月十五日）と六回連載、『愛』は二十三号（一九〇八年三月五日）、『椋のミハイロ』は二十四号（同年四月五日）に掲載。なお、従来『志士の末期』もピウスツキが二葉亭に送付したものと見なされていたが、この作品は二葉亭が長崎のオルジフから原本を借用していたことが判明した（沢田二〇〇九、二〇〇七）。

21 この点については佐藤勝の論文を参照のこと。

22 *My Lady of the Dance*. Tr. by F. W. Eastlake, Tokyo: Saiunkaku, 1906, 47 p.; *The Confession of a Husband*. 2 vols. Tr. by Arthur Lloyd, Tokyo: Yūrakusha, 1905-1906.

23 アダム・ミツキェヴィチ大学（ポズナン）のアルフレッド・マイェヴィチ教授によれば、『良人の自白』のポーランド語訳は見つからなかったので、恐らく本作品もポーランド語に翻訳されなかったのだろうという（*The Collected Works of Bronislaw Pilsudski*. Vol. 1, 31）。

24 *The Life of Toyotomi Hideyoshi*. Translated by Walter Dening. Tokyo: Yurakusha, 1906.

25 「将」を「スヽム」と読む説もある（堀川、一四）。

26 ちなみに一八八四年にこの貝塚調査のために資金提供をしたのが、ウラジオストクに「ブリネル商会」をつくったスイス出身の実業家ユリウス・ブリネル、即ちミュージカル「王様と私」の俳優ユル・ブリンナーの祖父にあたる人物である（大野）。

27 「土人」という言葉は、一八九九年三月に制定された「北海道旧土人保護法」に由来する。

第十章　ピウスツキの観た日本と日本人

この演奏会に行って、日本人が日本の民族音楽とはまったく異なるわがヨーロッパの音楽を理解する資質を備えており、またそれを伝える能力があると私は確信した。

『極東の自然と人々〔東洋週報〕』

ピウスツキの目に映った日本と日本人とはどのようなものだったのだろうか。それを知る手がかりとなるのは、まずはマトヴェーエフの雑誌『極東の自然と人々〔東洋週報〕』に発表されたピウスツキの記事である。ロシア極東で最初の絵入り週刊誌『極東の自然と人々〔東洋週報〕』は、ウラジオストクで一九〇六（明治三十九）年一月二十九日から七月三十日発行の第二十七号まで出た。マトヴェーエフは、「私の雑誌は外見は『畑《ニーワ》』に、内容の点ではソイキンの雑誌『自然と人々』に似たものとなるでしょう」（Хисамутдинов2004, 62）と書いている。『畑』は一八六九～一九一八年にペテルブルグで出ていた大衆向け週刊誌で、かつて流刑時代にピウスツキは囚人仲間とこの雑誌を取

『極東の自然と人々〔東洋週報〕』創刊号

り寄せていた。『自然と人々』はペテルブルグの出版業者ピョートル・ソイキンが一八八九～一九一八年に出していた絵入り週刊科学雑誌である。絵入り雑誌は当時のロシアで流行していた（巽、五八―六〇、六三）。創刊号が出たのは、〈血の日曜日〉事件一周年の一月二十三（旧暦十）日にウラジオストクでデモ行進が行われ、その先頭を歩いていたリュドミーラ・ヴォルケンシュテインが銃殺された十九日後のことである。創刊号の冒頭には彼女の肖像画とマトヴェーエフの追悼詩「リュドミーラ・アレクサンドロヴナ・ヴォルケンシュテインの思い出に」が掲げられた。

ピウスツキの連載記事は、「日本人支配下の南サハリン」（第四―五号、二月十九、二十六日発行）と「日本より」（第四―五、七―十、十四―十五、二十―二十一、二十三―二十四号）、その他に「モンゴルの覚醒」（第二十一号、六月十八日）、またこれは筆者不明だが「異民族のなかのB・O・ピウスツキ」（第二十四号、七月九日）という記事もある。マトヴェーエフが書いたものか。いずれもピウスツキが日本滞在中のものである。署名はおおむね「B・P」もしくは「B」となっている。但し「日本より」の第四号と第二十三号は無署名だが、いずれもピウスツキの手になるものとみなしておく。なお第十五号の署名「B・R」は「B・P」の誤植だろう。さらに第一号所載の「日本の先住民たち―アイヌ」と題した写真や、第二号所載の「アムール川中・下流域地方の先住民たち―イマン川のゴリド人たち」という写真は、ピウスツキが撮影したものだろう。三月三～四日付のラッセル宛書簡で、ピウスツキは二月五日発行の第二号を受け取ったことを伝えている（Пилсудский1999c, 22）。

「日本人支配下の南サハリン」など

まず「日本人支配下の南サハリン」は文字どおり、ポーツマス条約によって日本領となった南サハリンのその後の状態を極東地方のロシア人読者にいち早く伝えたものである。ロシアが北サハリンを流刑地としていることに日本が危惧を抱いていること、サハリンに派遣され、島の植民と行政区分の計画を持ち帰る予定の移住・植民問題の専門家・熊谷《くまがい》氏とその視察団に加わった、元コルサコフ日本領事館書記生の鈴木〔陽之助〕氏の東京帰還が待たれること、もう一人のサハリンの専門家でコルサコフ領事館の最後の副領事だった野村〔基信〕氏が東京に戻ったこと、サハリンの漁区借用の入札に多くの素人の日本人が殺到し、借用料を大幅に釣り上げたこと、コルサコフ哨所は依然として廃墟のままだが、娼家や芸者をおいた茶屋も出現したこと、島に残ったロシア人は約三百人いること、ロシア人が飼育していた膨大な数の家畜が放置されており、日本人住民に半数は自分のものにしてよいという条件で家畜の捕獲が奨励されたこと、地名の多くが変更になったことが述べられている。

「熊谷氏」とは一九〇五年七月から一九〇七年三月まで樺太民政署長官をつとめた熊谷喜一郎のことで、彼はこの前年八月にサハリンに派遣された。サハリンの漁区については、三十三名に対して優先権を与えたのが一〇八個所、入札に出した一二〇個所は約四百人が希望を出し、入札予定価格が六万円余だったのに対して実際の入札高は四八万一一六五円にもなった。またこの折にロシア帝国臣民であるアイヌは漁場を失った（熊谷、五一五、五二一—五二三。田村二〇〇八、九九）。記事の末尾の記述は、ピウスツキが一九〇五年秋にアイ村の家族のもとを短期間訪れた折の見聞に基づくものだろう。

熊谷喜一郎

ピウスツキはサハリンのポロナイ川付近に逗留中の「イシイ・ヨシナオ」という人物から、一九〇六年八月十三日付のロシア語の手紙を受け取っている。これは一九〇四年に東京外国語学校露語科を卒業した石井良直のことである。石井は日露戦争時に九州のロシア人俘虜収容所の通訳をつとめ、一九〇六年にサハリンの参謀本部員となった（野中、四四六、四五六）。

同年六月十五日、北緯五十度でのサハリン国境画定作業のため、日露両国の委員がアレクサンドロフスクに集合して、二十一日まで四回の会議を開いた後、作業を開始した。日本側の委員長は大島健一砲兵大佐で、石井は通訳として参加した。ロシア側の委員長はウラジーミル・ヴォスクレセンスキイ参謀部陸軍中佐である。北緯五十度線に沿って島の東西一三〇キロ余に境界線を引くために、四個所で天体測量を行なって天体観測境界点を設定し、日露国境天測境界標を据えた。さらにそれらの間に測地法によって五〜十キロごとに計十七の中間境界点を設け、中間境界標石を置いた。境界線上には十メートルの幅で森林を伐採して空間地帯をつくった。

ポロナイ川付近は天体観測を行なうべき個所のひとつだった。石井が手紙を書いた八月十三日の時点ではこの作業を終えており、第二天体観測境界点を決定し、境界線測量作業のために東西両方向に向かって、東方はロシア側が伐木し両国が分担して測量、西方は日本側が伐木、測量の作業を進めていた。道路開鑿や橋梁を架けるなどの力仕事はロシア側委員、最新の機器の使用や観測・測量技術面では日本側委員の方が優れていることを互いに認めた上での役割分担だった。作業は十月二日まで続行した。[2] 日本側は約千人の民間人を送り込み、その一割が脚気で倒れたという（志賀一九〇七、二一五―二一九。大島、五五〇―五五七。志賀一九二八、四八、六二―六四、一二七。外務省政務局第三課、六二―六五。「北の国境をたどって一　日本にもあった陸の境界」）。石井はこう書いている。

日露国境標石（北海道大学総合博物館）

> アレクサンドロフスクで委員会の会議があり、その場で目的達成の方法がきわめて詳細に決まりましたが、現場ではたびたびそれを変更しなければなりませんでした。実際、「机上の空論」という慣用句を知っているのであれば、それを無視するのは正しくありません。
> (Biblioteka: sygn. 4646, t. 4, k. 50-82)

「モンゴルの覚醒」では、現在東京の中国人向けの特殊学校「振武学堂」でモンゴルの王のひとりトルハト王が学んでいること、最近「華人青年会」が王歓迎の集会を開いたこと、まもなく王妃も東京に到着し、実践女学校に入学の予定であること、内蒙古喀喇沁の宮廷で二年間王の子供たちの教師をつとめていた河原〔操子〕女史が三人のモンゴルの少女を連れて帰国し、少女たちは現在下田歌子女史の学校〔実践女学校〕で学んでいること、河原女史の代わりに三月に鳥居きみ〔きみ子〕女史が出かけたこと、彼女の夫は千島アイヌの研究で有名な若い学者で、モンゴル語とモンゴルの風俗、習慣を学ぶべく二カ月後に同じくモンゴルに出発したことが記されている。河原操子はもと上海日本人学校の教師だが、その名を高からしめたものは、日露戦争中、満洲北部に派遣された民間志士によるロシア軍の後方攪乱・鉄道爆破などの特別任務班がモンゴルを通過する際に、肉親も及ばぬ世話を焼いて送り出したという逸話である（中薗、一八〇）。下田については後述する。

「異族民のなかのB・O・ピウスツキ」は、「ギリヤークの村でギリヤークの民話と歌謡を記録するピウスツキ」と題する写真を添えてサハリンでの彼の異族民調査活動を紹介した短い記事で、「現在B・Oは日本にいて、自分の研究を整理中である」（Б.О. Пилсудский среди инородцев, 3-4）と結ばれている。

「日本より」

次に「日本より」の内容をかいつまんで紹介しよう。第四号は日露戦争の帰還兵士を凱旋門を作って歓迎する様子が、凱旋門の挿絵二枚を添えて語られている。第五号は、『日本とロシア』紙最終第十六号（一九〇六年一月二十五日）の記事「日本の国内ニュース（英字新聞より）」から一部転載したものである。この記事では一月十五日に銀行家倶楽部が東京で盛大な宴会を催し、伊藤〔博文〕侯と大隈〔重信〕伯、阪谷〔芳郎大蔵〕大臣が出席したこと、伊藤侯が日本に広く門戸を開いた外国資本に飛び付くことの危険性を警告し、大隈伯も伊藤侯の意見を支持して、〈経済的世界共通〉なるフレーズにのぼせ上がらぬよう忠告したこと、大隈伯が『東京経済雑誌』の最新号で政府閣僚にも産業界にも見受けられる保護貿易主義への熱中に反対して貿易の自由を擁護したことが、大隈伯の写真入りで紹介されている。

第七～八号（三月十二、十九日）では、まず約二千人の日本人俘虜の帰国、そして日本人にとって俘虜となるのは極めて恥ずべきであることが語られる。次に歌会始に話題が移る。今年のテーマは「新年河《しんねんのかは》」であること、国内外から一万八七六六首もの句が送られてきたこと、第一等を獲得したのは宮内省御歌所録事の妻・遠山稲子女史の「なみならぬ　年をむかへて　河の瀬の　かみしもとなく　いはふけふ哉」という歌であること、最も優れた「撰歌」として天皇の前で披露される七首のうちに〔在奉天〕第六師団第一野戦病院詰〔陸軍〕看護卒・林清房の句「家にある父はことしも　たに河の　なかれをくみて　としむかふらむ」や、東京の警視庁巡査の娘・長尾布美子の句「河口はにきはひにけり　あらたまの　としの初荷や　いまつきぬらむ」が入ったことが紹介される。次いで新年の御進講はエジプトの保護統治に関するものだったこと、伊藤博文侯が韓国統監府へ出発したこと、その後記事内容を若干省略して、話題は地震に移り、まもなく大地震が来るというデマが流れて、ピウスツキは知り合いの日本人からすぐさま公園に逃げるよう、またその後荷物をまとめて逃げる用意をしておくよう言われたこと、『東京二六新聞』夕刊に大地震は起らないから心配する必要はないという大森教授の論説が掲載されたこと、そして片山潜が最近アメリカから帰国したことが伝えられている。

ピウスツキの記述を補足すると、一月十五日の新年の御進講は、細川潤次郎文事秘書官長の「埃及《えじぷと》と英国との関係」、三島毅東宮侍講の「詩経大雅蕩之什江漢篇」、猪熊夏樹の「日本書紀神武天皇四年二月之森」の三つだった（「御講書始」a。「御講書始」b）。また地震に関する記述には若干不正確な点がある。この年一月十六日の『東京二六新聞』に載ったのは東京帝国大学教授・今村明恒《あきつね》博士の「大地震襲来説」であって、それを否定する大森房吉教授の寄稿「大地震襲来の浮説に就て（一）（二）」が二月一日と五日の『時事新報』紙に掲載されたのである。ピウスツキ自身二月下旬頃に「日本の地震」と題する草稿を執筆している。それによると、当時の日本は地震が多発していたようで、彼が東京に居を据えてから一月半の間に四回の地震があった。昨晩も今朝も地震があった。今日帰宅すると、友人のU氏〔上田将か〕が来て、二十分後に大地震が起こるので日比谷公園へ逃げるところだという。自分もあわててノートと鉛筆をつかんで彼と公園へ向かい、途中で新聞社に勤める友人のH氏〔長谷川辰之助か〕のところに立ち寄った。その後地震襲来がデマであることが分かり、三人は新聞社で和やかな数時間を過ごした。日本人にとって最も恐ろしい三つのもの、すなわち地震と雷と親父のうちの一つを自分は免れることができたとこの文章は結ばれている（Biblioteka: sygn. 4649, k. 11-17）。この原稿が活字になったかどうかは不明である。ピウスツキは一八九三年にサハリンで震度四くらいの地震を既に体験している（Ювачёв2014, II-22）。彼が片山潜の帰国歓迎会に出席したことは第九章で紹介した。

第九〜十号（三月二十六日、四月二日）では、砕氷船〔大礼丸〕が二月九日に青森からサハリンへ出発したものの、厚い氷に帰路を阻まれて三月六日にようやく小樽に帰着したこと、樺太民政署長官・熊谷氏が東京に到着してかの地の情報をもたらしたこと、東京地方裁判所で前年九月の日比谷焼き打ち事件の審理が行われていること、その際幾人かの検察側の証人が警察に買収されていたのが判明したこと、本年三月十五日に同じ日比谷公園で東京市電値上げ反対の市民大会が開かれたこと、三月二十五日には社会党党員の発起にかかる集会が開かれ、それが暴動に発展して、自分もそれを見に日比谷公園へ駆け付けたのだが、自分たちが到着するまでの様子を尋ねた相手が実は私服警官だったこと、翌日に七名の社会主義者が逮捕され、そのなかには社会主義者の機関紙『光』の三人の編集者全員が含まれていたこと、三月十六日に鉄道国有法案が衆議院を通過し、それに抗議して加藤高明外相が辞職したこと、西園寺〔公望〕内閣は政府の法案を通すために買収という日本の議会では珍しくない手段をいとわなかったこと、それによって逆に国民の信頼を失い、新内閣への期待が裏切られたのは誰の目にも明らかなことを伝えている。

ピウスツキは熊谷喜一郎に会って、サハリンの先住民から前払いで注文してあった民族学資料を徴収するための協力を取り付けている（БП и ЛПП, 186）。また東京市内には一九〇二〜〇四年に街鉄、東電、外濠の三つの私営電車会社が開業した。電車賃は三銭均一と安く、市民の足として定着していたが、三社それぞれ五銭に値上げするというので、反対運動が起こったのである。ここでもピウスツキの記述に不正確な点がある。電車賃値上げ反対の市民大会が日比谷公園で開かれたのは三月十一日と十五日であり、それが数千名の暴動となって、日本社会党党員の西川光二郎、山口孤剣、大杉栄ら十名が検挙されたのは三月十五日のことである（「所謂凶徒聚衆被告事件」。「電車賃金値上反対大示威運動」。「第二市民大会」。「凶徒聚衆被告事件」。「社会党員ら日比谷で示威運動」。「市民大会、赤旗押し立て市役所に迫る」。「反対運動の参加者を警察が拘引」）。

第十四〜十五号（四月三十日、五月七日）では、現在東京で学んでいる清国留学生は六千五百人、そのうち女子学生は約二百人であること、日清両国の学生による最初の集会が二月に開かれ、大隈伯と青木〔周蔵〕子爵が開会の辞を述べたこと、清国の青年は民主主義の理想を抱懐しているばかりでなく、その四分の三は革命的ですらあること、彼らのリーダーは最近清国を脱出してきた孫逸仙（孫文）であること、東京で昨年から中国人の機関誌『民報』が発行されていること、昨年彼らの雑誌『二十世紀之支那』の創刊号だけが出たことが述べられている。

第二十号（六月十一日）では、ゴーリキイの来訪が日本で待ち望まれていること、ゴーリキイのみならずロシア文学全般の最も優れた翻訳者は長谷川〔辰之助〕氏であること、五月一日に阪神電鉄の乗務員たちが労働時間短縮と公平な賞与金配当を求めてストライキを起こしたこと、だがロシアと違って日本の官憲は暴力に訴えてこれを鎮圧しようとはしなかったことを述べ、本事件の情報源である『光』紙から、「此同盟罷工は直接見るに足るべき利益を得ざる如しと雖も、資本家をして反省する所あらしめ、労働者は団結の必要を悟るべき点に於て間接の利益は決して少なからざるべし」（「坂神電鉄の同盟罷工」）と引用している。ゴーリキイはこの時亡命者としてアメリカに滞在していた。ピウスツキはこの著名な作家と短期間の交渉があったようだ

(Дударец2009b, 32)。

第二十一号では一九〇五年に「国書刊行会」が設立されたこと、その名誉パトロンは大隈伯であること、出版予定の図書は、

一 『古今要覧稿』全五六〇巻
二 『続々群書類従』全五千巻
三 藤原兼実〔九条兼実〕『玉葉』全六十八巻
四 『新井白石全集』全四百巻
五 『近藤正斎〔近藤重蔵の号〕全集』全四百巻
六 『新群書類従』全三千巻

であること、ロシアの東洋研究機関の図書館はこれらの図書を購入すべきであることを伝えている。一九〇五年八月、大隈重信(一八三八―一九二二)は国書刊行会の総裁に就任した(早稲田大学、五〇一)。

第二十三号(七月二日)では四月三十日から五月五日まで東京で挙行された征露凱旋陸軍大観兵式の模様が伝えられている。ピウスツキは、「日本の兵士は貴国の女学生です」というロシア通の日本の知人の言葉を引用し、日本では国民と軍隊と最高権力の相互関係が実に牧歌的であって、他のすべての国々から見てこれは羨むべきことだと述べている。この観兵式は天皇・皇后両陛下臨御のもとに青山練兵場で挙行された(「両陛下臨御、凱旋の大観兵式を挙行」)。

第二十四号の「日本より」は「教育に関する大臣の訓令」という副題が添えられている。新たに文部大臣に任命された牧野〔伸顕《のぶあき》〕氏が六月初めに学生の思想、風紀の取締りについて訓令を発し、そこに初めて「社会主義防止」の語句が登場して少なからぬセンセーションを惹起したこと、保守・日和見主義的な新聞『東京日日新聞』はこの訓令を支持したこと、『時事新報』は訓令に極めて辛辣な批判を加えたこと、最も保守的な新聞『日本』は、訓令が対象とするのは社会主義ではなく、「極端なる社会主義」であるとしてこの訓令を擁護したこと、『光』は大臣にしかるべき逆ねじを食わしたことを伝えている。ピウスツキは『光』以外の新聞の反応を同紙所載の記事「牧野文相の訓令」から引いたものと思われるが、『東京日日新聞』は彼の紹介とは違ってこの訓令を批判している。

* * *

以上十二回にわたる「日本より」の連載記事は、テーマが実に多岐にわたっている。即ち、兵士の凱旋と観兵式、俘虜の帰国、伊藤の韓国への出発、日比谷公園の暴動など、日露戦争の興奮冷めやらぬ日本社会の様子。外国資本への対応、労働者のストライキ、社会主義の弾圧などの新しい現象。逆に歌会始や御進講といった伝統的な行事など。民族学者であり、社会主義に共鳴し、文学にも造詣の深かっ

たピウスツキの広い目配りが遺憾なく発揮されており、二十世紀初頭の日本の様々な側面が浮彫りになっている。この雑誌の記事のなかでも出色の出来といっていい。記事の材料は、彼自身の個人的体験と『光』をはじめとする新聞記事の双方から成り立っている。まもなく大地震がくると脅されて身の回りの品をまとめる箇所や、知人から聞いて日比谷公園の暴動を見に駆けつける箇所は、ピウスツキの日本での暮らしの一面と彼の旺盛な好奇心を彷彿とさせておもしろい。新聞記事は二葉亭四迷、上田将もしくは軍司義男あたりが、彼のために翻訳してやったのだろう。

慈善音楽会

『極東の自然と人々〈東洋週報〉』第八号所載の「日本より」の中程の部分を、若干長くなるが引用する。

凶作に打ちのめされ飢餓に苦しむ東北地方からの悲しい知らせが絶えず届き続けており、日本のみならず外国でも寄付金の募集を呼び起こしている。〈中略〉

東京では飢餓で苦しむ人々のために一連の演奏会が催された。被害を受けた県の出身である若い学生たちのイニシアチブで催された音楽学校でのある演奏会で、大隈伯が演説を行なった。この日本で最もリベラルな内閣の元首相で議会の進歩党の党首は、あらゆる社会事業や進歩的な企図に常に理解を示す。この人物は官僚制機構を敵とし、熱のこもった演説のなかで高齢にもかかわらず（大隈伯は八十歳を超えている）両のこぶしを振り回しながら、官僚と、国の広大な地域における凶作という深刻な問題に対する彼らの無関心な態度を激しく非難した。大隈伯の意見はとどのつまり、政府がタイミングよくこの問題に手を打っていたら、飢饉は回避できただろうというものだった。「政府に統治されている人々がその政府のもとで飢饉に苦しんでいる、そういう政府は自己の無力さと無用さを証明しているのであります。」拍手の嵐が、若々しい魂を持った尊敬すべき長老のこの演説に対する返答だった。

この演奏会に行って、日本人が日本の民族音楽とはまったく異なるわがヨーロッパの音楽を理解する資質を備えており、またそれを伝える能力があると私は確信した。橘女史は優雅に心をこめてショパンの「バラード」をピアノで演奏した。藤井女史はバッハとフランツとブレチ[3]のロマンスを数曲歌った際に、見事に響く快い声、ソプラノの力と優しさのすべてを発揮した。もし彼女がヨーロッパ行きを承諾すれば、彼女はかの地で自分の歌によって人気を博し、世間から広く認められるだろうにと私は確信する。[4]

ピウスツキが書いているように、一九〇五年の東北地方は冷害による大凶作に見舞われた。とりわけ大きな被害を被ったのが宮城、福島、岩手の三県だった。宮城県の米の収穫は平年に比べて一割二分の出来高、福島県は二割四分、岩手県は三割三分の出来高だった（小野、五四四―五四五）。一九〇六年初頭の各新聞は凶作関係の記事が目につき、義捐金に関する情報が紙面をにぎわしている。

　ピウスツキが訪れた演奏会とは、宮城・福島・岩手県出身の早稲田大学の学生が組織した東北凶作地救済会が、一九〇六年二月十一日午後一時より上野の東京音楽学校（現・東京芸術大学音楽学部）で開催した慈善音楽会のことである。慈善音楽会はとりわけこの月に多く、九日から十八日頃までほとんど毎晩開かれ、いずれも大入りだった（幽弦郎、三三）。なかでも十一日の音楽会は豪華な顔ぶれで、「入場券も頗る売行好く且つ各国外交官等も多大の同情を寄せ臨席するもの多しと云ふ」（「慈善音楽会」c）。諸新聞の記事を総合すると、当日のプログラムは次のとおりである。

　「第一部」(1)開会の辞 (2)常磐津、常磐松島（文字太夫、三登太夫、岸澤文字兵衛、岸澤八百八）(3)長唄、「甲」大薩摩、鞍馬山（芳村伊十郎、杵屋六左衛門）「乙」楠公（芳村伊十郎、杵屋六左衛門、岡安喜代八、杵屋勘五郎）(4)演説（大隈伯）

　「第二部」(1)ピアノ独奏、バラード（橘糸重）(2)独唱、アリアフロムフリジョーフ（藤井環）(3)ヴァイオリン独奏、ローマンツエ、ガヴオツテ（プロフエッソル、ユンケル）(4)独唱、甲、ウイルストドウダインヘルツ、バツハ作、乙、エスハツトデイローゼー、フランツ作（藤井環）(5)ヴァイオリン、ピアノ独奏、ソナタインジーマイノル（ユンケル、フオンケーベル）（「東北凶作地と都人の同情」。「凶作地救済慈善音楽会」。「慈善音楽会」a。「凶作地救済音楽会」b。「慈善音楽会」b）

　当時は慈善音楽会のように聴衆を多く集めるためには洋楽だけでは収入に見込みがないため、邦楽を組み合わせた和洋折衷のプログラムにした。入場料は一等二円、二等一円、三等五十銭で、その収入はすべて救済に充てられた（「凶作地救済慈善音楽会」。田辺、六六―六七）。当日は、「聴衆頗る多く殊に高輪なる内親王殿下の御貴臨ありたるは誠に光栄のことなりし。〔中略〕全く終りたるは四時半なりき」（「凶作地救済音楽会」a）。

早稲田大学の東北凶作地救済会の会長をつとめた大隈重

信の演説も、当日の呼び物のひとつだった。「日本より」で大隈の名が繰り返し言及されているが、ここでも「この日本で最もリベラルな内閣の元首相で議会の進歩党の党首は、あらゆる社会事業や進歩的な企図に常に理解を示す。この人物は官僚制機構を敵とし、〔中略〕若々しい魂を持った尊敬すべき長老」と評されており、ピウスツキは日本の政治家のなかで大隈を最も高く評価していたと考えていい。なお大隈が批判した「政府」とは、一月七日に成立したばかりの西園寺内閣を指す。

　日本人の演奏に関するピウスツキのコメントは、高度な音楽理解の自信に裏打ちされている。第一章で述べたように、彼の少年時代に父はピアノを家族に弾いて聞かせ、彼自身もピアノのレッスンを受けていた。サハリン時代にもたまさか足踏みオルガンやピアノで演奏したり、教え子の少女とピアノで連弾する機会があった（Пилсудский2015, 90, 92, 110; Ювачёв2014, II-22-24, 39, 74, 82）。

藤井　環

　ピウスツキが称賛した二人の女流音楽家のうち「藤井女史」とは、当時東京音楽学校研究科声楽二年に籍をおき、同時に「唱歌」の授業補助をつとめていた藤井環《たまき》のことである（『東京音楽学校一覧　従明治三十八年至明治三十九年』六八、六九）。あるいは後に欧米各地で二十年間に「蝶々夫人」の二千回公演を成し遂げた三浦環（一八八四―一九四六）の若き日の姿と言った方がいいかもしれない。旧姓・柴田環は一九〇〇年に東京音楽学校予科に入学し、ドイツ人教師アウグスト・ユンケルに声楽を学んだ。芝区桜川町から上野まで英国製の真っ赤な自転車で海老

前列右から藤井環、一人おいて幸田（安藤）幸、幸田延

茶の袴に大きな蝶結びのリボンを風になびかせながら通学して、〈自転車美人〉と評判になった。明治時代に自転車はハイカラなもので、輸入自転車は一〇〇〜一五〇円もした。当時の日本で若い女性が自転車に乗るなどは破天荒なことだったのだ。この年に環は陸軍三等軍医の藤井善一と内祝言を挙げる。一九〇三年七月、東京音楽学校の同年卒業生と東京帝国大学文科大学の学生有志によって日本最初のオペラ公演、クリストフ・グルックの歌劇「オルフェとエウリディーチェ」が奏楽堂で上演されたが、本科二年に在学中の彼女はこれにエウリディーチェ役で出演し、オペラ歌手として認められた。翌年に本科を卒業し研究科に進む。

一九〇七年に声楽科の助教授となるが、一九〇九年に藤井と協議離婚して音楽学校を辞職。一九一一年に開場した帝国劇場の歌劇部専属の首席歌手となった。一九一三年、遠縁の間柄にある元東京帝国大学付属医院副手の医学士・三浦政太郎と再婚。翌年夫とともにドイツへ留学するが、第一次世界大戦が勃発。一九一五年にロンドンのオペラハウスでジャコモ・プッチーニ作曲の「蝶々夫人」を演じて大成功を収めた（田辺、三九―一一六）。これ以後、日本最初の国際的プリマドンナとして世界を舞台に活躍した。

わが国では一八七二年に学制が発布されて近代教育制度が発足した。一八七九年に本郷の文部省内に音楽取調掛が設置された。一八八五年二月に音楽取調所と改称され、上野公園内に移転。同年十二月には再び音楽取調掛となり、一八八七年に東京音楽学校となった。一八九三年に高等師範の付属音楽学校に格下げとなり、その後再び独立したのは一八九九年のことである（田辺、三五―三六）。

ピウスツキが藤井の独唱を聞いた東京音楽学校の奏楽堂は、一八九〇年に落成した。ホールは梁行十六メートル、桁行二十六メートルで、客席は最初は長椅子、後には三八〇席の固定席、小規模だが近代的な音響効果がその設計によって得られた。歌の上手、下手がはっきり表れるので、歌い手にとっては厳しい演奏会場だった（田辺、四五、八二）。藤井の歌った曲のうち「アリアフロムフリジヨーフ」は、マックス・ワルダウ作詞、ロベルト・フランツ作曲の「ある墓地」のことか。「ウイルストドウダインヘルツ、バッハ作」は、ヨハン・バッハまたはその子ヴィルヘルム・バッハ作曲の「ジョヴァンニのアリア『汝が心われにあたえずや』」である。また「エスハットデイローゼー」は、アゼルバイジャンの詩人ミルザ・シャフィ作詞、フリードリヒ・ボーデンシュテット訳、フランツ作曲の「ばらは嘆いた」のことである。

この時藤井は二十一歳。「もし彼女がヨーロッパ行きを承諾すれば、彼女はかの地で自分の歌によって人気を博し、世間から広く認められるだろうに」というピウスツキの評言は、現実とは逆のことを仮定する条件法の構文で綴られている。藤井がこの九年後にヨーロッパで華々しいデビューを飾るなどとは、ピウスツキには思いもよらなかっただろうが、結果としてこの言葉は彼女の将来を見事に予言したことになる。後にヨーロッパ遍歴の途次、彼が日本の歌姫の噂を耳にしたかどうか、あるいは彼女と再会する機会があったかどうかは不明である。

橘　糸重

ピウスツキが感銘を受けたもう一人の女性演奏家「橘女史」とは、当時東京音楽学校器楽部ピアノ科の教授だった橘糸重《いとえ》（一八七三—一九三九）のことである。橘は一八八八年に東京音楽学校予科に入学し、ピアノを専攻。一八九二年に本科専修部を首席で卒業した後研究生となり、同校で教鞭を執った、ケーベル門下のピアニストである。「明治三十年前後の音楽会では、幸田女史〔幸田幸《こう》〕のヴァイオリンと相並んで、橘女史のピヤノが演奏の花形だった。」（小花、五）橘の門下生は教室の思い出をこう書き残している。

> 御教室の先生は、いつもゆかしく又おごそかであつた。レッスンの時、私共は云ひ合せた様に襟を正し、真白い足袋をつけた。（多賀谷、一一）

ドイツ系ロシア人の音楽家で哲学者ラファエル・ケーベル（一八四八—一九二三）が東京音楽学校で嘱託講師としてピアノと音楽史を教えたのは、一八九八年から一九〇九年までである。彼は東京帝国大学でも哲学を講じていた。後にケーベルの東京帝国大学の門弟・久保勉《まさる》は二人の師弟の交わりをこう書き残している。

> 橘さんが例のボーイの鈴木に案内されていとも静かに先生の部屋へ這入つて来、すこやかな先生の顔を見ると、いかにも嬉しそうににこ〳〵しながら先生と握手する場面を今なほあり〳〵と想ひ浮べることができる。〔中略〕こんな風で且つ共通の話題もさう多くはなかつたので、別に話がはずむといふ程でもなかつたに拘らず、主客の間には少い言葉と言葉との間に潜む互の心持が単に一緒にゐるといふことから以心伝心で充分に組取られる、と言ふよりも寧ろおのづからにして相通ずるといふ風であつた。（久保一九五一、一三五—一三六）

橘は音楽方面でケーベル博士に一番近しい弟子で、博士は自分の楽譜、音楽書、作曲草稿を彼女に譲ると遺言している。

橘はまた歌人・国文学者の佐々木弘綱・信綱親子に師事し、雑誌『心の花』に短歌を寄せる歌人でもあった。島崎藤村の研究家は彼女の短歌をこう評している。

> 特に前近代的思想の流れをひく日本の多くの歌人のなかにあって、自我が鋭く追求され、存在の危機をひたむきに告白していることは、藤村の小説「破戒」と同じく、著しい近代性を示している。これらの歌が、自我または生のありかたを通して、人生の深淵にふれ、そこに生れる、孤独・寂寥・絶望などの実存的自覚の悲劇を、伝統的詩形において、素朴な、しかし沈痛な詠嘆として形象されていることは十分注意されなければならない。〔中略〕このようなきびしい自己否定の表現は、明治期には珍しく、罪の自覚におけるキリスト教的実存の陰影に濃く染めなされているのである。
> (伊東、三六〇―三六一)

橘が残した四百首近い句のうち一句を紹介しておこう。

> つまれけりすてられにけりふまれけり　すくせつたなき名もあらぬ花（藤田、二九五）

二月十一日の演奏会当日、佐々木信綱は橘に次の二首を贈った。

> 人の世にいく年《とせ》ひめし真玉緒琴《またまをごと》　世にひゞくてふ餓人《うえびと》のため
> み雪ふる陸奥山《みちのくやま》のうゑ人が　胸にひゞかむ清き調べの
> （「橘絲重子ぬしの慈善音楽会に演奏せらる、日二首」）

一八九八年、東京音楽学校選科下級ピアノ科に島崎藤村が入学した。橘が彼にピアノを教えた縁で、二人の間に親交が生まれ、恋愛感情の存在も指摘されている。藤村の詩集『落梅集』には橘の存在が影を落としており、小説『水彩画家』の留学帰りのバイオリニスト柳沢清乃と、『家』の独身のピアニスト曽根千代のモデルは彼女とされている[5]（伊東、三四六―三六五。藤田、二九〇―三一二。安田、一―一五）。橘は生涯独身を通した。一九三七年には佐々木信綱とともに第一回の帝国芸術院会員に任ぜられた。

雑誌『音楽』の一九〇六年四月号に「露国人類学者ピル

ドウスキー」と題する次のような記事が掲載された。

目下来遊中の露国人類学者ピルドウスキー氏は流石に本場育ちとて音楽の嗜みも浅からざる由なるが去る紀元節の上野音楽学校慈善音楽会に赴きての評と云ふを聞くに彼は幾多の楽人中橘糸重女史を以て歌人にも勝れたる名手なりと感心し其餘りにや近々中同女史に書状を以て交際を求めんと欲する旨語りつゝありき

これをピウスツキは実行に移した。彼に宛てた橘の返信が二通、クラクフのポーランド芸術アカデミー・科学アカデミー学術図書館所蔵の「ピウスツキ手稿」中に発見されたのである。次にそれを紹介しよう。

一　一九〇六年二月二十日付の手紙

〔封筒　表〕京橋区尾張町　箱館屋方　ブロニラウ、ピルスドスキー様

〔封筒　裏〕〔東―破損でこの字なし〕京音楽学校ニテ橘糸重

〔消　印〕二月二十一日

御禮との御手紙たまはりありがたく拝見仕候

去十一日の演奏会に私のはかなきすさび御きゝ下されれ候よし

われながら心にみたぬふしのみにて作曲者に對しても罪浅からずと心苦しくぞむじ居候を過分の御ほめにあづかり何となく恐入候

いさゝかたりとも御心に叶い候はまことに望外の喜びに御座候

されども今は決して〳〵私の功にてはなく全く曲そのものゝ美と常にをしへをうけ居候ケーベル先生の御恵による事とぞむじ候

猶又御祖国の御さま御父君の御話など御きかせ下されありがたく志らぬとほきさかゐまでさま〳〵於もいやられまをしく

終りに御健康を祝し上候

まずは右御返事まで

かしこ

二月二十日

雨の音をきゝつゝ

橘　糸重　拝

ブロニラウ、ピルスドスキー先生　御まへに（Biblioteka: sygn. 4648, k. 1-5)

この手紙から、ピウスツキが橘に礼状を送り、その演奏

橘糸重の手紙

をほめたたえたことが分る。彼女の演目は「ショパンの『バラード』」だった。それは恐らく「バラード第一番ト短調」だろう。彼女はショパンとブラームスを得意にし、好みでもあった（多賀谷、一一）。手紙の本文四行目の「われながら」から十一行目の「ぞむじ候」まではまるで女学生の文面のようだが、当時橘は三十二歳で教授の地位を占めていた。だがこのセリフは多少の謙遜を差し引いても、彼女の性格と厳しい音楽観が言わしめた本音と解すべきである。生き方の苦悩がにじむ彼女の歌を二句紹介する。

ただ一つこれただ一つなし得べき　道とは知れど心おくれぬ

なりはひはかなしかりけりあやまちて　ピアノ人となりしいくとせ（藤田、一九五、一九九）

橘はケーベルの「思ひ出」でこう書いている。

或時先生が『此頃は何を弾《シュピーレン》いてゐるか』とおきゝになつた。私は『私のはシュピーレン〔spielen〕でなくアルバイテン〔arbeiten〕で御座います。ベートーベンのソナタで御座いますが』といふ。先生はお笑いになつて『アルバイテンならばまだよい。ツアンケン〔zanken〕でなければ』と仰つた。なるほどピアノに喧嘩をふきかけて居る様なのやピアノと組打ちでもしてゐる様なのや――一寸をかしくなる。（橘、二四）

手紙で「常にをしへをうけ居候ケーベル先生の御恵」に橘が言及していることにも注目したい。この音楽会にはケーベル自身も出演し、ユンケルのバイオリンと「ソナタインジーマイノル」[6]を合奏した。ケーベルは東京音楽学校以外の普通の演奏会には出なかったが、報酬をとらない慈善演奏会にだけは出演した（久保一九七一、三二）。この文面からして、ピウスツキはケーベルについてある程度の知識を備えていたと考えてよい。この時ケーベルは東京音楽学校と東京帝国大学以外に東京外国語学校露語科でも教鞭を執っていた。これは日露戦争によってロシア人講師が不在になったための代役だった。東京外国語学校の講師就任期間は一九〇四年九月から一九〇六年九月までの二年間のみである（『東京外国語学校一覧　従明治卅七年至明治卅八年』一九。『東京外国語学校一覧　従明治卅八年至明治卅九年』一九）。後にピウスツキはザコパネから二葉亭にこう書きよこしている。

　幾度か日本について考えました。当時私に幾つも申し入れられた、学校で教える仕事をなにゆえに引き受けなかったかと、今悔んでおります。（一九〇七年十月二十四日―十一月六日付。『二葉亭四迷全集』別、一四七）

　この音楽会の七カ月後に東京外国語学校の講師をやめたことからして、ケーベルには同校で教鞭を執り続ける意思はなかったものと推察される。恐らくピウスツキに外語講師就任の要請があったのだろう。

　手紙の「御祖国の御さま御父君の御話など御きかせ下され」という一節もおもしろい。橘が演奏したショパンは言うまでもなくポーランド人であり、「御祖国の御さま」は多分二人の間にその話題が出たことを物語っている。また前述のようにピウスツキの幼少時に父親が折にふれてピアノを家族に弾いて聞かせた。「御父君の御話」はそれに関わることだろう。彼自身もショパンのマズルカに挑戦していた（Пилсудский2013, 26）。ピウスツキはヨーロッパに戻った後、次姉ズーリャ宛の手紙にこう書いている。

　父さんが書いた楽譜がそちらにありませんか。父さんはそれらをペテルブルグに渡したようだけれど、東京の音楽学校の知り合いの女性教師に送りたいのです。音楽のことがよく分かるポーランド女性を見つけて、彼女がその女性とポーランドの音楽について文通を始めてくれればいいのですが。僕はその教師とコンサートで知り合って、その時彼女はショパンを演奏したのです。せっかく知り合いになったのだから、僕たちの国の音楽が日本でもっとよく知られるようにこれを利用したいと思っています。（Пилсудский2015, 123）

　彼が構想していた極東の回想記の概要の日本関係の個所には、「日本におけるショパン」という項目もある（Кучинский1995, 69）。

二　一九〇六年二月二十七日付の手紙

〔封筒　表〕牛込区市谷加賀町一の一五　上田　将様

にて〔ブロー破損でこの二字なし〕ニラウ　ピルスド
スキ様
〔封筒　裏〕橘糸重　拝
〔消　印〕〔読み取り不能〕
ふたゝび御状かたじけなく拝し上候
御作の於もむき何とも恐入候
折角の御言葉に御こたへいたす筈には候へど
わたくしなどの写真あまりいかゞはしく
且はたゞいま手元に一葉もなく
これより作らせ候にては御帰国の御間にもあふまじく
ぞむじ候まゝ学校の人々とともに写し候ものさし下し
申べきやとぞむじ候へど御思召いかゞにやうかゞい上
候　　　　かしこ
二十七日　　　　橘　糸重　拝
ビルストスキ様　御許 (Biblioteka: sygn. 4648, k. 1-5)

この手紙からは、ピウスツキが即座に第二信を橘に送ったこと、そこで彼女の写真を所望したことが分る。これは橘にとっては意外で気の重い要求だったにちがいない。当時の日本で男性が女性に写真を要求するのは、かなり親密な間柄を前提としていた。おまけに彼女の写真嫌いは、『心の花』の同人や東京音楽学校の教え子がことごとく口をそろえる有名な事実だからである。例えば、

> 橘さんは写真を撮るのが一番嫌であつた。会の記念写真などには、いつも最後の列に加はつてゐて、パッとシャッターを切つた時には、すつとしやがんで了ふ。偶々少数で前の方に居なければならぬ時は、見事にうつ向いて了ふ。その時刻を観ることのうまさ。斯くて正面をきつたのがありとすれば、立派に国宝的存在といつて宜い位のものだ。（石槫、四）

著者は橘の写っている写真を全部で十一葉見たが、そのうちカメラを見つめている「国宝的存在」のものは二葉のみだった。「学校の人々とともに写し候もの」は、卒業写真かなにかだろう。ピウス

橘糸重

ツキの遺品中に橘の写真は見当たらず、彼女が最終的に彼の依頼に応えたかどうかは不明である。もっとも、ピウスツキは他の日本女性に対しても同じ要求をしていたようで、そのような写真が一葉残っている（Biblioteka: sygn. 4648, k. 46）。

「これより作らせ候にては御帰国の御間にもあふまじくぞむじ候まゝ」というくだりも見逃せない。比較的長期にわたる日本滞在が当初からの予定ではなかったことが、この手紙からも分る。二月八日の『東京朝日新聞』に「露国人類学者」と題してピウスツキに関する記事が掲載されたが、その後半部にも次のような記述が見られる。

尚同氏〔ピウスツキ氏〕は本月中を日本の研究に費し一度故郷の波蘭に帰り夫より再び樺太に渡りて引続き人種学上の研究に従ふ筈なりと。

封筒の「上田将」については前章で触れた。ピウスツキは少しは日本語を解したようだが、達筆で認められた糸重の二通の手紙は上田がロシア語に訳出してやったのだろう。

日本婦人の研究

ピウスツキが交遊を求めた日本女性は鳥居きみ子、橘糸重にとどまらない。一九〇六年三月九日の『報知新聞』に「日本婦人の研究（波蘭人ピルスドスキー氏）」と題する記事が掲載された。彼と某女史との問答を紹介したものである。また三月二十日の『北海タイムス』紙にも「外人の日本婦人研究」と題する記事が載った。それらによると、ピウスツキの東京滞在の目的は日本婦人の研究であって、彼は「朝野の才媛貴女」を訪問しては次のような質問を試み、いずれ一冊の本にまとめる予定だという。

▲日本婦人が政府に向かつて参政権を要求するに至りし真意▲世界各国の婦人に比して日本婦人の優美なる理由▲日本婦人の結婚思想▲日本婦人の職業問題に於ける意見▲一般婦人の穢多又は非人に対する感情及び所為▲非人又は穢多社会の婦人の現状▲現今日本婦人の教育程度に関しての意見

其他交戦中の日本婦人活動の実況、婦人界一般に流行する俗謡等……

両記事の質問内容はほぼ重複するが、『報知新聞』の方にはさらに看護婦になる婦人の目的、青年女性の愛読書が挙がっている。ピウスツキの言う来朝目的は必ずしも韜晦とは言えず、実際に彼は少なからぬ人数の日本女性と面談していくのである。

上記質問中、「世界各国の婦人に比して日本婦人の優美なる理由」というのはおもしろい。ピウスツキがどの程度本気でそう考えていたのかは定かでないが、後にクラクフから二葉亭に宛てた手紙にはこうある。

> ある人達は、私の肉親さえもが、極東からあなたのすばらしい国の婦人を妻としてつれてこなかったことに文句をいうのですよ。私自身馬鹿なことをしたものだと思い始めています。〔中略〕しかし、もしもエネルギッシュで（日本女性ならむろんみなかわいくて善良でしょう）、自身こちらへやって来てもし失望したら帰国できるだけの資力をもった婦人がみつかれば、私はしばらく待って、あなたの選択眼を信じて陽の昇る国の婦人を伴侶に選び、われらの未来の永遠の友情を実質的に強めるでしょうに。（一九〇六年十一月二十一日付）（『二葉亭四迷全集』別、一二三―一二四）

ピウスツキは日本滞在中日本風の暮らしをし、周囲の人々とできる限り密接なコンタクトを取ろうと努めた。彼は日本女性の家庭内での立場をよく理解していた（Majewicz2013, 48-49）。ところで日露戦争はわが国で良妻賢母主義が女子教育の方針として定着していく契機となった一方で、女性の社会的活動を勧奨する議論が高まる契機ともなった（坂井、五四）。当時、女性の苦しんでいる様々な問題の根本的な解決は社会主義以外にはありえないことを訴え、婦人層を結集しようとする運動が展開されていた。福田英子の雑誌『世界婦人』のスローガンが〈婦人解放〉であり、特に婦人の政治上の自由の獲得と恋愛の自由（家族制度からの解放）に力点を置いたのも、この流れに沿うものである。

今井歌子と遠藤清

ピウスツキは若い婦人運動家とも交際を持った。例えば今井歌子と遠藤清《きよ》。今井歌子（一八七八―一九六八）は一九〇二年十一月に自宅で「北海道婦人同志会」を組織した。これは北海道出身で東京在住の女性を対象とし、「女子の精神上並に物質上の利益」の増進を目的としたもので、一九〇三年一月の時点で正会員は百人未満だった（坂井、五六、三七三）。一九〇四年二月に今井は会の月刊機関誌『二十世紀の婦人』を創刊。やがて社会主義者と交渉を持つようになって、「治安警察法」第五条改正の請願運動を福田とともに展開した。一九〇〇年に制定された治安警察法は、第五条において軍人や未成年者とともに女性の政治結社加入の禁止と政談集会の主催及び参加を禁止していたのである。今井は元禄袖の派手な被布《ひふ》に袴をはき、人目を惹く姿で、「女説客」と渾名された。前章で触れた中国人留学生の宋教仁は彼女とも接触していた（村田、一〇二。宋、五三六）。

この運動をその後支えたのが遠藤清（一八八二―一九二〇）。かつて電報通信社（現・電通）や人民新聞社で働き（坂井、五〇―五二、五八）、当時二十四歳だった。一九〇九年に遠藤は今井の紹介で作家・岩野泡鳴と知り合い、同棲した。泡鳴訳として出た『モナ ヴナ』と『悲劇　マクベス』（ともに一九一四年）は遠藤の代訳といわれている（鈴木裕、三一―三二、二六九―二七〇。坂井、四九）。一九一一年から彼女は『青鞜』同人となったが、泡鳴と青鞜社員・蒲原英枝との関係を知って離婚。その後十歳年下の洋画家・遠藤辰之助と再婚した。遠藤の著書『愛の争闘』（一九一五年）は、霊の結合を唱え精神的な融合から性の問題に入るべきだとして貞操を守ろうとする彼女と、〈半獣主義〉を標榜する泡鳴との、毎夜繰返される暗闘を綴った、六年弱にわたる凄まじい日記である。彼女たちが治安警察法第五条の一部改正を勝ち取るのは、ピウスツキが日本に滞在した十六年後のことである。

「東洋の女性たち　日本女性」

一九〇七年に『新しい言葉《ノヴェ・スウォヴォ》』にピウスツキの記事「東洋の女性たち　日本女性」が五回にわたって連載された。これは男女同権を唱える先駆的なポーランド語の隔週雑誌である。実はこれが彼がガリツィアに到着した後最初に活字になったものだ。ピウスツキが滞在した極東地方の最後の地は日本だったこと、パリからワルシャワ経由で伝わったジャポニスムの流行、そしてシェロシェフスキがその流れに乗って日本に題材をとった作品を数多く発表したことを考えれば、これはあながち驚くにはあたらない（土谷一九八一、一七七―一八二。Crowley, 66）。

この記事にピウスツキの今井女史訪問記が出てくる。それによると、一九〇六年初頭に東京で彼は英字新聞で日本の〈新しき女性〉のことを知って、いたく興味をかき立てられた。そしてそのような女性たちと知己を結ぼうと決意して、堺利彦に仲介を依頼した。堺はその依頼に応えて妻と今井歌子とともにピウスツキの住まいを訪れたが、彼はあいにく留守だった。今度はピウスツキの方が麹町区元園町一丁目二十七番地（現・千代田区麹町二丁目）の堺の自宅を訪問した。堺は自宅に「由分社」を設けて、三年前から月刊『家庭雑誌』を発行していた（黒岩、二一二）。かくしてピウスツキと今井の面会が成った。今井は二十二歳の独身女性で、私立の女子大学に入学したが、一年で退学して、『二十世紀の婦人』の発行と女性解放運動に専念していた。彼女はのびのびとした態度で自信にあふれていたので、ピウスツキは革新的な見解のインパクトと大胆な抱負を早くも感じ取ることができた。彼は今井と英語で会話し、分からない場合は同席した若い社会主義者にフランス語に訳してもらった。今井の発言は直接話法で書き留められており、その肉声が伝わってくるようだ。徳川家の統治においてきわめて重要な役割を果たした女性の一人として、家康に大きな影響を与えた春日局《かすがのつぼね》の名を今井が挙げていることは興味深い。

その数日後にピウスツキは友人の通訳とともに、『二十世紀の婦人』の編集室を兼ねる今井のアパートを訪れた。アパートの入り口には「北海道婦人同志会」の看板が掲げられていた。ここでピウスツキは『二十世紀の婦人』誌のもっとも積極的な協力者であり、臨時の編集長」をつとめていた遠藤清を紹介された。今井はここ数日体調不良で編集作業を医者に禁じられていたのだ。ピウスツキは全四十八頁の同誌最新号を贈与された。今井と遠藤はウラジオストクでのリュドミーラ・ヴォルケンシュテインの死について、ピウスツキに次々と質問を浴びせた（Majewicz2013, 50-59）。

以上のピウスツキの記述を補足すると、一九〇四年六月に発会した「婦人部記者倶楽部」は女性雑誌や新聞の記者たちの集まりだったが、ここに堺や今井、遠藤、福田らも参加しており、互いに顔見知りの間柄だった。今井は社会主義者ではなかったが、平民社に出入りし、特に堺とのつながりは強かった。一九〇五年十二月に今井や遠藤らは女性記者対象の「婦人記者倶楽部」を作っている。ピウスツキの記事中の「今井は二十二歳」は不正確で、正しくは二十九歳。彼女が一年で退学した「私立の女子大学」とは、後述する日本女子大学校である。会談に同席したフランス語のできる「若い社会主義者」は、横田兵馬か。遠藤が病気がちの今井に代わって『二十世紀の婦人』の経営執筆にあたるのは一九〇六年五月の三巻三号からなので、ピウスツキの訪問はこの頃のことだろう（坂井、五一―五八、七一、三七四）。遠藤の大丸髷の髪形にピウスツキは目を見張ったに違いない。

ピウスツキは一九〇六年三月二十四日午後五時半より神田区錦町三丁目の錦輝館《きんきかん》で催された「東洋学生会東北凶作地救済慈善演芸会」を訪れた。錦輝館は一九〇二年に日本で初めてメリエスの「月世界旅行」を上映した活動写真館である。この会で日本、インド、フィリピンの学生が合同でシェイクスピアの「オセロ」など四つの芝居を上演し、音楽を演奏した（Biblioteka: syg. 4650, k. 100-101）。恐らく遠藤の紹介によってピウスツキはこの会を訪問したのだろう。当時彼女は東洋学生会の世話をしており、インド人に英語を教えていた（長谷川、二一一。坂井、六〇）。遠藤の同年七月十七日付のピウスツキ宛の英文の手紙が残っている。そこで彼女は、ピウスツキが東京を出発する際に見送れなかったことを詫びている（Biblioteka: sygn. 4646, t. 1, k. 35-37）。他方、一九〇八年九月二十二日付でピウスツキが遠藤に送った英文の手紙の下書きと思しきものが残っている。それによると、彼は『二十世紀の婦人』が休刊になったことを把握しており、その理由を問い合わせている。また自分がポーランドで日本女性について講演したことを知らせ、日本の女性解放運動に関してヨーロッパの言語で書かれた文献を送ってほしい、さらに近々ヨーロッパへ来る日本女性がいれば、その連絡先を教えてほしいと依頼している[7]。この手紙に遠藤が回答したかどうかは不明である。

鷲山彌生と東京女医学校

前記記事「東洋の女性たち　日本女性」によると、ピウスツキは今井の紹介で医師にして東京女医学校（現・東京女子医科大学）校長の鷲山彌生《やよい》のもとを通訳を伴って訪問した。彼は初対面の印象をこう書いている。

> 黒い着物を着て青白い顔立ちがよりくっきりとなった鷲山女史は、美人ではなかったが、日本女性のこのような眼の知的な表情、このような落ち着きと冷静さは後にも先にも見たことがない。（Majewicz2013, 61）

当時、日本国民の大多数は女性が医学を学ぶこと、とりわけ若い男性と一緒に学ぶことには反対だった。日本に一五〇名の女医がおり、そのうち二十名が東京で臨床医として働いていた。この時東京女医学校は創立後四年になり、一五〇名の少女たちが学んでいた。学校は四年制なので、第一期生はこの翌春に最初の医術開業試験を受けることになっていた。入学金は三円、授業料は最初の二年は年三十円、後の二年は年三十六円と法外なものではなかったが、臨床の訓練に要する費用は別に支払わなければならなかった。学校付属の病院と学生用の寄宿舎もあり、後者の十項目から成る規則をピウスツキが原典どおり紹介しているのもおもしろい。学校はこの前年から月刊機関誌『女医界』を発行しており、「鷲山の友人のシンコ・ナガシオ医師」がその編集・発行に当たっていた。

ある水曜日、その日は東京女医学校は休みだったが、ピウスツキは友人の通訳とともに招きに応じて学校を訪問し

鷲山（吉岡）彌生一家（1906 年）

た。鷲山の夫は学校でドイツ語を教えるとともに、学校の視学官をつとめていた。ピウスツキは二百人の生徒集会の場でヨーロッパの女性の医学の分野での活動について話すよう求められたが、あまり多くを語れず、その代わりにアイヌの状況、衛生状態と薬品について語った。彼は日本人によって抑圧されたアイヌには配慮と庇護が必要なことを強調し、アイヌの援助に赴いた女性が一人もいないと言った。その後ピウスツキが東京を出発する際に、この学校の生徒の一人が見送りに来た。彼女は医師の免状が得られればドイツへ留学する予定だった。「では数年のうちにヨーロッパで会えますね？」とピウスツキが言うと、彼女は、「いいえ、私はアイヌのもとへ行きます」と答えたという(Majewicz2013, 60-69)。

　ピウスツキの記述を補足、訂正すると、鷲山彌生（後の吉岡彌生、一八七一―一九五九）は一八九二年に国の医術開業試験に合格し、翌年わが国で二十七番目の女医の資格を得た。一八九五年にドイツ語を学びに通っていた至誠学院の院長・吉岡荒太と結婚。東京女医学校は一九〇〇年十二月に飯田町の一角、東京至誠医院の一室に創立された。一九〇三年三月に校舎を牛込区市ヶ谷河田町六番地の陸軍獣医学校跡地に移転。翌一九〇四年七月に私立東京女医学校の設立認可が下りた。九月には寄宿舎階下に附属病院として東京至誠医院を開設。荒太はドイツ語の他、物理学、化学、病理学総論、薬物学の講義を行った。艱苦と欠乏と闘いながら学校の形は維持したが、入学生の多くがやめていった。一九〇八年一月に一名が初めて医術開業試験に合格して医師の資格を得、半年後には二名が試験に合格した（吉岡、六。「懐舊の涙新なる多磨墓地納骨式」三。『東京女子医科大学　今と昔　一九〇〇―一九九〇』）。『女医界』は一九〇五年十一月に創刊され、「シンコ・ナガシオ」とはその編纂兼発行人の長鹽繁子のことである。ピウスツキの訪問当時はまだ学生で、一九一〇年三月に第六回卒業生として巣立っている（「表紙写真」、「文部省実地試験合格者」一、二）。彼女はその後も同誌の編纂兼発行人をつとめた。

日本女子大学校

「東洋の女性たち　日本女性」によると、ピウスツキはある木曜日にヨーロッパ人の知人数人とともに東京・目白の日本女子大学校（現・日本女子大学）を訪問した。この学校は一九〇一年四月に創立された。校長は成瀬仁蔵で、彼のアジア初の女子大学の構想を大隈重信、渋沢栄一をはじめとする多くの人々が後押しし、土地は三井財閥が寄贈した。大学校附属の高校も開設され、五学年で四百名の女生徒が学んでいた。これとは別に予科もあり、一七〇名の少女が在籍していた。大学校は一般教養（家政学）、日本文学、英文学の三学部から成っており、学生数はそれぞれ三〇五名、二百名、八十名である。ピウスツキらは校内を自由に歩き回って、茶の湯や長刀、料理の授業などを見学した。大学校には五十名の教授と助手がいたが、そのうち四名のみがイギリス人女性で、英語と英文学、ピアノ音楽を教えていた。この学校で学ぶ生徒の半数、五百名以上が二棟の寮に住んでいた。寮費は月七円、授業料は年三十三円である。料理の授業を見学したピウスツキはこう述べている。

これらの女性たちの夫や兄弟は幸せだろう。わがウーマンリブの活動家たちが嫌悪する家事を女性が担わなければならないという痛烈な非難と不平を、彼らは聞かなくてすむだろうから。（Majewicz2013, 78-79）

一九〇四年四月につくられた卒業生の組織「桜楓会」は同年六月に機関誌『家庭週報』を創刊した。「桜楓会」の年会費は二円で、会員数は三百名に達していた（Majewicz2013, 70-79）。

日本女子大学側の資料によって以上のピウスツキの記述を補訂すると、「ある木曜日」は五月十七日、「ヨーロッパ人の知人数人」は「露国軍医及び二将校夫人」（「外国人来校」）である。日本女子大学校は予科、本科、研究科に分かれ、附属の高等女学校があった。本科には家政学部、国文学部、英文学部があった。修業年限は三年。「四名のイギリス人女性」は、英語担当のミス・グリーン、英語・英文学担当のミス・フィリップスとミス・ヒューズ、ピアノ担当のミセス・ミラーである。授業料は年額二十七円五十銭、校費は年額五円五十銭で、ともに三学期のそれぞれ最初に分納した。「暁星寮」の費用はピウスツキが伝えるように、寮費一円、食費六円の計七円である。ミス・エリナ・グラディス・フィリップスが学生と寝食を共にし、キリスト教的教育に当たった（白井、四〇―四二）。予科には普通予科と英語予科があり、修業年限は前者は一年、後者は二年である。研究科は現在の大学院に相当し、修業年限は三年以内。ピウスツキらの訪問の前の月に新たに教育学部、附属豊明小学校、附属豊明幼稚園が開設され、他の学部でも新学期の授業が始まっていた（『日本女子大学校規則』一、二、一五―二四。「始業式」、「開校式及び紀念式」六）。ピウスツキはこの学校の学生とウーマンリブの活動家を対置しているが、この五年後に創刊された雑誌『青鞜』の発起人五名のうち四名までがこの学校の卒業生だったことを、彼は知る由もなかっただろう（坂井、四三）。

ピウスツキが雛田千尋《ひなだちひろ》に会ったのはおそらくこの時だろう。新潟女学校時代の成瀬夫妻の教え子で、この三年前に日本女子大学校附属高等女学校の教員兼寮監となり、独身を通した女性である。ピウスツキは彼女にも交際を求めたようだ（Biblioteka: sygn. 4647, k. 7;「淋しき秋に亡師を弔ふ」）。雛田はこの二年後に三十九歳で病没している。[8]

彼はガリツィアに戻った後、このように日本女性についての記事を新聞や雑誌に発表したばかりか、市民大学で日本女性について公開講演を行った（Пилсудский2005b, 57;『二葉亭四迷全集』別、一三三）。

「東洋での生活より」

一九〇八年一月十一、十八日にワルシャワのポーランド語新聞『真理《プラヴダ》 政治・社会・文学週刊紙』にピウスツキの連載記事「東洋での生活より」が載った。それによると、宗宮幸子《そうみやこうこ》という若い女性が日露戦争中に日本赤十字社の看護婦としてロシア人俘虜収容所で働いていた。その親身な看護に心を打たれた若い俘虜が帰国後に手紙を寄越し、自分の妻としてロシアへ来るよう呼びかけてきたのである。思いつめた彼女はロシアの事情や国際結婚のことを尋ねるために、女友達とともにピウスツキのもとを訪問した。前章に掲げた、箱館屋と思しき部屋に座っている二人の女性の写真は、彼女らの可能性がある。

これが機縁となってピウスツキは赤十字病院を訪問し、日本の看護婦について学ぶことができた。いかに辛く厳しくとも、その務めを良心的に親身になって果たす日本の看護婦の姿と、俘虜たちが最良の思い出と看護婦たちへの限りない感謝の念を抱いて帰国したことを、ピウスツキは感動的に伝えている。宗宮は看護婦にロシア語を学ぶ機会が提供されるとそれに応じたが、その後当局が学習禁止に転じても、俘虜との意思疎通を図るために密かにロシア語の学習を続けた。彼女は俘虜たちから「太陽」というニックネームをもらっていた。彼女の方もある俘虜を愛し始めた。

宗宮幸子の絵葉書

ロシアから届く数多くの手紙の大部分が感謝の気持とプロポーズの言葉を伝えていたが、宗宮はそのなかの一人、あの俘虜に心を惹かれた。彼女はヨーロッパやピウスツキが知っている国々で人々が国際結婚と混血児をどのように見ているかを尋ねるために、一九〇六年初めに彼の元を訪問したのである。宗宮は岐阜の出身だが、当時横浜市幸ヶ谷に下宿していた。彼女はその後もピウスツキと文通し、彼の方も彼女に会いに何度か横浜へ出かけている。[9] 最終的に宗宮はロシア渡航を断念し、東京で日本人男性に嫁いで子供をもうけたようだ（Biblioteka: sygn. 4646, t. 2, k. 23-24, 71; syg. 4646, t. 3, k. 82-83; Majewicz2013, 33-39, 51)。

才神《さいがみ》時雄『ロシア人捕虜の記録』（一九七三年）にかつて松山俘虜収容所で看護婦をつとめた「K老婦人」が登場するが、これは六十八年後の宗宮幸子だろう。彼女の回想によると、一九〇五年十二月五日に松山で救護班員を解除になり、岐阜の実家に帰った後上京した。翌年二月に彼女の看護を受けたロシア人将校がその留守中に実家を訪れ、母と姉に手紙を託して四日市から船で帰国の途に就いた。宗宮はイチゴの出盛りの頃に、ピウスツキと彼を頼ってきた三十歳すぎのロシア婦人の二人を日光へ案内した。その後ピウスツキは彼女の案内で下田歌子を訪問し、日本の女子教育について話を聞いたという（才神、二六一―二六三）。

その他の日本・中国関係記事

一九〇八年の『真理』紙にさらにピウスツキの二つの連載記事、「日本の二つの宗教会議」と「日本の現代の風潮」が載った。「日本の二つの宗教会議」は前年四月に東京で開催された世界学生キリスト教（主にプロテスタント）連盟（WSCF）の国際大会と、それに対抗して同時期に開催された日本の仏教徒の会議を取り上げたものである。前者には二十五カ国から七百名の参加者があった。ピウスツキは牧師にして教育家の海老名弾正《えびなだんじょう》とプロテスタント牧師にして教育者の井深《いぶか》梶之助の報告、そしてこの大会に関する

『大阪毎日新聞』、『時事新報』、『読売新聞』、『大阪朝日新聞』の記事を紹介している。後者は東京の浅草寺で開催され、日本全国の三十七の仏教の宗派から三百名の僧と信徒が集まった。ピウスツキは仏教徒の会議がキリスト教徒の会議に盛会を祈る旨の挨拶文を送り、それに対して後者も感謝と敬意の念を表する文章を前者に送ったことを紹介し、各新聞が双方の大変な寛容さを書き立てた例として『国民』紙の記事を引用している。

「日本の現代の風潮」は日本の社会、経済、政治的潮流を扱ったもので、後ほどロシア語版の方で紹介しよう。また一九〇九年にワルシャワのポーランド語雑誌『世界《シフィアト》』第十一号に「トルコと日本」という短文の記事が掲載された。本誌は挿絵入りの人気雑誌である。この記事は、日露戦争に勝利した日本に対してトルコ政府もトルコ国民も好感を抱いており、日本が先進国の仲間入りを達成した改革を調査すべく、トルコが代表団を送る予定であることを伝えている。これらすべての記事によって、ピウスツキは近代化へと向かう明治日本の生き生きとした情景をポーランド人読者に提示したのである（Majewicz2010a, 253; Majewicz2010b, 429, 431）。

さらにピウスツキは一九一〇年に『新しい軌道《ノヴェ・トルイ》』誌に「極東地方の教育　中国の学校」、『舵《ステル》』誌に「中国の女性フェミニストたち」と、中国に関する記事も発表している。『舵』は一九〇七年に創立された「女性解放同盟」のポーランド語機関誌である（Majewicz2010a, 253; Majewicz2010b, 432）。

ケーベルの日本女性観

ケーベルは日本女性について次のように述べている。

> 日本婦人は―私の知れる限りでは―西洋婦人に比して幾多の長所をもっている。その最大なるものは、即ち彼らがいわゆる『淑女《ダーメン》』でなくして、女《ワイバー》または婦人《フラウエン》―男に対する自分たちの自然的ならびに社会的位置を意識しており、かつその他の何ものであろうとも欲しない（少くとも現在では！）ところの―であるということである。―尤も日本においても既に時折は『新しい女』を説くのを聴き、私もこの『理想』の二三の実例を見たことはある。が、しかしその背後にはなんら真面目なるものが潜んでいない。それはむしろかの日本においてきわめて喜ばるゝ『近代的なるもの』との遊戯三昧の一つと見るべきである。即ち彼らには、何であっても、たゞ『近代的』でさえあればよいのである！〔中略〕
>
> 私の知れる、善良、賢明にして、教養を求めており

かつこれに堪える日本婦人は、『婦人問題』をば自分では既に解決している。それも、私の考えるところでは、それがヨーロッパにおいてのみならずまた一般にも解かれうる唯一の正しき仕方において、即ち騒を起すことなく、その落著いた、何びとの厄介にもならない、謙譲な、一つの有用な活動をもって充されたる生活によって。〔中略〕私にしてもし今四十ばかり若くかつ結婚をするという考を抱いていたならば、私はひとりドイツ婦人かしからざれば日本婦人を選ぶであろう。無論後者は『西洋婦人』を気取ってはならない。彼女の教養とまた自身の娯楽とのためにする音楽〔こゝにいう音楽はいうまでもなく西洋音楽を指す〕は彼女に許されるであろう、しかしながら『専門演奏家』として公に出演することは全然禁ぜられるであろう。
（久保一九二八、一〇七―一〇九）

ケーベルの発言の前半部は、「近代的」を装う「新しき女」たちに対する明らかな批判である。また最後の部分、自分の配偶者は「専門演奏家」であってはならないというくだりは、間接的に藤井環の生き方への批判となりうる。事実、彼はその後の藤井とは没交渉だった。では橘糸重はどうか。久保勉はこう書いている。

先生〔ケーベル〕が『小品集』の中で、『私の知れる、善良、賢明にして、教養を求めておりかつこれに堪える日本婦人』とか、『騒を起すことなく、その落著いた、何人の厄介にもならない、謙譲な活動を以て充された生活をする日本婦人』とか書いた時、先づ第一に念頭に浮んでゐたのは恐らく橘さんであつたに違ひない。（久保一九五一、一三七）

ケーベルの墓（雑司ヶ谷霊園）

ピウスツキの日本女性観

一方、ピウスツキは日本の女性をどのように観ていたか。この問いに対する彼の直接の回答は見当たらないが、ケーベルとはかなり異なるものだったことは間違いない。ケーベルが手厳しく批判した「新しき女」、即ち女流音楽家、女性社会運動家、女医とその卵、女子大学生たちにピウスツキは積極的にアプローチした。そしてその質問事項からして、ピウスツキが彼女らの生き方を肯定的に捉えていたことも確かである。当時〈女性問題〉が世界的に議論の対象になりつつあったのだ。

ではピウスツキの観た橘糸重はどうか。前に紹介した彼女の第一信は、ピウスツキにとって恐らく意外なものだっただろう。優れたピアニストであるばかりか、「歌人にも勝れたる名手なりと感心し」て彼は手紙を書いたわけで、全く別個の女性像を脳裏に描いていたはずだが、届いた返信は予想外の、徹頭徹尾謙遜の念のこもったものだった。仮にこれが藤井環であれば、このような返信は決して書かなかっただろう。橘の次の歌は、自我にこだわる新時代の生き方になじめない自分を「古き女」と詠っている。

われとわが為に生くとふたふとさは　知らで過ぎつる
古き女ぞ

だが逆にピウスツキは彼女との文通によって、日本女性の異なった側面にも触れることができた。日本に短期間滞在した者としては、むしろ社会に突出した女性、〈近代性〉を標榜する〈新しき女性〉に接する機会は多くても、保守的、伝統的思考法の女性、まして徹底的な自己否定の女性と接する機会は少なかったのではないか。その意味で橘との文通は、この実に好奇心旺盛なポーランド人の興味を惹き、彼にとって日本女性研究の貴重な材料となったにちがいない。

ちなみに当時の日本では日露戦争によって多くの未亡人が生まれていた。この問題を扱った未完の小説『茶筅髪《ちゃせんがみ》』の作者である二葉亭から、ピウスツキはおそらくそのことを聞いていたはずだが、それに関する彼の言及は見当たらない。

『ロシア報知』

一九〇八年から翌年にかけてピウスツキはモスクワの新聞『ロシア報知』に計八本の記事を発表した。即ち、「日本の現代の風潮」（旧暦一九〇八年三月一日）、「日本の生活より」（八月三十日）、「中国の秘密結社」（九月四日）、「中国の動乱」（一九〇九年二月二十八日）、「現代日本の生活より」二本（六月二十一日、七月十六日）、「トゥス・クル[10]（民族学者の手帳より）」（七月二十一日）、「中国あれこれ」（七月二十九日）である。これらの大部分はその表題と発表時期からして、前記『真理』紙と「女性解放同盟」の機関誌にポーランド語で発表したものと同内容のものと思われる。

『ロシア報知』は一八六三年九月から一九一八年三月まで出ていたリベラルな新聞で、保守的な『モスクワ報知』紙に対立し、トルストイ、チェーホフ、チャイコフスキイらも寄稿していた。当時の二代目編集長は、帝室自然科学・人類学・民族学愛好者協会会長でモスクワ大学地理学教授のドミートリイ・アヌーチン（一八四三―一九二三）である。この人物はロシアで最初に人類学、民族学、地理学を大学で教え、モスクワ大学付属の人類学博物館を創設した。アヌーチンは極東地方やアイヌに関心を抱いており、ピウスツキは二度目のサハリン訪問の前に彼のアイヌ関係の著作を読んでいた。一方アヌーチンはシェロシェフスキの北海道調査旅行の準備を手伝い、『ロシア報知』に掲載するべく後者が送った旅行記でピウスツキの存在を知って、まもなくピウスツキとの文通が始まったのである。ピウスツキをアヌーチンに紹介したのはラッセルである（БП и ЛШ, 148; Латышев, Прокофьев2017, 82; Руссель, 41）。

前記記事以外にピウスツキはアヌーチンに「日本の女性たち」、「日本の男女生徒の関係」、日本の社会主義者たちとの交流に関する記事などを送ったが、これらは日の目を見なかった。ピウスツキを庇護した同紙の寄稿者ザレンバが亡くなった後、ピウスツキの論文が掲載されなくなったのである（БП и ЛШ, 202, 204; Дударец2001, 64-70）。以下、日本関係の記事四本の内容を紹介し、補足説明を加える。

「日本の現代の風潮」は一番長い記事である。ここでピウスツキは、日露戦後の日本の新しい潮流の一つとして富への強烈な渇望を挙げる。ポーツマス講和条約の締結は日本にとって財政状態ゆえに不可避のものであり、ロシアから賠償金は得られなかった。東京高等工業学校校長の手島精一は、日本のあらゆる分野の企業が急速な発展を遂げているという楽観論を展開している。まっとうな新聞（実は雑誌）『日本及日本人』は、投機を呼びかける詐欺師に一般市民が騙される危険性を指摘している。次いでピウスツキは、雑誌『新時代』に掲載された、金融資本家たちのパーティーで大隈重信が行なった演説を紹介する。大隈伯自ら投機的取引を行なっており、投機ぬきでは人生は魅力がなく、投機は成功を得るために危険を冒す功名心の表われのひとつだと考えている。投機は増産につながり、やがて生産超過になって、生産停止に追い込まれるだろう。大隈伯は現政府の財政策の誤謬を指摘する。最後に大隈伯は日本で発達しつつある社会主義運動に触れるが、伯は現社会体制の擁護者であり、社会現象をより広い視野で眺め、貶められ忘れ去られた勤労大衆の要求を正当なものと認めることができない、とピウスツキは述べている。

「日本の生活より」

「日本の生活より」ではピウスツキは、乃木希典《まれすけ》将軍が学習院院長に就任し、「尚武《しょうぶ》教育」に着手したことを取り上げる。男子生徒はそれに従ったが、女子生徒は反発した。「性格のうわべの優しさと柔和さにもかかわらず、若い日本女性は自立し独立した性格を備えている。」彼女らの後ろ盾となったのが下田歌子だった。下田は暫時乃木の改革に反対した後で辞任したが、その要求には屈しなかった。

次いでピウスツキは『開国五十年史』を取り上げる。本書は大隈重信が中心になって編集、刊行され、ロンドンで英語版の刊行が予定されている。大隈伯は「序」と「現代の外交について」、「政党について」の章と「結論」を執筆した。ピウスツキは「結論」を以下のように要約している。

一　国民は法律に関する正確な概念をもっていない。
二　わが国の知的文化は低レベルである。
三　わが国の商工業は西洋に比べて格段に発達が遅れている。
四　我々は個人の生活習慣を新しい要求に適合させて、生活レベルを向上させなければならない。

大隈は弁論術、論争能力、批判的分析、理論的一般化の傾向、要するに高度の知性を日本国民に植えつけることが必要だと説いている。

ピウスツキの記述を補足すると、乃木希典（一八四九―一九一二）は日露戦争で旅順攻撃を指揮して多くの将兵を失い、自分の二子も戦死した。そして一九一二年、明治天皇の大喪の日に妻とともに殉死した。日露戦後は戦争の悲運を象徴する将として国民の敬慕を受け、死後には〈軍神〉として語り継がれた。

下田歌子（一八五四―一九三六）は幼名を鉐《せき》といい、十九歳の時から宮中女官として出仕し、歌の才を評価されて美子《はるこ》皇后から「歌子」という名を賜った。一八七一年に公爵、侯爵、伯爵、子爵、男爵を成員とする華族制度が創設された。そして一八七四年に華族の子弟のために華族勉学所が設けられて、それが三年後に学習院と名を改めた。一八八五年に華族女学校が開校すると、下田は幹事兼教授、翌年からは学監として運営に携わった。また彼女は一八九九年に一般女子を対象とする実践女学校と附属の女子工芸学校（現・実践女子大学）を創立した。宮中と華族界に大きな勢力を擁し、当時女性で最高の月給取り（年俸五千円）といわれた。一九〇六年四月に華族女学校を学習院に併合し、学習院女学部（現・学習院女子中・高等科）に改組するにあたって、下田は教授兼女学部長に就任した（ポズドネエフ二、八〇―八三。仲、一〇三―一三二）。

翌年一月に乃木が軍事参議官の現職のまま学習院第十代院長に就任した。日露戦後の日本はコスモポリタンな風潮におおわれ、上流社会はその最先端を歩んでいた。乃木が学習院で上流社会の師たる地位についたことは、これらの風潮への挑戦とうけとめられ、一部に反発をひきおこした。乃木はこのような雰囲気を打破するために、全寮制をしき、彼自身が生徒たちと起居をともにして、生活の細部にわたる指導に努めた。こうした教育は生徒にかなりの反感をひきおこした。とりわけ同人雑誌『白樺』に結集した生徒は、乃木の教育方針に反発、反抗した。『白樺』は武者小路実篤、志賀直哉、有島武郎、里見弴らの学習院出身者が創刊した雑誌で、彼らは新しい文化と芸術の創造をめざし、トルストイ等に心酔して人道主義的な言論を展開していたのである。また〈一代の才媛〉にして〈妖婦〉とも称された美貌を持つ下田歌子と〈古武士〉の誉たかい乃木希典の対決が、世間で取沙汰された。とどのつまり下田は十一月に辞職した（「女性で最高の月給取り」。「華族女学校を学習院に併合」。「華族女学校が合併になるまでの経緯」。「下田歌子が学習院女学部長に」。「乃木大将、院長に就任」。「女学部長下田歌子辞任」。「下田歌子辞任についての乃木院長談話」。大濱、二二六―二二七）。前述のようにピウスツキは彼女のもとを訪問し、日本の女子教育について話を聞いている。日本固有の良風や美徳を重視する下田の考え方は、今井歌子や遠藤清らの女性解放論と対極的位置にあり、ピウスツキの日本女性研究にとってこれまた得る所大だったであろう。

大隈重信撰『開国五十年史』は一九〇七年十二月から翌年十月にかけて上・下巻と附録が出た。そして一九〇九年にはロンドンで英語訳[11]、東京で漢訳が出た。大隈が担当したのは、上巻の序にあたる「開国五十年史論」、「徳川慶喜公回顧録」、「政党史」（板垣退助と大隈閲、浮田和民稿）、「本邦教育史要（明治以前）」と、下巻の「開国五十年史結論」である。

「現代日本の生活より」

「現代日本の生活より」の一本目は、桂太郎首相の施政を取り上げている。桂が行なったことは、国のあらゆる分野の予算の倹約と競馬賭博禁止令である。一九〇八年十月四日に桂は天皇に要請して、倹約の規則を厳格に守り、過去の質素な生活習慣に戻るよう全国民に呼びかける特別の布告を出してもらった。この意図不明の布告は不評をもって迎えられ、新聞雑誌は天皇には敬意を払いつつ政府を攻撃した。その例としてピウスツキは雑誌『太陽』から長文の引用を行なっている。それによると、桂の無為無策ゆえに国民は天皇の布告の意味を理解できなかった。桂には本当に財政を立て直す能力はない。内務大臣が社会主義と自然主義の書物や文芸新聞・雑誌を、社会に危険思想を流布させるものと捉えているのはまったく的外れである。かくして天皇の布告は日本の歴史上初めて満場一致の形では受け入れられず、厳しい批判を被った、とピウスツキは結論づけている。

補足すると、桂太郎（一八四八―一九一三）は一九〇一年六月に第一次内閣を組織し、日露戦争開始後は戦争遂行に尽力したが、講和条約に不満をもった民衆の全国的な講和反対運動によって、一九〇五年十二月に首相を辞任した。一九〇八年七月に第二次内閣を組織し、韓国併合を行なう。桂は社会主義・無政府主義運動に対しては徹底した弾圧方針を取った。一九一一年八月に首相を辞任し、政治家としての頂点たる元老となった。一九一二年十二月に第三次内閣を組織したが、二カ月弱の短命に終わった。また天皇の布告とは、一九〇八年十月十三日に下された「戊申《ぼしん》詔書」のことである。これは、日露戦争の戦勝に酔う国民の精神を戒め、また排日問題を通じて対米関係が悪化していることを戒める趣旨から、桂首相の要請で出された（「発布される」）。

「現代日本の生活より」の二本目は以下のような内容である。明治時代の四十二年間に日本国民は勤勉さと謙譲の念を失うことなく、かつて忠義な侍が主君を愛したように自分の祖国を愛することを学んだ。日本に入り込んできた未知の要素は、この国を他の文化的な国民に近づける一方、この国の生活を浸食する病を植えつけた。それは第一に金の力であり、第二にインテリゲンチヤと民衆の隔たりが拡大したことである。インテリゲンチヤ層の特徴は、古い理想を喪失し、新しい理想を模索していることだ。ピウスツキは木山熊次郎の論文「求めたりされど與へられず」から引用する。それによると、若者の間にペシミズムが広がっており、一九〇七年のある一月だけで一八六人の若者が日光の華厳の滝で自殺した。その主たる原因は若者に対する冷淡さと無関心である。次いで木山は新進作家たちの置かれた困難な状況を嘆く。これに関連してピウスツキは、一九〇五年に早稲田大学出身の新進作家たちの雑誌『火鞭《かべん》』が、出版者や上の世代の文学者たちの妨害に対して猛烈に襲いかかったことを紹介する。木山によれば、物質的価値を獲得した者が人生の成功者となり、社会全体が拝金主義に陥っている。救世軍のブースが来日した時、それに共感する未曾有の運動が起こったが、この人物が日本を去るやいなや、以前の物質至上主義が舞い戻ってきた(Пилсудский2001a, 75-82, 88-96)。

補足を加えると、木山熊次郎（一八八〇―一九一一）は教育評論家で、当時雑誌『内外教育評論』を出していた。「求めたりされど與へられず」は、一九〇八年二月に木山が倫理会講演会で講演し、後に活字にしたもので、日本の言論界に大きな反響を引き起こした（木山、一四二）。ピウスツキは前述のように日本滞在中に日光を訪問しており、本記事に付した自注にこう記している。

一九〇六年に私は周囲に柵を巡らし、見張り人を立ててある様子を見た。明らかに若い自殺者たちは、見張り人の警戒をすり抜けることができたのである。(Пилсудский2001a, 94)

これは、一九〇三年五月二十二日に第一高等学校生徒の藤村操が華厳の滝の上に遺書「巌頭之感」を残して投身自殺し、後追い自殺が続出したことを意味しているのである。『火鞭』は日露戦争の際につくられた社会主義的青年文学者たちの結社「火鞭会」の機関誌で、一九〇五年九月から翌年五月まで全九号が出た。『種蒔く人』より早く出現し、後のプロレタリア文学雑誌の先駆となった。またウィリアム・ブース大将は一九〇七年四月十六日に横浜港に到着した。二十二日に東京座で救世軍学生大会が開かれ、満員の聴衆を前にしてブースが一時間半にわたって説教をし、第一高等学校校長の新渡戸《にとべ》稲造が演説した（「ブース大将来日」。「ブース大将東京へ」。「ブース大将を迎え学生大会を開催」）。

＊　＊　＊

以上四本の記事は、『極東の自然と人々（東洋週報）』に発表した「日本より」の続篇といってよい。金への渇望と投機熱、それに対する倹約令、戦勝に酔う国民を戒める天皇の布告、国民には高度の知性が欠如していること、インテリゲンチヤと民衆の懸隔、インテリゲンチヤは古い理想を喪失したが新しい理想を見出せないこと、そして社会主義の抑圧など、日露戦争から幾分時間の経過した日本社会に見られる新しい現象がここでは取り上げられている。

記事の主たる情報源は『ジャパン・クロニクル』と『ジャパン・タイムズ』だろう。ピウスツキは一九〇六年十二月三日付のラッセル宛書簡で、極東地方で起こっていることをフォローし、記事や報告の材料を入手するために、『ジャパン・クロニクル』などの週刊紙を送ってくれるよう依頼している(Пилсудский1999c, 28)。一方、ラッセルは翌一九〇七年二月三日付の書簡でピウスツキにこう書いている。

私はあなたのために自分で予約制の出版物『ジャパン・クロニクル』を注文していますので、あなたはそれを受け取ることができるでしょう。(Руссель, 39)

その後、五月十日付の二葉亭宛書簡と日付不明のラッセル宛書簡で、ピウスツキは『ジャパン・クロニクル』を入手し始めたことを伝えている(『二葉亭四迷全集』別、一三四。Пилсудский1999c, 32)。また上田将は七月一日付のピウスツキ宛葉書で、『ジャパン・タイムズ』と社会主義者の雑誌の近刊を彼に送ったことを伝えている(Biblioteka: sygn. 4646, t. 4, k. 5-7)。クラクフのポーランド科学アカデミー・芸術アカデミー学術文書館に、彼が日本滞在中の英字新聞からの記事の切り抜き三十点、一九〇七年の英字新聞からの記事の切り抜き六点、そして一九〇七年頃の露字新聞からの日本関係記事の切り抜き多数が保管されている。[12]

「日出ずる地で我々のことがどう語られているか」

一九一〇年三月十九日の『世界《シフィアト》』第十二号に、ボジャンタ「日出ずる地で我々のことがどう語られているか」と題するピウスツキのインタビュー記事が出た。彼の発言内容は概ね次のとおりである。

日露戦争でポーランドの名前は日本人に随分知られるようになった。日本の世界地図では各国は動物かシンボルで描かれ、ポーランドは巨大な熊の手に摑まれた人間の頭蓋骨となっている。そして国旗を翻す日本人の少年が、朝鮮と満洲越えにその熊をめがけて正確に射撃を行っている。日露戦争の俘虜収容所でポーランド人はロシア人とは別のバラックに収容されていた。日本の教師はポーランドの過去を例に引いて、強烈な征服本能をもつ隣人がいかに危険であるかを子供たちに教えている。一八七八年にポーランド分割の悲劇を描いた柴四朗の本が出た。また福島将軍がベルリンから北京まで騎馬旅行を行ない、詩人の落合直文がそれを詩にしたが、その数箇所が亡国の悲哀に沈むポーランドの描写に充てられている。

ポーランドと日本の友好関係を築く方法は二つ、ポーランド文学の傑作を日本語に翻訳するための望ましい条件をつくり出すこと、そして頭のいい日本の若者を招いてポーランドの国と文化について学ばせ、日本の情報を広めさせることである。最近日本で大隈伯を会長とする「文明協会」が設立され、西洋の思潮とヨーロッパ文学の傑作を日本人に紹介することを目指している。ポーランド文学も国際的に通用する外国語に翻訳されれば、その対象となりうるだろう。ポーランド人を東洋にとってより近しい存在にするために、我が友人の長谷川〔二葉亭四迷〕が支援してくれたが、彼は早逝してしまった。数年間わが国に滞在したいと望む日本の若者を招いて、我々の言語を学んで当地の事情に通じさせ、二つの国家の間で直接的な意見交換をするための仲介者にすることを自分は常に考えてきたし、今も考えている。長谷川はこの考えに共鳴し、長期間ポーランドに滞在することを望んでいたが、彼はもはやいない。(Pilsudski 2001b, 15-17)

ピウスツキの発言を補足すると、柴四朗は「東海散士」の筆名で一八八五〜九七年に長編政治小説『佳人之奇遇』を発表した。福島安正中佐は一八九二〜九三年にベルリンからウラジオストクまでシベリア単騎横断旅行を敢行した。落合はこの壮挙に感銘を受けて長編叙事詩『騎馬旅行』（一八九三年）を書き、その中の「波蘭懐古」の箇所がポーランドの名を日本社会に広めることとなった。「大日本文明協会」は大隈重信の主唱により一九〇八年に創立された。ピウスツキの言う「ポーランドと日本の友好関係を築く方法」の第一点は、彼が二葉亭と始めかけた日本・ポーランド協会の活動であり、第二点は最適任者である二葉亭の死によって頓挫してしまった。この記事には、第九章に掲げたピウスツキと二葉亭二人の写真が添えられている。

「ギリヤークとアイヌの間のライ病」

ピウスツキは一九一二年にルヴフの雑誌『民族《ルト》』に「ギリヤークとアイヌの間のライ病」というポーランド語の論文を発表した。医療人類学の先駆けというべき論文だが、その末尾に日本滞在中の話が出てくる。

この傾向はまた、注意深い民衆の考え方にも表われていた。ギリヤークは前述のようにライ病患者には肉食を勧めるので、快方に向かいつつある者は狩猟に出かけ、その間もっぱら殺した鳥獣を食べて暮らす。日本人の間でもライ病は完治しうると信じられている。忘れもしない、すべてのライ病患者を完備したライ病者収容所に集めるべしという、プリアムール総督府の前述の命令が出るや、ロシア住民のうち比較的裕福な患者数名は、治療を始めるために日本へ逃亡してしまったのだ。その時私が耳にしたのは、かの地では人肉にくるまって治療するというものだが、私にはそれが信じられなかった。ところが一九〇六年、私の東京滞在中にこの迷信を裏づけるような審理が行われていた。中学を終え、さらに上の外国語学校で数年間学んでいたひとりの若者が、ある娘に恋をした。娘は優れた詩人の妹だったが、ライ病の血筋を引いていた。自分の婚約者も発病するかもしれぬこのライから彼女を救おうとして、哀れな若者は十数歳の少年を殺害し、その人体からスープを煮出して、恋人に飲ませたのである。こんなロマンチックな背景ゆえに、審理は一大センセーションを引き起こしたが、知り合いの日本人たちの断言するところでは、人々は人肉によってライ病から全快しうるものと堅く信じている。中国にもちょうど同じような迷信がある。また十二世紀のヨーロッパでも、ライ病は人間の血を浴びることによって全治しうるものとあまねく信じられており、それは聖者伝にも文書類にも記録されている。それゆえまたA・ギリ氏（大百科事典。ライ病患者）の断ずるところによれば、中世においてライ病患者に帰された犯罪は、必ずしも捏造されたものとは言えないのである。[13]（Pilsudski1912a, 90-91)

男三郎事件

ピウスツキが聞知した事件とはいかなるものであったか。その概要を記せば次のとおりである。

本事件の被告は武林男三郎《たけばやしおさぶろう》[14]、一八八〇年二月二十一日に大阪市西区に生まれた。彼は以下に記す四件の容疑により起訴された。

一　男三郎は一八九七年四月、大阪の桃山学院の同級生と共に上京し、同級生の叔父にあたる東京市麹町区の石川千代松方に寄寓した。石川は動物学者で、日本における進化論の先駆者である。この年の初夏、男三郎は近所に住む野口曽恵《そえ》という女性と出会い、まもなく恋仲になった。この時、男は数えの十八歳、女は二十三歳である。しかるに野口家にはライ病の血統があり、現に曽恵の兄・一太郎は病の床にふせっていた。

野口弌《いち》、通称・一太郎、筆名・野口寧斎《ねいさい》（一八六七―一九〇五）は長崎県諫早市出身の著名な漢詩人。当時〈詩壇の鬼才〉の名をほしいままにし、境遇、技倆、名声ともに正岡子規に匹敵するとして〈二大病詩人〉と称された。『早稲田文学』には一八九一年の創刊号から四十一号までほぼ毎号筆を執った。一九〇三年一月に雑誌『百花欄』を創刊。これは全国から優れた漢詩を一人一首ずつ百人分集めて毎月一回発行したもので、当時の漢詩の流行に大きな影響を与えた。社友には知名の漢詩人の他、副島《そえじま》種臣、乃木希典、渋沢栄一、山県有朋、伊藤博文ら政財界の有力者も多数加わっていた。曽恵は病兄をかいがいしく看護して、口述筆記をも手伝った。それに対して一太郎は、「いたづきにかしずく君の真心は　いもうとと言はじ母とぞいはむ」（佐々木信一九〇五、二〇〇〇）と感謝の和歌を贈っている。

　ライ病は現在は「ハンセン病」と呼ばれ、正しい認識が普及しているが、かつてはこの世でもっとも不幸な病気といわれ、また人間が認識した最初の病気であるともいわれた。ノルウェーの医学者アルマウェル・ハンセンがその病原菌を発見したのは一八七四年のことだが、ピウスツキは恐らくそれを把握していなかったと思われる。わが国では一九〇〇年の時点で患者数は三万三五九人である。野口家のように同一家庭内に多発することが多いため遺伝性の疾患と誤解されたが、家庭内に伝染源があれば家族は繰返しライ菌に接触し、従って発病しやすかったのである。

　さて男三郎はこのような事情をも厭わず、一九〇一年二月から野口家に同居した。そしてこの悪疾に対する人肉の効用を、図書館に通って医学、薬物学を研究し、あるいは病兄にそれとなく示唆されて（その真偽が裁判の争点のひとつ）、信ずるところとなった。即ち、一太郎に唐本の伝記ものを示されたが、それには、博学の儒者が難症にかかり、一人の門人が師のために神に祈ったところ、そのお告げに南の方三千里に霊薬ありというので、その門人は旅に出て一塊の肉を持ち帰り師にすすめたところ、病はたちどころに癒えたというのである。そして一九〇二年三月二十七日午後九時もしくは十時頃、男三郎は麹町の路上で河合荘亮《そうすけ》なる数え年十一歳の少年を襲って扼殺し、両眼球を指で抉りとり、左右の臀肉をそれぞれ左右十七センチ、上下十四センチにわたって剥ぎ取った。この臀肉からスープを製し、鶏肉汁と混ぜ合わせ、五香という中国の香料を加えて、義兄と妻に飲ませたのである。

　二　少し後戻りして一八九九年九月、男三郎は東京外国語学校露語科に入学したが、不出来で翌年から連続三年間、年度試験に不合格となり、一九〇二年九月に除籍となった。にもかかわらず野口家には依然在学しているかのように装い、翌一九〇三年七月から九月の間に露語科卒業証書、別科規定による独語科修業証書、副科規定による経済等の修了証書、いずれも同校校長・高楠順次郎名義のもの都合三通を偽造した。そしてそれを野口家に持ち帰って見せ、また大阪の実家にも送付したのである。

　三　外語卒業を装った手前、理由なく野口宅に寄食し続けられなくなって、男三郎は一九〇三年三～四月頃、寄留籍を長野県埴科《さらしな》郡に移し、一年志願兵の兵役に就くと許言。また十一月下旬頃、神奈川県三浦郡三崎町の三輪卓爾方に病気静養と称して同居の身となり、曽恵と文通、密会を遂げていた。さらにサハリン渡航をも企図したという。しかるに翌一九〇四年に入って曽恵が妊娠、一太郎と親戚はやむなく二人の仲を許し、同年七月両人は正式に結婚式を挙げた。男三郎は野口家の養子となり、一太郎は彼に通訳官として従軍するか他の職業を求めるよう迫った。このあたりから男三郎と一太郎の不和が顕在化し、同年十二月下旬、男三郎は義兄と争論の末断然離婚を求めると称して野口家を出た。その後男三郎は自分の軽挙を悔やんで野口家への復帰を図ったが、一太郎はそれを認めず、曽恵や娘の君子との面会すら許そうとしなかった。ここに至って男三郎は進退きわまり、一九〇五年五月十一日の夜野口家に侵入して、一太郎を扼殺したのである。一太郎は享年三十九歳。

四　一太郎の死後野口家の親族会議が開かれて、男三郎は離婚すべしとの決定が下された。前述のように義兄の生前から男三郎は通訳官になることを求められており、それを装って東京を去るには相当の旅費が必要だった。義兄の死後も情勢に変化がないのを見て、彼はその費用を弁ずるため種々画策し、ついに一九〇五年五月二十四日午後九時、かねて面識ある小西薬店こと都築《つづき》富五郎を金の延棒売買の話で欺いて、代々木村の路上で絞殺し、金三五〇円を奪い取ったのである（花井一九〇六、二〇三―二一二。森長、三六―四二）。

以上が事件のあらましである。但し、発覚の順序は上の叙述とは逆で、都築富五郎殺害事件の翌日男三郎は逮捕され、そこから官印官文書偽造事件が発覚。さらに当初脳溢血による自然死とされた一太郎の死因に疑念が生じ、同年六月二十八日青山墓地の墳墓を発掘して、翌日東京帝国大学で死体を解剖した結果他殺の疑いが強まり、男三郎は訴追を受けた。さらにその取り調べの過程で「臀肉事件」も浮かび上がってきたのである。おおむね以上のような内容で、十二月十一日予審判事・石井豊七郎は男三郎をもって事件の加害者と確定し、予審終結決定を見た。そして審理は公判に移されることとなった。

公判で武林男三郎の主任弁護をつとめたのは、明治の法曹界で刑事事件の第一人者とされた敏腕弁護士・花井卓蔵（一八六八―一九三一）である。英吉利法律学校、東京法学院（現・中央大学）を卒業して一八九〇年に代言人試験に及第して以来、数々の難事件を弁護し、一八九八年以降は広島県から衆議院議員に当選すること七回、事実上世論を左右する力を持っていた人物である。一九〇五年十二月二十一日、男三郎は市ヶ谷監獄の獄中から花井に書を寄せ、予審の不正を訴えて弁護を依頼した。花井はこれを承諾し、一四〇〜一五〇枚にわたる男三郎のこの予審終結決定疎明書を、人身攻撃と官憲に関わる個所を削除して刊行し

花井卓蔵（1904、5年頃）

た。名づけて澤田撫松《ぶしょう》編『男三郎自筆　獄中之告白』（独歩社、一九〇六年）。発行後またたく間に五千部が売れ、一時はなかなかの評判だったという。

さて公判は東京地方裁判所刑事第一部法廷において、一九〇六年三月十九日から五月十六日まで都合五回開かれた。裁判長は今村恭太郎、検事は清水孝蔵、弁護人は花井ほか五名である。外語免状偽造事件と都築富五郎事件は被告、弁護人ともにほぼこれを認め、事実上被告の死刑が確定的という前提のもとに、なおかつ残り二つの事件をめぐって裁判は争われた。花井は弁護人の先頭として第三、四回公判で弁論を行なったが、法律家としての学識と雄弁をもって聞こえただけにその弁論は延々七時間にわたり、第三回公判では夜に入ってもいまだ半ばに達しなかったという。またその内容も型破りで、事件の根源は唯一恋愛にありとして、彼は法廷で恋愛論を展開した。この長時間にわたる花井の弁論速記を刊行したのが、花井卓蔵『空前絶後之疑獄』（法律顧問会・鍾美堂書店、一九〇六年）である。一読悽愴の感に打たれるとともに、花井の弁論の迫力と明晰さ、特に清水検事の論告速記と読み比べた場合のそれを感じる。また『男三郎自筆　獄中之告白』と読みあわせると、男三郎の弁明がある程度花井の弁論に取り入れられたことが分る。

五月十六日、第五回公判で第一審判決が下された。即ち、外語免状偽造事件と都築富五郎事件は有罪となり死刑。河合荘亮事件と野口一太郎事件は、予審調書中の殺害を認めた被告の陳述に信を措きがたく、また状況証拠のみでは直ちに殺害の事実を認定するに足らずとして、証拠不十分で共に無罪となった（花井一九〇六、二二三。花井一九三一、一―四四八。小泉、二四九―二七七）。弁護側のほぼ全面的勝利と言ってよい。検事側は控訴の申し立てをしたが、東京控訴院は第一審と同様の判決を下し、今度は被告が上告したが、大審院も上告棄却の判決を下した。そして一九〇八年七月二日午前九時五十三分、武林男三郎は死刑台の露と消えた。かくして本事件は数多くの謎を秘めたまま、被告の死とともに永遠の闇に閉ざされてしまった。そしてピウスツキの論文にあったように、武林男三郎の名は無罪宣告にもかかわらず、「臀肉事件」とともに後世に語り伝えられることとなったのである（植原、二七四―二七九）。

「こんなロマンチックな背景ゆえに、審理は一大センセーションを引き起こした」とピウスツキが書いたように、本事件は同時代の人々の耳目を集め、各新聞は争って書きたてた。一九〇二年四月二日の『時事新報』には、少年殺しの犯人探索のため金時計一個が懸賞に出された。また一九〇五年十二月二十七日、作家の徳富蘆花は獄中の男三郎に書を寄せて、「法の定むる所によつて死に向はれよ。肉に死して霊に生きられよ。肉の生命は百年に満たず。霊の死活は永遠の問題也」（花井一九〇六、二一七）と説いた。さらにこの事件に材を取った演歌まで作られた。当時『やまと新聞』の記者だった八雲山人作詞「夜半の追憶」がそれである。「ああ世は夢か幻か　獄舎に独り思ひ寝の　夢より覚めて見廻せば　四辺《あたり》静かに夜は更けて　月影淡く窓に差す」と始まるこの歌はヒットをとばした。一方、明治・大正を代表する演歌師の添田唖蝉坊《そえだあぜんぼう》は「袖しぐれ」という歌を作った。彼は日露戦争時に堺利彦らの非戦論に影響を受けて、一九〇六年の日本社会党結党に連なった。「袖しぐれ」は弁護士にして社会主義者・山崎今朝弥《けさや》の個人雑誌『法律文学』（一九〇七年十一月）に所載の、曽恵が獄中の夫に宛てた候文書簡（実は社会思想家・赤羽巌穴《あかばがんけつ》の創作）を歌にしたものである。激情家の演歌師・倉持愚禅は、「旧き道徳《おしえ》や人の世の　冷たき掟に隔てられ　世の淋しみを味はひつ　心ならずも石女《うまずめ》よ　恋知らずよと歌はれて　世をも人をも呪ひつつ　すごすべかりし身なりしを　一たびの温かき　情の血汐に触れてより　初めて出づる女気や…」と、こみあげる涙もせきあえずに流して歩いたという。以上二曲は共に田中穂積の「美しき天然」の調べで歌われた（絲屋、一二六―一三〇。添田、一三四―一三九）。

二葉亭四迷との関わり

本事件がさらに興味深いのは、二葉亭四迷との関わりである。即ち、二葉亭は一八九九年九月から一九〇二年五月まで東京外国語学校露語科の教授をつとめ、武林男三郎に直接ロシア語を教えたのである。男三郎と共に露語科四期生として入学した清水三三《さんぞう》（一八八〇―一九五六）に「恩師二葉亭四迷の思い出」という回想記がある。清水は後に哈爾濱《はるびん》学院教授、満洲国北満学院長となった人物である。その回想記にいわく、

臀肉事件の主人公であつた桜林男三郎（後に野口姓を名乗る）も一年生のとき吾々と一緒に学んだ。彼には一向露語が覚えられない。不思議な程何も解らない。後で想えば当時種々の心の悩みで頭が混乱していた為

めであつたろう。或時先生は教場で「桜林君は一日に二語位ずつ覚えることにしなさい。一時に沢山覚え様とすると却て何も覚えられなくなるから」など注意された。（清水三、六三）

「桜林」はむろん武林、「先生」は二葉亭のことである。「彼には一向露語が覚えられない」以下の事情を、今度は男三郎自身に語ってもらおう。『男三郎自筆　獄中之告白』から引用する。

入学当時は身体も壮健で、精神も確でありましたが次第〳〵に記臆《ママ》悪しく、勉《つとむ》も思ふ儘に記臆せず、遂に夜も昼も精神朦朧として、心に些の活気なく、深更に到るも猶翌日の予習に怠りなく、然るに其記臆悪しき事驚くばかり、終に同僚に面目なく、自己の言ひ甲斐なきに己を棄つる気に、自ら焦慮するに従ひ、益々脳を弱らし、（中略）斯くして日は進み七月の学年試験来りしも、充分の練習さえ出来ざる私、満足に答案の出来べき筈なきのみならず、第三日目の終りに学校にて血を吐きぬ。此等の為め其試業の某日より欠席、遂に落第せし為め同僚と級を異にし一年浪費したり（澤田、一〇二―一〇三）

男三郎が学年試験を受けたのは、本人の言によれば一九〇一年七月の一度きりだが、この時の成績が二葉亭の手帳に残っている。受験者二十一名、欠席者三名で、めぼしいところでは清水の他に松田衛の名が見える。ピウスツキが東京に来た当初、松田家に仮寓したことは前章の冒頭で述べた。二葉亭の手帳に記された試験科目は、二葉亭の露文和訳と、ロシア人教師パーヴェル・スムィスローフスキイの読方と書取の三つである。男三郎は二葉亭の試験が五十五点、スムィスローフスキイの方はそれぞれ七十点と四十点と、二科目しか受験しなかった一人を除いてビリから三番目に記されている。そして同じ手帳に「樺山、中田、武林、岩間、泉ノ住所如何」というメモがある（『二葉亭四迷全集』五、一九五、二〇五、二二六、二三二）。このうち最初の三人は成績のワースト・スリー。このメモから、当時露語科の主任教授をつとめていた二葉亭にとって男三郎らの留年は頭の痛い問題だったことが推察される。一九〇〇年十一月九日以後に書かれた坪内逍遥宛書簡で二葉亭は、「語学校の方も近頃ハ主任といふ重荷を背負はせられ終日学校の事にのミ齷齪たる有様大に閉口致居候」（『二葉亭四迷全集』七、九八）と愚痴をこぼしている。清水は四期生の首席で卒業して、ペテルブルグ留学中に病身の二葉亭の世話をし、また一級上の井田孝平も後に哈爾濱学院長となり、二葉亭の愛弟子の誉れ高いが、彼らとは逆に男三郎は文字通り不肖の弟子と言うべきか。

二葉亭は一九〇二年五月に外語教授を依願免官となり、実業界で働くために翌日東京を発ってハルビンへ向かったので、男三郎の除籍問題には直接関与しなかったと思われる。しかしあれ程教え子思いであり、またかつて〈人生探求《ジーズニ》〉を標榜した二葉亭にとって、翌年七月帰朝後に起こった一連の男三郎事件は決して他人事ではなく、彼は事件の推移を注視していたであろう。本事件の公判が開かれ、世に喧伝された一九〇六年三〜五月は、あたかもピウスツキの東京滞在の時期に符合し、その論文にもあったように、彼は周囲の人々から、なかんずく二葉亭からはかなりの思い入れを込めて事件の顛末を聞かされたであろう。判決を報ずる五月十七日の『東京日日新聞』や『読売新聞』によると、おびただしい数の傍聴人が詰めかけ、中には二、三名の外国人も混じっていたという。著者の想像裡には、二葉亭と膝を並べて判決に聞き入るピウスツキの姿がどうしても浮かんでくるのである。

＊　＊　＊

以上のような事件に、人はいかなる意義を見出すだろうか。ピウスツキが援用したように医療人類学の観点から論ずることもできようし、わが国における刑法史上の意義を付与することもできよう。即ち、一八八二年に旧刑法が施行され、それが改正されたのが一九〇八年のことである。フランス法系の旧刑法では各犯罪を細かく分類し、各罪にあたる刑の範囲を狭隘にしたので、情状の軽い罪に過重の刑を科し、重い罪に過軽の刑を科するという弊が多かったが、ドイツ法系の新刑法では主観主義的色彩が強く、裁判官による刑罰量定の範囲が非常に広くなったことが最大の特徴である。本事件は刑法改正直前の時期に位置しており、それを促進する一材料となったことは間違いない。そもそも花井卓蔵が前記二冊の書物を上梓したのは、刑事学研究の資料に供するためでもあった。

しかしながら著者にとって最も興味深いのは、本事件には不治の業病としてのライ病、「人肉の効用」という迷信、サハリン渡航の企図、陸軍通訳官の就職口、警視庁におけるずさんな取り調べ等、十九世紀末から二十世紀初頭の日本ならではの要素がふんだんに見られることであり、このような〈明治日本の面影〉がピウスツキの目にいかに映じていたかという点である。

注

1　『極東の自然と人々〔東洋週報〕』の発行日はすべて旧暦によっ

ている。

2　国境画定委員会に参加していた志賀重昂《しげたか》は、志賀一九〇七では日本側委員は計四一五名でロシア側委員は二七〇名、志賀一九二八では日本側は総勢三九二名でロシア側は二〇九名としている。

3　「フランツ」はドイツの作曲家にして教会オルガン奏者、指揮者のロベルト・フランツ（一八一五—一八九二）。「ブレチ」は不明。あるいはドイツの作曲家にして指揮者のマックス・ブルッフ（一八三八—一九二〇）のことか。

4　Из Японии // Природа и люди Дальнего Востока [Восточная неделя]. № 8, 19 марта 1906 г. С. 5-6.

5　別の説もある。それによると、音楽学校のシステムからしてこれは考えにくく、選科生を教えたのは、授業補助者として手当をもらっていた研究生だろう。そして藤村が事実を歪曲して橘をモデルとして使った結果、二人の恋仲説が広がり、橘が怒って彼との接触を絶ったという（瀧井、一一六—一一九）。

6　バイオリン“Sonata in G Minor（ト短調）”のことだろう。作曲者は不明。

7　Archiwum Nauki PAN i PAU w Krakowie. Materiały Bronisława Piłsudskiego: sygnatura KIII-157, j. 8. 以下、このクラクフ・ポーランド科学アカデミー・芸術アカデミー学術文書館所蔵「ブロニスワフ・ピウスツキ資料」からの引用は、本文中の括弧内に“Archiwum: syg. KIII-157, j....”と記す。

8　日本女子大学成瀬記念館のご教示による。

9　Archiwum Akt Nowych w Warszawie. Akta Bronisława Piłsudskiego 1893-1919: sygnatura 35-3. 以下、このワルシャワ近・現代文書館所蔵「ブロニスワフ・ピウスツキ文書　一八九三—一九一九年」からの引用は、本文中の括弧内に“ABP: syg..., s...”と記す。

10　アイヌ語で「シャーマニズムを執り行う者たち」の意。

11　*Fifty Years of New Japan.* 2 v. Compiled by Count Shigenobu Okuma. English version edited by Marcus B. Huish. London: Smith, Elder, 1909.

12　それぞれの紙名は以下のとおり。The Japan Advertiser, The Japan Times, The Japan Chronicle, The Japan Advertisement, The Nagasaki Press; The Japan Weekly Chronicle, The Japan Times, The Japan Chronicle Weekly Edition; Русский инвалид, Товарищ (Archiwum: syg. KIII-157, j. 2, 17).

13　ポーランド語からの拙訳。

14　男三郎の天王寺高等小学校時代の先生は堺利彦だった。一九〇八年一月に堺らは講演会が警察から解散を命じられたため、建物の屋根に上がって往来の群衆に向かって演説をし、巣鴨監獄に入れられた。この折に堺は男三郎とすれ違い、最後の別れをしたという（黒岩、六一—六二）。

第十一章　太平洋、アメリカ横断

懐かしい日本とそこに残された友人たちを思い出しています。あの優雅で思慮深い国から来てみると、この粗野で俗悪な、金と金銭欲とが滲みこんだ世界は、なんとすさまじいコントラストを呈することでしょう。

大北汽船の「ダコタ号」

一九〇六（明治三十九）年夏に日本を出発して秋にヨーロッパに到着するまでの期間は、ピウスツキの伝記上の空白地帯のひとつとなっている。

ピウスツキは一九〇六年七月三十日に、「日本郵船」長崎支店の取扱いによるアメリカの「大北汽船」の「ダコタ号」で他の三名とともにシアトルへ向けて長崎を出発した[1]（「露国革命党員の奔走」）。同月十七日に彼が二葉亭四迷に書いた葉書には、「私は二十三日に汽船 Monteagle 号で発ち、二十八日には横浜を離れます」（『二葉亭四迷全集』別、一一七）とあり、当初は別の船で一週間前に出発するつもりだったようだ。「Monteagl 号」は七月二十三日に香港から長崎に入港し、同日カナダのバンクーバーに向けて出港した（Расписание почтовых пароходов）。

日本郵船は一八八五年に設立された日本海運のトップ企業である。同社がアメリカの「大北鉄道」と提携し、政府から補助金を受けて香港・シアトル線を開始したのは一八九六年八月のことである。そしてシアトルで大北鉄道に、一九〇六年七月からは「北太平洋鉄道」にも接続していた。横浜・サンフランシスコ間は約四五五〇海里（八四二七キロ）だが、横浜・シアトル間は約四二七〇海里（七九〇八キロ）である。かつ大北鉄道は北米大陸横断の最短距離を走っていたので、シアトル線はサンフランシスコ線に比べて日本・ニューヨーク間に要する時間が一日余り短かったのである。これは日本の主要輸出品である生糸の輸送にとっても重要なことだった（『日本郵船株式会社五十年史』一四三―一四九、二三三。『七十年史』六六―七〇、一〇〇―一〇一。『二引《にびき》の旗のもとに　日本郵船百年の歩み』八四―八七、一〇二―一〇五。『日本郵船株式会社百年史』一二九―一三二、一六二―一六三。『日本郵船百年史資料』七一一。Wray, 408)。

　大北汽船は大北鉄道の子会社で、一九〇〇年から一九一七年まで存続した。シアトル線に参入し、香港、上海、長崎、神戸、横浜、シアトルというルートに二隻の姉妹船「ミネソタ号」と「ダコタ号」を就航させていた。「ミネソタ号」は一九〇五年一月に太平洋航路初の二万総トン級の旅客船として就航した。「ダコタ号」の竣工は同年四月、コネティカット州ニューロンドンの東部造船会社でのことで、処女航海は九月である。ツインスクリューを備えた新型の蒸気船で、最大速度は時速一四・五ノット（二十七キロ）、四本マストで煙突は一本、船長は六三〇フィート（一八九メートル）、船幅は七三・六フィート（二十二メートル）、二万一千総トンである。ピウスツキは二等船室の切符を購入した（Biblioteka: sygn. 4646, t. 1, k. 63; sygn. 4646, t. 4, k. 50-82; sygn. 4648, k. 1-5; Great Northern Steamship Company;「郵船及大北汽船の連絡」。『近代日本海事年表Ⅰ　一八五三―一九七二〈改訂版〉』九一）。

デンプスキからの連絡

ピウスツキはアメリカにいるポーランド人と事前に日本から連絡をとっていた。一九〇六年六月五日にデンプスキがニューヨークからピウスツキに手紙を送り、また同月十三日にピウスツキは彼から長崎経由で電報を東京で受け取った。八月六日にもデンプスキはニューヨークからピウスツキに手紙を送っている（Biblioteka: sygn. 4646, t. 1, k. 26-28; Пилсудский1999c, 24, 25; Пилсудский1999d, 51, 72; Латышев2006a, 39)。アレクサンドル・デンプスキ（一八五七―一九三五）はポーランド人革命家で、「プロレタリアート」党、次いでポーランド社会党の創設に加わった。一八八四年に亡命し、一八九九年にアメリカに渡って、一九一九年にポーランドに帰るまで、アメリカ国内でユゼフ・ピウスツキを支持しつつ「ポーランド人社会主義者同盟」のメンバーとして活動した。六月十三日のデンプスキの電報は、ピウスツキに送金したのでアメリカに来るよう促すものであり、後者がアメリカ経由の帰国を決意する上で大きな役割を果たした。ピウスツキはラッセルに、「私を故郷、あるいは概して静かで確かなものへと導いてくれるすべての道のりのなかで、アメリカ経由のこの道のりが私に一番微笑んでくれました」と書き、アジア回りで帰国する場合の暑熱を味わわなくてすむこと、サハリンで撮影した写真を金に換えられるかもしれないこと、アメリカの博物館やシベリアの異族民研究を知ることは自分の仕事にとって有益であることを伝えている（Пилсудский1999c, 24）。

またピウスツキは一九〇六年七月二十日にウラジオストクのアムール地方研究協会委員会に宛てて手紙を書き、その中でこう述べている。

> ロシアがすみやかに法治国家へと変貌する望み、そしてそこで穏やかに暮らせる望みを失って、私は他の国々へ行く決心をしましたので、私がゴリド人たちから入手した品のリストを出発前に送ります。（Пилсудский2004, 366）

その三日後にピウスツキは同協会のソロヴィヨーフに手紙を送り、そこでも同主旨のことを述べている。

> 今私は、ロシア国内の情勢がすみやかに沈静化する望みを失ったので、アメリカ経由でヨーロッパに行きます。従って、お会いできるのは多分しばらく後のことになるでしょう。（Пилсудский2004, 367）

ディボフスキとの文通

「ダコタ号」は七月二十八日午前に長崎港に入港し、三十日に出港した（「ダコタ号入港」。「ダコタ号の船客」。「人と船　出港之部」）。この十九年前、「ニージニイ・ノヴゴロド号」でサハリンへ運ばれる途中、ピウスツキが初めて目にした極東の町はこの長崎だった。三十日に神戸付近の船上で、彼はディボフスキに手紙を書いた。ベネディクト・ディボフスキ（一八三三―一九三〇）はポーランド人の生物学者、動物学者、医者である。一八六三年の一月蜂起に加わって、第四章に登場したヤンコフスキイとともに東シベリアへ流刑となった。そこでディボフスキはバイカル湖、ブリャーチア、極東の動物相《ファウナ》研究に従事した。シベリアから戻った後、再度極東へ赴いて、カムチャトカで医師として四年間働き、貴重な資料を持ち帰った。かの地で彼は先住民から慈父のように慕われたという。一八八三年にディボフスキはルヴフ大学の動物学講座に招聘された。この人物はエスペラント運動の熱烈な擁護者でもあった（加藤九、一八二―一九〇。Пилсудский1999d, 76; Латышев2008a, 296）。

ピウスツキがディボフスキと初めて手紙のやり取りをしたのは一八九七年、サハリンとカムチャトカとの間である。その後、一九〇三年の北海道調査旅行中にピウスツキはシェロシェフスキの助言でディボフスキに手紙を送っ

ディボフスキ

た。一九〇六年三月二十日にピウスツキはディボフスキに手紙を送り、ルヴフで職が得られるかどうかを問い合わせた。一方ディボフスキは五月十二日付の返信で楽観的な回答はせず、かの地の混沌とした状況を知らせている（Пилсудский1999d, 49, 67-68; Кучинский2007, 179）。

「ダコタ号」上で書いた手紙でピウスツキは、アメリカから援助の手が差し伸べられたのでアメリカへ行き、そこに短期間滞在するよう依頼されており、その後ヨーロッパへ行けるであろうこと、弟ユゼフの消息が不明であること、鳥居龍蔵と知り合いになったことを伝えている（Пилсудский1999d, 51-52）。

太平洋を渡る

七月三十一日に神戸に寄港した後、翌八月一日に「ダコタ号」は横浜に入港した（Shipping. Arrivals. Departures; Shipping. Arrivals; Shipping. Departures; Latest Shipping. Arrivals）。この日、二葉亭四迷は東京から「ダコタ号」のピウスツキに短文の手紙を送った。

お手紙によれば、「ダコタ号」は明日横浜に到着するとのことですので、今か今かとあなたからの電報を待っています。〔中略〕もう一度お会いしたいものです。しかしもし何か思いがけぬ急用で私が行けず、もう一度お会いできぬような時には、どうぞ出発前に手紙で、ポーストニコフの住所を問い合わせることのできるあなたの友人をお知らせ下さるか、あるいはあなたあての手紙を託すことのできるアメリカの友人の住所をお知らせ下さい。（『二葉亭四迷全集』七、二三四）

この文面から察するに、ピウスツキは二葉亭に横浜入港を八月二日と知らせていたようだ。だが二人は結局横浜で別れの言葉をかわすことができた。[2] そしてこれが二人の最後の対面となった。もう一人の親しい日本人、上田将ともピウスツキが横浜で会えたかどうかは不明である。

八月三日に「ダコタ号」は横浜を出港した（Biblioteka: sygn. 4648, k. 1-5; Latest Shipping. Departures）。偶然のことながら、十九年前のまさにこの日にピウスツキはサハリンに到着していた。しかるにこの船には横山実語（または実吾）

という日本人密航者が乗っていた。この密航者は横浜出帆二日後の午後三時に船長に発見され、その後船内の事務に従事していた。だが船が東進するにつれて寒気が強まり、寒さに震えていたところ、ピウスツキに毛氈を恵与された。これに対し横山はピウスツキに次のような感謝状を書いて渡している。

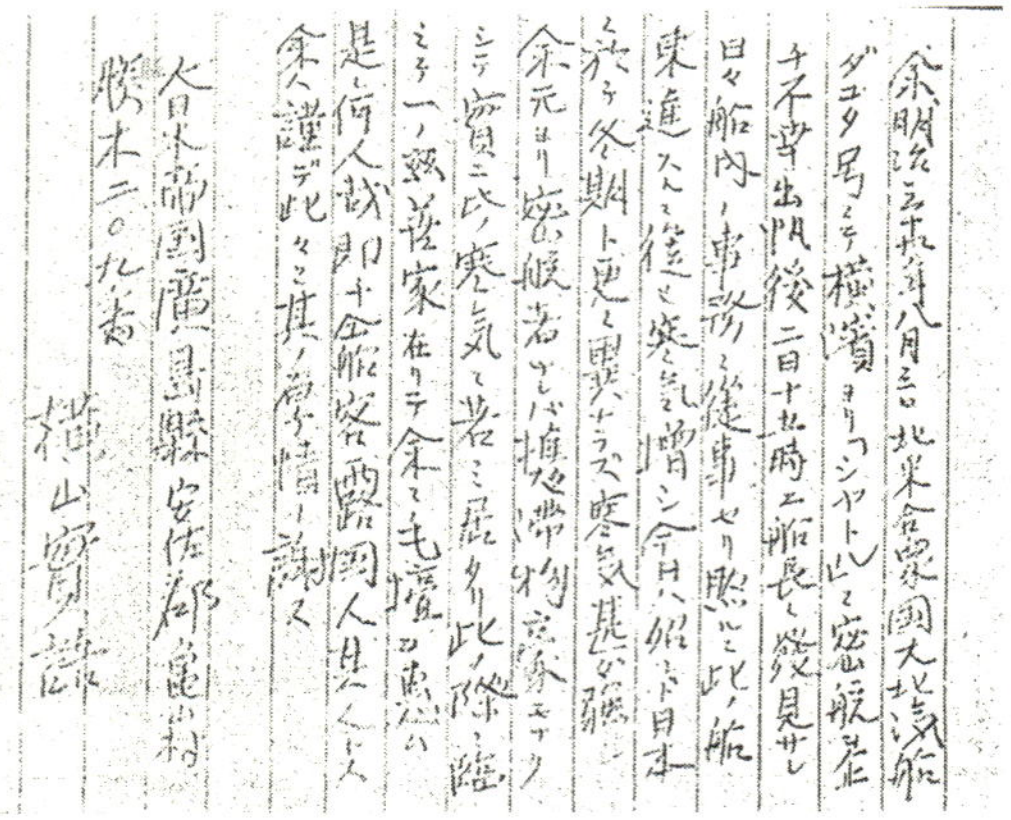
横山の感謝状

余明治三十九年八月三日北米合衆国大北汽船ダコタ号ニテ横濱ヨリ「シヤトル」ニ密航ヲ企チ不《ママ》幸出帆後二日十五時ニ船長ニ発見サレ日々船内ノ事務ニ従事セリ然ルニ此ノ船東進スルニ従ヒ寒気増シ今日ハ殆ンド日本ニ於テ冬期ト更ニ異ナラズ寒気甚ダ強シ余元ヨリ密航者ナレバ携滞《ママ》物豪モナクシテ實ニ此ノ寒気ニ若《ママ》ミ居タリ此ノ際ニ臨ミテ一ノ慈善家在リテ余ニ毛氈ヲ恵ム是レ何人哉即チ同船客露国人其人トス余ハ謹デ此々《ママ》ニ其ノ厚情ヲ謝ス

大日本帝国廣島縣安佐郡亀山村勝木二〇九番

横山實語（Biblioteka: sygn. 4648, k. 1-5）

横山の出身地、「広島県安佐郡亀山村」は一八八五年にハワイへの移民が始まり、一九〇七年の海外移住人口は四七三人である（『角川日本地名大辞典　三四　広島県』二三五―二三六、二六九）。故郷のこのような移民志向が横山の密航を促したのかもしれない。「亀山村勝木」、現在の広島市安佐北区可部町勝木にこの人物の縁者の方を見つけ、問い合わせたところ、回答を頂いた。それによると、横山は密入国のためアメリカ上陸後食料がなく、昼潜夜行で自分の叔父のいるロサンジェルスにたどり着いた時にはミイラのようであった。その後彼はアメリカで大変な苦労をした。横山には四男二女ができ、現在長女を除いて全員アメリカで暮らしているという。[3]

ピウスツキが太平洋上を航海していた間に起こった、彼に関わる出来事は次のとおりである。まず七月三十一日と八月二日の『ヴォーリャ』第四十三、四十六号に伝記「ニコライ・コンスタンチーノヴィチ・ラッセル」が載った。著者は不明である。八月七日に清朝は日本への留学生派遣を中止した（『近代日本総合年表　第三版』一八九）。

マトヴェーエフの逮捕

八月十一日（旧暦七月二十九日）にウラジオストクでマトヴェーエフが官憲に逮捕され、九月二十四〜二十五日に開かれたプリアムール軍管区法廷で一年六カ月の要塞監獄への禁錮を申し渡された。そして彼の出版所は閉鎖、『極東の自然と人々〔東洋週報〕』は逮捕の翌日に第二十七号で廃刊となり、同時に『極東地方』紙も廃刊となったのである。マトヴェーエフが逮捕されたのは、八月十日夜にウラジオストクに敦賀から「交通丸」が入港し、後の『大阪毎日新聞』特派員でラッセルの協力者・

大庭柯公

大庭柯公《おおばかこう》（本名・大庭景秋《かげあき》、一八七二―一九二二頃）が、マトヴェーエフ宛の籠や箱、梱包物に鉛版とともに、ラッセルの依頼で『ヴォーリャ』その他のロシア社会民主党系の革命文献約三千冊を入れて秘密裏に持ち込もうとして発覚したからである（Галямова, 13-14; Пилсудский1999c, 28, 29;「大庭氏拘引さる」。「通信員拘引さる」。大庭生。和田春、下一三三―一三六。桧山一九九五、一九三）。この十九年ほど後に大庭はこう回想している。

この年の前の年も、またその前の年も、日露の戦争であった。その戦争中に日本へやって来た露国社会民主党のドクトル・ラッセルという老人―老人ではあったがすこぶる元気のよい老人から、私は講和後浦港へ送還された俘虜の軍人、特に兵士へ、なんとかして同党のプロパガンダの小冊子を輸送してくれまいか、そしてその配布方にも尽力してくれまいかと頼まれた。「ヨシ来た」とばかりに、私は平和後初航の鳳山丸で、雑貨の大箱のようにそれを見せかけて、浦潮へ入港したばかりのところをつかまった。旧露西亜《ロシャ》帝国はさすがに探偵政治の行き届いた国であった。自分が浦港へ上陸して一時間か一時間半ばかり経つか経たないうちに、警部と憲兵とが二、三名やって来て、私に波止場の税関まで同行してもらいたいというのであった。「早いナー」と思いながら何食わぬ顔で税関まで同道すると、税関倉庫の一つの庫の入口に、銃剣付きの衛兵が張番していた。私はその庫の中へ一歩足を踏み入れて見ると、例のパンフレットがその辺一杯に散らばっていた。そして雑貨の箱と見せかけて私の持って来た大きな函が、その蓋を破られたまま投げ出されてあった[4]。(大庭b、四五八—四五九)

大庭の方は要塞司令部付属監獄に十九日間の拘留で済んだ(大庭b、四六三。和田春、下一三四)。彼は帰国してまもなく、長崎のロシア人革命家、恐らくオルジフに宛てて以下のようなロシア語の手紙を書いている。

一九〇六年九月七日　東京

拝啓

私の愚かさ、つまりあなたの大切な依頼事に関して私が失敗したことを、おそらくあなたはもうご存知でしょう。八月十日の夜に私はウラジオストクに到着し、二等船室のボーイ(日本人)に荷物を預けて上陸しました。翌朝特にマトヴェーエフ氏を訪問し、氏の荷物(マトヴェーエフ氏も日本で出た印刷物をいくつか私に依頼しており、そのなかには『自由戦士』がありました)以外に、あなたのご依頼で氏に荷物を持って来たことを伝えました。氏はただちに、汽船の検査員に宛てた私のメモを持たせてボーイ(中国人)を遣りました。二時間後にマトヴェーエフ氏のボーイは荷物とともに税関職員の手に落ち、昼頃に私が、夜にはマトヴェーエフ氏も逮捕されました。私は同じ連隊長に五回尋問され、八月二十九日に無条件で釈放されました。急いで日本へ出国しましたので、マトヴェーエフ氏のことはそれ以上分りませんが、おそらくまだ釈放されてはいないでしょう…。

私はもちろん恐れてはいません。私はただ自分の思想のためにどこまでも戦うことだけを知っています。私にはあなたの印刷物をウラジオストクに持込むさまざまな手立てがありますので、あの時以後も私はあなたの依頼を果たしたいと思っています。私はこの冬の間は東京(『大阪毎日新聞』東京支局)にとどまるつもりです。あなたの党のすべての新刊、つまりジュネーブ市で出たすべての刊行物のすべての号を受け取れるようお願いできるでしょうか。もしあなたの斡旋によってこの格別のご寄贈を受け取ることができれば、これらの有益な書物をできる限り利用するよう努力します。

頓首　K・大庭

追伸　十九日間私と一緒に収監された汽船のボーイ（日本人わたなべ）に同情してくださるのであれば、あなたから彼に慰謝の印として数ルーブル出していただけませんか。私は喜んで彼に渡します。（Письмо Оба Како русскому революционеру в Нагасаки）

この手紙から、大庭がマトヴェーエフの依頼をも果たそうとしていたことが分る。二人は親しい間柄だった（大庭a、二四五）。「私はもちろん恐れてはいません。私はただ自分の思想のためにどこまでも戦うことだけを知っています」は、ロシア語ゆえに舌足らずな表現ながら、大庭の面目躍如たるもので、長崎のロシア人にとって彼は頼もしい存在だっただろう。大庭は一九二一年に『読売新聞』特派員としてモスクワに赴き、まもなくかの地で消息を絶った。

この事件の十三年後に日本通の記者として八回目の来日を果たした娘のゾーヤによると、彼女が福岡医科大学の病院に九カ月ほど入院していた頃、父逮捕の知らせが届き、急遽ウラジオストクへ帰った。

妾が家に着いた其の日、母は妾を連れて獄屋にゐる父を訪ねました。九ケ月ぶりに父娘して対面した時間が、僅かに五分間！、何と云ふ果敢ない会見ではありましたらう?、父は獄吏の監視の下に妾たちを自分の部屋につれてゆきました。あゝ、此の時の父との対面の悲しい印象は到底妾の拙ない筆では書くことが出来ませぬ。たゞもう身も世もなく悲しかつたと申上げて置きませう。（マツウエーワ、三一）

マトヴェーエフの刑を軽減するために、『ヴォーリャ』は一九〇六年九月十三日の第六十二号で、彼の逮捕の理由は日本人が日本から彼のところへ非合法文献を運んできたことであり、『ヴォーリャ』はマトヴェーエフとは何の関係もない、ウラジオストクとの交渉は党組織を通じて進められていると発表した（От редакции）。だがこれは功を奏さなかった。

ピウスツキの苦悩

ピウスツキもこの事件に関与していた。彼はこれより前に自分の荷物を入れた籠を日本からマトヴェーエフ宛に発送し、後者はこれを受け取っていた。そしてマトヴェーエフの審理の最中に、籠を送付したことを伝えるピウスツキの手紙が遅れて到着した。この手紙はなぜかハルビンへ行ってしまい、そこからウラジオストクに転送されたのである。ピウスツキは政治犯で、ロシア国外に居住し、おまけに手紙に日付が記されていなかったので、法廷では「交通丸」によってもたらされた非合法文献を入れた籠はピウスツキが送ったものとみなされた。要塞監獄でマトヴェーエフと面会し、審理の模様を詳しく聞いたゴストキェヴィチは、ピウスツキ宛の手紙で、「あなたには手紙に決して日付を書かない悪い癖があります」と非難している（Госткевич2000, 82-83）。

ピウスツキがマトヴェーエフの逮捕を知ったのは、十月十四日にポドパーフが東京・新橋の「ホテル・メトロポール」からピウスツキに書いた次の手紙によってである。

しかしとても大変な不愉快事が起りました。日本人の大庭氏が不注意にもN・P・マトヴェーエフの鉛版を、『ヴォーリャ』からウラジオストクに搬入しようとした宣伝ビラと一緒にしたために、マトヴェーエフは一年半の禁固刑をくらったのです。マトヴェーエフは籠を受け取るために自分のボーイを遣わしたのですが、そのボーイが税関警察に捕えられました。N・P〔ニコライ・ペトローヴィチ、マトヴェーエフのこと〕の仕事はすっかりだめになり、それは売り払って、彼の新聞はもちろん廃刊になりました。N・Pに心から同情します。ましてや彼はロシア軍事法廷の権勢並ぶもののなき横暴の犠牲なのですから。（ABP: syg. 104, s. 2）

ピウスツキはマトヴェーエフの逮捕に関して自分に間接的な責任があると感じて苦しんだ。そしてアムール地方研究協会運営委員会の知人を通じて当局に真実を知らせようと努めた。一九〇七年（月日不明）に同協会会員で露中銀行ウラジオストク支店員ウラジーミル・キゼヴェッテルに送った手紙で、ピウスツキはこう書いている。

マトヴェーエフのもとに私の本が入ったアザラシ皮のトランクがあるはずです。それはマトヴェーエフが日本で私のところから持って行き、私がウラジオストクを通過した折に受け取ろうと思っていたものです。もし可能ならば、それらの本を受け取りたいのです。〔中略〕私の手紙で触れていたのが、小さな日本製の籠に入れたまったく別な本である（私が送ったのは彼の日本に関する本数冊とロギノフスキイの本二冊とヴィリチンスキイの本二冊です）ことの証拠をマトヴェーエフが提示すれば、マトヴェーエフ事件の結審に対して抗告することが可能かどうか、法律家に尋ねてみてください。あるいはその論拠と、その人物〔大庭〕が誤解のもととなった何らかの非合法文献を携えてウラジオストクに到着した時に、私はもはや日本にいなかったことの証拠を提示しても、もう遅いでしょうか。

（Пилсудский2004, 373）

一九〇七年十月一日に開かれたプリアムール軍管区法廷は、マトヴェーエフの減刑に関する決議を採択し、官憲の監視下に置かれる期間を五カ月短縮した。そしてこの月にマトヴェーエフは自宅に戻った。彼はその後市議会議員、第一国会の選挙人、そしてウラジオストク市長に選ばれた（Пилсудский1999c, 29; Галлямова, 15; Госткевич2000, 85, 86; Моряк, 912-913; Дьяченко, 269）。

マトヴェーエフは一九一九年六月に妻と幼い子供たちを連れて日本へ亡命し、大阪、神戸でロシア語書籍の印刷・出版・販売業を営んだ。彼の反ボリシェヴィズムの立場は終生変わらなかった（アムールスキイ、九二―九四。アムールスキー、一〇三―一〇七。桧山一九九五、一九四）。だが父のもとを短期訪問するゾーヤは、「浦鹽ニ於テ有力ナル共産党員」（「露国婦人共産党員渡来予定ニ関スル件」）として日本の外事警察にマークされていた。マトヴェーエフは一九四一年二月十日に神戸で亡くなった。ハルビンのロシア語週刊誌『ルベーシュ（国境）』の同年第三十九号にマトヴェーエフの追悼記事が出たが、それは、日本の友人たちが生前の彼の生活を支援し、死後神戸の外国人墓地に彼の墓碑を建てたこと、死の半年後に墓碑の成聖式を行ったことを伝えている（Никольский, 16）。ちなみに『アムールスキー詩集』（一九一〇年）と題する彼の詩集の翻訳が日本で出ている。一方マトヴェーエフがロシアに残していった七人の子供のうち、長男の書誌学者ゾーチク、フトゥリズム詩人ヴェネディクト、ゾーヤ、ガヴリールの四人が、スターリンの粛清期に父親の亡命ゆえに非業

マトヴェーエフの墓碑の成聖式

の死を遂げた（Иващенко, 15-16; Дьяченко, 270-271）。

シアトル

太平洋上のピウスツキに話を戻そう。横浜・シアトル間の航海日数は夏季は十四日、冬季は十五日だったので、ピウスツキがシアトルに到着したのは、日付変更線の通過を考慮に入れれば、現地の日付で八月十六日頃のことだろう（『米国航路案内』『桑港航路案内』二二―二三）。

ちなみに、「ダコタ号」は短命だった。翌一九〇七年三月五日午後四時頃、シアトルから横浜に入港する直前に、千葉県房総半島南端の野島崎沖一海里（一八五二メートル）の地点で坐礁し、同月二十三日に沈没してしまったのである。乗客と船員は全員救助されたが、積荷の多くは失われた（『東京朝日新聞』一九〇七年三月五～二十八日の関連記事）。

ピウスツキはシアトル上陸後、適当なポーランド人を見つけるために数日を費やした（Пилсудский2006b, 46）。その後、大北鉄道でシカゴに向かったはずだ。大北鉄道は、カナダ人ジェームズ・ヒルが一八七八年に「セントポール・太平洋鉄道会社」を買収、発展させ、一八八九年九月にこの社名に改称した。そして一八九三年一月に路線はアメリカ西海岸のシアトルまで到達した（The Encyclopedia Americana. V. 13, 358; The American Peoples Encyclopedia. V. 9, 885）。

日本の文学者・戸川秋骨（本名・戸川明三、一八七一―一九三九）が古画商・小林文七の通訳として、ピウスツキの日本出発のほぼ一月後に横浜を出港し、四カ月半かけてアメリカ経由でヨーロッパを訪問した。その帰路、ニューヨークからは大北鉄道でアメリカ大陸を東から西へ横断してシアトルに出、そこから「ミネソタ号」で横浜に到着した。つまり、横浜からニューヨークまでピウスツキと同一の経路をほぼ同時期にほぼ同一の条件で、但し逆方向に戸川がたどったのである。その旅行記によると、ニューヨークから横浜までの通し切符は二九六ドル五十セント。ニューヨーク・シカゴ間の汽車は「二十世紀特急」という名の贅沢なもので、時速七十マイル（一一二キロ）の速度で十七時間で到着した。ミネソタ州のセント・ポールで汽車を乗り換える。雪の影響でシアトルには三十時間の遅延で到着した。苛立った戸川は、大北鉄道は他の鉄道と比べて設備の点で劣り、食堂車の食事のメニューも少なくて高価だ、とこきおろしている。シアトルでは日本人が多いことに戸川は驚いた。当時シアトルの人口は二十万人を超え、さらに急増中だった。「ミネソタ号」は大西洋横断の客船に比べると、設備も装飾も劣ったという（戸川、四二九―四三二、四四五、四五二―四五五、四六七、五二六―五二九）。

シカゴ

シカゴは鉄道の中心地、最大の穀物市場として発展した都市である。九月十二日にピウスツキはシカゴから二葉亭に葉書を送った。

懐かしい日本とそこに残された友人たちを思い出しています。あの優雅で思慮深い国から来てみると、この粗野で俗悪な、金と金銭欲とが滲みこんだ世界は、なんとすさまじいコントラストを呈することでしょう。自由な共和国の明るい面さえも、アメリカの生活のこれら私にとって最も不快な面を前にしては霞んでしまいます。(『二葉亭四迷全集』別、一一七—一一八)

この文面から、ピウスツキが日本の〈逝きし世の面影〉のいかなる面を評価していたかがおぼろげながら浮かび上がってくる。また風邪をひいて少し病気になったのでシカゴに永く滞在したこと、近日中に東部へ出てニューヨークのエミグラントのコロニーに永く留まる予定であることを知らせている。「ニューヨークのエミグラント」とはデンプスキらを指している。九月二日に当地で開催された第九回ポーランド社会党大会に、ピウスツキは前宣伝にもかかわらず病気のため参加できなかった(PdS4, 117)。大会はアメリカ横断中のピウスツキに祝電を送ったが、その電文は彼を「社会主義の殉教者」と形容していた。党員もさることながら単なるシンパの人々も、ピウスツキの旅の先々で援助や住居を提供して、彼に支援の手を差し伸べた。ピウスツキはシカゴで日露戦争時のポーランド人俘虜将校クラウゼと会っている(コヴァルスキ一九九四、三八。Пилсудский2006b, 45)。前記ポドパーフの雑誌『東洋』に印刷工としてこの人物の名前が挙がっている。

ニューヨーク

この年の八月一日にピウスツキは寄港先の横浜からアムール地方研究協会の委員会に手紙を書き、その中でニューヨークでの予定をこう記している。

アメリカで私は、わが極東地方の異族民の広範な研究に着手したスミソニアン研究所とその博物館を訪問したいと思っています。数年前にここから何人かが、調査と大量の資料収集のために極東地方へ派遣されたのです。〔中略〕アメリカには一カ月ほど滞在するつもりです。つまり、そこを出立するのは早くても九月十五日以降になるでしょう。もし手紙を下さるのであれば、以下の宛先へお願いします。New York 61 Saint

Marks Place Eighth Street c/o A. Debski for B. Pilsudsky.
(Пилсудский2004, 367-368)

「わが極東地方」という表現はおもしろい。現在スミソニアン研究所の国立自然史博物館（ワシントン）にはピウスツキが撮影したサハリン先住民の一五九葉の写真が収蔵されている。その入手方法・経路は不明だが、〈アメリカ人類学の父〉と呼ばれるフランツ・ボアズの仲介による可能性が高い。その際、写真のネガとそれを使用する権利は放棄しないようピウスツキはアドバイスされた（Кучинский2000, 121; PdS1, 140; Biblioteka: sygn. 4647, k. 5-6）。ニューヨークでのピウスツキの動静は不明だが、ここで十月を迎えたはずだ。

十月初めにニューヨークを出発する前日に、ピウスツキは長崎の革命家たちに長文の手紙を書いている。これは彼のアメリカでの動静を知る上で重要なものである。それによると、アメリカ滞在は彼に失望をもたらした。この地在住の革命家たちの目的は、「金を集めて、やって来る避難民の世話を物質的側面からすること」だけだ。「よりエネルギッシュな人々にとっては、当地の生活条件は困難で耐え難い。」従って日本に留まれる者は当地に来ない方がいい、と彼は書く。ヴァデーツキイが自分とほぼ同時に渡米し、現在は当地で自分の日露戦争従軍記を書いている。アメリカ滞在中にピウスツキは日本在留のロシア人革命家について何度か講演を行なった。彼は弟からガリツィアで暮らしていける旨の手紙を受け取ったが、逆にディボフスキからは、かの地は暮らしにくく、よそ者は嫌われ、当局がパスポート不所持者や社会主義者を迫害していることを知らせる手紙を受け取っていた（Пилсудский2006b, 43-47）。後にピウスツキは後者の情報の方が正しかったことを思い知らされることになる。

なお早稲田大学図書館には、彼が十月二十二日の消印でニューヨークのブルックリンの滞在先から二葉亭に送った露文月刊誌『ポーランド社会党通報』第一年（一九〇五年）第二、三号[5]が収蔵されている。この時点でピウスツキは既にニューヨークにはおらず、デンプスキなど彼の知人が代わって発送したのだろう。

注

1 「他の三名」のうちの一名はヴァデーツキイかもしれない。

2 一九〇七年五月十日付のピウスツキの二葉亭宛書簡に、「横浜でのあの別れ〔中略〕を想い起こして」とある（『二葉亭四迷全集』別、一三三）。

3 二〇〇五年一月三日付の横山成男氏の著者宛の葉書。この葉書には横山の名前は「実吾」と表記されている。

4　大庭がこの回想で拘留された日を「一九〇六年四月ある日」、船名を「鳳山丸」としているのは、ともにこの年春の一回目のウラジオストク渡航と混同していたためだろう。

5　Вестник Польской социалистической партии. Год 1, 1905, № 2, 3.『早稲田大学図書館蔵　二葉亭四迷資料―目録・解説・翻刻―』に消印の日付が「一九〇五年十月二十二日」（二〇七頁）とあるのは、「一九〇六年十月二十二日」の誤りであろう。

第十二章　ガリツィア時代

外国では私はロシア人と見なされ、ポーランド人だと言えば驚かれます。同胞にとって私はまったく不要の存在で、せいぜい一片のパンをねだりかねない物乞いなのです。

クラクフ到着

一九〇六（明治三十九）年十月二十一日頃、[1]ピウスツキは恐らくロンドン、パリ、ベルリン経由で、ガリツィア（オーストリア・ハンガリー領ポーランド、現在のポーランド南東部とウクライナ西部）の古都クラクフに到着した。この町に来た理由は、パリで弟ユゼフからの手紙を受け取り、この地を指定されたこと、そしてここがポーランドの文化・学術機関が自由に息づける数少ない町のひとつだったことである（コヴァルスキ一九九四、三九。PdS4, 103; Сташель2005, 43; Кучинский2007, 169)。

そこからユゼフ夫妻の滞在するザコパネへ向かい、十九年半ぶりの兄弟再会を遂げた（Dall, 160）。〈ポーランドのアテネ〉と称されるザコパネは、タトラ山地の心臓部に位置し、ポーランドの多くの学者、作家、芸術家、音楽家、政治家、知識人が詣でた保養地である。ユゼフは政治活動に積極的に従事し、ポーランドの民族解放運動において著名な人物になりつつあった。

二週間の滞在の後、十一月初めにブロニスワフはクラクフに戻り、翌年五月末までこの町を拠点とした。住所はトポロワ通り十六番地にあるアパートで、ユゼフ一家の二階の住まい（四部屋、台所とバルコニー付）の一部屋にブロニスワフが寄寓した。クラクフの警察は当初ブロニスワフをユゼフと混同していたようだ（『二葉亭四迷全集』別、一二八―一三〇。コヴァルスキ一九九四、三九。Сташель2005, 45;

ザコパネ

トポロワ通りのアパート

Кучинский2007, 170-171; Sierpowski2010a, 170)。

ピウスツキは新しい環境に適応できず、苦しんだ(Пилсудский2005b, 57)。この頃の状況を彼はウラジオストクのキゼヴェッテルに送った手紙でこう伝えている。

> 当地はとても住みづらいです。唯一の私の知識はここではまったく評価されません。回想記を出版するためには出版者か、数カ月間落ち着いてそれに取り組むことができるように貸付金が少なくとも必要です。今それを得ようとしているのですが、簡単にはいきません。(Пилсудский 2004, 373)

クリスマス週間に末妹ルドヴィカや従叔母ステファニア・リップマンが、ヴィルノから相次いで彼を訪ねて来た。さぞかし積もる話に花が咲いたことであろう。

マリア・ジャルノフスカとの再会

十一月二十一日、ガリツィア到着の一月後に早くもピウスツキは二葉亭宛の書簡にこう書いている。

すでにこちらで私に許婚が用意されていて、多分結局は結婚することになるでしょうから。私はかの女と二十年も会っていませんけれど。（『二葉亭四迷全集』別、一二三）

これはかつてペテルブルグで別れたバニェヴィチ家の次女マリアのことである。ペテルブルグ在住の弟カジミェシュが十二月に兄の求めに応じてマリア・ジャルノフスカの住所を手紙で伝えて来た（PdS4, 106）。マリアは一八八九年にかなり年上の資産家ヤン・ジャルノフスキ（一八五二―一九二六）と結婚した。この人物はヴォルィニ県の世襲貴族で、有能さを買われて若くしてロシアの国有財産監督総長のポストに就いていた。翌年五月に息子ヤンが誕生。ピウスツキがヨーロッパに戻った当時、マリアは息子をペテルブルグのテアトラリナヤ街十六号館の夫のもとに残して別居中で、自分の母、姉とその二人の娘、二人の弟、従姉のゼノナ・ピョトロフスカとコンナヤ街五号館四号室に住んでいた。別居に至った時期は不明だが、少なくとも一九〇六年の夏以前、つまりピウスツキのクラクフ到着の比較的直前の頃と思われる（Archiwum: syg. KIII-157, j. 13; Дударец2008, 157; Дударец2009b, 34, 35）。

翌一九〇七年一月にピウスツキはマリアに初めて手紙を書くが、書き終えることなく、これは未発送に終わった。知らず知らずのうちに文面がマリアの姉ゾフィアとの思い出話になり、さすがにこれはまずいと思ったのだろう。ちなみに彼のサハリン時代の文通でゾフィアの名が登場するのは、著者の知る限り二度のみ、姉ズーリャ宛の一八九五年九月十七日付の手紙で彼女が彼にゾフィアの写真を送ったことに言及しているケース、そして一八九六年二月十六日付の手紙でゾフィアとステフツャのヴィルノ時代の写真を入手してほしいと依頼しているケースのみである。四月に彼は再度マリアに手紙を書いた（Пилсудский2005b, 54-58; Пилсудский2015, 97, 110）。この手紙でピウスツキは、彼女が一九〇三／〇四年のクリスマス週間にサハリンにいた自分に電報を送ったことに言及している。彼はこう書いた。

夏にザコパネに行くつもりです。お会いできませんか。蒸し暑いピーテル〔ペテルブルグの俗称〕から数カ月間お出かけになるんでしょうから。(Пилсудский2005b, 57)

そして五月十七日、ピウスツキとマリアはクラクフで二十年ぶりの再会を果たした。この時ピウスツキは四十一歳、マリアは三十八歳だった。六月初旬からピウスツキはマリアを伴ってチェコ（ボヘミア）の保養地カールスバードに数週間滞在し、慢性化した腸カタルの治療にあたった(Сташель2005, 49; БП и ЛПШ, 188; コヴァルスキ一九九四、三九)。彼はシュテルンベルグ宛の手紙にこう書いている。

ピウスツキとマリア

私は幸せです。魅力的なすばらしい女性が私を愛してくれているのです。彼女は私の幼馴染みです。私は高遠な、相互の精神的満足感を常に望み、求めていた心のすべてをもって、熱烈に強く愛しています。(БП и ЛПШ, 186)

ヴィラ・ヒュゲア

七月にしばらくクラクフに戻った後、二人はザコパネに八カ月間逗留した（コヴァルスキ一九九四、三九）。当初は学生用ホステルに逗留したが、十一月以降は町のメイン通りクルプフキにある食餌療法ペンション「ヴィラ・ヒュゲア」に暮らした。この夏にピウスツキ家の四兄弟がタトラ山中の恐らくユゼフの山荘で久方ぶりに顔を合わせた。ヴィルノから来たヤンと妻マリア、ユゼフと妻マリア、ペテルブルグから来たカジミェシュ、そしてブロニスワフとマリアである。

十月にマリアは五カ月間の同棲生活を切り上げて、ペテルブルグに戻った。かの地の上流社会で彼女の行動はスキャンダルとなっていたであろう。マリアは十七歳になる息子ヤン[2]の問題と資産の問題で夫と係争中だった。また彼女の帰京にはシュテルンベルグやポッドゥブスキイとの連絡や、ピウスツキのギリヤーク、アイヌ関係の著作を出してくれそうな出版社を探すという目的もあった(Пилсудский2005b, 60, 62; БП и ЛШ, 190, 280; Поддубский, 192)。

一人残されたピウスツキはこれ以降十一月にかけて、自らの心情を吐露する長文の情熱的な手紙三十余通をペテルブルグのマリア宛に送り続けた。十一月後半から十二月にかけてさらに十通以上の手紙を書いたはずだが、それらは見つかっていない(Сташель2005, 52)。十一月四～五日付の手紙にピウスツキはこう書いている。

万事正反対だ。かの地〔サハリン〕では困難な時に人々は僕を探し、僕は呼び出された。僕は教師として、あれこれできる人間として必要とされ、数百人の人間の相談相手であり慰め手だった。ところがここでは…(Пилсудский2005b, 79)

マリアはペテルブルグが好きで、この首都に近いフィンランドに二人で住むことを望んだが、他方ピウスツキはガリツィアの首都ルヴフ(現ウクライナのリヴィウ)で暮らそうと手紙で提案している。この町が編集関係や博物館、図書館での職を見つけやすいと聞いたからである(Пилсудский2005b, 69, 70, 90, 94, 101)。夫との係争は一時的に和解が成立したようで、三カ月のペテルブルグ滞在の後、一九〇八年一月にマリアはザコパネに戻った。

ロシア帝国への恐怖感

ピウスツキはウラジオストクから日本に渡った後、ロシア帝国領内にも、ロシア帝国支配下の故郷リトアニアにも二度と足を踏み入れようとはしなかった。その第一の理由は、ピウスツキの市民権の全面回復が決定される前に、彼がロシアを去ったことである。ピウスツキが官憲の監視と首都居住の権利に対する制限から解放され、裁判で剝奪されたすべての権利を復活されるとのサハリン島知事の裁定の通達に接したのは、一九〇六年十一月二十日のことだった(PdS2, 137)。ロシアの役人にとって彼は農民身分の脱国者でしかなかった。第二の理由は、前記ロシア語新聞『日本とロシア』の最終第十六号に革命家ヴァデーツキイとオルジフの写真とともに、「ブロニスラフ・ヨシフォヴィチ・ピルスツキイ、元サハリン政治流刑囚、樺太アイヌの習俗の研究者」というキャプション付きでピウスツキの写真が載ったことである。これはペテルブルグの官憲の把握するところとなった（Латышев2006a, 39）。第三に、ピウスツキはウラジオストクで国外パスポートの発行を受けたが、長崎在留のロシア人・ポーランド人革命家たちのためにそれをかの地に置いてきたのである。アメリカ出発直前に長崎の「ヴォーリャ」出版所宛に送った手紙に彼はこう書いている。

> 私が置いてきた私の国外パスポートをどうか私に送ってください。そちらでそれを利用することはまずないでしょうが、私にはとても必要なのです。というのは現在ガリツィアではパスポートが必要とされ、かの地ではパスポートなしではさほど心穏やかに暮らせないのです。パスポートのない者は国外に追放されるとさえ言われています。〔中略〕パスポートは必ず書留郵便で送ってください。（Пилсудский2006b, 46. 傍線は原文どおり）

またガリツィアに到着した一月後にも彼は長崎の同志たちにこう書き送っている。

> あなた方が私のパスポートを私に送ってくれるのを待っています。当地でそれが私自身にとって必要になるかもしれないからです。国際関係においてオーストリアとロシアの外交の悪化が顕著です。（Пилсудский2006b, 48）

第四の理由は、前章で述べたマトヴェーエフ逮捕事件である（Пилсудский2005b, 86）。これがピウスツキの新規パスポート取得とロシア領帰還に障碍を来す可能性があった。第五かつ最大の理由は、一九〇五年の第一次ロシア革命が終焉し、再び反動政治が強まるなかで、ピウスツキは再度の逮捕とシベリア流刑をもっとも恐れたのである。

当地の研究者との交流と研究活動

ピウスツキはかつてサハリンで出会ったモロゼヴィチとこの地で再会した。モロゼヴィチは一九〇四年からクラクフのヤギェウォ大学鉱物学の教授の地位にあった。ピウスツキは彼の仲介でクラクフの研究者たちと知り合うことができた。例えば当時ポーランド学芸アカデミー言語委員会書記をつとめていたポーランド語方言の専門家カジミェシュ・ニッチ（一八七四―一九五八）。この人物は後年ピウスツキのことを、「私が生涯で出会うことになった最も好感の持てる人物のひとりと思った」（Nitsch, 210-211）と述懐している。ピウスツキはサハリン先住民の民族学研究の随一の専門家でありながら、学位を持っていなかったので、ヤギェウォ大学で教鞭を執ることはできなかった（Латышев2008a, 293）。後述のタルコ＝フルィンツェヴィチ宛の未発送の手紙で、ピウスツキはこう嘆いている。

> 物事の本質より形式が重要なのです。学生としては私は齢を取りすぎていますし、学者としては学位がありません。現在私はその両方の境遇です。ポーランド人を自認していますが、外国では私はロシア人と見なされ、ポーランド人だと言えば驚かれます。同胞にとって私はまったく不要の存在で、せいぜい一片のパンをねだりかねない物乞いなのです。（Латышев2008a, 294）

ピウスツキは知人たちへの手紙のなかで「民族学学校」の設立を繰り返し訴えているが、これまた実現はしなかった（Рагай, 31）。にもかかわらず、ガリツィアに戻った後のピウスツキの研究活動は旺盛だった。この年に『アムール地方研究協会紀要』に「樺太アイヌの経済生活の概況」と「サハリン島の個別アイヌ村落に関する若干の情報」が発表された。また『中央・東アジア研究ロシア委員会紀要』に「一九〇三～〇五年にサハリン島のアイヌとオロッコの許へ出張したB・O・ピウスツキの報告」（サハリン旅行経路の地図付）が発表された。さらにピウスツキはペテルブルグの雑誌『生ける往時《ジヴァヤ・スタリナ》』編集部に論文「サハリン島の先住民」と「サハリンの原住民《トゥゼムツィ》における出産、妊娠と堕胎」を送付している（Из Отчёта по Отделению этнографии ИРГО за 1907 год, 526）。このうち前者は翌年に、後者は「サハリン島の原住民における分娩、妊娠、流産、双子、畸形、不妊、多産」と改題して二年後に同誌に掲載された。

シュテルンベルグの支援

シュテルンベルグは人類学・民族学博物館に欠員ができたので、ペテルブルグに来るよう繰返し手紙でピウスツキを誘った。だが前述のようにピウスツキには国外パスポートがなかった。彼はシュテルンベルグに、パスポートはアメリカ旅行中に現金と一緒に盗まれたと伝えているが（БП и ЛПШ, 225, 267, 274, 275）、これは嘘である。さすがに親友にも事の真相を打ち明けられなかったのだろう。

ピウスツキはウラジオストクのアムール地方研究協会や「クンスト・アルベルス商会」のドイツ人社長アドルフ・ダッタンに新規パスポート発行のための支援を求めた。前者はそれに応えて証明書を沿海州軍務知事に提出した。だが知事はジュネーブの領事による前のパスポートの紛失証明書の提示を要求した。かくして千載一遇の機会は潰えてしまった（Бабцева2010, 407; БП и ЛШ, 223, 267; Латышев2008a, 292; Пилсудский1999c, 65）。

シュテルンベルグはピウスツキの窮状に同情を寄せた。そして中央・東アジア研究ロシア委員会から経費を捻出してピウスツキに送付するという、シュテルンベルグの〈後方支援〉は一九〇七～〇九年にも続いた（БП и ЛШ, 268, 269, 273）。例えば、人類学・民族学博物館は一九〇七年にギリヤーク・コレクションを七十五ルーブルで、一九〇九年にはアイヌの写真コレクション八十四葉をピウスツキから購入している（Хасанова2001, 415; Хасанова2005, 140）。一九〇七年末の時点で彼のアイヌ・コレクションは写真が三百葉、蠟管が一一五本あったようだ（PdS1, 120）。

またツングース語の資料整理のためにロシア委員会からピウスツキに補助金二百ルーブルが配分された。ピウスツキはその資料を東洋学者でペテルブルグ大学講師、ロシア委員会財務省長のヴワディスワフ・コトヴィチに送付した。この人物はヴィルノ出身で、ピウスツキ同様ヴィルノ中学校を卒業後ペテルブルグ大学で学んだ。一九二三年にルヴフ大学極東文献学講座の教授に推挙されて、彼はペトログラードからルヴフに移住した。この資料はロシア科学アカデミー・アジア博物館に収められた（Латышев2004, 14-15, 21）。[3]またロシア委員会委員長ラドロフの提案により、ギリヤークの資料を整理するためにピウスツキに補助金三百ルーブルが支給された。一九〇三～〇九年に同委員会がピウスツキに支出した補助金の総額は二五四九ルーブル八二コペイカに上った。ピウスツキは補助金の扱いには几帳面で、その詳細な使途を報告し、資料発送が遅れた理由をその都度手紙で説明している。

しかしながら先回りして言えば、シュテルンベルグはピウスツキから送られた膨大な量のギリヤーク資料のごく一部を自分の論文や著書に収録しただけで、大部分は未刊に終わった。その結果もっぱらピウスツキのアイヌ研究のみが注目されているが、彼はシュテルンベルグに勝るとも劣らないギリヤーク研究者でもあったのだ。

ルヴフ

一九〇八年三月にピウスツキはザコパネに別れを告げ

て、ガリツィア東部の中心都市ルヴフのトゥレツカ街三番地にマリアと新居を構えた。一年余りに及んだルヴフ時代、少なくともその当初のピウスツキは、マリアという伴侶を得て充実した至福の時を過ごしたであろう。それは、以降の数年間にポーランド、ロシア、ドイツ、フランスの学術雑誌に発表されたおびただしい数の論文からもうかがえる。かたやオペラ歌手ばりの声量に恵まれたマリアは声楽のレッスンに通い、生計を支えるべくプロの歌手を目指した。彼女も姉ゾフィアも従姉ピョトロフスカも美声の持主だった。ピョトロフスカはかつてペテルブルグ音楽院で学んだ。マリアは時々自宅で室内楽コンサートを催していた（Пилсудский2011, 78; Кучинский2007, 178; Дударец2009b, 34）。

ピウスツキはこの地でディボフスキと初めて対面した。ディボフスキは流刑の後ルヴフに暮らしており、当時七十三歳。両者は以前から文通を交わしていたが、親しい間柄になるのはこの折のことである（コヴァルスキ一九九四、三九。Шостакович1999, 42-44）。ピウスツキが転居地としてルヴフを選んだ理由のひとつは、ディボフスキを頼りとする気持があったからだろう。この時二人の話題となったのは、シベリアに流刑となったポーランド知識人の学問的業績を集約すること、そしてシベリアでポーランド人たちが精神的に堕落し民族性を喪失しないように、いかにして彼らに援助の手を差し伸べるかということだった（Пилсудский1999c, 53-54, 56）。その後ピウスツキはディボフスキをアムール地方研究協会名誉会員に選出するよう協会に提案し、彼の詳しい履歴書と著作リストをウラジオストクへ送付した。その結果ディボフスキは名誉会員に選出された（Пилсудский1992, 174-176; Пилсудский2004, 375-378）。

この年の秋におそらく十一年ぶりにピウスツキはシュテルンベルグと再会した。後者が南アフリカ関係コレクション買付けのためにプラハへ行く途中、ルヴフかクラクフにおいてである。翌年前半にピウスツキがシュテルンベルグに宛てた手紙にこうある。

> 良くなってください、親愛なるレフ・ヤーコヴレヴィチ、あなたが良くなって私はとてもうれしいのです。我々があの時あなたを町中引きずりまわしたことを一度ならず悔やみました。あるいはこれも良くなかったかもしれません。あなたは既に具合がとても悪かったのに。（БП и ЛШ, 199）

この頃、医師ユリアン・タルコ＝フルィンツェヴィチ（一八五〇―一九三六）がヤギェウォ大学に新設された人類学講座の教授としてクラクフに居を据えた。この人物は一八九二年から東シベリアのトロイツコサフスク（現ブリャート共和国キャフタ市）に十六年間居住して、ロシア人、ブリャート人、モンゴル人に対する医療活動に従事するかたわら、人類学と考古学の調査を広範に行なった。ピウスツキはディボフスキを通じて彼と知り合った。ピウスツキのタルコ＝フルィンツェヴィチ宛の一連の手紙からは、前者の貧窮状態が浮かび上がってきて、ルヴフで定職を得るという期待は空しく終わったことが分かる。タルコ＝フルィンツェヴィチは人類学講座のために、ピウスツキがサハリンで撮影した先住民の写真を購入した。またピウスツキは彼に、東京で自分が発掘した大森貝塚に関する記録を送付している（Сташель2007, 20-37、40、43）。

マリアの発病とヨーロッパ歴訪

しかるにこの一九〇八年にマリアの乳房にがんが見つかった。そして十二月に彼女は診察を受けるべくペテルブルグの夫のもとに戻った。地位と資産のあるジャルノフスキは離婚を要求せず、別居後もマリアを経済的に支えていた。この人物は芸術愛好家で、ペテルブルグのポーランド音楽庇護者文化団体の会長をつとめていた。マリアも夫と離婚してピウスツキと正式に結婚することには消極的だった（БП и ЛШ, 195, 200; Дударец2009b, 35; Пилсудский2005b, 73）。トルストイの『アンナ・カレーニナ』を地で行く話だが、アンナの恋人ヴロンスキイと違ってピウスツキはいつも一文無しだった。

翌一九〇九年三月にマリアはピウスツキのもとに戻ったが、五月に再度ペテルブルグへ行き、夫の莫大な財政的援助のもとに手術が行なわれた（コヴァルスキ一九九四、四〇。БП и ЛШ, 200; Пилсудский2007b, 40）。乳がんはかなり重篤で、転移もあることが判明し、明らかに手遅れの状態だった。

この年の夏にピウスツキはガリツィアのリマノヴァへ出向き、旧友たちのもとに滞在した。マリアの容体が小康を得た頃合いを見はからって、八月にはフランスのウアヴィルへ行き、ギェルシンスキ博士のもとに身を寄せた。博士は亡命ポーランド人社会を代表する著名人であり、ユゼフ率いる独立運動の支持者でもあった。ユゼフはこの前年から銃兵組織作りに着手していた（コヴァルスキ一九九四、四〇―四一。Иллакович, 70）。

同月末から九月初めにかけてブロニスワフはパリに滞在し、かの地の人類学者たちと交流したが、ここでも定職を見つけることはできなかった。流刑囚としての前科と「さすらうポーランド人」という不可解な身分が災いしたのだろう（Севела2015, 34）。これ以降一九一一年一月までピウスツキは西欧諸国を十八カ月間歴訪する。当時のヨーロッパはその後の時代に比べるとまだ各国がオープンで、国外移動が容易だったのである。彼はアイヌの工芸品や、フォークロア・テクストを収録した蠟管も売却用に携えていた。自らの生活費とマリアの治療費を捻出しようとしたのだろうが、蠟管は容易には売れなかった。おまけにルヴフからパリへ移動する際に、いくつかの蠟管が破損してしまった（БП и ЛПШ, 190, 194, 204）。

一九〇九年十一月にピウスツキはガリツィアの有力紙『ルヴフ日刊《クリイエル・ルヴォフスキ》』の通信員も兼ねて再度パリに赴き、翌年五月まで滞在した。その間、転々と居を移しながら図書館通いを続け、ソルボンヌ大学の聴講生にもなっていたようだ。学位を得るためだろうが、それは叶わなかった。またパリ人類学会（一八五九年創立）の会員を対象に講演を行い、滅亡の淵にある極東の諸民族に対してヨーロッパの学界が緊急に支援の手を差し延べるべきだとこう訴えた（コヴァルスキ一九九四、四一。クチンスキ、一二三）。

同じく苦しむ民族に属する人間として、私は彼ら〔サハリン先住民〕が抑圧されていることを強く感じました。私は未開人種に興味を抱く学者たちの注意を彼らの運命に向けさせることを、自らの道徳的義務と思い定めました。（Шостакович2001, 116）

この考えは、三年前にピウスツキが日本人たちに説いたのと同じものである。彼はヴワディスワフ・ミツキェヴィチ（詩人アダム・ミツキェヴィチの息子）、マリア・キュリーなどフランス在住のポーランド知識人たちとも交際した。

小康を得たマリアがピウスツキのもとに合流すると通告してきた。彼は大急ぎでクラクフへ向かい、彼女をパリに連れてきた（コヴァルスキ一九九四、四二）。十二月七日付のピウスツキのシュテルンベルグ宛の手紙にはこうある。

妻は再手術をしなければなりませんでした。退院して一週間後に再び強い痛みが始まり、眠ることができません。今日妻は自分を治療する、つまりラジウムで治療を試みる予定の医者のところに行きました。かわいそうに彼女は自分が危険な状態にあることをよく分かっているのです。〔中略〕ラジウム治療を行なうすばらしい医師ドミニチは、二カ月間ラジウム治療を行なう試みに取りかかっています。（БП и ЛПШ, 207, 208）

パリでは一八九八年にキュリー夫人が発見したラジウム線による放射線治療を行っていたのである。しかしながら、再手術もラジウム治療も効果をもたらさなかった。翌一九一〇年一月三十一日付のシュテルンベルグ宛の手紙にはこう書かれている。

ほとんど望みのない妻の病気とそれにまつわる徒労で、私はとても疲労困憊しました。あるいはこの旅行〔パリからクラクフに来て、その後ウィーンに立ち寄る旅〕が私の苦しみを幾分和らげてくれるかもしれません。（БП и ЛШ, 208）

この旅行の折、ピウスツキはウィーンの民族学博物館にプリアムール地方とサハリンの先住民の写真コレクション一四五葉を五十オーストリア・クローネで売却することに成功した。またこの頃彼は愛する従叔母ステファニア・リップマンの死の知らせをパリで受け取っている（Кучинский2000, 127; Kuczyński2001a, 423; Пилсудский2015, 116）。

マリアの死

マリアの病状は悪化の一途をたどり、資金も底をついて、二人のいさかいは絶え間ないものとなった。絶望したマリア[4]は四月にピウスツキと別れてペテルブルグに帰り、夫のもとで最後の一年余りを過ごした。首都に戻ってからもマリアはピウスツキに手紙を寄越したが、その文面は彼への思いが変わっていないことを示していた（コヴァルスキ一九九四、三九―四四。Kowalski2010b, 130-134; Сташель2005, 48-51）。

著者はワルシャワの国立近・現代文書館で、マリアが入院していたペテルブルグの病院の看護婦がピウスツキに送った露文の葉書三通を発見した。これら全文を拙訳で紹介する。

第一信〔一九一〇年九月（日付は判読不能）の消印〕

尊敬するあなた様

ジャルノフスカさんのご病気に関する医師たちの所見を急ぎお知らせします。残念ながら快復の見込みはありませんが、この先どれくらい苦痛が続くかは不明です。

ジャルノフスカさんを介護する看護婦

第二信〔一九一一年六月三日の消印〕

尊敬するあなた様。上司の依頼により、以下のことを貴殿にお伝えしなければなりません。M・ジャルノフスカさんの容態はきわめて重篤で、痛みが増しつつあります。常にモルヒネを投与し、衰弱が甚だしい状態です。
敬具
看護婦エンマ・ヘルツ

第三信
サンクト・ペテルブルグ　一九一一年六月十三日
マリア・イワーノヴナ・ジャルノフスカさんは今朝逝去されました。
故人は明日ヴィルノへ移送されます。
看護婦E・K・ヘルツ（ABP: syg. 75, s. 1-6）

読むのがつらい資料もあるものだ。以上三通によって、マリアが亡くなる前に長期間にわたって随分痛みに苦しんだこと、彼女の死亡日が旧暦一九一一年六月十三日（新暦二十六日）であることが判明した。遺骸はヴィルノのロッサ墓地に葬られた。享年四十二歳である。夫ジャルノフスキはその後タルコ＝フルィンツェヴィチの従妹ゾフィア・フィッシャーと再婚した（Сташель2005, 51; Латышев2008a, 313）。

英日博覧会

一九一〇年六月初めに時間を戻す。ピウスツキはロンドンに到着し、セント・ピーター広場三十七番地のヴォイニチ夫妻の館に投宿した。ヴィルフルィド・ヴォイニチはシベリアの流刑地から脱走してきた元革命家で、ロンドンと国外に大古書店網を所有する金満家となり、ユゼフ・ピウスツキの事業の支持者だった。妻エセルはイギリス人小説家である。夫妻は王立音楽院でピウスツキのアイヌ蠟管を聴くための夜会を催し、音楽専門の業者が彼と蠟管購入の商談を行った。三本の蠟管がケンブリッジ大学教授チャールズ・マイエルスのもとに渡ったのはこの時かもしれない（コヴァルスキ一九九四、四二。Роон2001, 157-160）。

ピウスツキのロンドン訪問の目的は、五月十四日から十月二十九日まで町の西部のシェパーズ・ブッシュで開かれた英日博覧会で実演される「アイヌ村」である。博覧会の通行証を入手するまでに七週間を要したものの、ピウスツキは十月までに、北海道日高国沙流郡から来た四家族、「婦人が四名、男子が四名、九才の男の子が一人、赤ン坊が一人―総計十人のアイヌ」（「世界最従順の民アイヌ人を迎ふ」）から五十以上の民話を採録することができた。これらのアイヌは高い意識と使命感を持ったアイヌ社会での成功者であった（Пилсудский2006a, 36; 宮武、一一四）。ピウスツキは

英日博覧会のアイヌ

後にこう書いている。

彼らはショーの中のゲテ物や動物のようにではなく、人間として扱われたことにたいし、ことのほか喜んでいた。私と会話を交わしたことで、彼らは自分たちの尊厳を同じ人類の一員という位置にまで高めることができたとして、深く感謝の意を表していた。（ピウスツキ一九八三、一〇八）

八月にコレージュ・ド・フランスの音声学の教授ジャン＝ピエール・ルスロ（一八四三―一九二四）がアイヌ語研究のためにこの博覧会にやって来た。コレージュ・ド・フランスは、フランスにおける学問・教育の頂点に位置する国立の特別高等教育機関である。そしてルスロ教授の調査によって、ピウスツキは自分が採録したもののチェックを行なった。この時彼は教授からアイヌ語テクストを筆記する方法を学んだ（Majewicz2010a, 281）。この機会はピウスツキをしてこれまでのアイヌ研究の成果を本にまとめることを決意させることとなった。彼はタルコ＝フルィンツェヴィチ宛に、「アイヌ関係の文献を読めば読むほど、私の観察と記録は貴重だと確信します。それがより豊富で深いものだからです」（Пилсудский2007b, 48）と書き、またシュテルンベルグに宛てても、「ありとあらゆる誤謬も含めてアイヌの最も権威ある専門家バチェラーよりも、私はより多くのことを知っており、より多くのことを提供できると確信しています」（БП и ЛШ, 210）と書いている。さらに一九〇八～〇九年頃に書いたラドロフ宛の手紙でもこう述べている。

自分のアイヌ語のテクストと辞典と文法をどこで印刷できるか分からないことに悩んでいます。ドブロトヴォルスキイとバチェラーの二つの辞典は既に持っていますが、私の辞典は前者のものより完全ですし、おそらく後者と同等のレベルでしょう。ドブロトヴォルスキイの多くの誤謬を私は訂正しましたし、バチェラーのものと私の言語学資料との相違は、私が個別に三つの方言（マウカ、南東岸、ポロナイ）を採録し、どの言葉が廃語となって、民話か物語詩か祈禱文と英雄伝説以外には使われないかを指摘した点にあります。この辞典を出版すべきだと思いますし、バチェラーが書いたものとは異なるサハリン方言の文法をそれに付け加えることも可能です。（Пилсудский2012c, 186-187）

ヨーロッパに戻ってからもピウスツキがバチェラーの研究を意識していたことは言うまでもない。この二年前、一九〇八年九月二十四日付でピウスツキがバチェラーに送った英文の手紙の下書きと思しきものが残っている。それによると、彼はバチェラーの近況、北海道とサハリンのアイヌに関する新しい情報と出版物名を知らせてくれるよう、またアイヌ禁酒協会の報告書を送ってくれるよう依頼している(AN KIII 157, j.8)。まことにもって残念なことに、ピウスツキが作成した「辞典」はその後紛失され、今日まで見つかっていない。[5]

十一月二日付の現地の新聞『デイリー・ニュース』に「アイヌの別れ　いかにロンドンがこの風変わりな人々を感動させたか」と題して、帰国直前のアイヌの次のようなメッセージが掲載された。

私たちはかなり以前に、偉大な英国と美しい首都ロンドンについて聞いたことがありましたが、それを実際に見ることが出来るとは、思いもしませんでした。しかし、六カ月以上ものロンドン滞在でそれは実現したのです。これから故国と親族に再会できるのは喜びですが、帰国しなければならないことは残念です。私たちは以前には知らなかった、非常に多くのものを見ましたし、地面から湧き出たり、見えなくなったと思うと家庭までやってくる水〔水道〕に驚きました。また、ボタンを押すと地中から放たれる光や、目前で光が山を登るように照らされるのを見ました。私たちは、始めと終わりがわからないほど広大な都市や、自走する車や、数え切れない群衆や、各階に人が住む高層建築物、それに、初めて見る不思議な動物〔動物園の回想〕にも感動しました。男性や女性の背の高さも興味深かったです。…しかし、英国人の親切には最も驚き魅せられました。英国婦人の親切で優しい心には特に感動しました。私たちは、これらをもっとも敬服すべき点だと感謝しているので、帰国後は、この善意の婦人の豊穣な国について、仲間に伝え、子々孫々まで語り継がせるつもりでいます。(Ainus' Farewell: How London Impressed the Curious People)

これを新聞社に持ち込んだのはピウスツキだった。あるいはこのメッセージを語らせ、翻訳したのも彼だったかもしれない。この記事はアイヌとピウスツキの間の強い信頼関係を間接的に示している(宮武、一四四―一四六)。これがピウスツキがアイヌと会う最後の機会となった。

この博覧会の折にピウスツキはM・コイデという日本人と交流をもった。この年、第九章で言及した東京帝国大学の小金井良精教授がベルリン大学百年祭に招かれて、七月六日に日本を出発、式典参列に先立ちイギリス、フランスを歴訪した。パリでは万国博覧会開会式に列席。十二月二十九日に帰国した。コイデはピウスツキに小金井が九月にロンドンを訪問することを知らせ、両者の面会を仲介しようとしたが、これは不首尾に終わった。小金井は九月二日から九日までロンドンにいたので、この一週間両者はともに同じ都市にいたはずだ。その後小金井が十一月にベルリンに滞在する予定であることをコイデは伝えているが(ABP: sygn. 50, s. 14)、小金井の旅行中の日記にピウスツキの名前が出てこないことからして、おそらく両者の再会はならなかったのだろう。

ガリツィア帰還

一九一一年一月下旬にピウスツキはパリへ移り、数日後にクラクフに戻った。四月にはプウォスキに会うためにリマノヴァへ出かけた(コヴァルスキ一九九四、四四)。プウォスキは妻とともに一九〇六年十一月に日本を出国し、翌年四月にクラクフに居を定めた。そして十二月にリマノヴァの小さなビール醸造工場に会計係として就職した(Руссель1999, 37; Кучинский2007, 171; Латышев2005a, 110)。ピウスツキはガリツィアに戻った当初、プウォスキの所在が分からず、一九〇六年十一月末から十二月初めにかけて書いた手紙で二葉亭に問い合わせ、こう書いている。

プロスキ〔プウォスキ〕、オヌフロヴィチ、チャキ博士がまだ日本に留まっているのでしたら、ぜひともかれらを利用してポーランド語を学び、あらゆる問題について友好的な繋がりを求めるべきです。(『二葉亭四迷全集』別、一二九)

これを受けて二葉亭は一九〇七年二月に長崎のオルジフに手紙を書き、ピウスツキに手紙を出すよう伝えている(沢田二〇〇九、二〇七)。二葉亭はピウスツキのアドバイスを念頭に置いて、オルジフにプウォスキのことを問い合わせたのかもしれない。当時プウォスキは無職で貧困に苦しみ、意気消沈していた。ピウスツキは自らの窮乏にもかかわらず、彼に支援の手を差し伸べようとしたのである(БП и ЛШ, 190, 210-211, 217)。

ピウスツキの十八カ月に及ぶ西欧での滞在は、ポーランド年鑑もしくはポーランド小百科事典を仏・英両語で刊行し、それを国外に配布することの必要性を彼に確信せしめた。彼はガリツィアの実業界や文壇の有力者たちの支持を取り付けるべく奔走した(コヴァルスキ一九九四、四四)。百科事典編纂作業については第十四章で述べる。

ザモイスキ伯爵家

一九一一年九月にピウスツキはポトハレ地方の大地主ヴワディスワフ・ザモイスキ伯爵(一八五三—一九二四)を訪れた。ここから彼の二度目のザコパネ滞在期となる。そして翌年四月までその母ヤドヴィガと妹マリアが経営するクジニツェの全寮制家政女学校のゲスト・ルームに逗留した。ポトハレ地方は南をタトラ山地に接する広大な盆地で、その先住民は山岳民《グラール》である。クジニツェはザコパネの中心から南東へ四キロの距離にあった。そもそもザコパネ

はザモイスキが一八八九年に競売で入手したリゾート地である。ピウスツキにとってこれは快適な逗留になり、仕事が捗った。彼は学校の女子生徒たちにシベリアやサハリン、日本のことを話して聞かせた（Dall, 163-164）。おそらく東京女医学校や日本女子大学で学ぶ日本の少女たちのことや学校の寄宿舎のことも話したであろう。

実はこの六年ほど前に一人の日本人がこの学校を訪問している。ピウスツキが東京滞在中に訪れた日本女子大学校の学監で後の第二代校長・麻生正蔵（一八六四―一九四九）である。彼は一九〇四年から二年間にわたって欧米の教育事情視察の旅に出ていた。ウィーンで牧野伸顕駐オーストリア公使からこの学校の見学を強く勧められて、やって来たのである。麻生の報告文によると、学校は「下半は煉瓦、上半は木造の如く見ゆる一大建築物」だった。マリアとその姪らが彼を歓迎してくれた。ヤドヴィガが学校を設立しようとした時、伯爵の母堂が下女輩の教育に金銭と労力を消費するとは狂気の沙汰だとして世人が嘲笑、罵倒した話を聞いて、麻生は日本女子大学校設立当時の苦労を思い出して同情を禁じ得なかった。彼は食堂で生徒たちがつくった菓子とパンを饗応された。ピウスツキがかつて日本女子大学校で料理の授業を見学し、その成果を振舞われているので、これでおあいこだろう。麻生もピウスツキと同

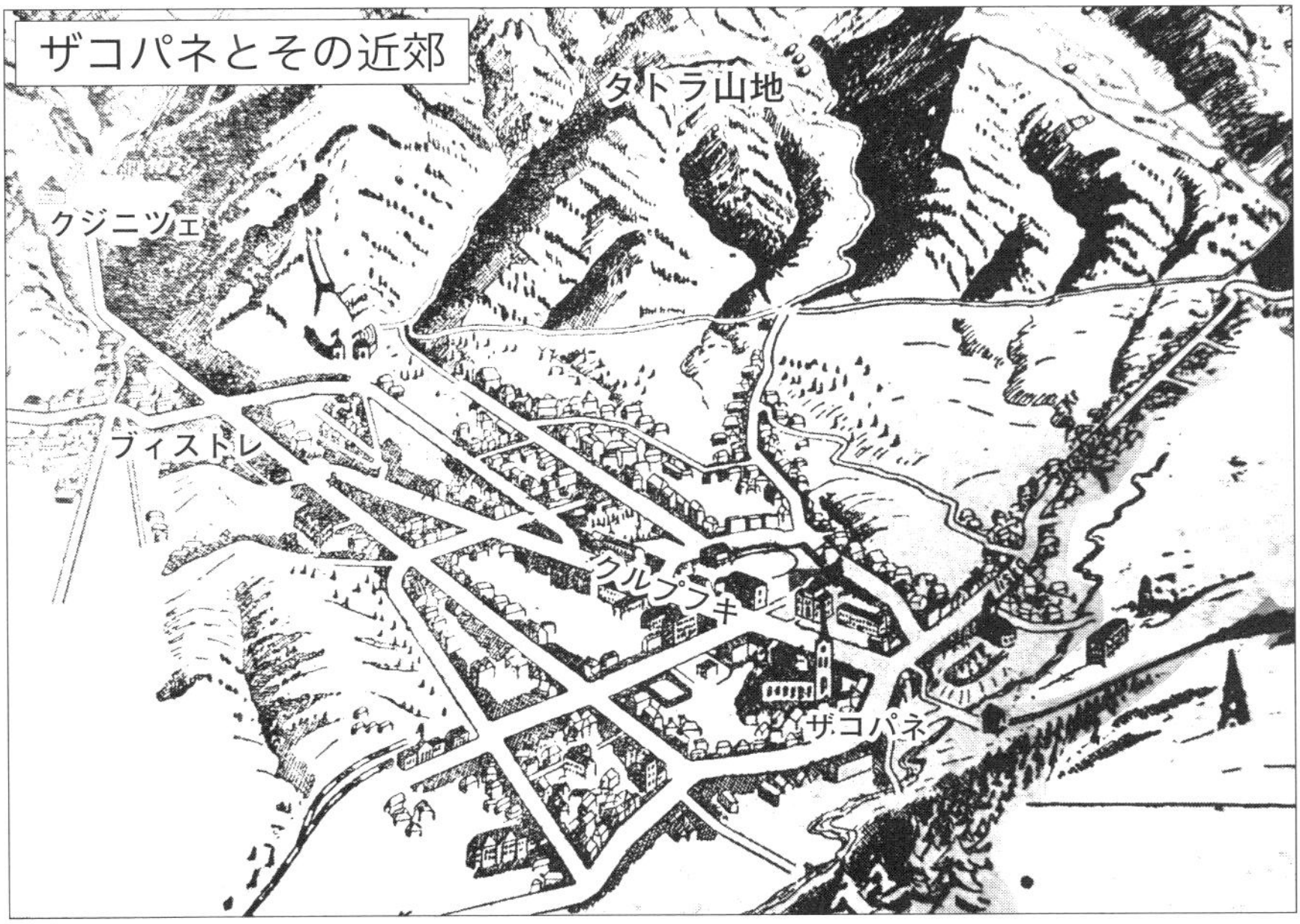

麻生正蔵（1907 年頃）

じようにゲスト・ルームを一夜提供された。この学校の目的は主婦に必要な素養を与えることだけではなく、女子の間に愛国心を養成し、その精神を子女に伝え、おもむろにポーランド国の恢復を謀ることである。「伯爵母堂は主婦教育に隠れて、ポーランド国恢復を謀るの傑女なり」と麻生は感嘆している。生徒は上・中・下流階級出身の少女一七〇名で、うち下流階級の約百名の大部分の学費は伯爵家が負担していたという（麻生、四八、四。四九、五）。麻生は一九〇六年三月十三日に横浜に帰着したので、東京でピウスツキと会った可能性がある。

タトラ博物館

ザモイスキはタトラ博物館協会の副会長をつとめていた（コヴァルスキ一九九四、四四。Пилсудский2007b, 55; Sierpowski2010a, 167, 170, 171, 172, 173）。ピウスツキは伯爵と語らって、郷土誌研究会の設置を提案した。後にタトラ博物館初代館長を長らくつとめたユリウシュ・ズボロフスキ（一八八八―一九六五）はこう述べている。

> 貧乏で、時には赤貧洗うが如き状態になりながら、ピウスツキは久しい以前にポトハレに移ってきた多くの外来者を集め、富裕な者やさほど富裕でない者から上手に金を集めている。(Sierpowski2010a, 174)

ズボロフスキはザコパネにおけるピウスツキの事業の継承者と言うべき人物で、ピウスツキの死後まもなく、ポーランドに残った彼の資料と情報を収集しようとした最初の人間である（Кучинский1992, 29）。またこの頃ピウスツキと知り合ったアダム・ウジェブムウォという人物は、後に彼の印象をこう書き残している。

ズボロフスキ（1924 年）

> そしてついに新しい人間、民族学の知識を備え、当地の出ではない

> 姓名を名乗る人間が現れた。それは「アイヌ王」、真の偶然によって生まれた学者ブロニスワフ・ピウスツキだった。〔中略〕きちんとした身なりをし、短く刈った顎髭を生やしたこの幾分白髪まじりの紳士には、何か人を惹きつけるものがあった。どこに現れても自宅にいるように自然に振舞っていた。つい最近出会った人間が、たちまち彼にとって親しい者となった。彼にはセンチメンタルな慇懃さのかけらもなかった。いや、ピウスツキ氏は自分のことは多くは語らず、自分の意見を押しつけようとしなかったが、文字どおり数分間の会話の後には自分の相手がいかなる人物なのかが既に分かるようになるのだった。この知人は自分が興味のあることをすることができるのだと既に分かっていた。そして数分後にはもう何らかのアドバイスを求めたり、あれやこれやをいかにして成しうるか、いかにして誰かを助けるか、いかにしてそこへたどり着けるかと興味を抱くのだった。話題はよく家財道具、民衆芸術、ガラス絵、習俗、壺などに及んだ。そしてこれらの会話から、昔の遺物を熱心に収集すべきであり、それらを保存することは大切な事業だという考えが何となく独りでに心に浮かんできた。（Кучинский2018a, 13）

十一月二十五日にピウスツキの発議により、郷土誌研究会はタトラ協会民族学部会として発足した。彼はその部会長に就任し、ポトハレ地方の郷土誌研究を組織した。さらに収集品を収蔵、展示する施設として、タトラ博物館の新館建設までも構想した。一八八八年につくられたタトラ博物館は、当時私有の建物に入っており、図書室と会議室は博物館から離れた建物内に置かれていたのである（Roszkowski, 70-71; Kowalski2010b, 135; Вуйцик2016, 13-14）。

この年、ピウスツキ執筆の「アイヌ」と題する事典項目が、ブロックハウス・エフロン共編『新百科事典』第一巻に収録された。一八〇五年にドイツ人フリードリヒ・アルノルド・ブロックハウスがアムステルダムで創業した（後にライプツィヒに移る）出版社は、一八九〇年にペテルブルグの出版業者イリヤ・エフロンと提携して、一九〇七年までにロシア語の『ブロックハウス・エフロン百科事典』全八十六巻を刊行。次いで一九一一～一六年には『新百科事典』全四十八巻中二十九巻を刊行した。

この頃ピウスツキの苦境に支援の手を差し伸べたのは、ロシア極東の友人たちだった。アムール地方研究協会の博物館から資料保管係のポストを、月給一五〇ルーブル、赴任手当三百ルーブルの条件で提示されたのである。だが新

コルニウォヴィチの別荘

たな資料を収集するよりも既に手元にある大量の資料を整理、公刊するのが優先事項であること、また穏やかなヨーロッパの文化的生活に慣れたことを理由に、彼はこの申し出を断った（БП и ЛШ, 214-216, 225; Пилсудский1999c, 57; Пилсудский2007b, 59)。

一九一二年四月中旬にピウスツキはブィストレのタトラ登山家タデウシュ・コルニウォヴィチ（一八八〇―一九四〇）の別荘「ノサル」に引っ越した（コヴァルスキ一九九四、四五。Sierpowski2010a, 172; Dall, 165）。ブィストレはザコパネとクジニツェの中間に位置する小村で、コルニウォヴィチはピウスツキの友人でタトラ協会民族学部会の実働メンバーである。この十八年後にこの別荘の屋根裏部屋で、ピウスツキの残した蠟管が発見されることになる。

ピウスツキとコルニウォヴィチ

『アイヌの言語とフォークロア研究資料』

九月初めにピウスツキの主著『アイヌの言語とフォークロア研究資料』（英文）がクラクフのポーランド学芸アカデミーから刊行された。「…研究資料」という表題から始まって資料の配置まで、本書はヨヘリソン、ボゴラス、シュテルンベルグらによるロシア科学アカデミーの一連の出版物に倣ったのである。

話は少し前にさかのぼる。前述のように、モロゼヴィチ教授の紹介でピウスツキがニッチのもとにやって来た。ニッチは彼を、ヤギェウォ大学比較言語学教授でアカデミー総裁のヤン・ミハウ・ロズヴァドフスキ（一八六七－一九三五）に紹介した（Nitsch, 211-212）。そして一九一一年三月十三日にクラクフでポーランド学芸アカデミーの文[6]献学部門の例会が開かれ、そこでピウスツキがアイヌに関する報告を行った。その会にはロズヴァドフスキ、ニッチ、前記タルコ＝フルインツェヴィチなど錚々たる顔ぶれが出席していた。ピウスツキはまずアイヌ口承文芸の全ジャンルを包含する三百数十のテクストとその翻訳を提示した。そしてギリヤークのフォークロアと比較することによって、前者の豊穣さと多様性を示した。彼は自分の民族学研究において先住民たちの言語の習得がいかに大きな役割を果たしたかを強調した。彼が編纂したアイヌ語辞典は少なくとも単語一万語と地名・人名約二千語を網羅していた。報告を聞いた面々は、ピウスツキのアイヌ資料をロズヴァドフスキ教授に渡してその評価を問うことを提案した。ピウスツキは三月二十七日にもアカデミーの人類学委員会の集まりで自分のアイヌ研究について報告した。そしてロズヴァドフスキは、英語を翻訳言語として注釈と説明を付してそれらを出版すべきだという意見を開陳したのである（Majewicz2010a, 278-280）。

当時ピウスツキは「極東より　サハリン―シベリア―日本　一流刑囚の回想」と題する回想記を書こうとしていた。一九一〇～一二年に作成されたと思しきタイプ打ちの概要の各章の表題のみを示すと、「I　サハリンへの旅と全般的な印象　II　ギリヤークたち　III　沿海州　IV　アイヌとオロッコたち　V　日露戦争　VI　日本経由の帰還」となり、回想記はクラクフの「書籍」出版社から出るはずであった。[7]従ってロズヴァドフスキの勧奨と前年のクジニツェ逗留がなければ、この名著は生まれなかったであろう（吉上一九八七、九五。Кучински1992, 31; Кучински1995, 68-70）。

本書の刊行にこぎつけたのは、ピウスツキとロズヴァドフスキの共同作業の賜物といえる。前者は後者によって言語学の基礎を学び、後者は前者からアイヌ語の初歩を学んだのである（Nitsch, 210-211）。本書にはサハリンの四地点で九名のアイヌが語った二十七話のウチャシクマ（創世譚を含む故事来歴譚）が、アイヌ語と英語の一行ごとの対訳、英語による文学的翻訳、注を付して収録されている。これは一見地味ながら言語学・民族学史上に燦然と輝く著作で、これによって消滅した民族、樺太アイヌの言語が保存されたのである。本書の価値は第一に、樺太アイヌがまだ伝統的な生活様式を保っていた時代に蓄積されたいかなるフィールドワークの資料と比べても、最も豊富で権威ある資料集であること。第二に当時最高の言語学者の一人であるロズヴァドフスキの指導のもとに執筆を進め、この人物が編集と監修をつとめてくれたこと。第三に日露戦争後南サハリンが日本領となり、アイヌが日本化する前の時期において、規模と規格の点で本書に比肩しうるような学術資料を収集しようとするいかなる試みも存在しなかったことである（Маевич2012, 109-110）。

好意的な書評がいくつか出たが、二つだけ紹介しよう。まず翌年に出たウラジオストクの東洋学院のシュミット教授の書評―「B・ピウスツキ氏の著作は古アジア民族に関する最良の書物のひとつといえる。」（Латышев2001b, 16）次に金田一京助は後にこう評している。

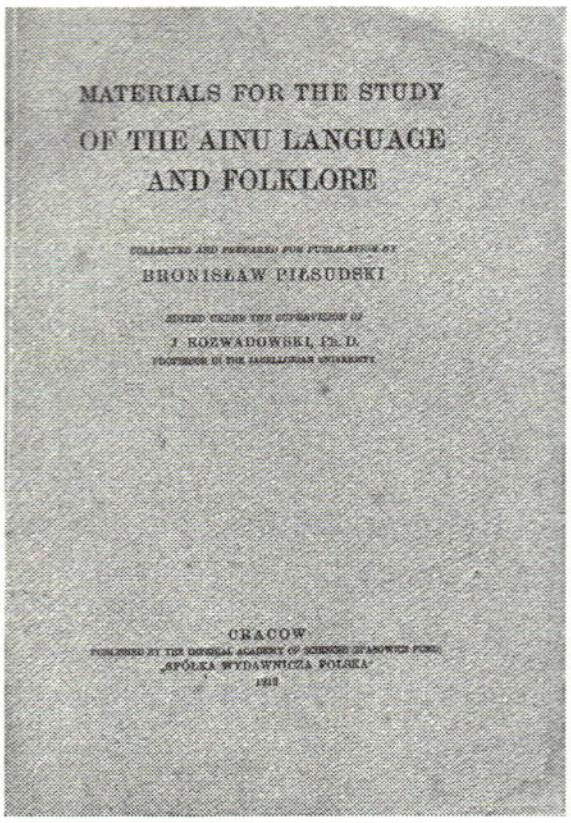

『アイヌの言語とフォークロア研究資料』

英訳が逐語的にあたっているのみならず、詳註があり、梗概があり、非常に丹念な撰術である。殊に巻首の音韻論は、バチラー博士に見られない精彩を見る。樺太全島を拾い歩きしてみると、到る所、ハウキノチャ（『樺太の叙事詩をあさる露人』の義）の名が喧伝されているのに徴しても、単なる民譚のみではなしに、詞曲も採録されたものらしいが、欧洲大戦の戦塵に隔てられてその後の消息が少しもわからない。（金田一一九九三a、五八）

ちなみにシュテルンベルグが親友の唯一の本の書評を途中まで書いたものの、完成させて発表しなかったのは、第一次世界大戦直前の時期とはいえ遺憾と言わざるを得ない（Штернберг2005, 371-373）。ピウスツキの手元には草稿で八七〇頁からなる三五〇編のアイヌ・フォークロアのテクストと三十本の蠟管があり[8]（ピウスツキ一九八三、一一四）、当初彼は全五巻のアイヌのフォークロア集を考えていたが、これは資金面の問題で実現せず、採録したテクストの大部分と言語学資料は未刊に終わった。逆にこれによって極東の回想記は結局書かれずに終わった。

十月中旬にピウスツキは博物館事情視察のためプラハへ旅立ち、ヴィノフラディ地区に逗留。次いで現スロヴァキアのマルティンを訪れたものと思われる。同月にザコパネへ帰還。翌一九一三年一月に彼はスイスのヌーシャテルへと向かった（コヴァルスキ一九九四、四五。Dall, 170）。その前にピウスツキは民族学部会の部会長職辞任を唐突に申し出たが、これは受け入れられず、国外から送付する手紙によってその職責を全うし続けることとなった。この頃、部会のメンバーは五十五名だった（Majewicz2010a, 285）。一九一二年の終わりとともにピウスツキの出版活動のピークも終わりを告げた。

ザコパネでの交遊

この年にヴァルナスがアイヌ衣装をまとったピウスツキの油彩肖像画を描いた。アドマス・ヴァルナス（一八七九—一九七九）はペテルブルグ、クラクフ、ジュネーブで絵画を学んだ、最も優れたリトアニア人風景画家の一人である。ヴァルナスの回想記によると、彼はザコパネでピウスツキに会い、ピウスツキが仮寓していた小説家ステファン・ジェロムスキ（一八六四—一九二五）の持ち家で彼の肖像画を描いたという。当時クラクフはリトアニアの知識人や芸術家のメッカでもあり、ヴァルナスはクラクフとザコパネを頻繁に訪れて、ザコパネとタトラ山地の美を描いていた。ピウスツキはこの時四十六歳。肖像画のとりわけ眼が印象的で、物思いと善良さを表わしている。前記ズボロフスキの回想によれば、コルニウォヴィチ家に寄寓していたピウスツキの部屋の壁にこの肖像画が掛かっており（Dall, 165）、ピウスツキは身近な事柄について語るとなると活気づいて、「眼から温もりが、心からは熱気が溢れ出した」（Кучинский 1999b, 157）という。

ヴァルナス

ヴァルナスのピウスツキ肖像画

ちなみにジェロムスキが一九一一〜一二年にパリで執筆し、一九一二年六月にクラクフで発表した小説『生きることのすばらしさ』には、「グスタフ・ベズミャン」の名でピウスツキが登場する（吉上

一九八七、九四—九五)。ジェロムスキは一九〇八年末にザコパネにやって来て、一九〇九年秋まであるいはクラクフに、あるいはザコパネに住み、この折にピウスツキと知り合った。また一九一〇年にはジェロムスキは妻子とともにロンドンに来て、ピウスツキが投宿していたシェパーズ・ブッシュ・グリーン四十五番地の同じホテルに滞在した。ジェロムスキはずっと後にこう回想している。

> かつて「アイヌ王」と呼ばれ、あらゆる被抑圧種族の庇護者であるブロニスワフ・ピウスツキは、日本語、英語、フランス語、ロシア語、ポーランド語と同じくらい流暢に彼らの言葉で話せたので、言うまでもなくロンドンではアイヌたちの父であり、恩人であり、裁き手であった。〔中略〕ブロニスワフ・ピウスツキのアジテーションの影響下にアイヌに感嘆し、この種族を研究し保護するための協会をつくることまでしたイギリスのレディーとジェントルマンたちは、アイヌが暮らす施設を訪れ、子供たちが夢中になって遊んでいるテントの中を覗きながら、民族遊戯に興じるアイヌの子供たちを次の人に指し示すのだった。(Кучинский1992b, 87-88)

このような邂逅の折にピウスツキから聞いた話にもとづいて、ジェロムスキが小説の第三の登場人物グスタフ・ベズミャンを造形したことは間違いない。この小説は二つのテーマを内包している。即ち、異国の環境に投げ出され、それに同化した人間の民族的自意識の復活の歴史と、長い歳月の後祖国に帰還した人間の居場所の探求である。

リトアニアへの愛とノスタルジア

ピウスツキは一九一六年に「リトアニアの十字架」という、彼の研究史の上では異例の論文をフランス語でスイス民族学協会の会誌に発表した。十字架はリトアニアの物質・精神文化の比類なき表現であり、故郷リトアニアへの愛とノスタルジアが書かせたものと思われるが、さらにヴァルナスとの出会い、リトアニアやこの国のいたる所に見られる十字架の美しさについての画家との語らいが、この論文執筆の機縁となったのかもしれない(Majewicz2001a, 76-79)。論文「ギリヤークの詩歌」においてピウスツキは自分の故郷の人々にこう呼びかけている。

> 私の若い心の情熱のすべてをもって慕い続けてきた、そして別離の時から二十年以上たった今でも慕う、わが愛するリトアニアの私の愛しい同胞たちよ、あな

た方に私はこの自分の著作を捧げる。（Маевич2012, 129）

　世界の最果ての地で悲惨な生活を送る少数民族に関する論文を、ピウスツキが愛する同胞に捧げているのは驚くに当たらない。ポーランドへの愛国心とリトアニアへのノスタルジアは、ピウスツキにあっては矛盾しない。彼は同時にリトアニア人でもありポーランド人でもあった。またこの論文によって彼は、より広い分野での自分のリサーチ技術と能力を学術界にアピールしたいという思いもあったのだろう。かたやヴァルナスも一九二六年にリトアニアの十字架の写真一九四葉を収めた二巻の手作りのアルバムをカウナスで出版している（Маевич2002, 101）。

リトアニアの十字架

　遡って一九一二年にニューヨークの『アメリカ・フォークロア・ジャーナル』にピウスツキの英語の論文「アイヌのフォークロア」が掲載された。この数年前から彼はコロンビア大学教授で人類学者のフランツ・ボアズ（一八五八—一九四二）に自分のアイヌ・コレクションの売り込みをかけており、そのサンプルとして送ったものである。ボアズはこの雑誌の編集長をつとめており、ピウスツキにサンプルの印刷の許可を求めていることからして、彼の判断によって掲載されたことは間違いない[9]（井上一九九〇、三〇九—三一七）。但し、ピウスツキの主目的、即ち全コレクション売却の目論見は不発に終わった。この四年後にピウスツキは再度ボアズに「アイヌとギリヤークの間のライ病」の英語版の原稿を送って、かの地での公刊を依頼した。ボアズはその内容からしてニューヨークの『アメリカの人類学者』誌が妥当と考え、同誌の編集長をつとめるアメリカ自然史博物館のプリニー・ゴッダードに原稿を託した。だがボアズがピウスツキに、「率直に言ってあまり期待がもてません」と書いているように[10]、同誌にこの論文が掲載された事実は確認されていない。

ヌーシャテル

一九一三（大正二）年初頭からピウスツキはスイス西部に位置するヌーシャテルに滞在した。人口二万人の小都市である。なぜヌーシャテルを選んだのかは不明だが、一九〇九年にパリで知り合ったと思われるフランスの文化人類学者でヌーシャテル大学教授アルノルト・ファン・ヘネップ（ジュネップ）に招かれた可能性が高い（コヴァルスキ一九九四、四六。Dallais, 304）。出発直前にピウスツキは知人にこう語ったという。

> 私は祖国に戻ったが、ここでは私はどこの馬の骨か分からない他所者、ここに居座った人々の生活を脅かす不審人物と見なされているように感じます。（Вуйцик2016, 18）

ヌーシャテル滞在はピウスツキにとって快適なものだった。彼はディボフスキ宛の手紙にこう書いている。

> しかし当地ではとてもよく仕事ができます。静かで暖かくて、身近に接触しなければならない愉快な人間も不愉快な人間もおらず、苦痛をもたらすわがポーランド問題も存在しないのです。（Пилсудский1999c, 61）

一月からピウスツキはヌーシャテル大学の聴講生として学んだ。これは滞在期間が短いことからして学位取得を目的としたものではなく、むしろタトラ博物館を念頭に置いて博物館学に熱中していたようだ（Dallais, 2001, 303）。

クズネツォーフ賞への応募

三月十日にピウスツキは当地からシュテルンベルグに手紙を書いて、シベリアのトムスク大学からクズネツォーフ賞への応募を勧められていること、シュテルンベルグと共編でギリヤークのフォークロアに関する本を出版するための資料が彼の手元にあるという証明書が必要であることを伝えている。ピウスツキの研究はシベリアでも知られていたのだ。彼は同大学学長宛に全二十二点の自分の業績を送った。この賞は、世襲名誉市民レフ・クズネツォーフの遺言状により、その遺産の十分の一をシベリアの大学に寄付して、その利子を使って一年おきにシベリアの歴史と人類学もしくは社会学関係のもっとも優れたロシア語の出版物に対して授与された。しかしながら、審査に付されたのはピウスツキの二十二点の論文のうち四点のみだった。ロシア語以外の言語で書かれたもの、審査から五年以上前に書かれたものは除外されたからだ。これら以外に彼が五年以内にロシア語で発表したものが四点あったが、現物が手元になかったのだろう。

三名が審査の対象となり、ピウスツキの業績の審査に当たったのは、審査委員会委員長をつとめる有名な教会法の専門家パーヴェル・プロコシェフ教授である。その審査結果は実質的にピウスツキの仕事のロシアで最初の講評であり評価だった。プロコシェフはピウスツキの研究が二次資料に基づくものではないこと、民族学上の空白地帯の補填と、先駆者によって無視されてきたサハリン異族人の生活の経済的側面に向けられたものであること、異族人に対する深い愛情に包まれていることを評価する一方、人類学、民族学、社会学的な情報が乏しいこと、サハリンの異族人の宗教観の記述が足りないことを批判している。結論としてプロコシェフは賞の満額ではなく半額の七五〇ルーブルをピウスツキに授与することを提案している。とどのつまり、審査の結果がどうなったのか、またピウスツキが審査委員会の決定を受け取ったかどうかは不明である。翌年に第一次世界大戦が始まり、ガリツィアは主戦場の一つと化したからだ（Латышев1997, 300-309）。

パリ、ブリュッセルへ

五月初めにピウスツキはパリへ向かった（コヴァルスキ一九九四、四六）。ここでは数週間シェロシェフスキとともに暮らした。函館での別離の後、初めての再会だっただろう。シェロシェフスキは日本から帰国後、独立運動に加わって翌年に再逮捕されたが、ガリツィアへ逃れ、一九一〇年にパリへ移っていた。

その後ピウスツキはメイスネルのアパートに寄寓した（Sierpowski2010a, 176-177）。イワン・メイスネル（一八六四―一九三〇）は「人民の意志」党ハリコフ・グループの一員で、一八八七年に逮捕され、十九年の流刑を宣告されて、一八八八年五月にサハリンに送致され、この地でピウスツキと知り合った。メイスネルの妻は、サハリンで彼女に横恋慕した彼の教え子によって殺害された（Тригони, 53）。一八九七年にメイスネルはウラジオストクに移ったが、ここでもピウスツキと親しく交わった。一九〇一年にメイスネルは日本経由でヨーロッパへ逃亡し、革命運動を続けていた。

七月十日にピウスツキはブリュッセルに移り、十月までここに滞在して、ソルヴェー社会学研究所で働いた（Латышев2013b, 100-105; コヴァルスキ一九九四、四六）。これはベルギーの化学技術者・工業家エルネスト・ソルヴェーの出資により一九〇一年に作られたものだ。ピウスツキにとっては快適だったようで、ある手紙にこう書いている。

ブリュッセル滞在に私はとても満足しています。ソルヴェー社会学研究所で、まるで魔法にかけられた学問の城にいるように働いています。ここは門番もいないので、一人きりのことがよくあります。皆が休暇であちこちへ出かけてしまったのです。（Parań, 32)

八月三日にザコパネでタトラ博物館の石造の新館の起工式典が挙行されたが、ピウスツキは出席できなかった。この新館建設にも前記ザモイスキが資金面で大いに貢献した。竣工はピウスツキの死後一九二二年のことで、建設決定から十年以上の歳月が流れていた。ここには彼が一九一二〜一三年に収集した資料一七〇点が収められた（コヴァルスキ一九九四、四六。Sierpowski 2010a, 175, 176)。

現在のタトラ博物館

タトラ博物館民族学部会

十月下旬にピウスツキはブィストレに帰還した。そしてタトラ博物館の民族学部会長として郷土誌研究の組織化と推進に本腰を入れ始めた。彼の研究対象はタトラ山岳民、さらにオラヴァ、スピシュ地方の住民へと広がっていった。オラヴァはポーランドとスロヴァキアの国境地帯に位置する山岳地区のオラヴァ川沿いの、山岳民が居住する地域である。スピシュはカルパティア山脈の南側斜面のポプラド川上流の渓谷に位置していた。当時オラヴァ、スピシュ地方はハンガリー領だった。ピウスツキはザコパネで遠い親戚にあたるスタニスワフ・ヴィトキェヴィチ（一八五一—一九一五）と知り合った。これは著名な作家で、いわゆる〈ザコパネ様式〉を生み出した建築家でもあり、博物館の新館建設を委嘱されていた。ピウスツキがタトラ山岳民に興味を抱いたのは、この人物の影響によるところ大である（コヴァルス

ヴィトキェヴィチ

キ一九九四、四六。Roszkowski, 69)。

ピウスツキが山岳民に資料の寄贈を呼びかけると、多くの寄贈者が現われた。ある者はスノビズムゆえに、またある者は彼に対する敬意ゆえに（クチンスキ、二二六。Кучинский2018, 14)。後にズボロフスキは、「ピウスツキはあらゆる古い「がらくた」、即ちもはや使用されていない物を人々から無料で引き取るユニークな才能を備えていた」(Kozak, 178) と述べている。寄贈者は博物館入場が生涯無料となった。ピウスツキは山岳民を研究することによって、彼らもまたポーランド人であり、ポーランド復興のあかつきには彼らもその成員に加わる心構えを植えつけようとした。そしてタトラ博物館民族学部会はその点で大きな役割を果たすことになると考えていたのである(Вуйцик2016, 12, 18, 23)。彼は「タトラ山地の山地放牧」と題する研究成果の論文を、一九一六年にドイツ語でスイス民族学協会の会誌に発表した。

ポトハレ滞在中のピウスツキの活動の最も重要なものは、民族学的博物館学で、彼はこのテーマに関する一連の論文を発表した。ピウスツキはかつてサハリン博物館の創設に関わり、ウラジオストクの博物館で働いた経験がある。後者では自分の収集品を学術的に記載し、体系的に整理、保存して、カタログ化を進めた。また札幌、東京、ニューヨーク、プラハ、ウィーン、ベルリン、パリ、ロンドン、ブリュッセル等の博物館を訪問したことを想起すればいいだろう（Латышев2008a, 294）。彼はポーランドにロシアと西洋の博物館学の経験を紹介したのである。ピウスツキは民族学部会で一九一一年に「民族学の課題と方法について数言」、翌年には「ザコパネの博物館のための民族学資料収集の様々な方法について」、「スロヴァキア地方への旅行の印象」、「日本の回想」の三本の報告を行っている(Кучински1992, 32; Dall, 167-168)。

さらに彼はタトラ博物館協会の書記、また創刊が決まった学術誌『ポトハレ年報』の編集主幹もつとめた。書記としての職務は困難を極めた。ピウスツキはその憤懣をヴィトキェヴィチに手紙でこうぶちまけている。

> 私が対等と認めなければならない人々、お高くとまって自らが文化の最高峰に位置すると思っているが、実はこの上ない嫌悪感を催させ、常にこの鼻持ちならなさを発揮する人々より、野蛮な徒刑囚、いやそれどころかロシア人どもを許す方が容易でした。(Пилсудский2018b, 54)

ポーランド学芸アカデミー民族学委員会書記と『ポトハレ年報』の編集

一九一四年一月の時点でピウスツキの手元には写真のガラス原板が百枚余り、蠟管が百本余りあった（Пилсудский2007b, 74）。三月にピウスツキはザコパネからクラクフへ移動。この地のポーランド学芸アカデミーが民族学委員会を新設した。そしてロズヴァドフスキが委員長に就任し、ピウスツキは書記に任命された。これは年俸六百クローネの、同委員会では唯一の有給職員だった。ヨーロッパでの七年半で彼がようやく手にした初めての定職であり、定収入である。これで安定した生活をついに手に入れたかに思えたが、この喜びも数カ月しか続かなかった。まもなく第一次世界大戦が始まったのだ（コヴァルスキ一九九四、四七。Кучински1992, 34; Sierpowski2010a, 177）。戦争によって彼が生活の安定と幸福を奪われるのは、日露戦争に次いでこれで二度目である。

ピウスツキはクラクフからザコパネをしばしば訪れて、五月初めには『ポトハレ年報』創刊号の編集作業を完了させた。資金不足のため印刷が遅れたが、今回もザモイスキ伯爵が支援の手を差し伸べてくれた。ピウスツキはゲラ刷りまで目を通したものの、印刷されたものを目にすることはなかった。これまた第一次大戦の勃発がそれを妨げたのである。結局『ポトハレ年報』創刊号が刊行されたのは一九二一年のことで、皮肉なことにシェロシェフスキの手になるピウスツキの追悼文が巻頭に掲げられ、ピウスツキの長文の遺稿「タトラ博物館に関する問題によせて（民族学事業の組織について）」が掲載されている（Пилсудский1999c, 64; Пилсудский2007b, 73; Кучински1992, 33; Roszkowski, 72-73）。この学術誌は今日まで存続している。

この年に論文「樺太アイヌの熊祭りにて」が『生ける往時』誌に発表された。ポーランド語版は既に一九〇九年に『スフィンクス』誌に、ドイツ語の縮小版も同年に『地球《グローブス》』誌に発表されていたが、ロシア語版の方は難産を極めた。七年前にピウスツキがマリアを通じてシュテルンベルグに渡したのだが、後者はそれがあまり学術的でないとして、改訂のための手紙のやり取りが両者の間でずっと続いていたのである。これが彼の存命中最後のロシア語論文となった。

石川三四郎との再会

六月末にピウスツキはブリュッセルで社会主義者・石川三四郎（一八七六―一九五六）と再会した。石川はピウスツキの離日後社会主義運動のかどで数度にわたって投獄され、一九一三年三月に日本を脱出して、約八年にわたるヨーロッパ放浪の旅に出た。ブリュッセルに半年暮らし、ロンドン郊外に半年暮らし、再びブリュッセルに戻って、フランス人アナーキストのポール・ルクリュ（一八五八―一九四二）家に落ち着いたのは、一九一四年四月のことである。[11] ポール・ルクリュは、著名な地理学者でアナーキスト、エリゼ・ルクリュの甥にあたる。このルクリュ家を、糊口の資を得るためであろう、ピウスツキが訪ねてきたのである。石川によれば、当時ピウスツキはスイスかどこかで「国際アイヌ研究所」または「万国原始社会研究院」を設立していたという（〔大杉〕、三一。大澤二〇〇五、一六八。石川一九七八a、二七三）。石川の回想は次のとおりである。

私は彼〔ピウスツキ〕の宿所を訪問した。彼は非常に喜んで私を迎へてくれたが、私は彼の思ひの外に老いた相貌を見出して些か驚いた。併し様々の思ひ出話や、帰欧後の生活状態なぞを聞いて、なるほど、とうなづかれるものがあつた。『わたしはヨーロッパに帰って来てアイヌ学者として立つことになつた。もう革命家はやめた。よい優しい婦人と結婚したのだが、最近その家内に死なれた。』ここまで話して彼は如何にも淋しさうになり、眼には一ぱい涙を湛えた。そして『再婚してもよいが、私の仕事に理解のある、金持の婦人と結婚したい』と如何にも真じめに、淋しさうに語るのであつた。彼の現在が余り幸福でないことは直に読めた。日本にゐた時は、眼も頬も若さと柔和さとに輝やいてゐたのに、今はその紅潮を湛へた頬の艶も消え失せて、瞳さへ曇りがちに見へる。（石川一九七八b、二八二）

同じ流浪の身として互いに共感するところは多々あっただろう。石川はこの四年後のピウスツキの死をルクリュから知らされた（石川一九七八b、二八四）。

ウィーンへ脱出

八月一日にドイツがロシアに宣戦布告、そして五日にオーストリアがロシアに宣戦布告し、第一次世界大戦が始まった。ドイツ・オーストリア対ロシアの構図は、ポーランド分割を行なった当事者同士の対立を意味したので、ポーランドにとっては独立回復の好機と映った。この月にポーランド軍団が結成されてロシアと戦うことになり、その第一旅団長に弟ユゼフが就任した（渡辺、七〇―七一）。九月十四日に三カ月間の食糧を確保できないクラクフ市民に疎開の指示が出された。ピウスツキはザコパネに戻り、この地の公共秩序を守るための市民警護団に自発的に加わった（Dall, 173）。この頃のブロニスワフの様子をティモン・ニェショウォフスキという人物がこう書き残している。

　ブロニスワフ・ピウスツキはザコパネのがらんとした通りを、私と一緒に深夜の見回りを行なっていた。我々はオーストリアの敵かもしれぬ怪しげな通行人を拘束した。我々は弾の入っていない銃を肩に下げていた。平穏な夜のこの散歩の折に私にアイヌや日本の習慣のことを話してくれた。おそらく謙虚さゆえに自分の家族のことは私に一度も話さなかった。〔中略〕ユゼフのことを、歴史研究に値するような何らかの仕事に専念するよりも、自分が創設した部隊の隊列を行進する方を好む空想家と見なしていた。この二人の異なる人間の間に兄弟愛は感じられなかった。ブロニスワフ自身は隠遁者の生活を選んだ。（Кучинский2018, 18）

　ガリツィアは軍事衝突の主戦場となり、やがてロシア軍のザコパネ進駐が現実味を帯びてきたため、十一月中旬にピウスツキはウィーンへ脱出した（コヴァルスキ一九九四、四八。Sierpowski2010a, 177; Dall, 167）。この時の様子をズボロフスキは後にこう述懐している。

ピウスツキのシンボリックな墓（ザコパネ）

　十一月に私はザコパネへ行った、無論ブロニスワフ氏のところへも。彼は下着やさまざまな小物を使い古した旅行用バッグに詰めていた。「私はポーランドから逃れなければなりません。」「またどうして?」「いいですか、こちらにロシア人がやって来るでしょうが、私の名前は彼らに…悪しき印象を与えるのです。私の名前は好ましくないのです。」これは理解できた。皇帝に対して「謀反を働いた者」、ウラジオストクからきた「暴徒」、そして軍団司令官の兄…「私はもはやリトアニアを見れないように思われます。」私はブロニスワフ氏の眼に初めて深い悲哀と気落ちを認めた。[12]（Кучинский2018a, 18-19）

この後彼が再びポーランドの土を踏むことはなかった。

＊　＊　＊

かつてサハリン流刑時代にピウスツキはシュテルンベルグに宛ててこう書いていた。

> もし私が祖国に戻って、その地の条件があまりに劣悪なものだとすれば、私は再び追放の国へと心惹かれるでしょう。そこでは自分のことをたとえ半分なりとも市民であり社会の有益な成員と感じることができるのです。（一八九六年三月一日付）（БП и ЛШ, 110）

不幸にもこの予想は当たった。八年にわたるガリツィア時代にピウスツキは定職を得られず、金欠病と不安定な生活に苦しんだ。彼はその悩みを繰返しシュテルンベルグに手紙で赤裸々に伝え、援助を乞うている。その一通。

> 私はガリツィアで人々と付き合うのが困難でした。とどのつまり私は愛されもし、評価もされはしましたが。しかし私は自分をよそ者と感じていました。人々は恐ろしいほど敵対する派閥に分かれて、一歩ごとに悪意が感じられます。この国は私には、私の性格には合いません。あるいは肝心なのは、自分の家がないということかもしれません。落ち着いて、現実を忘れられる場所がないのです。（БП и ЛШ, 223）

またタルコ＝フルィンツェヴィチ宛の手紙にもこう書いている。

> 長年にわたる追放者には遠くから見てあれほど愛しく好意的と思われた祖国で味わった幻滅の悲哀は、これら悲しい特質が根づいた場所へは目を向けまいという決意を私のなかで支えていました。その特質は先祖の伝統によって我々に伝えられたものではなく、隷属状態、強者への追従、弱者への同情の念の希薄化によって生み出されたものにすぎません。（Пилсудский2007b, 49）

にもかかわらずガリツィア期は研究の点では一九〇九年と一九一二年を中心に多産の時代であった。ピウスツキは主著『アイヌの言語とフォークロア研究資料』以外に五十本以上の論文を英語、フランス語、ドイツ語、ポーランド語、ロシア語で、ポーランド、ロシア、ドイツ、フランス、アメリカ、イギリスの雑誌や紀要に発表したのである。

注

1　一九〇六年十一月二十一日付のピウスツキの二葉亭宛書簡に、「一月前に祖国の懐に帰りました」とある（『二葉亭四迷全集』別、一二二）。

2　この息子は後にベルリンとミュンヘンの大学で学び、美術史家となって、エルミタージュ美術館の資料管理人、一九二四年八月に亡命後はパリのポーランド図書館館員として働いた（Дударец2009b, 35-40）。

3　一九一四年に第一次世界大戦が起こり、「ペテルブルグ」は「ペトログラード」と改称された。

4　夫が彼女をペテルブルグに連れ戻したという説もある（コヴァルスキ一九九四、四二。Kowalski2010b, 149）。

5　マイエヴィチ教授がエルジュビエタ夫人とともにピウスツキの『アイヌの言語とフォークロア研究資料』を材料として作成した『アイヌ語・英語索引辞典』は一万七七八四語から成り、失われたピウスツキの辞典の復元の試みといえる労作である（*The Collected Works of Bronislaw Pilsudski*. Vol. 2, 307-872）。

6　ポーランド学芸アカデミーの創設は一八七二年のことである。

7　Archiwum Fotograficzne Muzeum Etnograficznego w Krakowie（クラクフ民族学博物館写真文書）: III 87354F–87357F.

8　ボアズ宛の一九〇七年十二月十九日付の手紙では、ピウスツキは自分の手元に約二四〇篇のアイヌ・フォークロアと一二〇点の謎々があることを伝えている（井上一九九〇、三一一）。

9　Boas Franz. A letter to B. Pilsudski dated January 14, 1909 (ABP: [113] (niezinw.), 295-296).

10　Boas Franz. A letter to B. Pilsudski dated October 28, 1916 (ABP: [113] (niezinw.), 277); Goddard P.E. A letter to B. Pilsudski dated October 30, 1916 (ABP: [113] (niezinw.), 293).

11　ピウスツキと石川の再会はこの前年、一九一三年の可能性もある。

12　オーストリア警察がロシア帝国臣民たるピウスツキに退去を求めたという説もある（Nitsch, 211）。

第十三章　二葉亭四迷のペテルブルグ行

ポーランド語をマスターし、直接ポーランド語から日本語に翻訳ができて、人種的、地理的には遠いが、多くの点で互いにきわめて近しい二つの民族の間の精神的な絆を保つことができる作家を日本で短時日のうちに獲得するという望みは、彼の死とともに消えてしまった。

二葉亭への支援

ピウスツキはガリツィアに戻った後も二葉亭四迷と文通を続けた。彼は二葉亭に自分が結婚したことを伝え、マリア・ジャルノフスカの写真を送付した（一九〇七（明治四十）年九月九日付の手紙）。また十月五日付の手紙ではこうノロケている。

> 愛する女性、しかも心情と心とを等しくする女性によって与えられる、かつて私の味わったことのない幸せの時を味わっていたのでした。現に味わい続けているのです。（『二葉亭四迷全集』別、一四〇）

宿願かなって二葉亭が、ナロードニキの色彩の濃いペテルブルグの月刊誌『ロシアの富』に寄稿することになるのも、ピウスツキとマリアの斡旋による（安井一九六六b、二四）。ペテルブルグのロシア科学アカデミー・ロシア文学研究所手稿部の『ロシアの富』のフォンドに、シェロシェフスキの同誌編集長ニコライ・アンネンスキイ（一八四三―一九一二）宛の手紙（旧暦一九〇七年十月十四日付）が保管されている。シェロシェフスキがアンネンスキイらナロードニキ系の文学者やジャーナリストと親しくなったのは、シベリア流刑から戻った後のことである（Латышев2008a, 259）。この頃既に作家として広く名を知られていたシェロシェフスキはこの手紙に、ロシアのなんらかの雑誌への寄稿を求める二葉亭の手紙を同封した。そして『ロシアの富』への寄稿者として以下のように二葉亭を推薦して、その東京の住所を伝えている。

日本の小説家・長谷川辰之助が、私が一緒にアイヌ調査旅行を行なった私の知人Br・ピウスツキに連絡をよこして、ロシアの何らかの雑誌に寄稿先を見つけてほしいと言ってきました。『ロシアの富』が彼にとってもっともふさわしい雑誌だと私は思います。彼はしばらくの間東京高等学校のロシア文学の教師をしていました。その後は彼は独創的な小説家としてのみならず、ツルゲーネフ、レフ・トルストイ、ガルシン、ゴーリキイ、アンドレーエフを日本語に翻訳した唯一の人物として有名です。現代日本に関する彼の論文は、ロシア人のみならずヨーロッパ人全般にとっても多大の関心を引き起こしうると思います。(Дударец2004b, 110-111)

恐らくピウスツキからの依頼で、シェロシェフスキは二葉亭の事業を側面から援助しようとしたのだろう。アンネンスキイが二葉亭に寄稿依頼の手紙を書いたのは、その十八日後のことである(『二葉亭四迷全集』別、一七〇―一七一)。

もっとも、当時経済的に苦境にあったピウスツキが、この仕事によって収入を得ようとしたことも事実で、二葉亭に、「正直いって私はこの仕事で幾らか稼ぎたい。〔中略〕翻訳料として原稿料の一部を受け取りますが、よろしいか」(一九〇七年十月二十四日～十一月六日付)(『二葉亭四迷全集』別、一四七―一四八)と断わっている。これをうけて二葉亭はアンネンスキイに次のような手紙を書いた。

もし私の原稿がそれに価するのであれば、原稿料は私にでなくピウスツキにお送りいただくようにお願い致します。二人で分け合う積りでおりますので。(同年十二月十八日付)(『二葉亭四迷全集』七、二六一)

二葉亭の人柄を偲ばせる文面である。これに対するアンネンスキイの返信(旧暦一九〇八年一月二十一日付)は、しかしながら、ピウスツキが読めば落胆するに違いないものだった。

特に申しあげたいのは、あなたのことばの方がピウスツキのロシア語よりもはるかに正しいことです。〔中略〕第三者の手を経ないで直接こちらへ送って下

さるほうが、あなたの文章に二、三の必要な修正を加えるのも簡単にすみます。（『二葉亭四迷全集』別、一七二―一七三）

同時に二葉亭の著作のピウスツキによるポーランド語訳を、ポーランドの『スフィンクス』誌に寄稿することも決まった。一九〇七年十一月六～七日付のマリア宛の手紙にピウスツキはこう書いている。

文学者のブコヴィンスキが来たが、彼はワルシャワで「スフィンクス」という名の新しい雑誌を出そうとしている。僕の友人の長谷川の論文を載せてはどうかという提案に喜び、最初は同人として彼の宣伝まですることになるだろう。〔中略〕僕の日本の文学者の友人〔長谷川のこと〕からまたうれしい手紙を受け取った。自分の息子のことを夢中になって僕に書いている。その子は僕が日本にいる時に馬の月に生まれて、日本の習慣に従って、僕からプレゼントをもらったんだ。友人は僕にもそのような赤ちゃんが授かるよう心から願うと言い、「親馬鹿」という日本の慣用句を付け加えている。（Пилсудский2005b, 84-86）

ピウスツキが言及している二葉亭の子供は、一九〇六年一月二十六日に誕生した三男・健三である。

だがピウスツキとアンネンスキイの督促にもかかわらず、二葉亭は結局いずれの雑誌にも原稿を送らなかったようだ。[1] またピウスツキは二葉亭の小説『其面影』と『平凡』をポーランド語とロシア語に訳して、ガリツィアとロシアで発表することを考えていたが、二葉亭は結局それにも応えなかった[2]（安井一九六六b、二五。『二葉亭四迷全集』別、一二四、一三四―一三六、一四一、一五四、一五九）。

ピウスツキは二葉亭の性格の不可解さに気づいていた。ピウスツキがクラクフからラッセルに送った書簡（日付不明）にこうある。

長谷川のことを何か聞いていますか。彼は執拗に沈黙を守っていますが、それがなぜなのか分りません。彼は他の亡命者たちと関係を結んだのでしょうか。彼の振る舞いはいつも何か変でした。この上なく熱心に、心からすすんで人と知己を結ぼうとし、ありとあらゆる援助をしようとするかと思えば、まるで腹を立てたみたいに冷淡になり、すべてのことから手を引いて、ただ小説を書くことだけに専念したいと言ったりしました。社会生活が彼を引き寄せ、そして怯えさせたのです。でも彼は仕事のできる、しっかりした人物です。もし彼が『東京朝日』と『大阪朝日』に政治問題に関する記事を書けば、日本の一般大衆に対して大きな影響力を持つことになるでしょう。(Пилсудский1999b, 32-33)

熱しやすく冷めやすい二葉亭の一面を的確に捉えた評言である。

日本行きのプラン

ピウスツキの生涯において日本体験は決定的なものだった。彼はマリアと暮した恐らく生涯最良の時期に、度々日本を想起し、二人で日本へ行くことも考えた。一九〇七年十月五日付の手紙で二葉亭にこう書いている。

私の訪日についていえば、私は今なお、日本へ行って、日本のためにもまたアイヌのためにもそちらでしばらく暮したいと願っています。〔中略〕私達が日本に行ったら、妻は歌を教えたり、コンサートを幾度か開いたりできると思われますか。そちらの社交界ではヨーロッパ音楽や歌唱に対する需要が生れたでしょうか。(『二葉亭四迷全集』別、一四二)

次いで十月二十二〜二十四日にピウスツキはペテルブルグにいるマリアに宛ててこう書いている。

昨日八時半からペンションの食堂で過ごした。数人の若者が日本のことをあれこれと尋ね、僕は夢中になって話したので、十一時になってようやくそこを出たほどだ。(Пилсудский2005b, 59)

また十一月二〜三日付のマリア宛の手紙にはこうある。

時々日本のことを思い描くが、日本は自分の親しい人々からはあまりに遠く、彼らにとっても自分自身にとっても辛すぎるだろうということに僕は怯えてしまう。でも万一の場合を考えて僕は友人に手紙を書き、僕たちが二人ともかの地で収入を得ることができるかどうか問い合わせたよ。(Пилсудский2005b, 74)

「友人」とはむろん二葉亭のことである。ピウスツキは十二月十日付の二葉亭宛の手紙でもこう書いている。

基礎を今少し学んでから、私と共に日本へ行き、そ

こでコンサートを開いたり日本の娘さん達を教えるようにと、私は始終妻にいっています。（『二葉亭四迷全集』別、一五六）

ピウスツキは二葉亭に、マリアは歌が上手で高等音楽院で学んだことを繰り返し伝えている。彼の問い合わせに対して二葉亭が何と答えたかは不明である。

二葉亭のペテルブルグ到着

旧暦一九〇八年七月二日に二葉亭は『朝日新聞』特派員としてペテルブルグに到着し、翌年三月二十三日までかの地に滞在した。この時四十四歳である。彼がロシアの首都に到着した日の日記に、「Дом Кононовой, кв. 9〔コーノノワ・ビル、九号室〕」（『二葉亭四迷全集』六、四〇九）というメモがある。仮にこれが「ул. Конная, кв. 9〔コンナヤ街、九号室〕」の書き誤りだとすれば、二葉亭は到着したその日にマリアを訪問した可能性がある。彼は最初の二日はイサーキエフスカヤ広場にある高級ホテル「アングリテール」に宿泊した。このホテルはペレストロイカ時代に取り壊されたが、その後昔の設計図にもとづいて赤褐色の外観も含めて復元された。一九二五年十二月二十八日にこのホテルで詩人セルゲイ・エセーニンが自殺したが、現在その記念銘板が掛かっている。

その後二葉亭はエカテリーナ運河のコクーシキン橋傍らにある、ストリャールヌィ横町十三号館に下宿を定めた（中村。安井一九九〇、一一七—一三一）。二〇〇八年秋に著者はこの下宿跡を訪ねた。ヴェネツィア風バルコニーと窓のある五階建ての建物は昔のままで、老朽化して惨澹たる状態にもかかわらず、人が住んでいる様子だった。当時の建物の所有者はウラジーミル・ラチコーフ＝ロジュノーフ。

二葉亭が下宿していた建物

これは元老院議員、市議会議長、アムール川上流金鉱経営会社社長、ロシア赤十字社と戦争未亡人・孤児援助委員会の会員をつとめた人物である（Дударец2008, 155）。下宿跡の建物から二つの建物を隔てて「ラスコーリニコフの家」（ストリャールヌィ横町七号館）があり、付近には詩人アレクサンドル・ブロークの旧宅もある。

　二葉亭のペテルブルグ滞在中の手帳の住所録に、「ペテルブルグ　シローカヤ街　十六　アンネンスキイ　木曜日夜九時から編集部へ」（『二葉亭四迷全集』六、五三二）とある。前述のように二葉亭がアンネンスキイに原稿を送った形跡は見当たらないが、にもかかわらず彼は『ロシアの富』編集部を訪ねたようだ。このメモで興味深いのは、編集部での面会が「木曜日　夜九時」に指定されていることだ。『ロシアの富』の有名な「木曜日」には、ペテルブルグのリベラル派の知識人たちが集まった。二葉亭はこの希有な機会に、同誌の編集長をつとめていた作家ウラジーミル・コロレンコ、歴史家にして作家ワシーリイ・ボグチャールスキイ、民族学者のボゴラスとシュテルンベルグといった人々と近づきになれたのかもしれない（Дударец2010b, 155）。ちなみにシュテルンベルグは第三回太平洋会議出席のため一九二六年に日本を訪れている。[3]

マリアと二葉亭の交流

マリアがピウスツキと二葉亭の連絡役をつとめたので、二葉亭はペテルブルグ滞在中に彼女と何度か会う機会があった。マリアはピウスツキからの手紙と、なによりもヨーロッパで是非会いたいという伝言を二葉亭に伝えたことであろう。彼女はピウスツキ宛の手紙（日付不明）にこう記している。

今日長谷川が来たわ。とても陽気だった。ロシアで楽しく過ごしているみたい。是非あなたに手紙を書くようにと彼に言いました。[4]（Archiwum: syg. KIII-157, j. 9, s. 5-6)

　この時点で彼女の容態は既に良くなかったはずだ。一九〇九年三月二日の二葉亭の手帳に、「Австрия Lwów Ul. Turecka 3 Bronislaw Pilsudski Бронислав Пилсудский（オーストリア　ルヴフ　トゥレツカ街三　ブロニスワフ・ピウスツキ）」[5]とあるのは、マリアが伝えたのだろう。

　一九〇九年一月三十日の土曜日に二葉亭は「ベイナル、ピウスツカとピオトロフスカ」（『二葉亭四迷全集』六、四九八）とともにコミサルジェーフスカヤ・ドラマ劇場を訪れた。これは名女優ヴェーラ・コミサルジェーフスカヤ（一八六六四―一九一〇）の名を冠した劇場である。彼女は一九〇四年にアレクサンドリンスキイ劇場の舞台を去り、デパート「パッサージュ」のコンサート・ホールに自分の劇場を創設した。一九〇六～〇七年にフセヴォロド・メイエルホリドがこの劇場の舞台監督をつとめている。一九〇八～〇九年にはコミサルジェーフスカヤ劇団はオフィツェールスカヤ街三十九番の建物を借用し、劇場として使用していた（Дударец2008, 156）。手帳の引用中の「ピウスツカ」はマリアのこと。ピウスツキは彼女を自分の正妻に見せかけようとしていたふしがある。もっとも、〈人生探求《ジーズニ》〉を標榜し、二度結婚した二葉亭にとっては、それは重要なことではなかったかもしれない。「ピオトロフスカ〔ピョトロフスカ〕」は前記マリアの従姉である。

ゾフィア・ベイナル

しかしながら、二葉亭が書きとめた三人の女性の名前のうち、最も興味深いのは「ベイナル」である。これはマリアの姉ゾフィア・ベイナルのことだ。ピウスツキがかつてヴィルノの中学校時代に恋心を燃やした女性である。彼女は連隊付の医師である夫に従ってサマルカンド近郊へ赴き、その後二十年にわたってカスピ海東部を移動する生活を送っていたが、一九〇七年に夫と二人の娘とともに首都に戻ってきたのである。もっとも、二葉亭がこのような関係をどこまで把握していたかは不明である。彼の手帳の住所録にはゾフィアの住まいも記されている（『二葉亭四迷全集』六、五二九）。一月十九日の項に「ベルナル宅に行く」（『二葉亭四迷全集』六、四九四）とあるが、これは二葉亭がベイナル夫妻宅に招かれたことを示しているのかもしれない。[6] 彼は姉妹の母ヘレナとも知己になった可能性がある。二葉亭は観劇の五日前に四人分の入場券を九ルーブル六十コペイカで購入しているので、彼が三人のレディーを招待したのだろう。

彼らが当日午後八時半から観たのは、レオニード・アンドレーエフ（一八七一―一九一九）が前年に発表した、中世ヨーロッパを舞台にした五幕の神秘劇『黒い仮面』である。一九〇七年に評論「ゴーリキイとアンドレーエフの近業」を発表し、一九〇八年には小説『血笑記』を訳出して、同時代の優れたロシア作家としてアンドレーエフに注目していた二葉亭にとって、この観劇は興味深いものだったに違いない。コミサルジェーフスカヤはこの日は出演せず、仮に彼女が目当てであれば翌日の日曜日の舞台に行くべきであった。だが二葉亭の関心はこの女優ではなく、作者と作品そのものにあったのだろう。ロシアでは幕が下りた後に作者が舞台に呼び出される習わしがあったことを考えれば、二葉亭はアンドレーエフの姿を間近に見ることができたかもしれない（『二葉亭四迷全集』六、四九六。Драматический театр Коммиссаржевской, 9; Дударец2008, 156-157; Дударец2010b, 162）。この折にピウスツキが愛した二人の女性と二葉亭がいかなる会話を交わしたかは、残念ながらこれまた不明である。

二葉亭の発病と死

二葉亭は二月にウラジーミル大公の葬儀に参列して風邪をこじらせ、肺炎、肺結核を発症した。彼は二月二十日にクコヴェーロフ医師を初めて訪問し、二十三、二十五日、三月二日には来診を仰いでいる（『二葉亭四迷全集』六、五〇五―五〇六）。クコヴェーロフは日露戦争に従軍した経歴をもつ高名な医師だった。もっとも、二葉亭の三月十三日の日記には次のような痛々しいロシア語の書き込みがある。

> 夜九時二十分、夜の往診もなく、薬もない。完全にほったらかし。実にけしからん！これぞ、ああロシアだ！（『二葉亭四迷全集』六、五二三）

その後二葉亭は三月五日から二十一日までワシーリエフスキイ島の十五条通り四―六号館にあるアレクサンドル男性病院に入院した。これはペテルブルグ在住のドイツ人が創立した病院で、当時首都で最高の医療レベルを誇っていた。現在は学士院会員イワン・パーヴロフ名称精神病院になっている。二葉亭の三月二日の日記に、「院長　Д-р Вестфален〔ヴェストファレン医師〕　受持医　Д-р Нейман〔ネイマン医師〕　相談医　Д-р Мориц〔モリッ医師〕」（『二葉亭四迷全集』六、五一六）とある。院長のゲルマン・ヴェストファレンは医学博士、五等官で開業医。オスワルド・モリッツは医局員のひとりで医学博士、ペテルブルグ医師会書記にして開業医（Дударец2008, 158）。フョードル・ネイマンの専門は耳鼻咽喉科で、四等官にして医学博士。マリインスカヤ貧民病院局員で、マリヤ皇后の慈善施設のコンサルタントをつとめていた。[7]

二葉亭は結局ピウスツキと再会することはできなかった。ピウスツキはおそらくマリアから二葉亭の帰国を聞いて、六月一日にルヴフから次のように始まる葉書を書いた。

> 深く尊敬する親愛なる長谷川さん　あなたの発病と突然の帰国を妻から知り、悲しくて堪りません。これでこのヨーロッパでお会いできなくなりました。それを私は心から望んでいたのでしたが。（『二葉亭四迷全集』別、一六三）

だがこの時点で二葉亭は既にこの世の人ではなかった。五月十日、彼はロンドンから船で帰国の途次、ベンガル湾上で死去したのである。

「シギ・長谷川」

ピウスツキはペテルブルグ在住の姪を通じてシュテルンベルグに、二葉亭の追悼記事を掲載してくれる新聞、雑誌を探してくれるよう依頼した。『ロシアの富』誌は掲載を断わり、『ロシア報知』紙のアヌーチンにピウスツキは掲載を依頼したものの記事を送らなかった（Пилсудский2017, 88; БП и ЛШ, 206, 208）。結局この追悼記事は、「シギ・長谷川」[8]という表題で翌一九一〇年三月十九日にワルシャワのポーランド語雑誌『世界』第十二号に発表された。実はこの記事は、第十章で紹介したピウスツキのインタビュー記事「日出ずる地で我々のことがどう語られているか」の冒頭に置かれており、その後のインタビューの内容と深く関わっている。以下にその追悼文の一部を紹介する。

二葉亭の墓（染井霊園）

長谷川は日本のもっとも優れた文学者の一人であり、ロシア語とロシア文学の専門家であり、ロシア作家たちの作品の最初の、そして同時に最も優れた翻訳者だった。〔中略〕彼は着手した仕事をそこ〔ペテルブルグ〕で止めはしないと手紙で約束してくれたが、運命はその仕事の継続ばかりか、生命の糸をも断ち切ってしまった。

ポーランド語をマスターし、直接ポーランド語から日本語に翻訳ができて、人種的、地理的には遠いが、多くの点で互いにきわめて近しい二つの民族の間の精神的な絆を保つことができる作家を日本で短時日のうちに獲得するという望みは、彼の死とともに消えてしまった。長谷川はロシア語がとてもよくできたので、少なくともポーランドの作家の作品を原文で読む程度には、大した苦労もなしにポーランド語を習得することができただろう。彼はもうペテルブルグに来たのだから、そのポーランド来訪は時間の問題でしかなかった。

　このすばらしい、我々にとってかくも魅力的な役割のために、誰か他の人間を見つけることは、今やずっと困難になるだろう。それ故私は、わが民族に対して心からの友情をいだき、それを行動によって証明しようとした気高い人物の逝去を心から悼むのである。

(Piłsudski2001a, 13, 14)

注

1　ちなみに一九〇九年の『スフィンクス』にピウスツキのポーランド語版の「樺太アイヌの熊祭りにて」が四回にわたって連載された。

2　「其面影」は最も早くポーランド語に翻訳された日本文学作品の一つで、一九二五年のことである。

3　これについては桧山一九九六を参照のこと。

4　マイェヴィチ氏に解読していただいた。

5　『二葉亭四迷全集』第六巻に「Ul. Trirecka 3〔トリレッカ街、三〕」(五一七頁)と翻刻されているのは、「Ul. Turecka 3〔トゥレツカ街、三〕」が正しい。

6　仮にこれが「ベイナル」の誤記でないとすれば、それはそれでこのメモは興味深い。ペテルブルグ時代の二葉亭に影のように付き添うイニシャル「ジェー」(Ж)の女性の正体を暗示しているかもしれないからだ。一九〇八年当時のペテルブルグにはベルナル家が数軒あったが、そのひとつに大コニューシェンナヤ街十七号館(ここに流行服の裁縫師の縫製所があった)に住むミハイロフスキイ帝室劇場付きフランス劇団の女優アリサと仕立屋ジュリエッタ(Жульетта)のベルナル家が挙げられる。このジュリエッタ・ベルナルこそ、二葉亭と一緒に島や墓地を訪れた女性「ジェー」かもしれない(Дударец2010b, 159)。

7　ガリーナ・ドゥダレッツ女史のご教示による。

8　「シギ」の意味は不明。

第十四章　ヨーロッパ遍歴と死

彼は一人一人の人間の最も良きところを認めるという不思議な才を持ち、各人の最も悪しき面をきわだたせたがる傾向を理解できなかった。（ルトスワフスキ）

ウィーン

一九一四（大正三）年十二月にピウスツキはウィーンへ来た。この地には、戦場となったガリツィアから無数の避難民が押し寄せていた。

第一次世界大戦開戦後のヨーロッパでポーランド人は、ロシア統治下のワルシャワを拠点とする民族主義志向の親露派、スイスのローザンヌに結集して保守主義を標榜するポーランド人亡命者らの親西欧派、ユゼフ・ピウスツキをリーダーとするポーランド社会党系の親オーストリア派が、それぞれの思惑で国家や社会の再建を果たすべくしのぎを削っていた。ユゼフの政治綱領はロシアとオーストリアの衝突の不可避性を基本としており、そこから漁父の利を得るための策を彼は既に練り上げていた。開戦後ユゼフは一世を風靡するリーダーの一人となり、同姓を名乗る者のすべてを自らの影で覆ってゆく。開戦とともに政党横断的に結集したガリ

ユゼフ・ピウスツキ

ツィアの国会議員団は、人民委員会を創設した。これは来るべきポーランド政府の基礎となるべきものであり、ユゼフによって任命された者が多数を占めた（コヴァルスキ一九九四、四八）。

戦時下のブロニスワフは、ユゼフと政治信条を共にするとはいえ、不得手な政治に手を染めて独自の政治的役割を果たすことになる。これは日本滞在以来のことだ。それは敵対する者同士を仲介し、和解を摸索し、統合を志向するという役回りである。この仲介者としての役割は、二十年以上前に彼がサハリンの流刑囚たちの間でありとあらゆる揉め事が起こった際に果たそうとしたものの延長線上にある（Пилсудский2015, 76）。

翌一九一五年三月末にウィーンでオーストリアのパスポートがついにピウスツキに発給された（コヴァルスキ一九九四、四九）。

ピウスツキは、ユゼフの事業の支持者であるウィーン司教ヴワディスワフ・バンドゥルスキ（一八六五―一九三二）の率いる親オーストリア派の『ポーランド百科事典』編纂集団に加わった。この事典をフランス、スイス、イギリス、ドイツ、オーストリアなどヨーロッパの国々の政治家や外交官に配布して、亡国ポーランドの権利やその必要性、豊かさを世界に知らしめる目的で始めた事業である。

スイスでの『ポーランド百科事典』編纂

しかしながらウィーンのポーランド人代表部は正式の組織構造を有していなかったので、『百科事典』のための資料ともどもスイスのローザンヌへ移管されることとなった。そしてピウスツキも四月十一日にバンドゥルスキ派の百科事典編纂集団の正式代表としてローザンヌへ向かった（Кучинский2018, 20. コヴァルスキ一九九四、四九）。当時、独立を求めるポーランド人たちの活動の中枢をなしていたのはスイスだった。『ポーランド百科事典』の編纂はウィーン、ローザンヌ、パリで別途に進行していたが、いずれも在米ポーランド人から寄せられる募金を当てにしていたため、相互の陣営の憎悪にまで発展していたので、これら三事業の統合が焦眉の急となっていた。そのまとめ役としてピウスツキに白羽の矢が立ったのである。激烈な論戦が交わされる中で、彼は公正な仲介役に徹して、数カ月後には統合を成し遂げた。

ピウスツキは事典編纂のためにチューリヒ湖畔の小都市ラッパースヴィルに長期間滞在した。ここには立派な図書館を備えたポーランド博物館があった。これは一八六九年にヴワディスワフ・プラテルというポーランド人伯爵が市当局から九十九年の期限で城を借り受け、そこに博物

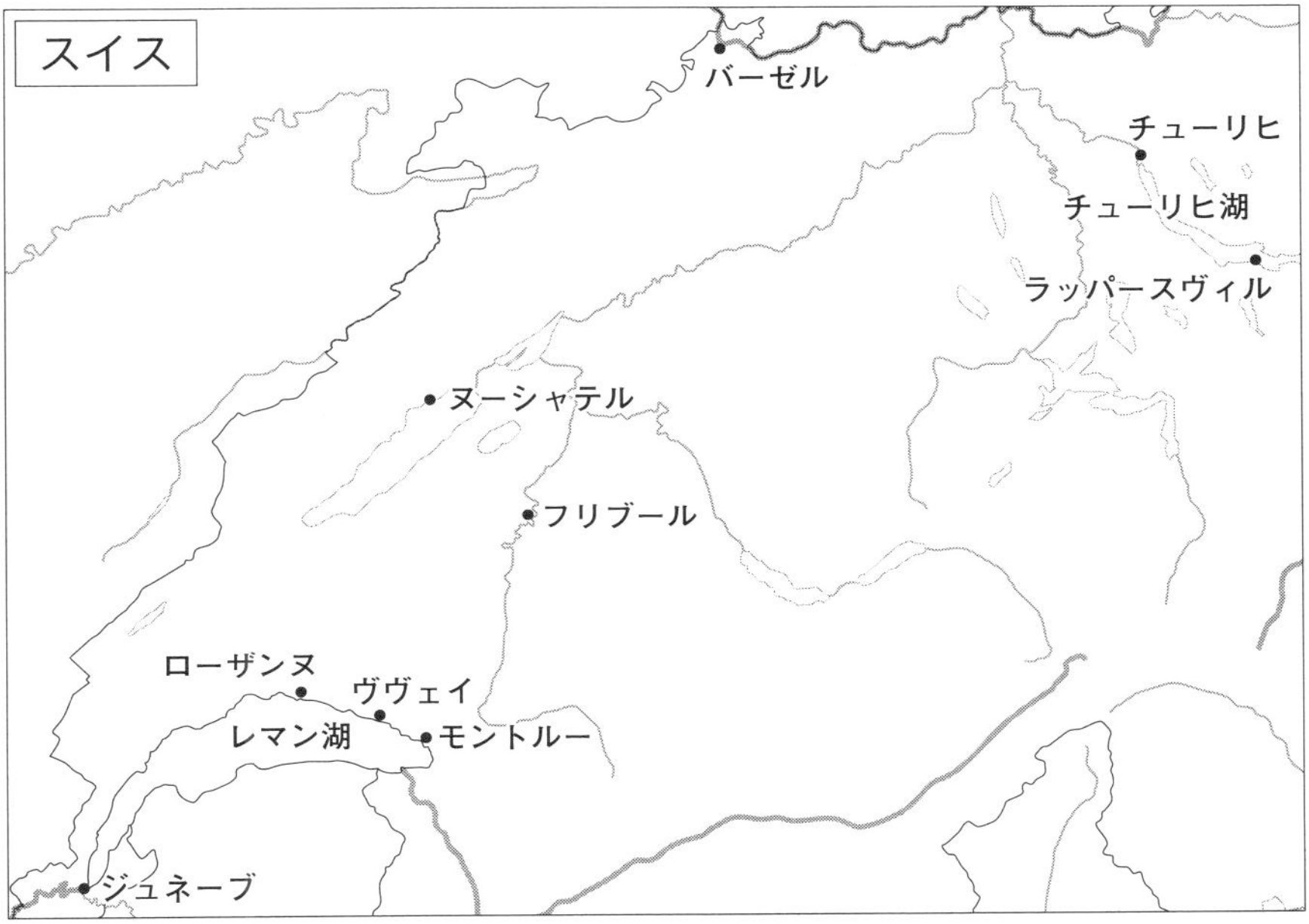

「アイヌ王」ピウスツキのメダル

館を建設したのである（Кучинский2002, 117. 荒木、二五八）。ピウスツキはまたローザンヌ、ヴヴェイ、チューリヒ、ジュネーブ、フリブールを旅して回った（コヴァルスキ一九九四、五〇）。フリブールには事典の編纂局があった。ピウスツキがシェロシェフスキと最後に会ったのはこの時、チューリヒにおいてである。後者はこう書き残している。

　われわれの出会いはかなりもの悲しいものであった。ブロニスワフはポーランド社会を互いに決定的に敵対する二派、二つの異った「目的志向」に分けている不和にすっかり意気阻喪していた。（吉上一九八七、九二）

「敵対する二派」とはドモフスキの親ロシア派とユゼフの親オーストリア派である。シェロシェフスキは一九一四年からユゼフの「銃撃者同盟」に属していた。一九一八年のポーランド独立後、彼は国の一連の重要な役職に就くことになる。

シェロシェフスキ像（ジョルィ市博物館）

百科事典の項目執筆に際して、ピウスツキはルバーキンの蔵書も利用した。ニコライ・ルバーキン（一八六二―一九四六）はロシアの図書学者、書誌学者、作家である。彼は社会革命党員となり、非合法の学生組織に加わって逮捕された。一九〇七年にスイスへ亡命し、クラレンス（モントルー近辺の小村）、次いでローザンヌで暮らした。蔵書家として有名で、ロシア時代に集めた十万冊の図書はすべてペテルブルグの「教育連盟」へ寄贈した。そしてスイスで新たにユニークで貴重な蔵書を築き上げた。ピウスツキはこの人物から蔵書を郵便で借用したり、クラレンスに赴いて閲覧したりした（Гитович, Хорев, 51, 54-56）。

ピウスツキが少なくとも一章を執筆したフランス語の『ポーランド小百科事典』は、一九一六年にローザンヌで刊行された。この本は全五百頁、二千部刷られて、イギリス、フランス、スイス、イタリアの政治家、学者、大使、評論家たちに送付された（Dallais, 302; Kuczyński2001b, 429）。これに続いてフリブールでフランス語の『ポーランド百科事典』を分冊形式で出版する準備が始まり、一九一六〜二〇年に第五巻まで計十八分冊がフリブールとローザンヌを出版地として刊行された（Majewicz2010a, 299-300）。こちらの方もピウスツキはいくつかの項目を担当した。

ポーランド戦争犠牲者救済中央委員会とポーランド・リトアニア委員会

一九一五年九月にピウスツキはガブリエル・ナルトヴィチ教授の支持を取り付けるべく、チューリヒに赴いた。教授は彼の遠い親戚に当たり、後に独立ポーランドの初代大統領に就任することになる（コヴァルスキ一九九四、四九）。

ピウスツキはスイスでポーランド人の戦争犠牲者救済活動に熱心に取り組んだ。この活動の中心をなしたのはポーランド戦争犠牲者救済中央委員会、通称「シェンキェヴィチ委員会」と称されるものである。一九〇五年にノーベル文学賞を受賞したポーランド作家ヘンルィク・シェンキェヴィチ（一八四六―一九一六）は、第一次大戦勃発後にウィーンを経てスイスに逃れ、ヴヴェイにあって一九一五年一月にこの委員会を組織し、「文明諸国民へ」のアピールを発してポーランド救済を訴えた。ピウスツキは一九一六年十二月二十二日付でニューヨークのポーランド人犠牲者救済基金国立アメリカ委員会に手紙を送り、支援を訴えた。これに対する委員会の返信（一九一七年一月二十四日付）は、前の週にパリ委員会に二千ドルを送金したばかりなので、そちらに申請するようにというものだった。[2] この件に関するその後の進展は不明である。

翌一九一六年初頭にピウスツキは、フリブールに設置された委員会の下部組織、ポーランド・リトアニア委員会の会長に就任した。この委員会の主要な議題は、ポーランド国家再興に際してリトアニアの処遇をどうするかということだった。彼は一九一三年六月二十五日にザコパネのタトラ協会宛に書いた手紙以来、自らを常時「ギネット＝ピウスツキ」と名乗っていた（コヴァルスキ一九九四、四六、四九、五三。Kuczyński2001, 429, 430）。第一章で述べたように、「ギネット」は中世リトアニアの統治者の末裔であることを顕示するものであり、この二重姓の使用は、彼が自らをリトアニアとポーランドの狭間に立つ者、もしくは両者を統合する者と見なす境地に達していたと推測させる。

ピウスツキは自分と志を共にする旧リトアニア大公国復興主義者と、リトアニアの分離独立を主張する民族主義者との和解を求めて奔走したが、折合いをつけることはできなかった。結局、リトアニア人民族主義者たちは委員会を去った。ピウスツキはその後もポーランド・リトアニア合同にこだわり続けて、死の直前まで、第一次ポーランド分割以前の両国の緊密な関係を証する歴史文献集の編纂に携わっていた。彼はリトアニア戦争犠牲者支援運営委員会の評議会議長をもつとめた。ピウスツキが起草したと思しき文書「善意の人々へのアピール」は、リトアニアの戦争難民への寄付を呼びかけるものだが、他国の軍隊によって蹂躙される故郷への悲哀とノスタルジアにあふれた文章となっている。[3] 彼は約一万スイス・フランを集めて、リトアニアへ送金した（Маевич2002, 101）。

第十二章で紹介したピウスツキの論文「リトアニアの十字架」は、単なるノスタルジアの産物ではなく、ポーランドとリトアニアの和解と協力を訴えるものでもあったのだ。この論文の冒頭にはこう述べられている。

ヨーロッパの強国たちが呵責なき戦闘を止めるやい

なや、古きヨーロッパが起ってしまった死と破壊について恥辱にまみれながら思いに沈むやいなや、多くの地方や国々が墓標と十字架の地という名にふさわしいものとなるだろう。〔中略〕ポーランドとリトアニアの地もそれに含まれるだろう。(Пилсудский2002b, 103)

またその末尾にはこうある。

長きにわたる流刑を余儀なくされた何千人もの祖国の赤子《せきし》たちは、祖国に帰還する日を夢見ていた。その祖国で大切な、この上なく愛しい地で働き始める前に、自分たちの村の守り手である十字架の前に跪き、小さな礼拝堂を建てることができるだろう。(Пилсудский2002b, 111)

慈善事業

一九一七年二月にピウスツキはローザンヌのポーランド会館、ジュネーブのポーランド・センター、ヘンリク・シェンキェヴィチ記念孤児院で「シベリアのポーランド人」と題する一連の講演を行った(Пилсудский2001b, 144)。この頃には戦争の成りゆきが人民委員会の終焉を先決してしまっていた。

三月八日(旧暦二月二十三日)にロシアで二月革命が始まった。当然のことながら、ピウスツキはこれを歓迎した。彼はこの出来事が機縁となってヨーロッパに新しい時代が訪れ、ロシアが友好国としてポーランドとリトアニアのために公正な決定を下してくれることを期待した(Титович, Хорев, 60)。四月十六日にヴヴェイの郵便局の消印でペトログラードのシュテルンベルグ宛に発送された手紙に、ピウスツキはこう書いている。

もう新しい時代で、警察体制が永久に崩壊したとはまだ信じられませんでした。〔中略〕かつてルィコフスコエからアレクサンドロフスクへ出かけたように、我々の自由な往来が可能になるだろうとは果たして信じられるでしょうか。友人たちの肉体と自分自身の若き歳月が埋もれている、あの貧しい不幸なサハリンへさえ行きたくなる瞬間が何度かありました。これらは跡形もなく消え去った訳ではないのです。(БП и ЛШ, 228)

この頃ピウスツキは第十二章に登場したメイスネルと時々会っていた。その息子ブルノの回想記にはこう書かれている。

我々が最後にブロニスワフ・オーシポヴィチに会ったのは一九一七年、チューリヒにおいてである。私は十一歳、姉はもう十二歳だった。大人になってから、私はブロニスワフ・ピウスツキの評判を一度ならず聞くことになった。それは概して、ブロニスワフ・オーシポヴィチはとりわけ善良で、思いやりがあり、驚くほど謙虚な人間だったというものだ。思うに、この博愛心こそがブロニスワフ・ピウスツキをテロリストの「人民の意志」党員の陣営に引き込んだのであり、この博愛心が彼の最期を早めたのだ。（Латышев2008a, 297-298）

六月にピウスツキはチューリヒのポーランド協会から、ガリツィアからポーランド人の子供たちをスイスへ疎開させる慈善事業への支援を取り付け、フリブール近郊に彼らを保護する施設をつくった（吉上一九八七、九一―九二）。コヴァルスキ一九九四、五〇）。

ピウスツキはヨーロッパの高名な慈善事業家プラテル・ツィベルク伯爵と連名で、在米の著名なポーランド人音楽家イグナツィ・パデレフスキ（一八六〇―一九四一）へ電報を送って、米国での基金構築を要請した。しかしながらパデレフスキは六週間の演奏旅行で稼いだ五万スイス・フランを、ポーランド協会に断りなく、ピウスツキとツィベルク連名の銀行口座に振り込んでしまった。この出来事は「チューリヒ事件」と喧伝されて、ポーランド協会の幹部連はピウスツキを強く非難し、あまつさえ彼の高潔さや愛国心を疑い、学術業績までも嘲笑の的にした。この事件はピウスツキの心を深く傷つけることになった。翌年四月に彼はパデレフスキへ長い手紙を書き、「チューリヒ事件」に対する自らの関与を改めて説明している（コヴァルスキ一九九四、五〇―五二）。

ポーランド国民委員会とパリへ

二月革命の後、ユゼフ・ピウスツキは反ドイツ色を鮮明にして、ドイツによって創設されるポーランド軍組織に反対した。ドイツはユゼフのポーランド軍団が同盟組織になり得ないと判断して、七月にユゼフを逮捕、翌月にマグデブルグ要塞に収監した（渡辺、七二）。ユゼフがここから解放されるのは翌年十一月八日、兄の死の半年後のことである。

八月十五日にローザンヌにポーランド国民委員会が創設された。これはフランス、イギリス、アメリカの援助のもとにポーランド国家の復興を目指すものである。連合国側はこの委員会を、ポーランド人の政治的願望に応える唯一の代表機関としてただちに承認し、委員会はポーランドを代表するものとしてヴェルサイユ条約に署名した。委員会の委員長はユゼフの宿敵ドモフスキである。

　前述のようにユゼフはマグデブルグの監獄に収監され、政治生命の危機に瀕していた。国民委員会はこれを奇貨とみて、パリに設立した委員会代表部における常勤ポストをブロニスワフに提案した。彼はその提案を受け入れて、ヤン・エマヌエル・ロズヴァドフスキ（一八七二―一九三五）[4]率いるポーランド研究部に配属された（コヴァルスキ一九九四、五一。Sierpowski2010a, 181）。この人物は法学博士、経済学者、ルヴフ大学助教授で、第一次大戦中はピウスツキと同じようにガリツィアからスイスに逃れ、次いでパリで亡命生活を送った。スイス滞在の当初からポーランド人亡命者の間で大きな政治的役割を果たし、フリブールの大百科事典編纂委員会の委員をつとめた。前述のように、ピウスツキは一九一五年にウィーンからローザンヌに移って百科事典の事業に参画したが、その折にこの人物との交流が始まったのである（Кучинский2002, 116-117）。

　十一月にピウスツキは国民委員会と関係をもつ多くのポーランド人とともにスイスからパリへ移った。スイスでの二年半は、国内外のポーランド人のための慈善活動と、西欧の政治家たちに向けた宣伝活動に重きを置く政治活動に従事したことになる。

ピウスツキ

　さてピウスツキは国民委員会代表部の有給職員となって、パリ市内クレーベル街十一番地の委員会公邸内の一隅に居を構えた。彼の生涯においてこれが唯一安定した収入のあった時期である。託された仕事は広報関係で、ポーランドに関する適切な文献の収集、レポートの準備、宣伝資料の配布など、とりわけ編集者として多忙であった。またフランスの政治家やジャーナリスト、学者との接触も任務に含まれており、委員会外の重要人物との対応もしばしば任された（コヴァルスキ一九九四、五一。Kuczyński2001b, 432）。

「シベリアのポーランド人」

一九一八年春にピウスツキはル・ピュイを訪問した。ここには多くのポーランド人将兵捕虜が抑留されており、ポーランド語の隔週刊誌『虜囚のポーランド人《イェニエッ・ポラク》』が発行されていた。本誌にピウスツキの前年の講演録「シベリアのポーランド人」が掲載され、次いで同誌の別冊としてこの長文の論考の印刷が進められていたのである。ピウスツキはその前半でポーランド人のシベリア流刑の歴史を先行文献に基づいて編年体で跡づけ、後半ではその特徴を詳細に語っているが、この後半が圧倒的におもしろい。本テーマを取り上げた大多数の先行文献がネガティブな殉難の歴史と捉えているのに対して、ピウスツキはポジティブな面も挙げ、とりわけ教育面でのポーランド人の影響、シベリアの精神文化の向上に対する貢献を強調している。その影響は現地の先住民にも及んだのだと。

早くも十八世紀にベニョフスキは自分の仲間とともにカムチャダール人〔カムチャトカ半島の先住民〕のために小さな学校をつくったし、二十世紀初頭にはポーランド人流刑囚がサハリンでアイヌとギリヤークのために最初の学校をつくった。〔中略〕

官憲の代表者自らが、人気があり、若い教え子たちの欲求に一番よく応えた人々の危険な影響を恐れずに、自分の子供の教育を流刑囚に依頼せざるを得ないことが度々あった。〔中略〕

〔ポーランド人政治流刑囚の〕ある者は好奇心に突き動かされ、またある者は好意で、あるいはその双方かもしれないが、異国の環境のなかで自らの苦しみを忘れたいと願って、アジアの原住民と親しくなった。原住民たちはポーランド人のなかに異なるタイプ、異なる習慣と倫理観をもつ人間を本能的に感じ取った。アドバイスによって助け、時には侮辱から守ってやれること、医療や技術上の援助、ちょっとした世話や同情によって、ポーランド人はシベリアの不幸にあえぐ滅びゆく未開種族の友情と信頼と感謝の念を勝ち得たのである。〔中略〕

だがかの地、刑罰の地で、数年間追放され、流刑囚としてエネルギーも能力も用いず、教育もなく、空しい暮らしと腐敗した死のような環境のなかで、速やかに帰還できる見込みは薄れてゆき、熱狂的な若者は鉄の檻に入れられた傷ついたライオンのようにあがき、突き刺すような憂愁に打ち克ち、別離の鋭い痛みに耐えるために、意を決して絶望的な努力をした。当時シベリアの大地は、ぽつんと立つ自殺者の墓におおわれていた。〔中略〕

幸運だったのは一部の者、他人より大きな苦しみを担うことができ、自身の最も深い悲哀のなかにあって友人たちの傷だらけの心に安らぎをもたらすことができる者だった。彼らは心の孤独に耐える術を身につけ、入念に隠されてはいるがそれでも目の表情で分かる憂いに沈みつつ、「非凡な人間」の力を獲得したのである。（Пилсудский2001b, 135, 137, 143）

ここでハンガリー人モーリッツ（マウリティウス）・ベニョフスキ（一七四六―一七八六）の名前が登場するのが興味深い。この人物はポーランド軍に投じてロシア帝国と戦って一七六九年に捕虜となり、カムチャトカ半島へ流刑になった。一七七一年に約七十名の仲間とロシアの軍艦を奪ってマカオへ向かう途中、四国・阿波の日和佐と土佐の海岸に寄港。その後奄美大島から長崎のオランダ商館長宛にロシアの日本に対する脅威を警告する手紙を送り、それが長崎奉行所に渡されて日本人を驚愕させた（ベニョフスキー、六―九、二二九―二三四）。これは一七七一年の「ハンベンゴロフ[5]の警告」として知られる、ロシア国家に恨みを抱くベニョフスキがでっち上げた偽情報だったが、この出来事を契機として日本人は初めてロシアの事情を真剣に学び始めたのである。

引用文の第一段落の「ポーランド人流刑囚がサハリンでアイヌとギリヤークのために最初の学校をつくった」というのはピウスツキ自身のことである。第二段落についても、ピウスツキがコルサコフで知事の子供たちの家庭教師に招かれていたことを想起すればいいだろう。第三段落でも「ポーランド人」は複数形になっているが、これをピウスツキによって代表させることも可能である。第四、五段落は、書かれずに終わった極東滞在の回想記の代わりをなすものと言える。

本論考の別冊の販売益の全額が、イルクーツクのポーランド・リトアニア協会「輪《オグニヴォ》」によって創設されたヘンリク・シェンキェヴィチ記念孤児院に寄付された。パリに戻ると、ピウスツキはこれらの読者を対象とする新聞の発刊を具申した（コヴァルスキ一九九四、五二。Шостакович2001, 107）。新聞の編集・発行の仕事は、既にウラジオストク時代に経験済みであった。

孤軍奮闘

ピウスツキのパリ行きは彼を一層孤独に陥れた。パリのポーランド人コミュニティーは、ドモフスキを中心とするグループをポーランドの利害を代表するものと認めなかった。そして弟ユゼフの軍団員や、パリに根付いたヴワディスワフ・ザモイスキ一家に代表されるパリのポーランド人社会と、ポーランド国民委員会と結びついた移民社会の双方から、ピウスツキは批判を浴びることとなった。前者は、後に国家元首となる人物の兄が弟の敵である後者に協力し、その財政的支援を受けているとみなしたのである。ちなみに第十二章に登場したザモイスキ一家は、例年のごとくパリ滞在を一九一四年六月から六週間の予定で始めたのだが、第一次大戦の開始で帰還できなくなり、ザコパネとクルニクの領地からの収入が途絶えて、パリで不如意な生活を送っていたのである（Sierpowski2010a, 178, 182-183, 187-188）。

ピウスツキは一九一八年四月十日の日付で「「出版協会」創設案」と題する文書を書き上げた。これはポーランド・フランス共同の出版社を立ち上げ、それによってポーランドの文化、歴史、政治、産業と、ポーランドとリトアニアの統一を連合国に宣伝することを国民委員会に提案したものである。彼が出版事業の実務に詳しいことは、例えば『ポトハレ年報』創刊号の編集に当たったことを想起すればいいだろう。出版協会の活動の最初に取り組むべきものとしてピウスツキは三十二のテーマを掲げているが、そのなかには「一五　ハンガリーの山岳地域のポーランド人。我々がスピシュとオラヴァの所有権を主張する正当性の根拠」、「一三　シベリアのポーランド人」、「三二　日本などに滞在したポーランド人の回想記」も含まれている。これらは自分が執筆するつもりだったのだろう（Пилсудский1999b, 145-148）。

ピウスツキの絵葉書

かつて一七八八～九二年にポーランドで四年国会（別名「大国会」）が開かれ、一七九一年五月三日に憲法が採択された。これは全世界でアメリカ合衆国憲法に次ぐ先駆的なものとして知られている（渡辺、四三）。この五月三日憲法にちなんでピウスツキは一九一八年五月三日に、ポーランド人の敵対する諸会派の国民的合意を訴え、「理解（または和解と親切）同盟《リーグ》」の創設を提案する、七頁にわたるタイプ打ちの請願書を起草した（Sierpowski2010b, 194）。これは彼の最後の著作であり、遺言でもあった。ピウスツキはこの文書を多くの知友の間に自ら届けてまわったが、その反響は芳しいものではなかった。

リトアニアは一九一五年からドイツに占領されていた。一九一七年に支配勢力はリトアニア民族議会をつくり、それは一九一八年二月に独立リトアニア国家の誕生を宣言したが、それは事実上ドイツに従属するものだった。ピウスツキの夢見るポーランドとリトアニアの統一は一層困難になったのである。このことも彼の悲劇の一要因となったであろう[6](Sierpowski2010b, 189, 190)。

精神の病

この頃、ピウスツキの精神の病状が目に見えて悪化した(コヴァルスキ一九九四、五二)。リトアニア貴族の代表者で政治家、社会評論家のイッポリト・コルヴィン＝ミレフスキは、回想記でピウスツキの様子をこう書き残している。

> 控えめで、愛想がよく、教養があり、彼は皆に愛されていた。〔中略〕最後の時期は彼はひどい鬱病にかかっていた。ヴワディスワフ・ザモイスキと私の邸への彼の度重なる訪問は苦痛だった。その訪問は五時間以上におよび、その時訪問客は自分が他人の家にいることを忘れ果てていた。私の召使いはそのような訪問から私をこんな風に救い出してくれた。即ち、夜になると召使いは私のパーティー用の衣装を引き出してきて、私が招宴に既に遅刻していることを大声で知らせたのである。(Байор2001, 66)

またポーランド人社会活動家で哲学者のヴィンツェンティ・ルトスワフスキは、ピウスツキのパリでの生活と死にいたる状況をこう述べている。

> パリは彼を苦しめた。喧噪な首都で送った最後の数カ月は彼の生命を縮めた。パリで彼は同胞たちの間のたえざる論争、かげ口、偏見、相互の敵意を目のあたりにした。彼は調和と幸福のために人びとに訴えたが、むだに終わった。彼は個人的な偏見から生じる、互いに相容れない相違をたえず目にした。彼は一人〳〵の人間の最も良きところを認めるという不思議な才を持ち、各人の最も悪しき面をきわだたせたがる傾向を理解できなかった。〔中略〕パリでの健康条件はスイスよりはるかに劣悪だった。小さな屋根裏部屋に住み、病める心臓と危険な脈拍を持ちつつ、やっとの思いでしか昇れない階段が彼を苦しめた。スイスのレマン湖畔のような澄んだ空も太陽もなかったし、心からの友も持たなかった。なぜなら、パリではみな自分のこと

にかかりきりで、一つの町から他の町への文通もはるかにままならなかったからだ。月一二〇フランという仕事の報酬、戦争による物価高では必要な生活条件もみたすことができず、療養に出かけることもためらっていた。健康の悪化は突如おとずれ、予期しない死の原因となった。（吉上一九八七、九二—九三）

ロズヴァドフスキはピウスツキと一年間一緒に働き、親しい間柄になっていた。彼はピウスツキの部屋のすぐ近くの部屋に住み、ピウスツキが亡くなる前夜まで毎日顔を合わせていた。ロズヴァドフスキの五月十二日から二十一日までのメモが残っている。それによると、十五日夜にザモイスキが来て、ピウスツキが被害妄想にとらわれた完全な病人であり、できるだけ早く医者に見せなければならないと告げた。ピウスツキは誰かに毒殺もしくは殺害されることを恐れていた。十六日にザモイスキが手配した診察時間にピウスツキは神経科医ユゼフ・バビンスキの診察に行ったが、疲れた状態で帰ってきた（コヴァルスキ一九九四、五二—五三。Sierpowski2010, 185a）。それがロズヴァドフスキがピウスツキを見た最後となった。後にバビンスキがピウスツキの症状を記したメモには、「動脈のとても高い血圧、憂鬱症、しばしば自殺への打ち克ち難い誘惑となって表われる病的状態」（Кучинский2002, 122）とある。

一九一八年五月十七日

そして五月十七日。朝ロズヴァドフスキはピウスツキの不在に気づき、ザモイスキらと探したが、見つけることはできなかった。ピウスツキは早朝に起床して、ブルヴァール・サン・ミシェルに住む友人ディオニズィ・ザレスキ宅に立ち寄るが、不在だったため、「この世とおさらばすべく、注射してもらいにやって来ました。私にかけられたすべての嫌疑に対して私は潔白です」との書置きを残した（コヴァルスキ一九九四、五三）。そして正午頃、セーヌ河に架かる芸術橋《ポン・デ・ザール》の守衛によると、橋の上でピウスツキはフロックコートを脱ぎ、セーヌ河へ抛るや、自らも河へ身を投げた。

その四日後、二十一日の午前八時十五分にミラボー橋《ポン・ミラボー》のたもとで彼は水死体となって発見された。パリ警察の検死記録によれば、その服装は、「襟付きの白シャツ、セーター、チョッキ、ズボン下、ズボンとズボン吊り、靴下、編上靴」（Кучинский2002, 123）だった。そして二十三日にザモイスキとヴワディスワフ・ミツキェヴィチが遺体を確認した（Sierpowski2010a, 168, 186）。後者はパリに住み、かつて出版社と書店を経営し、当時はパリのポーランド図書館の館長をつとめていた。ピウスツキは享年満五十一歳五カ月半であった。

ピウスツキは両親から〈自殺〉遺伝子を受け継いだのだとする説がある。その説によると、母マリアは〈自殺〉遺伝子のキャリアであり、父ユゼフもそれを受け継いでいる公算大で、二人の近親交配の結果、ブロニスワフを含む子供や孫たちにその遺伝子が受け継がれた。ユゼフとマリアとその子供、孫、曾孫計十七名のうち十四名が世渡りで深刻な障碍を抱え、四名が自死を遂げたという（コヴァルスキ二〇一三、二八―二九）。一方、遺言書がないことからして、ブロニスワフの死を意識喪失かめまいによる事故死と見る説もある（Маевич1992, 95-96）。とどのつまり、死の真相は不明である。

ポーランド国民委員会によるピウスツキの告別式通知状によれば、五月二十九日にフランスの主要な大聖堂であるノートル・ダム寺院で盛大な告別式が挙行されるはずだったが、なぜか突如中止となり、遺骸はパリ郊外モンモランシーのポーランド人墓地へ運ばれた。ここではポーランド人聖職者が見つからず、埋葬儀式を執り行ったのは地元の教区司教代理であった（コヴァルスキ一九九四、五三）。

タルコ＝フルィンツェヴィチは次のような言葉を残している。

ピウスツキの墓

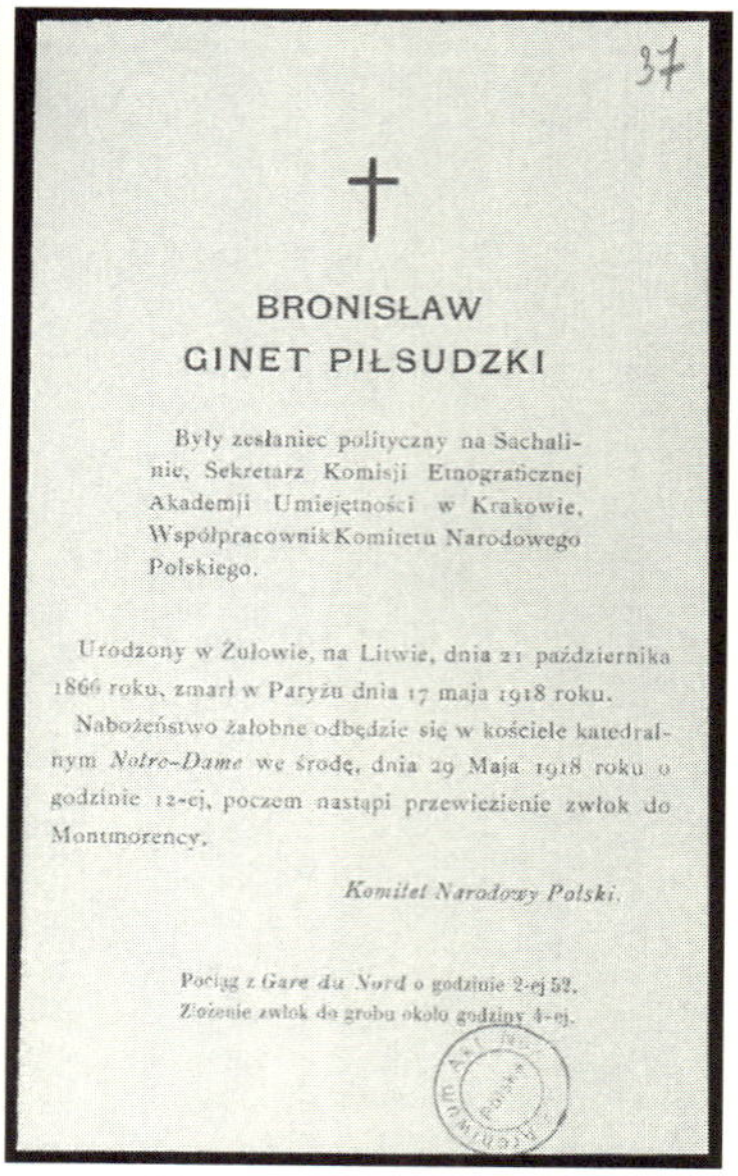

37

†

BRONISŁAW
GINET PIŁSUDZKI

Były zesłaniec polityczny na Sachalinie, Sekretarz Komisji Etnograficznej Akademji Umiejętności w Krakowie, Współpracownik Komitetu Narodowego Polskiego.

Urodzony w Żułowie, na Litwie, dnia 21 października 1866 roku, zmarł w Paryżu dnia 17 maja 1918 roku.

Nabożeństwo żałobne odbędzie się w kościele katedralnym *Notre-Dame* we środę, dnia 29 Maja 1918 roku o godzinie 12-ej, poczem nastąpi przewiezienie zwłok do Montmorency.

Komitet Narodowy Polski.

Pociąg z *Gare du Nord* o godzinie 2-ej 52.
Złożenie zwłok do grobu około godziny 4-ej.

ピウスツキの告別式通知状

故P・ブロニスワフ氏を身近に知っていた者は誰し

も、彼の気質の中に社会変革の大望を抱く革命家の要素はまるでなく、逆に政治を避け、好まない、物静かで柔和で愛情こまやかな、ほとんど女性的といってもいい性格と真に鳩の如く優しい心の持ち主であったことを証明できる。いつも上機嫌で想像力と企画力にみちあふれており、何かを組織し、設けることをとくに好んだが、しかしいったん始めたことを続け、体系的に仕事をすることは好まず、それに対するねばり強さを持たなかった。一つの場所に長くとどまるような単調さは彼を退屈させ、たえず変化を求めた…（吉上一九八七、九四）

＊　＊　＊

ピウスツキの死の半年後、十一月七日にポーランドに臨時政府が樹立され、十一日に第一次世界大戦が終了。翌十二日にワルシャワはマグデブルグ要塞を出たユゼフ・ピウスツキを熱狂的に出迎えて、ポーランドは一二三年ぶりに独立を回復した（渡辺、七二）。

注

1　当時の館長コンスタンティ・ジミグロツキはピウスツキの死後彼の記念メダルをデザインし、それは一九一九年にスイスで発売された（三一七頁の写真参照）。

2　Polish Victims' Relief Fund. National American Committee. A letter to B. Piłsudski dated January 24, 1917 (ABP: [113] (niezinw.), s. 95).

3　"An Appeal to Men of Good Will" (ABP: [114] (niezinw.), s. 1-2).

4　第十二章に登場したヤン・ミハウ・ロズヴァドフスキとは別の人物である。

5　オランダ人がベニョフスキの名前を誤読した。

6　しかるに今日リトアニアでブロニスワフ・ピウスツキの名前がほとんど知られていないのは、まことにもって残念なことである。

終章　その後のアイヌ家族

> チュフサンマは盲目だった。彼女は目の上に黒い目隠しをしていて、その目隠しの下にはショールを巻いていた。彼女は悲しみに満ち、誇りに溢れ、素晴らしい黒い髪をしていた。（ヤンタ＝ポウチンスキ）

サハリンに残されたピウスツキの家族のその後についても記しておかねばならない。彼は自分の全著作を通じてチュフサンマとの結婚、妻子の名前、いやそもそも彼らの存在自体に一切言及していない。

松川木公『樺太探検記』

ポーツマス条約の結果、サハリン島の北緯五十度以南は日本領樺太となった。第五、七章で紹介したように一九〇九（明治四十二）年初頭に松川木公がバフンケの家に投宿したが、その松川によると、ピウスツキがペテルブルグから手紙を寄越して、「貴方皆御無事か、私も若い美しき新夫人を迎えて幸福な日を送つて居る」と知らせ、一方チュフサンマはこの時点で再婚していたという（松川、一〇六）。また一九一一年にはピウスツキは主著を公刊するにあたって、アイヌの現状について知人を介して南サハリンに照会している（「外人のアイヌ研究」）。

金田一京助「樺太だより」

ピウスツキの二人の子供のその後の情報をわが国に最初にもたらしたのは金田一京助だろう。彼は東京帝国大学文科大学を卒業したばかりの一九〇七年、そして一九一五（大正四）年、一九二九（昭和四）年に南サハリンを訪問した。金田一は一九一五年の訪問の折にバフンケやキヨたちに会っている。一九二九年には晩夏から初秋にかけての一週間、白浜に滞在した。白浜村（元シルトゥル、現キルピチナヤ）は一九二一年にアイ村の少し北に、樺太庁が東海岸中部の十カ村のアイヌ住民向けに建設した集住村である（千徳、六六―六七）。金田一は柳田国男に宛てた手紙で助造とキヨの近況を報告している。この文章は「樺太だより」と題して同年九月二十、二十一日の『東京朝日新聞』に発表され、一九二四年に『北の人』に収められた。それによると、

右端がキヨ

助造は漁場で働いており、キヨは白浜村の宿の白浜旅館の主人に嫁いで、「言葉は常のアイヌの娘と違ひませんけれど、一見、ます〱西洋婦人そつくりの風貌になつてゐまして、物腰・表情は少しもアイヌらしくありません」とある。この時キヨは二十三歳である。父違いの十八歳の妹もいたという。残念ながら、金田一はチュフサンマのことには触れていない。

金田一によると、この三度目の訪問の少し前に、ポーランド人の司祭が白浦（元セラロコ）のロシア人の通訳を同伴してピウスツキの遺児を探しに白浜へ来たが、キヨは隠れて会おうとしなかった。通訳からピウスツキが亡くなったことを知らされたという（金田一一九三四、一二八―一三〇）。チュフサンマもこの時に夫の死を知ったはずである。ちなみにこの通訳はアダム・ムロチコフスキだろう。この人物は北サハリンでロシア人やポーランド人の教育に当たっていたが、その後樺太へ亡命した、ウッチ出身のポーランド人である（尾形二〇〇八、七八―七九。尾形二〇一一、一二三―一二四。アレキサンデル・ヤンタ＝ポウチンスキ、一三六―一四〇）。そしてこの訪問は、ポーランドの初代駐日特命全権公使スタニスワフ・パテクが一九二五年八月に豊原（元ウラジミロフカ）を訪問したことと関わっていただろう。その後一九二〇年代末から一九三〇年代初頭にかけて樺太に住むポーランド人はポーランド国籍を取得し、同国のパスポートを交付された（フェドルチューク、二六―二七）。

「樺太だより」はブロニスワフをユゼフの「兄」とし、チュフサンマを「バフンケアイヌの兄の娘」とするなど、かなり正確な情報を伝えているが、残念ながらこの文章は当時さほど注目されなかったようだ。

北里蘭『日本語原研究の道程　続篇』

次いで一九三一年に東海岸の白浜、西海岸の多蘭泊（マウカの南、現カリーニノ）などで言語学者・北里蘭《たけし》が樺太アイヌからハウキ（英雄叙事詩）、オイナ（神謡）、イフンケ（子守歌）などを蠟管によって録音した。これは北里柴三郎の従弟にあたる人物である。八月十五日の白浜でのこととして、彼はこう書き残している。

チュフサンマ（53歳）

眼の悪い婆さんが子供に手を引かれて来た。まだ六十にはならない女ださうだが、眼の悪い為か非常に老人に見えた。この婦人には「イフンケ」（子守唄）と情歌の一節を入れてもらつた。

（北里、五八）

この情報もまた世間の耳目を惹くことはなかった。しかるに一九八四年になって北里の蠟管二四〇本が京都の大谷大学図書館で発見された。引用文の状況証拠からして、また蠟管から再生された肉声からして、この老婆はチュフサンマだと判断して間違いなかろう。

能仲文夫『北蝦夷秘聞（樺太アイヌの足跡）』

逆に大きな反響を呼んだのは、豊原で出ていた『樺太日日新聞』の記者・能仲《のなか》文夫が一九三三年に上梓した『北蝦夷秘聞（樺太アイヌの足跡）』である。その冒頭の章は「前波蘭国大統領　現同国陸軍大臣を兄に持つ　盲目の老メノコは泣く」と題し、盲目になったチュフサンマが孫なみを抱く写真が載ったのである。能仲は白浜村をしばしば訪問するうちに、偶然一古老からピウスツキとチュフサンマの物語を聞いた。彼はチュフサンマを訪ねたが、彼女は容易に語ろうとはしなかったので、ピウスツキに伝えると偽って彼女から話を聞き出した。その聞き取り調査によってこの章を著わしたという。ピウスツキはロシア政府が出獄囚

チュフサンマとなみ

徒訓育のために派遣したモスクワ大学教授であること、チュフサンマはバフンケの娘で「シンキンチョウ」という名であること、ユゼフが兄でブロニスワフが弟になっていることなど、不正確な記述が目立つ[2]（能仲、五、七、一一、一二、一七）。

しかしながら、本書によってチュフサンマがまだ存命であることが判明したのである。彼女は遅くとも一九〇九年一月以前に二児を連れて樺太アイヌのシリケシタン（日本姓・白川）と再婚し、さらに二児をもうけた（井上二〇一八、六九一、七〇五）。

ヤンタ＝ポウチンスキ『地球は丸い』

能仲の書はユゼフ・ピウスツキを突き動かすこととなった。翌一九三四年一月、ユゼフの命を受けて、アレキサンデル・ヤンタ＝ポウチンスキ（一九〇八―一九七四）がポーランド電報通信社東洋特派員としてサハリンの遺族のもとを訪れた。この人物はポーランドの紀行作家、ジャーナリスト、詩人である。彼は二年後に発表した紀行文『地球は丸い』にこう書き残している。

彼女〔チュフサンマ〕は盲目だった。彼女は目の上に黒い目隠しをしていて、その目隠しの下にはショールを巻いていた。彼女は悲しみに満ち、誇りに溢れ、素晴らしい黒い髪をしていた。結婚したアイヌの女性の習慣として、唇の上に入れ墨をしていた。盲目の人に特徴的な歩調で何歩か進んだが、しかし、しっかりと立っていた。まだ老いておらず、五十七歳だった。彼女は何も言わなかったが、彼女の後ろにいた私の同伴者のアイヌ人が話した。〔中略〕娘〔キヨ〕は隣の家の敷居を跨いで出てきた。少しびっくりしたようで、取り乱していた。彼女の夫はアイヌ人で名前を大谷熊吉と言った。三人の娘と一人の息子がいた。父親は、キオ《ママ》と同じように黒い肌の持ち主だった。私の前で長女を見せたがり、家の奥から手で彼女を連れて来た。顔が丸く、大きな黒い目をした、しかし髪の毛は完全にブロンドの四歳の女の子だった。〔中略〕

彼〔助造〕の顔立ちはアイヌ人風ではなかった。顔立ちは鋭く、力強くはっきりとしていて、とても威厳に溢れていた。とてもどぎまぎしており、日本語以外は何も話さず何も理解しなかった。〔中略〕彼は三十二歳だがかなり若く見える。職業は漁師で、アイヌ人はすべて漁業に携わっている。しかし、その後で犬〔橇〕に乗り始めた。東京の展覧会までも三十頭の犬をつけた犬橇でやって来た。天皇の娘を犬橇に乗せ、彼の犬と橇はみんな気に入ったそうである。〔中略〕シンキンチョ〔チュフサンマのこと〕は半ば諦めながら、しかし強情に、ブロニスワフから何か生きている印や思い出の品が届くという考えを捨てていなかった。子供たちはそうではなかった。どこから情報を得て、どうして覚えていることができるというのだろうか。
（ヤンタ＝ポウチンスキ、一三五、一四〇―一四一）

引用文中、チュフサンマが「五十七歳」、助造が「三十二歳」とあるのはいずれも不正確で、この時チュフサンマは五十四歳くらい、助造は三十歳直前である。また「四歳」の「長女」も不正確で、これは一九三一年生まれの次女なみだろう。大谷夫妻には三人の娘と三人の息子ができたが、息子たちはいずれも夭折したという（井上二〇一八、七一〇）。「シンキンチョ」は能仲の表記を踏襲したのだろう。

ヤンタ＝ポウチンスキはチュフサンマに会ったものの、話を聞き出すことはできなかったようだ。彼の遺族訪問は『樺太日日新聞』に大きく取り上げられ、一月九日に「波蘭陸相の義妹（アイヌ）を尋ねて 波蘭新聞記者来島」、十日に「愛し夫よ何處？ 三十年の戀を秘め老メノコは泣く」、十一日に「ヤンタ氏はプ氏の愛児助造の今後に就ても援助」という記事が載った。しかしながら、その後ブロニスワフの遺族とポーランド国の間で連絡が緊密になった形跡は認められない。一九三五年五月十二日にユゼフが死去したからである。

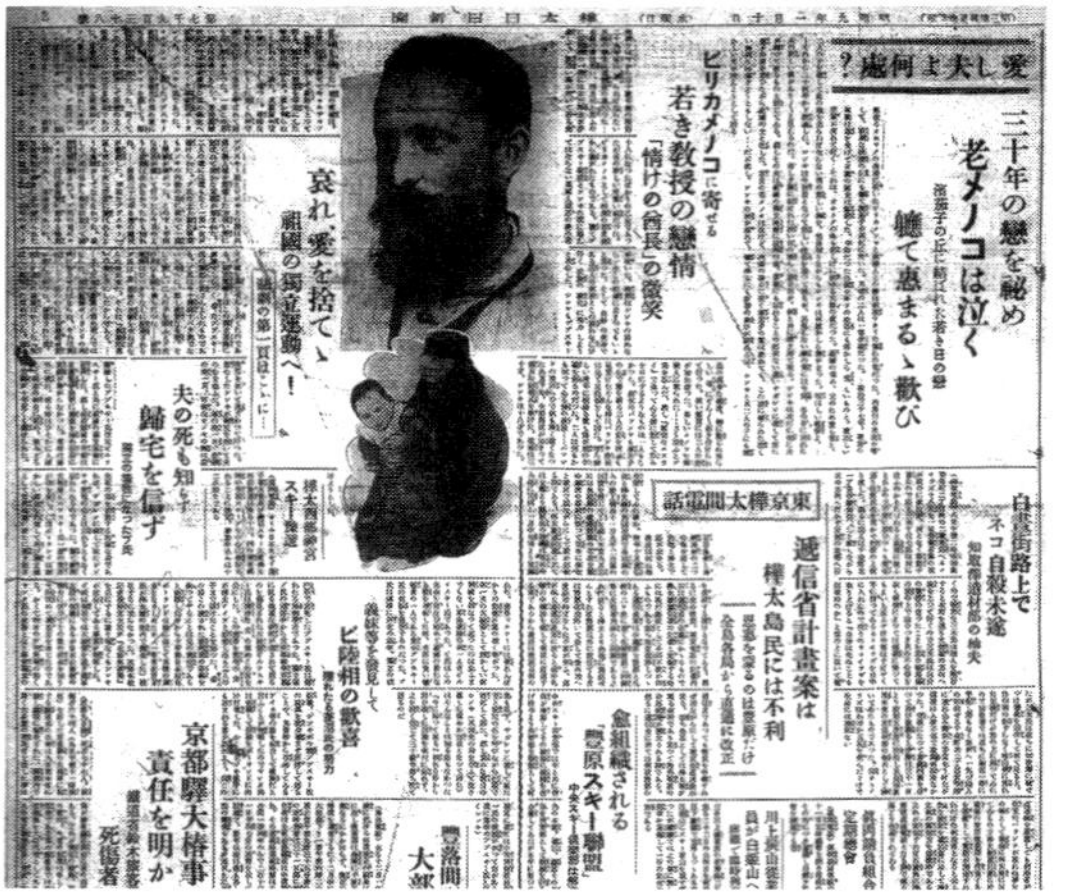
樺太日日新聞
愛し夫よ何處？
三十年の戀を秘め
老メノコは泣く
哀れ愛を捨て
夫の死も知らず
歸宅を信ず
東京樺太間電話
通信省計畫案は
樺太島民には不利
京都驛大椿事

『樺太日日新聞』の記事

シュチェシニャクの照会と木村助造の回答

ワルシャワの国立近・現代文書館の「ボレスワフ・シュチェシニャク・コレクション」中に木村助造のシュチェシニャク宛日本語書簡と封筒、書簡の英語訳が残されている。[3]

ボレスワフ・シュチェシニャク（一九〇八—一九九六）はポーランドの日本研究者で、一九三七～四二年にポーランド外務省条約局契約職員として東京のポーランド大使館に勤務した。その間、一九三九～四二年に留学生として早稲田大学で古代日本の研究に従事し、一九三九年から一九四二年まで立教大学で本邦初の正式な講座でポーランド語とポーランド文学を教えた。また日本国内でポーランド文化に関する数多くの講演を行った。駐日ポーランド大使館は一九四一年十月四日に閉鎖されたが、その六日後に日本に残留していた約百名のポーランド人を支援する「在日ポーランド人互助会」が東京で発足し、シュチェシニャクが事務局長をつとめた。大使館員の大部分は同月に東京を発ったが、彼が日本を離れたのは翌年七月のことである。一九四八年にシュチェシニャクはアメリカに渡り、インディアナ州にあるノートルダム大学の歴史学教授となった（パワシュ＝ルトコフスカ、ロメル、二一八、二一九、一九三—二〇二、二一三、二一四。二八）。

シュチェシニャクが来日したのは、ヤンタ＝ポウチンスキのサハリン訪問の三年後のことである。彼も本国政府から指令を受けていたのだろう、当時まだ存命の世界中のピウスツキ関係者に照会状を送り、それに対する回答文書が「ボレスワフ・シュチェシニャク・コレクション」に残っていたのである。木村助造の書簡を全文紹介する。

拝復　御手紙下さいまして誠に有り難う御座います　日本に来られて親善関係に努力されて居られる事を衷心敬意を表します　私の父は波蘭の御國の人であった事は承知してゐますが私が三四歳の幼時でありましたので何事も知って居りません　随って妹キヨさんも母の胎内中にあって何等父の生存中の事などわかる筈がないのです。一番善く知って居た木村愛助と言ふ人が今生きて居れば五十歳以上になりますが　あとの人は別段にわからないのです　甚だ残念ですがあなたの本を書く上に何か参考になる事をお知らせする事が出来ないのでお気の毒です　只私の母のジユウサンマは昭和十二年一月十八日に死去してゐます。あなたの御手紙にはシンキンチョウと書いてありますが違ひます尚寫眞は今撮ったもので差上げる様なものはありませんので後日送り上げます　最後に貴方の御健康とお國の再興をお祈して止みません　昭和十四年一月十八日[4]　樺太白濱　木村助蔵　ボレスラフシチェスニヤック様　机下（AZBS: syg. 95）

この書簡は「土人漁場管理事務用」の便箋に認められている。「土人漁場」は日露戦争後に日本領となった樺太で行われた先住民族政策の一つだった。助造が漁場で働いていることは金田一の報告にあるとおりである。書簡中の「木村愛助」はアイヌ人レーヘコロの日本名で、二度の妻帯歴にもかかわらず子供のいないバフンケが、この親族男子を養子として財産を相続させたのである。チュフサンマの義理の従弟にあたる（千徳、六五。井上二〇一八、六八五、七一六）。愛助はピウスツキがサハリンで冬場に開いた識字学校の生徒で、ヤンタ＝ポウチンスキの紀行文にも登場し、こう語っている。

> 母親が彼に送ってきたものを、ピウスツキはすべてわしらと分け合った　自分のことは一番最後だったいつも他人のことを考えていた（ヤンタ＝ポウチンスキ、一三四―一三五）

「母親」はピウスツキの姉ズーリャのことをこう誤解していたのだろう。助造の手紙の「私の母のジユウサンマは昭和十二年一月十八日に死去してゐます。あなたの御手紙にはシンキンチョウと書いてありますが違ひます」という個所は重要である。従来の説ではチュフサンマは昭和十一（一九三六）年一月に死去したとされていたが（Bronislaw Pilsudski's Ainu Family）、助造の言う方が正しいと考えるべきだろう。また能仲の書に登場する「シンキンチョウ」という呼び名を助造が明確に否定していることも注目に値する。文末の「助蔵」は代筆による誤記か。封筒裏面の住所は、「樺太栄浜郡白浜」となっている。この書簡は英語訳が作成されている。

『實話讀物』の記事

一九四〇年に雑誌『實話讀物』にピウスツキとチュフサンマの恋物語を扱った記事二本が相次いで掲載された。『實話讀物』は「日本一の特ダネ雑誌」と銘打たれた、實話讀物社発行の月刊誌である。一つ目の記事は、同誌第九巻第一号（一九四〇年一月）に載った遊佐草平「樺太奇聞　孤島の抒情歌」である（AZBS: syg. 95）。著者については不明。記事の内容は、能仲の『北蝦夷秘聞（樺太アイヌの足跡）』か、『樺太日日新聞』の記事「愛し夫よ何處？　三十年の戀を秘め老メノコは泣く」か、あるいはその双方をほぼそのまま読物化したものである。ピウスツキの名前の表記や身分、彼がユゼフの弟とされていること、「シンキンチョウ」の名前など多くの誤謬を含んでいる。

二つ目の記事は、同誌第九巻第六号（一九四〇年六月）に発表されたシュチェシニャク著、山梨芳隆訳「波蘭初代大統領の実弟とアイヌ娘の恋愛ローマンス」である（AZBS: syg. 95）。山梨芳隆は早稲田大学英文科の出身で、文芸評論家でポーランド文学の翻訳者である「故加藤朝鳥《あさとり》の遺志を継」ぐと称された人物であり（山梨、二）、著書に『日英必戦論　非常時局認識の鍵』（一九三九年）、訳書に『勇士バルテック　ポーランド短篇傑作集』（一九四〇年）がある。後者はシェンキェヴィチ、ジェロムスキ、シマンスキ、シェロシェフスキの短篇をポーランド語から訳出したものである。記事の前書きによると、遊佐の「樺太奇聞「孤島の抒情歌」はその特異な材料により各方面に異常なセンセーションを惹起したが、今茲にその真相を究明するため」、この一文を公にしたという。ピウスツキがユゼフの弟であり、ポーランド独立後に死亡したとされていること、「シンキンチョウ」の名前、彼女がバフンケの娘とされていることなどの誤りは依然として踏襲されているが、遊佐の文章に比べると比較的正確な内容となっている。助造とキヨの写真も載っており、助造がシュチェシニャク宛の書簡に書いた約束を守ったことが分かる。また助造の回答文の内容が記事の末尾の部分で活かされている。

シュチェシニャクの記事

助造とキヨのその後

その後助造は東京大学樺太演習林に在職し、一九四八年に家族とともに北海道に移住して、富良野の東大北海道演習林に雇用された（井上二〇一八、七一八）。助造のご子息・木村和保氏によると、父は祖父のことは話そうとしなかったし、叔母も取材をかたくなに拒んでいた。「父は体ががっしりとしていて身長は一七〇センチ以上あり、鼻筋は通って高く、目はグレーで、日本人離れした外貌だったという

助造と息子・和保

（木村和、八—九）。助造は一九七一年六月五日に富良野市山部で没した。享年六十八歳である。

キヨも一九四八年になみとひとみの娘二人と義妹とともに北海道大樹《たいき》町へ移住し、一九八四年一月四日に同地で没した。享年七十八歳である（高橋、六。山岸、四九—五〇。Bronislaw Pilsudski's Ainu Family）。キヨの夫は既に白浜で亡くなっていた（Севела2004, 90）。

現在、ブロニスワフ・ピウスツキの孫と曾孫、そして玄孫《やしゃご》の世代の方々が日本で健在である。

注

1 ちなみにこの集住村の発想はピウスツキが「サハリン島のアイヌの統治制度に関する規程草案」で説いていたもので、それを結果として日本政府が実現したのは興味深い。

2 藤井尚治『新説新学説考』（一九三七年）の「波蘭志士ブリードスキーと其遺族」という章でも、これらの誤謬が踏襲されている。

3 Archiwum Akt Nowych w Warszawie. Akta i zbiór Bolesława Szcześniaka [XV-XIX w.] 1904-1996 [1997]: sygnatura 95. 以下、このワルシャワ近・現代文書館所蔵「ボレスワフ・シュチェシニャク・コレクション〔十五—十九世紀〕一九〇四—一九九六〔一九九七〕年」からの引用は、本文中の括弧内に "AZBS: syg. 95" と記す。

4 書簡の英語訳では日付は "Jan. 18, 1940" となっている。

あとがき

私がブロニスワフ・ピウスツキという人物に興味を抱いたのは大学院時代で、安井亮平先生（早稲田大学名誉教授）の影響大である。ブロニスワフとユゼフの兄弟が近い時期にそれぞれ日本を訪れたので、わが国では一時両者は同一人物とみなされていた。この誤りを正したのが安井先生で、早稲田大学図書館に所蔵されているピウスツキの二葉亭四迷宛書簡を翻刻し、また両者の交流に関する一連の論考を発表された。

私がピウスツキに本格的に取り組み始めたのは、一九八三（昭和五十八）年のことである。ようやく就職が決まり、長い大学院生活に終止符を打って越後路へと向かった年である。この年に日本と外国の研究者の連携を図るために「ピウスツキ未刊資料復元評価の国際委員会」(International Committee for Restoration and Assessment of B. Piłsudski's Life and Works, 略称ＩＣＲＡＰ）が組織された。同時に国内に「ピウスツキ北方資料研究会」が結成された。私もそれに参加したのだが、工学、民族学、民族音楽、言語学、アイヌ研究などを専門とするさまざまな分野の研究者の集まりで、それまでロシア文学を専攻していた自分にとっては初めての他流試合となり、大変な刺激を受けた。会のリーダーには当時国立民族学博物館に勤務されていた故・加藤九祚《きゅうぞう》氏が就かれたが、氏の研究者としてのスケールの大きさには度胆を抜かれた。これより前、一九七〇年代半ばにポーランドに留学していた早坂真理氏（東京工業大学名誉教授）がかの地でピウスツキ関係資料の一部をマイクロ化して持ち帰り、それを北海道大学スラブ研究センターに寄贈されていた。これは我々の研究を大いに促進してくれた。その後の経緯は序章で述べたとおりである。

そもそもピウスツキ蠟管の存在を日本に知らせたのは、ポーランド・ポズナンのアダム・ミツキェヴィチ大学の言語学者アルフレッド・マイェヴィチ氏である。一九七七年、北大文学部附属北方文化研究施設の紀要『北方文化研究』

にマイエヴィチ氏の英語の論文「B・ピウスツキの未発表アイヌ資料について」が発表された。これによってアダム・ミツキェヴィチ大学言語学研究所に七十三本の蠟管が保存されており、保存状態は劣悪であることが判明したのである。氏は当時京都産業大学に客員研究員として滞在中であった。

この論文が端緒となって、当時北大の若手教官だった民族学者の井上紘一氏と黒田信一郎氏がピウスツキ研究の組織づくりを始めた。井上氏はその後一九九九（平成十一）年に欧文のピウスツキ資料集“Pilsudskiana de Sapporo”を創刊し、途中から私も加わって二〇一〇年までに全六号を刊行した。また二〇〇七年から三年間、私は氏とともに日本学術振興会から科学研究費補助金を得て共同研究を行った。とりわけ二〇〇九年春の二週間にわたる氏とのリトアニア・ポーランド珍道中は忘れられない。ピウスツキ研究はもとより、アルコールの方面でも大いに鍛えていただいた。井上氏の訳編による『東北アジア研究センター叢書第63号　ブロニスワフ・ピウスツキのサハリン民族誌～二十世紀初め前後のエンチウ、ニヴフ、ウイルタ～』（二〇一八年）は大変な労作で、本書執筆にとって大いに役立った。一九九一年のクリスマスの二日前に黒田氏が亡くなられたことは、まことにもって残念である。

一九九五年から五年にわたって荻原眞子氏（千葉大学名誉教授）率いる日露共同のアイヌ・プロジェクトチームがペテルブルグの人類学・民族学博物館とロシア民族学博物館でピウスツキ収集資料を含むアイヌ・コレクションの調査を行い、『ロシア科学アカデミー人類学・民族学博物館所蔵アイヌ資料目録』（一九九八年）を刊行した。

第3回ピウスツキ国際会議

一九九八年にはドイツのムートン社から英語版の『ブロニスワフ・ピウスツキ著作集』全五巻の刊行が始まった。エリジュビエタ賢夫人のサポートのもとにポリグロットのマイエヴィチ教授がほぼ独力で翻訳、編集したものである。二〇一九（令和元）年現在で第四巻まで刊行された。ピウスツキの主著を除いて大部分の著作がロシア語、ポーランド語、もしくは他の言語で執筆され、今日では入手困難な雑誌や紀要に発表されたので、この著作集のもつ意味は計り知れず大きい。

一九九九年秋にマイェヴィチ氏の尽力によってピウスツキゆかりの地クラクフの日本美術・工芸マンガ博物館とザコパネの市役所で第三回のピウスツキ国際会議が開催された。これは国際会議の真の楽しみを味わえた数少ない会議の一つだった。マイェヴィチ氏は二〇一〇年から一年間、国際交流基金の助成で夫人とともに埼玉大学に滞在された。二〇一一年三月十一日、地震の直後に大学のキャンパスでご夫妻と顔を合わせた時のことは忘れられない。もう一人、ポーランド・ヴロツワフ大学のアントーニ・クチンスキ教授もその生涯をピウスツキ研究に捧げてこられた。

著者とマイェヴィチ氏（2011 年、埼玉大学）

さかのぼって一九九一年秋にユジノ・サハリンスクのサハリン州郷土誌博物館で、当時館長をつとめていた歴史学者ヴラディスラフ・ラティシェフ氏のイニシャティブにより、第二回のピウスツキ国際会議が開催された。一九九七年には氏によって同館内に「ブロニスワフ・ピウスツキ遺産

左からラティシェフ氏、ローン氏、著者（2007 年、ユジノ・サハリンスク）

研究所」が併設された。そして翌年に年誌『ブロニスワフ・ピウスツキ遺産研究所紀要』が創刊され、二〇一六年までに全二十号が出た。これによってラティシェフ氏は手元にある資料と情報を外国の研究者にも惜しみなく提供し、情報交換に努めた。また優秀な翻訳陣を揃えて数多くの外国語の文献や資料をロシア語に翻訳、掲載した。私も大いに恩恵を被ったが、その最たるものはピウスツキの少年時代の日記である。これはポーランド語で書かれ、タイプ打ちの写しは作成されているもののポーランド国内ではまだ未公刊で、『紀要』に連載されたこのロシア語訳によって初めて公になったのである。二〇〇七年秋に私が同博物館を訪れた時には、とても温かく迎えていただいた。その数年後にラティシェフ氏はオデッサへ移られた。

「ブロニスワフ・ピウスツキ遺産研究所」のメンバーはあと二人、ガリーナ・ドゥダレツ女史とミハイル・プロコーフィエフ氏である。ドゥダレツ女史はユジノ・サハリンスクの元サハリン州国立文書館館長で、その後ペテルブルグへ移られた。そしてペテルブルグやモスクワの文書館でピウスツキに関わるさまざまな文書を発掘されたが、そのなかには二葉亭や大庭柯公の書簡も含まれている。二〇〇八年秋に私がペテルブルグを訪れた折、女史の案内で町の二葉亭関係の個所を一日かけて歩き回ったのは楽しい思い出である。

サハリン州郷土誌博物館

考古学者のプロコーフィエフ氏はサハリンにとどまり、『ブロニスワフ・ピウスツキ遺産研究所紀要』の編集、発行に孤軍奮闘された。二〇一七年からは後継誌として年誌『サハリン州郷土誌博物館民族学雑記』が出ている。しかるに二〇一九年九月に氏は急逝された。心からご冥福をお祈りする。

以上のような世界的にも傑出した日本、ポーランド、ロシアの研究者の方々と三十五年以上にわたって共同研究を続けてこられたことは、まことにもって幸せなことであった。

二〇一八年十月にはクラクフの日本美術・工芸マンガ博物館とジョルィ市立博物館で第四回のピウスツキ国際会議が開催された。なおポーランド・グダニスク大学のユラン・チェルミンスキ教授が管理するＩＣＲＡＰのホームページ（http://www.icrap.org）がある。これはポーランド語、英語、ロシア語、日本語、リトアニア語の五カ国語で運営されている。

本書はラティシェフ氏の『ブロニスワフ・ピウスツキのサハリン生活　伝記序説』（ロシア語、二〇〇八年）、私と井上氏の編集による『ブロニスワフ・ピウスツキ評伝』（十三名が英語、ロシア語またはポーランド語で分担執筆、二〇一〇年）に次いで三つ目、日本語では最初の評伝である。また本書刊行の直前にポーランドでパヴェウ・ゴジリニスキの伝記小説『アカン　ブロニスワフ・ピウスツキ物語』が出た。

本文で述べたように、ピウスツキが収集した膨大な資料の大部分は未刊行に終わり、その研究は正当に評価されず、不遇な生涯であった。比較的最近までポーランドでも彼はあくまでユゼフの兄でしかなかった。そのような人物の評伝を執筆することは辛い作業だったが、ピウスツキの生涯に登場する魅力的な朋友の存在は、私の物語の主人公のみならず私自身の心をも慰めてくれた。ユヴァチョーフ、プウォスキ、シュテルンベルグ、ヴォルケンシュテイン夫妻、マトヴェーエフ、キリーロフ、シェロシェフスキ、ラッセル、二葉亭四迷、タルコ＝フルィンツェヴィチ、ディボフスキ、ザモイスキ、ロスヴァドフスキといった人々である。

私はピウスツキの文通を数多く引用した。彼はその生涯に大量の手紙を書いたが、近年そのかなりの数が発見されている。ピウスツキの手紙は概して長文だ。必要最低限の事柄を伝える事務的な性格のものではなく、想像力を飛翔させ、自己の喜びや悩みを率直に綴った、魅力溢れるものである。

私は本書を、書かれずに終わったピウスツキの極東の回想記の代わりをなすものとして執筆することを目指したが、それがどの程度果たされたかは定かでない。二葉亭四迷のピウスツキ宛書簡は、残念ながら未発見に終わった。不明のままにとどまった点もあり、資料の見落としもあるかもしれない。読者諸氏のご教示を賜りたい。

前にお名前を挙げた方々以外にも、本書執筆に際して多くの方からご教示と資料の恵与にあずかった。日本国内では岩浅武久、尾形芳秀、角山朋子、亀井ダイチ、木村和保、倉田有佳、清水恵（故人）、リューバ・シュウエツ、ヤロスラフ・シュラートフ、セラフィム大主教、谷口邦子、田原佑子、田村将人、長縄光男、畠山雄三郎、舟川はるひ、目崎裕隆、吉上昭三（故人）の各氏。外国ではヴィトルド・コヴァルスキ、アンナ・コザック（タトラ博物館）、ヴエーラ・コプコー（アルセーニエフ博物館）、アレクセイ・シェスタコーフ（ハバロフスク地方郷土博物館）、マイヤ・シチェルバコーワ（アムール地方研究協会図書館）、アミール・ヒサムトヂーノフ（ロシア極東連邦総合大学）、イェジ・ロシュコフスキの各氏である。

また以下の図書館、文書館で調査と資料収集を行なった。国内では外務省外交史料館、国立国会図書館、埼玉大学図書館、敦賀市立図書館、東京女子医科大学史料室、東京大学附属図書館、長崎県立長崎図書館、新潟大学附属図書館、日本女子大学図書館、日本女子大学成瀬記念館、函館市史編さん室、一橋大学附属図書館、北海道大学スラブ・ユーラシア研究センター図書室、北海道大学附属図書館、横浜開港資料館、早稲田大学演劇博物館、早稲田大学政治経済学術院学生読書室、早稲田大学中央図書館、早稲田大学戸山図書館。外国ではアムール地方研究協会図書館（ウラジオストク）、国立文書館、ポーランド科学アカデミー・芸術アカデミー学術文書館、ポーランド芸術アカデミー・科学アカデミー学術図書館、民族学博物館（以上クラクフ）、サンクト・ペテルブルグ国立大学東洋学部図書館、スタンフォード大学フーバー研究所（カリフォルニア州）、タトラ博物館（ザコパネ）、チェコ共和国国立図書館付属スラブ図書館（プラハ）、ドゥルスキニンカイ市博物館（リトアニア）、日本美術・工芸マンガ博物館（クラクフ）、ハバロフスク地方郷土博物館、ハバロフスク地方国立文書館、ヤギエウォ図書館（クラクフ）、ロシア国民図書館（ペテルブルグ）、ロシア国立図書館（モスクワ）、ロシア連邦国立文書館（モスクワ）、ワルシャワ近・現代文書館である。

本書の刊行にあたり、駐日ポーランド共和国大使館ポーランド広報文化センターからご支援をいただいた。また今回も成文社の南里功氏に出版をお引き受けいただき、その都度適切な助言を賜った。以上、記して感謝の意を表する。

最後に私事ながら、本書執筆中に父が亡くなった。父は普通の勤め人だったが、私の研究手法には父の性格の強い影響を感じる。その父と、現時点でわが人生のちょうど半分を付き合ってくれた妻に本書を捧げる。

令和元年晩秋　中山道北本にて

沢田　和彦

人名索引

か

さ

た

な

は

ま

や

ら

わ

略年譜

年	ピウスツキ関連	世界・日本
1863		1～4月，旧ポーランド・リトアニア共和国領で1月蜂起
1866	11月，ロシア領リトアニアのヴィルノ県ズーウフの貴族の家庭に第三子で長男として誕生	4月，カラコーゾフの皇帝暗殺未遂事件
1867		6月，オーストリア・ハンガリー帝国成立
1868		7月，ポーランドでポーランド語の公用禁止。明治維新
1874		ナロードニキ運動盛んになる
1875	7月，ズーウフで火災発生。屋敷がほぼ全焼し，ピウスツキ家は県都ヴィルノへ引っ越す	5月，千島・樺太交換条約
1877	9月，弟ユゼフと第一ヴィルノ中学校の同じクラスに入学	エジソン，蠟管蓄音機を発明
1879		8月，「土地と自由」結社が「人民の意志」派と「土地総割替」派に分裂
1881		3月，アレクサンドル二世暗殺。アレクサンドル三世即位
1882		8月，ポーランドで「プロレタリアート」党結成
1883	バニェヴィチ家の娘ゾフィアに恋をする	
1884	9月，母マリア死去	
1885	4月，ゾフィア，ペテルブルグの鉄道関係事務所に就職。8月，ピウスツキ，ペテルブルグに到着。9月，二人の仲はゾフィアの母親によって引き裂かれる。傷心のピウスツキを慰めたのがゾフィアの妹マリア。第五ペテルブルグ中学校に編入学	
1886	6月，同中学校卒業。8月，帝室ペテルブルグ大学法学部に入学。12月，ウリヤーノフらが率いる「人民の意志」党テロ・フラクションがアレクサンドル三世暗殺計画に着手	11月，ペテルブルグでドブロリューボフ没後25周年にちなんだデモ行進
1887	3月，アレクサンドル三世暗殺未遂事件。ピウスツキの下宿部屋でウリヤーノフらが「「人民の意志」党テロ・フラクション綱領」と革命宣伝ビラを印刷したが，その秘密印刷所が見つかり逮捕。4月，15名の被告人全員に死刑の判決。5月，皇帝の特赦によりピウスツキの死刑は15年間のサハリン流刑に替わる。6月，オデッサから義勇艦隊の汽船「ニージニイ・ノヴゴロド号」でサハリンへ送られる。8月，アレクサンドロフスク哨所に到着。ルィコフスコエ村の監獄へ徒歩で護送される。近在のギリヤーク人たちとの交流が始まる	
1889	マリア・バニェヴィチ，ヤン・ジャルノフスキと結婚	
1890	7～10月，チェーホフがサハリン島を訪れる	
1891	1月，シュテルンベルグと知り合う。これを機に彼と協力してギリヤーク研究を推進	3月，東京のニコライ堂成聖式。5月，シベリア鉄道着工

1892		パリでポーランド社会党結成
1894		7月，日清戦争起こる。11月，アレクサンドル三世没。ニコライ二世即位
1896	5月，ニコライ二世の戴冠式の恩赦により，流刑期間が3分の1短縮される。7月，コルサコフ管区に測候所を設けるためコルサコフ哨所へ出張し，アイヌ人と初めて出会う（8月まで）	
1897	3月，刑期満了。強制労働から解放されて，ルィコフスコエ村に流刑入植囚として登録。6月,「アムール地方研究協会」が付設の博物館で働くためにピウスツキをウラジオストクへ移すよう請願を行なうが，事態が紛糾して中々決着せず	
1898		キュリー夫人，ラジウムを発見
1899	3月，ウラジオストクに到着し，アムール地方研究協会博物館の資料管理人として働く	
1900		3月，日本で治安警察法公布。4～11月，パリ万国博覧会
1901	夏，ギリヤークの少年インディン，サハリンからウラジオストクに到着	
1902	3月，ペテルブルグの帝室科学アカデミーから，民族学資料収集のためピウスツキをサハリンへ派遣したい旨の依頼が来る。4月，父ユゼフ，ペテルブルグで永眠。7月，ウラジオストクを出立，サハリンへ向かう。肺結核を発病したインディンを帯同していたであろう。9月，サハリン島武官知事リャプノフ，ピウスツキにサハリン先住民統治規程草案の起草と先住民の人口調査を委嘱し，アイヌ子弟のための識字学校の支援を約束。11月，タコエ村とシヤンツィ村で識字学校を開設。12月，越冬用の住まいをアイ村の首長バフンケ（木村愛吉）の家に据える	
1903	2月，バフンケの姪チュフサンマとの恋物語は，この頃に出来したと思われる。4月，インディン，肺結核のため死亡。7月，シェロシェフスキの北海道調査旅行に加わるため千徳太郎治と函館に到着。8月，函館で路頭に迷う白老のアイヌたちと遭遇。ピウスツキらは白老，鵡川，平取のアイヌ村を訪問。9月，札幌に到着し，室蘭経由で函館に帰着。10月，コルサコフに戻る。チュフサンマと結婚式を挙げる。12月，ナイブチ村に寄宿制学校を開設	9月，函館開港50年祭。11月，「平民社」設立
1904	2月，チュフサンマ，長男・木村助造を出産。3月，二葉亭四迷，『大阪朝日新聞』東京出張員となる。7月，ユゼフ・ピウスツキ，来日	2月，日露戦争始まる。8月，第二インターナショナルのアムステルダム大会
1905	3月，チュフサンマと助造と離別。5月，ラッセル，ハワイから横浜に来着。6月，アレクサンドロフスク港からニコラエフスクへ渡る。7月，神戸でロシア人俘虜のための週刊露字新聞『日本とロシア』創刊。8月，ウラジオストクに戻る。10月，神戸に来てラッセルの事務所を手伝う。11月，アイ村の家族のもとへ向かう。その後ウラジオストクへ戻る。12月，マトヴェーエフとその長女ゾーヤとともに，ウラジオストクから日本へ来る。アイ村で長女・木村キヨ誕生	1月，ペテルブルグで〈血の日曜日〉事件。8月，樺太民政署設置。東京で「中国同盟会」結成。9月，日露講和条約調印。10月，ニコライ二世，「十月詔書」公布。宮城・岩手・福島県で大凶作。11月，文部省，清国留学生取締規則を公布
1906	1月，東京で二葉亭のもとを訪れる。銀座の信大蔵	1月，日本社会党結成。3月，

	の商店「函館屋」の2階に居を据える。『日本とロシア』の最終第16号にピウスツキの写真が載る。2月，片山潜の帰国歓迎会に出席。鳥居龍蔵宅を訪問。東京音楽学校で催された慈善音楽会に行く。ウラジオストクで週刊誌『極東の自然と人々〔東洋週報〕』発刊。キリスト教社会主義者の雑誌『新紀元』の晩餐会に出席。この頃，東京帝国大学理科大学人類学教室で坪井正五郎の研究談を傍聴する。3月，『民報』（「中国同盟会」の月刊機関誌）社を訪ねる。4月,長崎でロシア人革命家たちが露字新聞『ヴォーリャ（自由）』を発刊。7月,長崎へ移る。第二の（アイヌ関係では最初の）学術論文，上田将訳「樺太アイヌの状態」（上）が雑誌『世界』に載る。アメリカの大北汽船の「ダコタ号」で長崎を出発。8月,「ダコタ号」，横浜を出港し，シアトルに到着。「樺太アイヌの状態」（下）が『世界』に発表される。9月，「大北鉄道」で米国を東進し，シカゴ，ニューヨークに滞在。10月，ガリツィア（オーストリア領ポーランド）のクラクフに到着。ザコパネで弟ユゼフと19年半ぶりに再会	日比谷公園で東京市電値上げ反対集会が開かれ暴動に発展。5月，ロシアで第一国会開設，立憲民主党が最大多数を占める。6～10月，日露両国によるサハリン国境画定作業。8月，清朝，日本への留学生派遣を停止
1907	4月，マリア・ジャルノフスカに手紙を書く。5月，クラクフでマリアと20年ぶりに再会。6月，マリアを伴ってチェコの保養地カールスバードで7月まで静養。8月，ザコパネに逗留し，愛の巣を営む。10月，マリア，ペテルブルグに行く。二葉亭，長崎のオルジフより『自由戦士アルバム』を受け取る	4月,樺太庁設置。8月,ドイツ・シュトゥットガルトで第二インターナショナルの第7回大会
1908	1月，ポドパーフ，横浜で露文雑誌『東洋』を発刊。マリア，ザコパネへ戻る。3月，ガリツィアの首都ルヴフにマリアと新居を構える。7月，二葉亭，『朝日新聞』特派員としてペテルブルグに到着。この頃，マリアに乳がんが見つかり，12月に手術を受けるべくペテルブルグの夫のもとに戻る	
1909	1月，二葉亭，マリアとゾフィアとその従姉ピョトロフスカとともにコミサルジェーフスカヤ・ドラマ劇場でアンドレーエフの『黒い仮面』を観劇。3月，二葉亭，アレクサンドル男性病院に入院。4月，二葉亭，ペテルブルグを出発。5月，二葉亭，「賀茂丸」で日本への帰途ベンガル湾上で死去。マリアの手術が行なわれるが，乳がんはかなり重篤で，転移もあることが判明。8月，フランスのウアヴィルへ行く。これ以降1911年1月まで西欧諸国を18カ月間歴訪	
1910	2月，クラクフへ行き，マリアをパリに連れてくる。4月，マリア，病状が悪化して再手術が必至となるや，ペテルブルグの夫にもとに帰る。6月，ロンドンに到着。英日博覧会で「アイヌ村」を実演する北海道沙流地方から来たアイヌ人たちから50以上の物語を採録	5月，大逆事件
1911	1月，パリ経由でクラクフに戻る。6月，マリア，ペテルブルグで死去。11月，タトラ協会の民族学部会が発足し，その部会長に就任	10月，辛亥革命

1912	5月，ザコパネ郊外のブィストレのコルニウォヴィチの別荘に引っ越す。9月，クラクフで主著『アイヌの言語とフォークロア研究資料』（英文）刊行。12月，スイスのヌーシャテルへ向かう	2月，清朝滅亡。9月，明治天皇の大喪。乃木希典夫妻，殉死
1913	5月，パリへ向かう。7月，ベルギーのブリュッセルに行き，10月まで滞在。10月，ブィストレに帰還	3月，石川三四郎，日本を脱出
1914	6月，ブリュッセルに滞在し，フランス人アナーキスト，ポール・ルクリュ家を訪問，石川三四郎と再会。12月，ロシア軍のザコパネ進駐が現実味を帯びてきたため，ウィーンへ逃れる	7月，第一次世界大戦始まる
1915	金田一京助，サハリンを訪問し，バフンケやキヨたちに会う	
1916	中立国スイスで戦火を逃れ，『ポーランド百科事典』の編纂に当たる	11月，ドイツとオーストリア，露領ポーランドに独立王国樹立を宣言
1917	7月，ドイツ，ユゼフを逮捕しマグデブルグ要塞に収監。8月，ローザンヌに「ポーランド国民委員会」創設される。国民委員会からパリに設立した委員会代表部における常勤ポストを提案され，これを受け入れる。11月，スイスからパリへ引っ越し，委員会代表部の有給職員となる	3月，ロシアで2月革命。11月，ロシア10月革命
1918	5月，病状が目に見えて悪化する。同月17日，セーヌ河に架かる芸術橋の上で上着を脱ぎ，セーヌ河へ抛るや，自らも身を投げる。21日，ミラボー橋のたもとで水死体となって発見。29日，ノートル・ダム寺院で盛大な葬式が挙行されるはずだったが，突如中止され，遺骸はパリ郊外モンモランシーのポーランド人墓地へ運ばれた	2月，リトアニア，独立を宣言。11月，ポーランド，独立を回復。第一次世界大戦終結
1919	6月，マトヴェーエフ，日本へ亡命。1941年に神戸で死去	
1920	9月，ラッセル，長崎から天津へ移る。1930年に同地で死去	
1925	8月，ポーランドの初代駐日特命全権公使パテクがサハリンを訪問し，遺族にピウスツキの死を知らせる	
1929	金田一，樺太の白浜に調査に来る	
1930	ブィストレのコルニウォヴィチ家の屋根裏部屋で蠟管が発見される	
1933	2月，能仲文夫『北蝦夷秘聞（樺太アイヌの足跡）』出版	
1934	1月，ヤンタ＝ポウチンスキ，サハリンを訪問	
1935	5月，ユゼフ・ピウスツキ，死去	
1937	1月，チュフサンマ死亡。シュチェシニャク，東京のポーランド大使館に赴任（1942年まで）	
1971	6月，木村助造，北海道富良野市山部で没する	
1983	7月，76本の蠟管，北海道大学に到着	
1984	1月，長女・大谷キヨ，北海道大樹町で没する	

（新暦で表記）

参考文献

■凡　例

1　本書で利用した文献を、ピウスツキの著作・書簡・未刊行文書、ピウスツキ宛書簡とピウスツキに関する新聞記事・図書、史料、図書、事典・目録・年鑑・年表・図録、論文、回想・エッセーなど、新聞記事に分類して掲げた。

2　各項目を日本語、ロシア語、ポーランド語、英語の言語別に分類した。ピウスツキの著作・書簡・未刊行文書、ピウスツキ宛書簡とピウスツキに関する新聞記事・図書は年代順に配列した。史料、図書、事典・目録・年鑑・年表・図録、論文、回想・エッセーなど、新聞記事は、著・編者名（著・編者が存在しない場合は書名、論文名、回想・エッセー名、新聞記事名）の五十音順またはアルファベット順に配列した。

3　論文、回想・エッセーなどで同一の著・編者に複数の著作がある場合は発表年順に配列した。同一の発表年に複数の著作がある場合は、a、b、c… を付して区別した。

4　頻出するロシア語定期刊行物名は以下のように略称で示した。

Вестник Сахалинского музея : ВСМ

Известия Института наследия Бронислава Пилсудского : ИИНБП

Краеведческий бюллетень : КБ

Этнографические записки Сахалинского областного краеведческого музея : ЭЗСОКМ

5　ピウスツキに関する新聞記事は 1930 年代までのものを掲げた。

6　発行年は西暦で統一した。

7　この「参考文献」はピウスツキの著作類とその翻訳、ピウスツキに関する文献のすべてを網羅するものではない。より詳しくは Majewicz2010b を参照されたい。

1 ピウスツキの著作・書簡・未刊行文書

■著　作

上田将訳「樺太アイヌの状態」（上）（下）『世界』26、京華日報社、1906 年 7 月。27、1906 年 8 月

鳥居龍蔵訳「樺太島に於ける先住民」『世界』84、85、1911 年 5、6 月

鳥居龍蔵訳「樺太島に於ける先住民」『人類学雑誌』27–2、3、4、1911 年 5、6、7 月

鳥居龍蔵訳「樺太島に於ける先住民」『北斗』2–6、7、8、1911 年 6、7、8 月

和田文治郎訳「樺太アイヌに傳はる昔話」『北方日本』15–2、1943 年 2 月

和田完訳「樺太アイヌのシャーマニズム」『北方文化研究報告』16、1961 年。和田完訳『サハリン・アイヌの熊祭　ピウスツキの論文を中心に』第一書房、1999 年に所収

和田完訳「樺太の原住民」『北アジア民族学論集』5、1968 年。和田完訳『サハリン・アイヌの熊祭　ピウスツキの論文を中心に』第一書房、1999 年に所収

北海道ウタリ協会札幌支部アイヌ語勉強会訳「樺太アイヌの言語と民話についての研究

資料」〈1〉〜〈30〉『創造の世界』46〜84、1983年5月〜1992年11月
和田完訳『サハリン・アイヌの熊祭　ピウスツキの論文を中心に』第一書房、1999年
荻原眞子《おぎはらしんこ》訳「B・ピウスツキのサハリン紀行」『北海道立アイヌ民族文化研究センター研究紀要』6、2000年
兎内勇津流《とないゆづる》訳「サハリン島におけるアイヌの経済生活概説」『環オホーツクの環境と歴史』1、2012年3月
兎内勇津流訳「サハリン島の個々のアイヌ村についてのいくつかの資料」『環オホーツクの環境と歴史』2、2013年3月
井上紘一訳編・解説『東北アジア研究センター叢書　第63号　ブロニスワフ・ピウスツキのサハリン民族誌〜二十世紀初め前後のエンチウ、ニヴフ、ウイルタ〜』東北大学東北アジア研究センター、2018年〔「1902〜1903年の樺太アイヌへの旅の予報」、「B・O・ピルスツキーに関する情報」、「樺太島へ出張したB・O・ピルスツキーの「委員会」書記宛書簡」、「中央・東アジア研究「ロシア委員会」議長V・V・ラドロフ氏宛書簡」、「1903〜1905年に樺太島のアイヌとオロッコの許へ出張したB・O・ピルスツキーの報告」、「樺太ギリヤークの困窮と欲求」、「アイヌの生活整備と統治に関する規程草稿」、「樺太アイヌの経済生活の概況」、「樺太島の個別アイヌ村落に関する若干の情報」、鳥居龍蔵訳「樺太に於ける先住民」、和田完訳「樺太アイヌのシャーマニズム」、「樺太島の原住民における分娩・妊娠・流産・双子・畸形・不妊・多産」、「アイヌ」、「ギリヤークとアイヌにおけるハンセン病」、「樺太島のオロッコへの1904年の旅より」、「樺太アイヌの熊祭りにて」を所収〕
Обзор погоды в селении Рыковском на острове Сахалине в 1895 г. – по новому стилю // Сахалинский календарь и материалы к изучению острова Сахалина. П. Александровский, 1896.
Обзор погоды в селении Рыковском Тымовского округа в 1896 году (по новому стилю) // Сахалинский календарь. П. Александровский, 1897.
Нужды и потребности сахалинских гиляков // Записки Приамурского отдела Императорского географического общества. Т. 4, № 4, 1898.
Южный Сахалин под властью Японцев // Природа и люди Дальнего Востока [Восточная неделя]. № 4, 19 фев.; № 5, 26 фев. 1906 г.
Из Японии // Природа и люди Дальнего Востока [Восточная неделя]. № 4, 19 фев.; № 5, 26 фев.; № 7, 12 мар.; № 8, 19 мар.; № 9, 26 мар.; № 10, 2 апр.; № 14, 30 апр.; № 15, 7 мая; № 20, 11 июн.; № 21, 18 июн.; № 23, 2 июл.; № 24, 9 июл. 1906 г.
Пробуждение Монголии // Природа и люди Дальнего Востока [Восточная неделя]. № 21, 18 июн. 1906 г.
Краткий очерк экономического быта Айнов на о. Сахалине и статистика их // Записки Общества изучения Амурского края. Т. 10, 1907.
Отчет Б.О. Пилсудского по командировке к айнам и орокам о. Сахалина в 1903-1905 гг. // Известия Русского комитета для изучения Средней и Восточной Азии в историческом, археологическом, лингвистическом и этнографическом отношениях // № 7. СПб., де-

кабрь 1907.
Современные течения в Японии // Русские ведомости. № 51, 1 марта 1908 г.
Из японской жизни // Русские ведомости. № 201, 30 августа 1908 г.
Тайные общества в Китае // Русские ведомости. № 205, 4 сентября 1908 г.
Брожение в Китае // Русские ведомости. № 48, 28 февраля 1909 г.
Из жизни современной Японии // Русские ведомости. № 141, 21 июня 1909 г.
Тусу-куру (Из записной книжки этнографа) // Русские ведомости. № 166, 21 июля 1909 г.
Кое-что о Китае // Русские ведомости. № 173, 29 июля 1909 г.
На медвежьем празднике айнов о. Сахалина // Живая Старина. Т. XXIII. Вып. 1-2. Пг., 1914.
Поэзия гиляков // КБ. 1990, № 1.
Аборигены Сахалина. Южно-Сахалинск: Сахалинское отделение советского фонда культуры, 1991a.
Отчеты об айнских школах на Южном Сахалине // КБ. № 3, 1991b.
Знаки собственности айнов // ВСМ. № 1, 1995.
Тусу-куру (из записной книжки этнографа) // ВСМ. № 2, 1995.
Предварительный отчет о поездке к айнам о. Сахалина в 1902–1903 гг. Б. Пилсудского // ВСМ. № 3, 1996.
Исходящий и разносная [книга] на 1903, 4 и 5 гг., командированного Императорской Академией Наук в С-Петербурге Б.О. Пилсудского // ИИНБП. № 1, 1998a.
Моя curriculum vitae. Перевод с польского яз. И.Ю. Сирак // ИИНБП. № 1, 1998b.
Сахалинский дневник // ИИНБП. № 1, 1998c.
Песни, посвященные мне // ИИНБП. № 1, 1998d.
Девник. 1882 г. Перевод с польского языка И.Ю. Сирак // ИИНБП. № 3, 1999a.
Проект создания «Издательского общества». Перевод с польского языка И.Ю. Сирак // ИИНБП. № 3, 1999b.
Проект правил об устройстве быта и управлении айнов с краткими объяснениями отдельных пунктов // ИИНБП. № 4, 2000a.
Статьи, опубликованные в газете «Русские ведомости» за 1908-1909 годы // ИИНБП. № 5, 2001a.
Поляки в Сибири. Перевод с польского яз. Л.И. Каберник // ИИНБП. № 5, 2001b.
Фольклор сахалинских айнов. Южно-Сахалинск: Сахалинское книжное издательство, Институт наследия Бронислава Пилсудского, 2002a.
Литовские кресты. Перевод с французского яз. А.И. Баяндина // ИИНБП. № 6, 2002b.
Фольклор сахалинских нивхов. Южно-Сахалинск: Сахалинское книжное издательство, Институт наследия Бронислава Пилсудского, 2003.
Айны Южного Сахалина (1902-1905 гг.). Южно-Сахалинск: Сахалинское книжное издательство, 2007a.
Дневник. 1883 год. Перевод с польского языка И.Ю. Сирак // ИИНБП. № 15, 2011.
Савада К., Латышев В.М., Прокофьев М.М., Дударец Г.И. (сост.). Бронислав Пилсудский.

Японские заметки. Южно-Сахалинск: ГБУК «Сахалинский областной краеведческий музей», 2012a.

Дневник. 1883 год (Продолжение). Перевод с польского языка И.Ю. Сирак // ИИНБП. № 16, 2012b.

Дневник. 1884 год (Продолжение). 1885 год (Окончание). Перевод с польского языка И.Ю. Сирак // ИИНБП. № 17, 2013.

Отчет по Музею Общества изучения Амурского края за 1900 г. // ИИНБП. № 18, 2014.

Гиляки и их песни. Перевод с английского языка В.В. Переславцева // ЭЗСОКМ. № 1, 2017a.

Kobiety Wschodu: Japonka // Nowe Słowo: Dwutygodnik społeczno-literacki poświęcony interesom kobiet. Rocznik VII, 1907, 7 (1/I), 9 (1/II), 10 (15/II), 11 (15/III), 12 (15/IV).

Z życia na Wschodzie // Prawda: Tygodnik Polityczny, Społeczny i Literacki. Rok 1908, nr. 2 (11/I), nr. 3 (18/I).

Dwa kongresy religijne w Japonii // Prawda: Tygodnik Polityczny, Społeczny i Literacki. Rok 1908, nr. 4 (25/I), nr. 5 (1/II).

Współezesne kierunki w Japonii // Prawda: Tygodnik Polityczny, Społeczny i Literacki. Rok 1908, nr. 9 (1/III), nr. 10 (8/III).

Turcya i Japonia // Świat, nr. 11, 1909.

Shigi Hasiegawa // Świat, nr. 12, 1910.

Co mówią o nas w kraju Wschodzącego Słońca. Shigi Hasiegawa // Świat, nr. 12, 1910.

Oświata na dalekim Wschodzie. Szkoły w Chinach // Nowe Tory, 5/1, 1910.

Feministki chińskie // Ster. Organ Równouprawnienia Kobiet, 4/2, 1910.

Trąd wśród Gilaków i Ajnów // Lud. Tom 18, zesz. 1-3, 1912a.

Trzęsienia ziemi w Japonii // Biblioteka Naukowa PAU i PAN w Krakowie. Rękopisy Bronisława Piłsudskiego: sygnatura 4649, k. 11-17.

Materials for the Study of the Ainu Language and Folklore. Cracow: Polish Academy of Sciences, "Spółka Wydawnicza Polska," 1912b.

The Collected Works of Bronisław Piłsudski. Vol. 1. The Aborigines of Sakhalin. Edited by A.F. Majewicz. Berlin & New York: Mouton de Gruyter, 1998.

The Collected Works of Bronisław Piłsudski. Vol. 2. Ainu Language and Folklore Materials. Edited by A.F. Majewicz. Berlin & New York: Mouton de Gruyter, 1998.

The Collected Works of Bronisław Piłsudski. Vol. 3. Ainu Language and Folklore Materials 2. Reconstructed, translated, and edited by A.F. Majewicz. Berlin & New York: Mouton de Gruyter, 2004.

The Collected Works of Bronisław Piłsudski. Vol. 4. Materials for the Study of Tungusic Languages and Folklore. Reconstructed, translated, and edited by A.F. Majewicz. Berlin & New York: De Gruyter Mouton, 2011.

Shigi Hasiegawa. Translated by A.F. Majewicz // Majewicz A.F. & Wicherkiewicz T. (ed.) *Bronisław Piłsudski and Futabatei Shimei: An Excellent Charter in the History of Polish-Japanese*

Relations. Poznan: Adam Mickiewicz University, Chair of Oriental Studies, 2001a.
What They Say about Us in the Land of the Rising Sun. Translated by A.F. Majewicz // Majewicz A.F. & Wicherkiewicz T. (ed.) *Bronisław Piłsudski and Futabatei Shimei: An Excellent Charter in the History of Polish-Japanese Relations.* Poznan: Adam Mickiewicz University, Chair of Oriental Studies, 2001b.
Der Schamanismus bei den Ainu-Stämmen von Sachalin // Globus, Bd. XCV, Nr. 5, 1909.

■書　簡

安井亮平「館蔵　二葉亭四迷宛ピウスツキ書簡〔翻刻・訳〕」『早稲田大学図書館紀要』10、1970 年 3 月。12、1971 年 6 月。『二葉亭四迷全集』別巻に所収、筑摩書房、1993 年
Письма Бронислава Пилсудского на Дальний Восток // Вестник Дальневосточного отделения Российской Академии наук. № 1-2, 1992.
Латышев В.М. (сост.) “Дорогой Лев Яковлевич…” (Письма Л.Я. Штернбергу. 1893-1917 гг.). Южно-Сахалинск: Сахалинский областной краеведческий музей, 1996.
Письма в этнографический отдел Русского музея // ИИНБП. № 1, 1998е.
Письма Бронислава Пилсудского Н.К. Судзиловскому (Русселю) // ИИНБП. № 3, 1999с.
Неопубликованная переписка Бронислава Пилсудского с Бенедиктом Дыбовским и Вацлавом Серошевским (1903-1912 гг.). Перевод с польского яз. Б.С. Шостаковича // ИИНБП. № 3, 1999d.
Письмо Д.А. Клеменцу (конец июня 1908 года) // ИИНБП. № 4, 2000b.
Письмо Карлу Германовичу Залеману (1909 г.) // ИИНБП. № 4, 2000с.
Письмо В.В. Радлову, господину председателю Русского Комитета для изучения Средней и Восточной Азии // ИИНБП. № 5, 2001с.
Письма Б.О. Пилсудского во Владивосток (1905–1909 гг.) (Из архива ОИАК) // Рубеж: Тихоокеанский альманах. № 5, 2004.
Два письма Б.О. Пилсудского Л.Я. Штернбегу // ИИНБП. № 9, 2005a.
Письма Бронислава Пилсудского к Марии Жарновской в 1907 г. Перевод с польского яз. И.Ю. Сирак // ИИНБП. № 9, 2005b.
Письма участников этнографической экспедиции на Хоккайдо Вацлава Серошевского и Бронислава Пилсудского в академические учреждения Петербурга за 1902–1904, 1910 годы // ИИНБП. № 10, 2006a.
Письма в газету «Воля» из Америки и Галиции // ИИНБП. № 10, 2006b.
Письма Н.А. Рубакину // ИИНБП. № 10, 2006с.
Письма Ю. Талько-Гринцевичу (1909–1914 гг.). Перевод с польского яз. И.Ю. Сирак // ИИНБП. № 11, 2007b.
Письма Хасегава Тацуноске // ИИНБП. № 12, 2008.
Письмо Н.В. Кирилову // ИИНБП. № 13, 2009.
Письма отцу // ИИНБП. № 14, 2010.
Латышев В.М., Дударец Г.И., Прокофьев М.М. (сост.) Бронислав Пилсудский и Лев Штер-

нберг: Письма и документы (конец XIX – начало XX вв.). Южно-Сахалинск: ГУП «Сахалинская областная типография», 2011.
Письмо В.В. Радлову // ИИНБП. № 16, 2012c.
Письма сестре Зофье. Перевод с польского языка И.Ю. Сирак // ИИНБП. № 19, 2015.
Письма Д.Н. Анучину (Из Закопане, Львова и Кракова): 1908–1914 гг. // ЭЗСОКМ. № 1, 2017b.
Письмо Б.А. Федченко // ЭЗСОКМ. № 2, 2018a.
Письма Станиславу Виткевичу. Перевод с польского яз. И.Ю. Сирак // ЭЗСОКМ. № 2, 2018b.

■未刊行文書

Archiwum Akt Nowych w Warszawie (AAN). Akta Bronisława Piłsudskiego 1893-1919（ワルシャワ近・現代文書館「ブロニスワフ・ピウスツキ文書　1893–1919 年」）: sygnatura 1-134.〔これらの一部は北海道大学スラブ・ユーラシア研究センター図書室にマイクロフィルムで所蔵されている〕
Archiwum Akt Nowych w Warszawie (AAN). Komitet Narodowy Polski w Paryżu 1917-1919 [1921]（ワルシャワ近・現代文書館「パリ・ポーランド国民委員会文書　1917-1919〔1921〕年」）: sygnatura 309, 322.
Archiwum Akt Nowych w Warszawie (AAN). Akta i zbiór Bolesława Szcześniaka [XV-XIX w.] 1904-1996 [1997]（ワルシャワ近・現代文書館「ボレスワフ・シュチェシニャク・コレクション〔15-19 世紀〕 1904-1996〔1997〕年」）: sygnatura 95.
Archiwum Narodowe w Krakowie. Akta osób i rodzin – zbiór szczątków zespołów 1288–1998（クラクフ国立文書館「人物・家族文書　グループ断片コレクション　1288–1998 年」）: sygnatura 29/645/435.
Archiwum Nauki PAN i PAU w Krakowie. Materiały Bronisława Piłsudskiego（クラクフ・ポーランド科学アカデミー・芸術アカデミー学術文書館「ブロニスワフ・ピウスツキ資料」）: sygnatura KIII-157.
Biblioteka Naukowa PAU i PAN w Krakowie. Rękopisy Bronisława Piłsudskiego（クラクフ・ポーランド芸術アカデミー・科学アカデミー学術図書館「ブロニスワフ・ピウスツキ手稿」）: sygnatura 2798, 2799, 3890, 4572 t. 1, 4603 t. 2, 4604, 4605 t. 2, 4607, 4612, 4614, 4646 t. 1-4, 4647, 4648, 4649, 4650, 4651, 7939, 7940, 7941, 9394.〔これらの一部は北海道大学スラブ・ユーラシア研究センター図書室にマイクロフィルムで所蔵されている〕
Archiwum Fotograficzne Muzeum Etnograficznego w Krakowie（クラクフ民族学博物館写真文書）: III 87354F–87357F

2 ピウスツキ宛書簡、ピウスツキに関する新聞記事・図書

■ピウスツキ宛書簡

荻原眞子解説、丹菊逸治《たんぎくいつじ》翻刻・訳注「千徳太郎治のピウスツキ宛書簡 —「ニシパ」へ

のキリル文字の手紙 —」『千葉大学 ユーラシア言語文化論集』4、2001 年

Будагианц С.М. Письмо Брониславу Пилсудскому в Рыковское (1898 г.) // ЭЗСОКМ. № 1, 2017.

Госткевич Г. Письма Брониславу Пилсудскому. Перевод с польского яз. И.Ю. Сирак // ИИНБП. № 4, 2000.

Мейснер И. Письма Брониславу Пилсудскому // ИИНБП. № 17, 2013.

Поддубский Л.В. Письма Брониславу Пилсудскому // ИИНБП. № 15, 2011.

Руссель Н. Письма Н. Русселя (Н.К. Судзиловского) Б.О. Пилсудскому (1906-1907 гг.) // ИИНБП. № 3, 1999.

Сэнтоку Т. Письма Брониславу Пилсудскому. Перевод с айнского яз. Мунэхиса Ямасита // ИИНБП. № 4, 2000.

■ピウスツキに関する新聞記事

「室蘭船客」『北海タイムス』1903 年 8 月 8 日

「波蘭人の土人研究」『小樽新聞』1903 年 9 月 17 日

「人」『函館公論』1903 年 9 月 17 日

「浦塩よりの二珍客」『報知新聞』1906 年 1 月 7 日

「浦塩よりの珍客」『馬関毎日新聞』1906 年 1 月 10 日

「浦汐より二人の珍客」『北海タイムス』1906 年 1 月 10 日

「露国人類学者」『東京朝日新聞』1906 年 2 月 8 日

「片山潜氏歓迎会」『光』1–7、1906 年 2 月 20 日

「日本婦人の研究（波蘭人ピルスドスキー氏）」『報知新聞』1906 年 3 月 9 日

「外人の日本婦人研究」『北海タイムス』1906 年 3 月 20 日

「新紀元集会」『新紀元』6、1906 年 4 月 10 日

「露国人類学者ピルドウスキー」『音楽』9–6、1906 年 4 月 15 [2?] 日

「外国人来校」『家庭週報』61、1906 年 5 月 19 日

「外人のアイヌ研究」『樺太日日新聞』1911 年 10 月 13 日

「時事片々」『樺太日日新聞』1911 年 10 月 13 日

「国際悲恋、酋長の娘に廻る卅年目、喜びの春」『北海タイムス』1934 年 1 月 8 日

「波蘭陸相の義妹｛アイヌ｝を尋ねて　波蘭新聞記者来島」『樺太日日新聞』夕刊、1934 年 1 月 9 日

「愛し夫よ何處？三十年の恋を秘め老メノコは泣く」『樺太日日新聞』1934 年 1 月 10 日

「酋長の娘をめぐる国際悲恋の辞書」『北海タイムス』1934 年 1 月 10 日

「長男は父の国へ　母娘は相浜で —」『北海タイムス』1934 年 1 月 11 日

「ヤンタ氏はプ氏の愛児助造の今後に就ても援助」『樺太日日新聞』夕刊、1934 年 1 月 11 日

「建国を飾る哀話を祖国に伝ふ喜び」『東京朝日新聞』1934 年 2 月 7 日

「国際愛卅年ぶり　アイヌの老婆に“春”」『小樽新聞』1939 年 6 月 15 日

Б.О. Пилсудский среди инородцев // Природа и люди Дальнего Востока [Восточная неде-

ля]. № 24, 9 июля 1906 г.

■ピウスツキに関する図書

朝倉利光・伊福部達編『ピウスツキ録音蠟管研究の歩み』北海道大学応用電気研究所、1986年3月

加藤九祚・小谷凱宣《よしのぶ》編『国立民族学博物館研究報告別冊5号　ピウスツキ資料と北方諸民族文化の研究』1987年3月

先川信一郎『ロウ管の歌 — ある樺太流刑者の足跡 —』北海道新聞社、1987年

村崎恭子編『サハリンとB・ピウスツキ』ピウスツキをめぐる北方の旅実行委員会、1992年

井上紘一編『ピウスツキによる極東先住民研究の全体像を求めて』北海道大学スラブ研究センター、2003年

沢田和彦編『埼玉大学教養学部　リベラル・アーツ叢書5　ポーランドの民族学者ブロニスワフ・ピウスツキの生涯と業績の再検討』埼玉大学教養学部・文化科学研究科、2013年3月

井上紘一編『ポーランドのアイヌ研究者　ピウスツキの仕事 — 白老における記念碑の除幕に寄せて —』北海道ポーランド文化協会・北海道大学スラブ研究センター、2013年

井上紘一訳編・解説『東北アジア研究センター叢書　第63号　ブロニスワフ・ピウスツキのサハリン民族誌～二十世紀初め前後のエンチウ、ニヴフ、ウイルタ～』東北大学東北アジア研究センター、2018年

花崎皋平『チュサンマとピウスツキとトミの物語他』未知谷、2018年

川越宗一『熱源』文藝春秋、2019年

Б.О. Пилсудский – исследователь народов Сахалина (Материалы международной научной конференции. 31 октября – 2 ноября 1991 г. Южно-Сахалинск). 2 т. Южно-Сахалинск: Сахалинский областной краеведческий музей, 1992.

Латышев В.М., Прокофьев М.М. Каталог этнографических коллекций Б.О. Пилсудского в Сахалинском государственном областном краеведческом музее (1898-1899, 1903-1905 гг.). 2-е, дополненное и исправленное издание. Южно-Сахалинск: Сахалинский государственнй областной краеведческий музей, 2006.

*Латышев В.М.*а Сахалинская жизнь Бронислава Пилсудского: пролегомены к биографии. Южно-Сахалинск: Сахалинское книжное издательство, 2008.

Bronisław Piłsudski (1866–1918). Człowiek − Uczony − Patriota. Pod red. Anny Liscar, Magdaleny Sarkowicz. Zakopane, 2003.

Ajnowie, Górale i Bronisław Piłsudski. Redakcja Anna Król. Kraków: Muzeum Sztuki i Techniki Japońskiej Manggha, 2018.

Bronisław Piłsudski and Futabatei Shimei – An Excellent Charter in the History of Polish-Japanese Relations. Materials of the Third International Conference of Bronisław Piłsudski and his Scholarly Heritage. Kraków-Zakopane 29/8-7/9 1999. Edited by A.F. Majewicz and T.

Wicherkiewicz. Poznań, 2001.
Pilsudskiana de Sapporo. no. 1. "Dear Father!". A Collection of B. Piłsudski's Letters, et alii [Preprint]. Edited, compiled, translated, annotated, and written by Koichi Inoue. Sapporo, 1999.
Pilsudskiana de Sapporo. no. 2. B. Piłsudski in the Russian Far East. From the State Historical Archive of Vladivostok. Edited by Koichi Inoue. Sapporo, 2002.
*Pilsudskiana de Sapporo. no. 3. Witold Kowalski. The Price of Conscience. A Commentary on Bronisław Piłsudski's **My Curriculum Vitae**.* Edited by Koichi Inoue and Kazuhiko Sawada. Saitama, 2009.
Pilsudskiana de Sapporo. no. 4. The Letters Addressed to Bronisław Piłsudski, et alii. Edited by Koichi Inoue. Hirakata, 2010.
Pilsudskiana de Sapporo. no. 5. Bronisław Piłsudski in Japan. Edited and written by Kazuhiko Sawada. Saitama, 2008.
Pilsudskiana de Sapporo. no. 6. "Dear Father!". Bronisław Piłsudski's Letters to His Family (1887-1914) [Enlarged and Completed Edition]. Edited, compiled and annotated by Koichi Inoue and Agnieszka E. Marzec. Saitama, 2009.
A Critical Biography of Bronisław Piłsudski [Preprint]. 2 vols. Edited by Kazuhiko Sawada and Koichi Inoue. Saitama, Saitama University, 2010.
The Ainu, the Górals and Bronisław Piłsudski. Edited by Anna Król. Kraków: Manggha Museum of Japanese Art and Technology, 2018.

3 史　料

■未刊行史料

「露国婦人共産党員渡来予定ニ関スル件」大正 15 年 4 月 27 日、外務省外交史料館、4. 3. 2. 1-2-2『過激派其他危険主義者取締関係雑件　露国人』
Письмо Оба Како русскому революционеру в Нагасаки（大庭柯公の長崎のロシア人革命家宛書簡）. Государственный архив Российской федерации (ГАРФ)（ロシア連邦国立文書館）: Ф. 6317, Оп. 1, Д. 43, Л. 13, 13 об., 14, 14 об.
社会革命党文書、国際社会史研究所（オランダ）所蔵〔北海道大学スラブ・ユーラシア研究センター所蔵マイクロフィルム 519-7〕

■刊行史料

沢田和彦「二葉亭四迷の新発見露文書簡」『文学』10−3、2009 年 5 月
『宣教師ニコライの全日記』（中村健之介監修）全 9 巻、教文館、2007 年
宋教仁著、松本英紀訳注『宋教仁の日記』同朋舎出版、1989 年
『二葉亭四迷全集』（十川信介・安井亮平編）全 7 巻 + 別巻、筑摩書房、1984–1993 年
『明治社会主義史料集　第 2 集　光』明治文献資料刊行会、1960 年
『明治社会主義史料集　第 3 集　新紀元』明治文献資料刊行会、1961 年

『明治社会主義史料集　別冊(1)　世界婦人』明治文献資料刊行会、1961 年
安井亮平「館蔵　二葉亭四迷宛ポドパフ書簡〔翻刻・訳〕」『早稲田大学図書館紀要』7、1966 年 3 月。『二葉亭四迷全集』別巻に所収、筑摩書房、1993 年
安井亮平「館蔵　二葉亭四迷宛諸家欧文書簡〔翻刻・訳〕」『早稲田大学図書館紀要』14、1973 年 1 月。『二葉亭四迷全集』別巻に所収、筑摩書房、1993 年
安井亮平「翻刻　二葉亭四迷露訳『舞姫』(鷗外)」『早稲田大学図書館紀要』16、1975 年 3 月。『二葉亭四迷全集』7 に所収、筑摩書房、1991 年
Бронислав Пилсудский и Лев Штернберг: Письма и документы (конец XIX - начало XX вв.). Южно-Сахалинск: ГУП «Сахалинская областная типография», 2011.
Волкенштейн Л.А. Письмо Л.А. Волкенштейн к М.Н. Тригони // Минувшие годы. Год 1-й, № 5/6, май и июнь 1908 г.
Из Отчёта по Отделению этнографии ИРГО за 1907 год // Живая Старина, XYII. Вып. 4. СПб., 1908.
Котвич В.Л., Штернберг Л.Я. Переписка В.Л. Котвича и Л.Я. Штернберга (1924 – 1925 гг.) // ИИНБП. № 8, 2004.
Матвеев Н.П. Письмо Льву Яковлевичу Штернбергу (1904 г.) // ЭЗСОКМ. № 1, 2017.
Отзыв д. чл. В.В. Бартольда о трудах Бронислава Пилсудского // Отчет Императорского русского географического общества за 1903 год. СПб.: Тип. А. С. Суворина, 1904.
Пальчевский Н.А. В общее собрание ОИАК… // Рубеж: Тихоокеанский альманах. № 4 (866), 2003.
Руссло А. Фонетика одной группы айно. Вступительная статья и перевод с французского яз. М. Севела // ИИНБП. № 11, 2007.
Суворов И.Ф. Письма Л.Я. Штернбергу на Сахалин (1890 г.) и в Житомир (1897-1899 гг.) // ЭЗСОКМ. № 2, 2018.
Фтабатэй Симей. Письма деятелям русской политической эмиграции // ИИНБП. № 12, 2008.
Штернберг Л.Я. Materials for the study of the Ainu language and folklore. Collected and prepared for publications by Bronislaw Pilsudski. Edited under the Supervision of J. Rozwadowski, Ph. D. Professor in Jagellonian University. Cracow, 1912 // ИИНБП. № 9, 2005.
Штернберг Л.Я. Сахалинские письма. 1889–1897 // ИИНБП. № 18, 2014.
Ювачёв И. Письма из Японии. 1897 год // ИИНБП. № 19, 2015.
Ювачёв И. Письма домой (из Японии, Тихого океана и Америки). 1897 г. Перевод с английского яз. А.И. Галеевой // ЭЗСОКМ. № 1, 2017.

4 図　書

石角春之助『銀座秘録』東華書荘、1937 年
石光真清『誰のために　石光真清の手記』中央公論社、1979 年
伊東一夫『島崎藤村研究 — 近代文学研究方法の諸問題 —』明治書院、1969 年

絲屋寿雄《いとやとしお》『流行歌』三一書房、1957 年
植原路郎《ろろう》編著『明治大正昭和大事件怪事件誌』実業之日本社、1932 年
内山吉太・明石鴻南共著『薩哈嗹島占領経営論』増補註解第二版、東海道書店、1905 年
エンゲルス・フリードリヒ著、村井康男・村田陽一訳『家族、私有財産および国家の起源』大月書店、1954 年
遠藤公男『ヤンコフスキー家の人々』講談社、2007 年
大濱徹也『乃木希典』講談社、2010 年
小野武夫『現代日本文明史　第 9 巻　農村史』東洋経済新報社、1941 年
小野田正編纂『佐々木平次郎伝　全』私家版、1937 年
小谷部全一郎著、生田俊彦訳『ジャパニーズ・ロビンソン・クルーソー』皆美社、1991 年
外務省政務局第三課編『日露交渉史』原書房、1969 年
葛西猛千代『樺太土人研究資料』私家版、1928 年
カセカンプ・アンドレス著、小森宏美・重松尚訳『バルト三国の歴史　エストニア・ラトヴィア・リトアニア　石器時代から現代まで』明石書店、2014 年
片山潜『わが回想　下』徳間書店、1967 年
加藤九祚『シベリアに憑かれた人々』岩波書店、1974 年
加藤強編『樺太と漁業』樺太定置漁業水産組合、1931 年
『加藤時次郎選集』弘隆社、1981 年
上司小剣『U 新聞年代記』中央公論社、1934 年
萱野長知《ながとも》『中華民国革命秘笈《ひきゅう》』帝国地方行政学会、1940 年
樺太あいぬ族酋長ばふんけ・あといさらんで・しべけんにし説述、青山樹左郎編『極北の別天地』豊文社、1918 年
川村伸秀『坪井正五郎　日本で最初の人類学者』弘文堂、2013 年
北里蘭『日本語原研究の道程　続篇』紫苑会、1933 年
北洞孝雄、高松良行『炎のまちのエルミタージュ』北海道新聞社、1985 年
木下直之編『博士の肖像　人はなぜ肖像を残すのか』東京大学総合研究博物館、1998 年
木村毅《き》『五人の革命家』講談社、1972 年
木山熊次郎『希望の青年』内外教育評論社、1908 年
『銀座六丁目小史』銀座六丁目町会、1983 年
金田一京助『北の人』梓書房、1934 年
『金田一京助全集　第 6 巻　アイヌ語 II』三省堂、1993 年 a
『金田一京助全集　第 15 巻　文芸 II』三省堂、1993 年 b
久保勉訳編『ケーベル博士随筆集』岩波書店、1928 年
久保勉『ケーベル先生とともに』岩波書店、1951 年
クレイノヴィチ・E・A 著、桝本哲訳『サハリン・アムール民族誌　ニヴフ族の生活と世界観』法政大学出版局、1993 年
黒岩比佐子『パンとペン　社会主義者・堺利彦と「売文社」の闘い』講談社、2013 年
ケナン・ジョージ著、左近毅訳『シベリアと流刑制度』 I ・ II 、法政大学出版局、1996

年
小泉輝三朗『明治犯罪史正談』大学書房、1956 年
黒龍会編『東亜先覚志士記伝』下巻、原書房、1966 年
『小金井良精日記　明治篇　1900−1912』クレス出版、2016 年
小島淑男『留日学生の辛亥革命』青木書店、1989 年
後藤春吉《はるきち》編『師弟愛は民族を越えて　清水三三 ― その人と随筆』私家版、1984 年
ゴンチャローフ著、高野明・島田陽訳『日本渡航記』講談社、2008 年
才神時雄『ロシア人捕虜の記録』新時代社、1973 年
坂井博美『「愛の争闘」のジェンダー力学 ― 岩野清と泡鳴の同棲・訴訟・思想 ―』ぺりかん社、2012 年
阪本幸男編著『橘糸重歌文集』短歌新聞社、2009 年
佐佐木信綱『明治大正昭和の人々』新樹社、1961 年
佐藤忠悦『南極に立った樺太アイヌ ― 白瀬南極探検隊秘話 ―』東洋書店、2004 年
沢田和彦『白系ロシア人と日本文化』成文社、2007 年
沢田和彦『日露交流都市物語』成文社、2014 年
澤田撫松編『男三郎自筆　獄中之告白』独歩社、1906 年
サンギ・ウラジーミル著、田原佑子訳『ケヴォングの嫁取り　サハリン・ニヴフの物語』群像社、2015 年
シエロシエヴスキ著、黒川眸訳『悲惨のどん底』長崎書店、1930 年
シエロツエウスキ著、和見正夫訳『悲惨の涯』興風館、1940 年
志摩園子『物語バルト三国の歴史　エストニア・ラトヴィア・リトアニア』中央公論新社、2004 年
清水恵『函館・ロシア　その交流の軌跡』函館日ロ交流史研究会、2005 年
『新版中学国語』教育出版、1990 年
鈴木徹『バルト三国史』東海大学出版会、2000 年
鈴木裕子編『資料　平民社の女たち』不二出版、1986 年
『『青鞜』の五〇人』平塚らいてうを読む会、1996 年
関場不二彦『あいぬ医事談』北門活版所、1896 年
千徳太郎治『樺太アイヌ叢話（全）』市光堂、1929 年
『桑港航路案内』日本郵船株式会社、1927 年
添田知道『演歌の明治大正史』岩波書店、1963 年
瀧井敬子『漱石が聴いたベートーヴェン　音楽に魅せられた文豪たち』中央公論新社、2004 年
立花雄一『評伝 横山源之助 ― 底辺社会・文学・労働運動』創樹社、1979 年
辰野隆『忘れ得ぬ人々』講談社、1991 年
田中陽児、倉持俊一、和田春樹編『ロシア史』2、山川出版社、1994 年
田辺久之『考証　三浦環』近代文藝社、1995 年
チェーホフ著、原卓也訳『サハリン島』中央公論社、2009 年
『中央区史』下巻、東京都中央区役所、1958 年

『知里真志保著作集 3　生活誌・民族学編』平凡社、1973 年
坪内逍遥・内田魯庵編輯『二葉亭四迷　各方面より見たる長谷川辰之助君及其追懐』易風社、1909 年
『東京音楽学校一覧　従明治三十八年至明治三十九年』東京音楽学校、1906 年
『東京外国語学校一覧　従明治卅七年至明治卅八年』東京外国語学校、1904 年
『東京外国語学校一覧　従明治卅八年至明治卅九年』東京外国語学校、1905 年
『東京外国語学校一覧　従大正四年至大正五年』東京外国語学校、1915 年
『東京芸術大学百年史　演奏会篇 1』音楽之友社、1990 年
『東京芸術大学百年史　東京音楽学校篇 1』音楽之友社、1987 年
『東京女子医科大学　今と昔　1900−1990』学校法人東京女子医科大学、1990 年
戸川秋骨『欧米記遊二萬三千哩』服部書店、1908 年。復刻版、『明治欧米見聞録集成』第 29 巻、ゆまに書房、1989 年
『独立百周年（建学百二十六年）記念　東京外国語大学史』東京外国語大学、1999 年
鳥居きみ子 a『蒙古行』読売新聞社、1906 年
鳥居龍蔵『千島アイヌ』吉川弘文館、1903 年
鳥居龍蔵『ある老学徒の手記』朝日新聞社、1953 年
仲俊二郎『凛として　近代日本女子教育の先駆者下田歌子』栄光出版社、2014 年
中薗英助『鳥居龍蔵伝　アジアを走破した人類学者』岩波書店、1995 年
『七十年史』日本郵船株式会社、1956 年
成田龍一『加藤時次郎』不二出版、1983 年
『二引《にびき》の旗のもとに　日本郵船百年の歩み』日本郵船株式会社、1986 年
『日本女子大学校規則』日本女子大学校、1906 年
『日本地質学会史　日本地質学会 60 周年記念』日本地質学会、1953 年
『日本郵船株式会社五十年史』日本郵船株式会社、1935 年
『日本郵船株式会社百年史』日本郵船株式会社、1988 年
『日本郵船百年史資料』日本郵船株式会社、1988 年
野口孝一『銀座物語　煉瓦街を探訪する』中央公論社、1997 年
能仲文夫『北蝦夷秘聞（樺太アイヌの足跡）』北進堂書店、1933 年。復刻版、『樺太アイヌの足跡』第一書房、1983 年
野中正孝『東京外国語学校史　外国語を学んだ人たち』不二出版、2008 年
橋本伸也『帝国・身分・学校　帝制期ロシアにおける教育の社会文化史』名古屋大学出版会、2010 年
長谷川時雨『近代美人伝』（下）、岩波書店、1985 年
バチラー・ジョン『ジョン・バチラー自叙傳　我が記憶をたどりて』文録社、1928 年
バチラー・ジョン著、仁多見巌・飯田洋右訳編『ジョン・バチラー遺稿　わが人生の軌跡』北海道出版企画センター、1993 年
服部健『ギリヤーク ― 民俗と習俗』楡書房、1956 年
花井卓蔵『空前絶後之疑獄』法律顧問会・鍾美堂書店、1906 年
花井卓蔵述『訴庭論草　人肉事件を論ず』春秋社、1931 年

パワシュ＝ルトコフスカ・エヴァ、ロメル・アンジェイ・T 著、柴理子訳『日本・ポーランド関係史』彩流社、2009 年
阪東宏『ポーランド人と日露戦争』青木書店、1995 年
『プーシキン全集 1　抒情詩・物語詩 I』河出書房新社、1973 年
フェドルチューク・セルゲイ・P 著、板橋政樹訳『樺太に生きたロシア人 ― 故郷と国家のはざまで ―』ナウカ、2004 年
藤田福夫『近代歌人の研究 ― 歌風・風土・結社 ―』笠間書院、1983 年
『米国航路案内』日本郵船株式会社、1903 年
ベニョフスキー著、水口志計夫・沼田次郎編訳『ベニョフスキー航海記』平凡社、1970 年
ポズドネェフ著、東亜同文会編纂局訳『蒙古及蒙古人』東亜同文会、1908 年
ポズドネエフ、デ、エム編纂『日本新聞読本　第一巻（新聞雑誌名称、電報、時事）』東洋印刷株式会社、1910 年
ポズドネエフ、デ、エム編纂『日本新聞読本　第二巻（雑報）』東洋印刷株式会社、1910 年
ポズドネエフ、デ、エム編纂『日本新聞読本　第三巻（文藝）』東洋印刷株式会社、1910 年
正木良一・楯岡通雄共著『大井包高』大井包高伝刊行会、1960 年
松川木公『樺太探検記』博文館、1909 年
宮崎滔天『三十三年の夢』平凡社、1967 年
宮武公夫『海を渡ったアイヌ　先住民展示と二つの博覧会』岩波書店、2010 年
村田静子『福田英子 ― 婦人解放運動の先駆者 ―』岩波書店、1959 年
森長英三郎《えいざぶろう》『続史談裁判』日本評論社、1969 年
山梨芳隆訳『勇士バルテック　ポーランド短篇傑作集』時代社、1940 年
山邊安之助『アイヌ物語』博文館、1913 年
横山源之助『凡人非凡人』新潮社、1911 年
早稲田大学編『大隈重信演説談話集』岩波書店、2016 年
和田春樹『ニコライ・ラッセル ― 国境を越えるナロードニキ』上・下、中央公論社、1973 年
渡辺克義『物語　ポーランドの歴史　東欧の「大国」の苦難と再生』中央公論新社、2017 年
Альбом борцов за свободу. Ч. 1. Нагасаки: Типография «Воли», 1907.
Амурский Н. Стихотворения. Книга первая. Владивосток: Типография Н.П. Матвеева, 1915.
Васкевич П. Дневник поездки в Японию от порта Цуруга до порта Ниигата. Владивосток: «Дальний Восток», 1904.
Волкенштейн Л.А. 13 лет в Шлиссельбургской крепости. Берлин: Издание Гуго Штейница, 1902.
Гаген-Торн Н.И. Лев Яковлевич Штернберг. М.: «Наука», Главная редакция восточной литературы, 1975.

275 лет: Санкт-Петербургский государственный университет: Летопись 1724-1999. СПб.: Издательство Санкт-Петербургского университета, 1999.

Маринов В.А. Россия и Япония перед первой мировой войной (1905-1914 годы): Очерки истории отношений. М.: «Наука», Главная редакция восточной литературы, 1974.

Матвеев Г. Пилсудский. М.: «Молодая гвардия», 2008.

Матвеев З.Н. Что читать о Дальне-восточной области: опыт систематического указателя литературы (классифицирован по междунар. десятич. системе). Владивосток: «Книжное дело», 1925.

Матвеев Н.П. Краткий исторический очерк г. Владивостока. Владивосток: «Уссури», 1990.

Миролюбов И.П. Восемь лет на Сахалине. СПб.: Тип. А.С. Суворина, 1901.

Нехай А. Прогулки по польскому Петербургу. СПб.: Европейский дом, 2014.

Оглезнева Т.Н. Русское географическое общество: Изучение народов северо-востока Азии. 1845-1917 гг. Новосибирск: «Наука», 1994.

Огрызко В. (сост.) Нивхская литература: Материалы и исследования. М.: «Литературная Россия», 2010.

Сибирь в истории и культуре польского народа. М.: Научно-издательский центр «Ладомир», 2002.

Федорчук С. Поляки на Южном Сахалине. Южно-Сахалинск, 1994.

Федорчук С. Русские на Карафуто. Южно-Сахалинск, 1996.

Фигнер В. Запечатленный труд II: Когда часы жизни остановились. М.: Задруга, 1922.

Хисамутдинов А.А. (сост.) «...С полным забвением и любовью...». Владивосток: Общество изучения Амурского края, 1991.

Хисамутдинов А.А. Общество изучения Амурского края: события и люди. Ч. 1. Владивосток: Издательство ВГУЭС, 2004.

Хисамутдинов А.А. Общество изучения Амурского края. Ч. 2. Деятели и краеведы. Владивосток: Издательство ВГУЭС, 2006.

Хисамутдинов А.А. Владеть Востоком: Предприниматели Дальнего Востока: Просветители и меценаты. Владивосток: Рубеж, 2016.

Хоуз Ч. На восточной окраине. Южно-Сахалинск: Сахалинское книжное издательство, 2003.

Чехов А.П. Остров Сахалин (Из путевых записок) // Полное собрание сочинений и писем в 30-ти томах. Т. 14-15. М.: «Наука», 1978.

Шульгина Т.С. Русские исследователи культуры и быта малых народов Амура и Сахалина (конец XIX - начало XX в.). Владивосток: Издательство Дальневосточного университета, 1989.

Ювачёв И. Сахалинские дневники в двух томах. Южно-Сахалинск: Сахалинская областная типография, 2014.

Ювачёв И. Собрание дневников в десяти книгах. Кн. 2. М.: Галеев-Галерея, 2016.

Janta-Połczyński A. *Ziemia jest okrągła.* Warszawa: Towarzystwo Wydawnicze „Rój”, 1936.

Paczkowska C. *Zułów – ojczyste strony Marszałka Piłsudskiego.* Wilno: Wydawnictwo polskie w Wilnie, 2008.

Fifty Years of New Japan. 2 v. Compiled by Count Shigenobu Okuma. English version edited by Marcus B. Huish. London: Smith, Elder, 1909.

Humphrey G. *Pilsudski: Builder of Poland.* New York: Scott and More, 1936.

Kan S. *Lev Shternberg: Anthropologist, Russian Socialist, Jewish Activist.* Lincoln and London: University of Nebraska Press, 2009.

Mutsu H. (ed.). *The British Press and the Japan-British Exhibition of 1910.* [Richmond?]: Curzon, 2001.

Wray W.D. *Mitsubishi and the N. Y. K., 1870-1914: Business Strategy in the Japanese Shipping Industry.* Cambridge (Massachusetts) and London: Council on East Asian Studies, Harvard University, 1984.

5 事典・目録・年鑑・年表・図録

臼井勝美・高村直助・鳥海靖・由井正臣編『日本近現代人名辞典』吉川弘文館、2001 年

外務大臣官房人事課編纂『外務省年鑑　大正 2 年』外務大臣官房人事課、1913 年

『角川日本地名大辞典　34　広島県』角川書店、1987 年

『乾板に刻まれた世界 — 鳥居龍蔵の見たアジア —』東京大学総合研究資料館、1991 年

『近代日本海事年表 I　1853−1972〈改訂版〉』成山堂書店、2003 年

『近代日本総合年表　第三版』岩波書店、1991 年

佐々木高明編『民族学の先駆者　鳥居龍蔵の見たアジア』国立民族学博物館、1993 年

佐藤勇編『東京外語ロシヤ会会員名簿』東京外語ロシヤ会、1952 年

下川耿史《こうし》編『明治・大正家庭史年表』河出書房新社、2000 年

『新訂増補　東欧を知る事典』平凡社、2001 年

『新版　ロシアを知る事典』平凡社、2004 年

大主教セラフィム辻永昇『亜使徒　日本の大主教　聖ニコライ』日本ハリストス正教会教団宗務総局、2012 年

『大正人名辞典』下巻、日本図書センター、1987 年

『大日本正教会著訳出版図書目録』日本正教本会事務所、1913 年

外山操編『陸海軍将官人事総覧　陸軍篇』芙蓉書房、1981 年

『日本キリスト教歴史大事典』教文館、1988 年

日本近代文学館編『日本近代文学大事典』全 6 巻、講談社、1977−1978 年

北海道編『新北海道史年表』北海道出版企画センター、1989 年

堀川柳人編『帝政ロシア邦文書目』非売品、1939 年

南北海道史研究会編『函館・道南大事典』国書刊行会、1985 年

宮城勇『函館市街明細図附録　地所所有主明細鑑完』魁文舎、1903 年

『明治人名辞典』下巻、日本図書センター、1987 年

『早稲田大学図書館所蔵　二葉亭四迷資料 — 目録・解説・翻刻 —』早稲田大学図書館、

1965 年

Деятели революционного движения в России: Био-библиографический словарь. 4 т. М.: Издательство Всесоюзного общества политических каторжан и ссыльно-поселенцев. 1927–1934. Reprint. Leipzig: Zentralantiquariat der Deutschen Demokratischen Republik, 1974.

Литературные места России. М.: «Советская Россия», 1987.

Мироненко С.В. Путеводитель. Т. 5. Личные фонды Государственного архива Российской Федерации (1917-2000 гг.). М.: «РОССПЭН», 2001.

Павлова Т.Ф. (ред.). Фонды русского заграничного исторического архива в Праге: Межархивный путеводитель. М.: «РОССПЭН», 1999.

Приморский край: Краткий энциклопедический справочник. Владивосток: Издательство Дальневосточного университета, 1997.

Старый Владивосток. Владивосток: «Утро России», 1992.

Хисамутдинов А.А. Российская эмиграция в Азиатско-Тихоокеанском регионе и Южной Америке: Биобиблиографический словарь. Владивосток: Издательство Дальневосточного университета, 2000.

Хисамутдинов А.А. Три столетия изучения Дальнего Востока (Материалы к библиографии исследователей). Вып. 1 (1639-1939). Владивосток: Дальнаука, 2007.

Archiwum Akt Nowych. *Informator o Zasobie Archiwalnym.* 1-2. Oprac. Edward Kołodziej. Warszawa: Archiwum Akt Nowych, 2009.

Muzeum Tatrzańskie im. dra Tytusa Chałubińskiego w Zakopanem: Informator. Zakopane: Muzeum Tatrzańskie, 1998.

Polska Akademia Nauk – oddział w Krakowie. *Katalog rękopisów Biblioteki Polskiej Akademii Nauk w Krakowie.* Pod redakcją Zbigniewa Jabłońskiego. Wrocław, Warszawa, Kraków, Gdańsk, Łódż, Zakład Narodowy Imienia Ossolińskich, Wydawnictwo Polskiej Akademii Nauk, 1986.

Zbiory etnograficzne Muzeum Tatrzańskiego. Zakopane: Muzeum Tatrzańskie, Towarzystwo Muzeum Tatrzańskiego, 1999.

The American Peoples Encyclopedia. V. 9. Chicago: Spencer Press, Inc., 1958.

The Encyclopedia Americana. V. 13. New York, Chicago, Washington D. C.: Americana Corporation, 1955.

Lensen G.A. *Japanese Diplomatic and Consular Officials in Russia: A Handbook of Japanese Representatives in Russia from 1874 to 1968.* Tokyo: Sophia University, 1968.

6 論　文

天野尚樹「サハリン流刑植民地のイメージと実態 — 偏見と適応 —」『境界研究』1、2010 年

天野尚樹「見捨てられた島での戦争 — 境界の人間／人間の境界」『日露戦争とサハリン

島』北海道大学出版会、2011年
荒木勝「世界のポーランド図書館 〈スイス〉ラッペルスビルを訪ねて」『ポロニカ』1、1990年
石丸生「露国義勇艦隊の由来」『日露実業新報』6–11、1920年11月
伊藤信哉・宮脇昇「松山捕虜収容所の概要」『マツヤマの記憶 日露戦争100年とロシア兵捕虜』成文社、2004年
稲川猛訳「日本輸入の露国産魚類」『大日本水産会報』245、1903年1月〔沿海州総督府官報『沿海週報』の記事の翻訳〕
稲川竹治「時局破裂後の露都に於ける水産界の片影」『大日本水産会報』285、1906年5月
稲葉千晴「松山収容所のポーランド人捕虜問題」『マツヤマの記憶 日露戦争100年とロシア兵捕虜』成文社、2004年
井上紘一「ブロニスワフ・ピウスツキ」(一)(二)『えうゐ』9、1981年2月。12、1983年10月
井上紘一「ブロニスワフ・ピウスツキの不本意な旅路」『国立民族学博物館研究報告別冊5号 ピウスツキ資料と北方諸民族文化の研究』1987年3月
井上紘一「フランツ・ボアズ宛ピウスツキ書簡［PREPRINT］」小谷凱宣編『北方諸文化に関する比較研究』名古屋大学教養部、1990年
井上紘一「やっと陽の目を見た『ピウスツキ著作集』— 第一巻・第二巻が同時刊行 —」『窓』107、1998年12月
井上紘一「B・ピウスツキと北海道 — 一九〇三年のアイヌ調査を追跡する」井上紘一編『ピウスツキによる極東先住民研究の全体像を求めて』北海道大学スラブ研究センター、2003年
井上紘一「ブロニスワフ・ピウスツキの足跡を尋ねて四〇年—就中、その極東滞在の究明」『ロシアの中のアジア／アジアの中のロシア(II)(21世紀COEプログラム「スラブ・ユーラシア学の構築」研究報告集五)』北海道大学スラブ研究センター、2004年
井上紘一「樺太島におけるチュフサンマとその家族」井上紘一訳編・解説『東北アジア研究センター叢書 第63号 ブロニスワフ・ピウスツキのサハリン民族誌〜二十世紀初め前後のエンチウ、ニヴフ、ウイルタ〜』東北大学東北アジア研究センター、2018年
内田祐一「白老地方におけるピウスツキの活動 — ピウスツキの記録をもとにした白老地方の聞き取り調査」『サハリンとB・ピウスツキ』ピウスツキをめぐる北方の旅実行委員会、1992年
大澤正道編「石川三四郎年譜(第二版)」『初期社会主義研究』18、2005年11月
大澤正道「探索・横田兵馬」『初期社会主義研究』19、2006年12月
大矢京右・遠峯良太「小島倉太郎の遺品にみるその足跡 — クリルアイヌの強制移住と北海道物産共進会 —」『会報』35、函館日ロ交流史研究会、2013年12月
岡田一彦「描かれたデンビー一族 — 幻の北洋の覇者 —」『市立函館博物館研究紀要』3、1993年3月

尾形芳秀「旧市街の先住者「白系ロシア人」達の長い旅路 — オーシップ家をめぐるポーランド人たちの物語 —」『鈴谷』24、2008 年 7 月
尾形芳秀「樺太とポーランドとの関わり — ポーランド大統領の使者が来島 —」『鈴谷』27、2012 年 3 月
荻原眞子「第三回ブロニスワフ・ピウスツキ国際会議に寄せて」『窓』111、1999 年 12 月
梶さやか「ヴィルノ大学とロマン主義知識人」『ロシア帝国の民族知識人 — 大学・学知・ネットワーク』昭和堂、2014 年
神長英輔「開かれた海の富と流刑植民地 — 日露戦争直前のサハリン島漁業」『日露戦争とサハリン島』北海道大学出版会、2011 年
木村毅「二葉亭四迷と社会主義」『明治大正文学研究』15、1955 年 2 月
木村毅「ピルスーツキーと二葉亭 — ポーランド独立史の舞台裏 —」『世界』181、1961 年 1 月
銀座文化史学会編、石川幸恵担当「明治 35 年　銀座の住人その 4」『銀座文化研究』4、1989 年
クチンスキ・A 著、井上紘一訳「博物館学の実務家及び理論家としてのブロニスワフ・ピウスツキ」『国立民族学博物館研究報告別冊 5 号　ピウスツキ資料と北方諸民族文化の研究』1987 年 3 月
倉田有佳「Kh. P. ビリチの生涯より — わが子を学ばせた日本の「カトリック系フランス人学校」」『異郷に生きるV　来日ロシア人の足跡』成文社、2010 年
倉田有佳「ビリチとサハリン島 — 元流刑囚漁業家にとっての日露戦争」『日露戦争とサハリン島』北海道大学出版会、2011 年
桑嶋洋一「函館写真史考（下）」『地域史研究　はこだて』18、1993 年 10 月
桑原雷晏「魚山書屋雑記」『東京人類学会雑誌』267、1908 年 6 月
言語・音楽班「B. ピウスツキ蠟管の録音内容」『国立民族学博物館研究報告別冊 5 号　ピウスツキ資料と北方諸民族文化の研究』1987 年 3 月
コヴァルスキ・W 著、井上紘一訳「ブロニスワフ・ピウスツキの遍歴 — 日本出国から自殺まで」『ポロニカ』4、1994 年
コヴァルスキ・ヴィトルト著、井上紘一訳「地球人の魁〜ブロニスワフ・ピウスツキとは何者だったのか」『ポーランドのアイヌ研究者　ピウスツキの仕事 — 白老における記念碑の除幕に寄せて —』北海道ポーランド文化協会・北海道大学スラブ研究センター、2013 年
小島津満江「銀座年表 — 書誌を中心に — 明治編 —」『銀座文化研究』1、1986 年
小谷凱宣「はじめに — 報告書出版までの経緯と概要 —」『国立民族学博物館研究報告別冊 5 号　ピウスツキ資料と北方諸民族文化の研究』1987 年 3 月
左近毅「アメリカ人による日露比較論 — ジョージ・ケナンが見た日露戦争下の日本および日本人たち」『えうゐ』27・28、1995 年 12 月
佐々木照央「アレクサンドル・ウリヤーノフと「人民の意志」党テロフラクション」『埼玉大学紀要（外国文学語学篇）』11、1977 年 11 月

佐藤勝「二葉亭と『新紀元』『世界婦人』— 福田英子との交渉をめぐって —」『国文学解釈と鑑賞』28–6、1963 年 5 月
シュミット・ピョートル著、稲川猛訳「露国水産学者の我水産講習所観」『大日本水産会報』238、1902 年 5 月。239、1902 年 6 月
白井堯子「E・G・フィリップスと日本女子大学校 — 残された書簡を中心に —」『成瀬記念館』17、2002 年 12 月
巽由樹子「帝政期ロシアの定期刊行物と科学、宗教、革命 — ソイキン出版社の事例から」『新史料で読むロシア史』山川出版社、2013 年
田村将人「白浜における集住政策の意図と樺太アイヌの反応」『北海道開拓記念館研究紀要』35、2007 年
田村将人「日露戦争前後における樺太アイヌと漁業の可能性」『北方の資源をめぐる先住者と移住者の近現代史 —2005–07 年度調査報告 —』北海道開拓記念館、2008 年
田村将人「先住民の島・サハリン — 樺太アイヌの日露戦争への対処」『日露戦争とサハリン島』北海道大学出版会、2011 年
土谷直人「W・シェロシェフスキと彼の日本文化への関心」『比較文学研究』39 号、1981 年 4 月
土谷直人「シェロシェフスキの日本日記」『ポロニカ』5、1995 年
坪井正五郎「樺太アイヌの工芸技術」『地学雑誌』20–229、1908 年 1 月
原暉之「日本におけるサハリン島民」『「スラブ・ユーラシア学の構築」研究報告集 No. 11　日本とロシアの研究者の目から見るサハリン・樺太の歴史（Ⅰ）』北海道大学スラブ研究センター、2006 年
ヒサムトヂーノフ・アミール著、沢田和彦訳「実業家デンビー一族」『地域史研究　はこだて』28、1998 年 9 月
桧山真一「ニコライ・ラッセルの知られざる手紙」『ロシア語ロシア文学研究』21、1989 年
桧山真一「親日亡命ロシア人ニコライ・マトヴェーエフ」『講座スラブの世界 8　スラブと日本』弘文堂、1995 年
桧山真一「日本におけるレフ・シテルンベルグ博士」（上）（下）『窓』98、1996 年 9 月。100、1997 年 3 月
広瀬朱美「二葉亭四迷と木下尚江・ピウスツキ」『金蘭短期大学研究誌』23、1992 年 12 月
藤村久和「樺太アイヌの創世神話」『創造の世界』87、1993 年 8 月
マイェヴィッチ・アルフレッド・F「W・シェロシェフスキと B・ピウスツキが見た 1903 年の白老 — 黒田先生を偲ぶ」『ピウスツキによる極東先住民研究の全体像を求めて』北海道大学スラブ研究センター、2003 年
Margoritof[sic] B. 記、鳥居龍蔵譯「セデキミ河附近アムールスキー湾海岸に存在する貝塚」『東京人類学會雑誌』284、1909 年 11 月
宮崎竜介「「革命評論」の人々」社会文庫編『社会主義者　無政府主義者　人物研究史料 (2)』柏書房、1966 年

安井亮平 a「二葉亭とピルスーツキー」『スラヴ学論集』1、1966 年 7 月
安井亮平 b「二葉亭四迷のロシヤ人・ポーランド人との交渉」『文学』34–8、1966 年 8 月
安井亮平「〈新資料〉二葉亭の露文書館　その他」『文学』43–9、1975 年 9 月
安井亮平「ペテルブルグの二葉亭 — 下宿のこと、ジェのこと、ホテルのこと、その他 —」『共同研究　ロシアと日本』2、1990 年
安田保雄「比較文学ノート（五）— 藤村詩と橘糸重 —」『成蹊国文』19、1986 年
吉上昭三「《父祖の祭》第三部《断章》と《青銅の騎士》— ミツキェヴィッチとプーシキンの関係をめぐって —」『東京大学外国語科研究紀要』22–3、1975 年 3 月
吉上昭三「『青銅の騎士』におけるミツキェヴィッチ」『木村彰一教授還暦記念論文集　ロシア・西欧・日本』朝日出版社、1976 年
吉上昭三「ブロニスワフ・ピウスツキ、北海道以後」『国立民族学博物館研究報告別冊 5 号　ピウスツキ資料と北方諸民族文化の研究』1987 年 3 月
ラッセル・N・K 著、高野明・藤家壮一訳注「日本におけるロシア兵士の啓蒙・後記」『早稲田大学史紀要』1–3、1966 年
和田完「サハリン・アイヌの出産慣行—B・ピウスツキの医人類学的研究」『サハリン・アイヌの熊祭　ピウスツキの論文を中心に』第一書房、1999 年

Бабцева И.И. Б.О. Пилсудский и музей Общества изучения Амурского Края (Неопубликованные документы из фондов Приморского государственного объединенного музея им. В.К. Арсеньева) // Б.О. Пилсудский – исследователь народов Сахалина. Т. 1. Южно-Сахалинск, 1992.

Бабцева И.И. Б.О. Пилсудский и Музей Общества изучения Амурского края. Неопубликованные документы из фондов Приморского государственного объединенного музея им. В.К. Арсеньева // ИИНБП. № 4, 2000.

Бабцева И.И. Владивосток глазами Б.О. Пилсудского // *Bronisław Piłsudski and Futabatei Shimei.* Poznań, 2001.

Бабцева И.И. Бронислав Осипович Пилсудский во Владивостоке. 1899-1902 гг. // *A Critical Biography of Bronisław Piłsudski.* Vol. 1. Saitama, 2010.

Байор А.А. Бронислав Пилсудский и Зулов // *Bronisław Piłsudski and Futabatei Shimei.* Poznań, 2001.

Байор А.А. Бронислав Пилсудский – поляк без Родины, видный русский ученый (Детство, юность) // *A Critical Biography of Bronisław Piłsudski.* Vol. 1. Saitama, 2010.

В. Л. Японские рабочие на рыбных промыслах северной Японии и южного Сахалина // Русское богатство, № 8, 1901.

Вихеркевич Т. Читая и сравнивая материалы Бронислава Пилсудского на русском и японском языках об экономической жизни сахалинских айнов. Перевод с английского В.Г. Сваловой // Б.О. Пилсудский – исследователь народов Сахалина. Т. 1. Южно-Сахалинск, 1992.

Вуйцик З. Из неизвестной переписки ссыльного Бронислава Пилсудского // ВСМ. № 5,

1998.

Вуйцик З. Вацлав Серошевский о Брониславе Пилсудском: страницы сотрудничества и дружбы. Перевод с польского языка И. Ю. Сирак // ИИНБП. № 16, 2012.

Вуйцик З. Музей и музееведение в деятельности Бронислава Пилсудского. Перевод с польского языка И. Ю. Сирак // ИИНБП. № 20, 2016.

Высоков М.С. Научное наследие Б. Пилсудского и судьбы народов Сахалина // КБ. 1991, № 3.

Галлямова Л.И. Одна из страниц биографии Н.П. Матвеева // Сб.: Культура Дальнего Востока России и стран АТР: Восток – Запад. Научная конференция. Март 1994. Вып. 1. Владивосток, 1994.

Гитович И.Е., Хорев В.А. Письма Бронислава Пилсудского Н.А. Рубакину // ИИНБП. № 10, 2006.

Гродиска К. Рукописное наследие Бронислава Пилсудского в собраниях библиотеки Польской Академии Наук в Кракове. Перевод с польского яз. И.Ю. Сирак // ИИНБП. № 11, 2007.

Даллас Ф. Бронислав Пилсудский в Швейцарии и оригинальная коллекция фотографий Пилсудского в Музее этнографии Нешателя. Перевод с английского яз. В.В. Переславцева // ИИНБП. № 12, 2008.

Домбровский А. Два письма Вацлава Серошевского Брониславу Пилсудскому о подготовке их экспедиции к айнам Хоккайдо в 1903 году. Перевод с английского яз. В.В. Переславцева // ИИНБП. № 10, 2006.

Домбровский А. Источниковые материалы Бронислава Пилсудского в Архиве новейшей истории и документации (AAN) в Варшаве. Перевод с английского яз. В.В. Переславцева // ИИНБП. № 11, 2007.

*Дударец Г.И.*a С Пилсудским по Петербургу // ИИНБП. № 4, 2000.

*Дударец Г.И.*b Несколько штрихов к родословной Бронислава Пилсудского // ИИНБП. № 4, 2000.

Дударец Г.И. Бронислав Пилсудский и газета «Русские ведомости» // ИИНБП. № 5, 2001.

Дударец Г.И., Латышев В.М. Экспедиция В. Серошевского и Б. Пилсудского на о. Хоккайдо в 1903 г. // ИИНБП. № 6, 2002.

Дударец Г.И. По страницам семейных преданий Пилсудских // ИИНБП. № 6, 2002.

*Дударец Г.И.*a Новый источник о жизни Бронислава Пилсудского во Владивостоке // ИИНБП. № 8, 2004.

*Дударец Г.И.*b Эпистолярное наследие узников сахалинской каторги (по письмам Л.Я. Штернберга, И.П. Ювачёва и других политических ссыльных) // ИИНБП. № 8, 2004.

*Дударец Г.И.*a «Фавны» и «сатиры» о-ва Иессо или «Русские ведомости» в творчестве Вацлава Серошевского (по письмам В.Л. Серошевского 1903–1904 гг.) // ИИНБП. № 9, 2005.

*Дударец Г.И.*b Найдена рецензия Льва Штернберга на книгу Бронислава Пилсудского «Ма-

terials for the study of the Ainu language and folklore» // ИИНБП. № 9, 2005.

Дударец Г.И. «Пилсудский славный парень и прелестный, урождённый этнограф. У него прямо прирождённый талант…» (из переписки участников этнографической экспедиции 1903 года на Хоккайдо) // ИИНБП. № 10, 2006.

Дударец Г.И, Латышев В.М. Гербарные коллекции Бронислава Пилсудского // ИИНБП. № 11, 2007.

Дударец Г.И. Петербургский календарь Бронислава Пилсудского // ИИНБП. № 11, 2007.

Дударец Г.И. Японский друг Бронислава Пилсудского (неизвестные автографы Фтабатэя Симей из московского архива) // ИИНБП. № 12, 2008.

*Дударец Г.И.*a Первые сахалинские врачи (по материалам Российского Медицинского Списка, медицинским календарям и другим источникам) // ВСМ. № 16, 2009.

*Дударец Г.И.*b Иван Тадеуш Богдан Жарновский («Иван Иванович») // ИИНБП. № 13, 2009.

*Дударец Г.И.*a Санкт-Петербург в жизни Бронислава Пилсудского // *A Critical Biography of Bronisław Piłsudski.* Vol. 1. Saitama, 2010.

*Дударец Г.И.*b Несостоявшаяся встреча // *A Critical Biography of Bronisław Piłsudski.* Vol. 2. Saitama, 2010.

Дударец Г.И. «Быть одиноким среди своих…» (заметки на полях «Дневника» Бронислава Пилсудского) // ИИНБП. № 15, 2011.

Дударец Г.И. «Я с любопытством рассматривал чудесную природу Японии и изумительную деятельность японцев... » (Три письма И.П. Ювачёва братьям) // ИИНБП. № 19, 2015.

*Дударец Г.И.*a «С.-Петербург. Аптекарский остров. Императорский Ботанический Сад. Его высокогородию Гну Б.А. Федченко» (Об одном письме Бронислава Пилсудского) // ЭЗСОКМ. № 2, 2018.

*Дударец Г.И.*b На обломках империи (О братьях Пилсудских) // ЭЗСОКМ. № 2, 2018.

Дьяченко Б. Клан Матвеевых // Рубеж: Тихоокеанский альманах. № 4 (866), 2003.

Егорчев И.Н. Черновик отчета Бронислава Пилсудского из архива РГО-ОИАК // ИИНБП. № 18, 2014.

Иващенко Л.Я. Послесловие к изданию: Николай Петрович Матвеев – кто он?… Владивосток, 1991.

Иноуэ К. Неотсланное(?) письмо Б. Пилсудского к Председателю Русского комитета для изучения Средней и Восточной Азии В.В. Радлову. Перевод с английского В.Г. Сваловой // Б.О. Пилсудский – исследователь народов Сахалина. Т. 1. Южно-Сахалинск, 1992.

Иноуэ К. Письма Бронислава Пилсудского Францу Боасу. Перевод с английского языка В.В. Переславцева // ИИНБП. № 3, 1999.

Иноуэ К. Предложения Бронислава Пилсудского о самоуправлении и просвещении сахалинских айнов // ИИНБП. № 8. 2004.

Иноуэ К. «Дорогой Отец». Письма Бронислава Пилсудского отцу // ИИНБП. № 14, 2010.

Ищенко М.И. Сахалин в 1880-90-е годы (проблема народонаселения) // Б.О. Пилсудский – исследователь народов Сахалина. Т. 2. Южно-Сахалинск, 1992.

Кавин Н.М. «Приехал вечером господин Чехов» (Сахалинские дневники Ивана Ювачёва) // ИИНБП. № 17, 2013.

Кавин Н. Летописец сахалинской каторги // *Ювачёв И.* Сахалинские дневники в двух томах. Т. 1. Южно-Сахалинск: Сахалинская областная типография, 2014.

Ковальский В. Европейский календарь (Бронислав Гинет-Пилсудский в Европе 1906-1918). Перевод с английского В.Г. Сваловой // Б.О. Пилсудский – исследователь народов Сахалина. Т. 1. Южно-Сахалинск, 1992.

Ковальский В. Грань Бронислава Пилсудского. Перевод с английского языка В.В. Переславцева // ИИНБП. № 3, 1999.

Ковальский В. Гражданин мира. Кем был Бронислав Пилсудский? Перевод с английского языка А.Р. Тараканова // ИИНБП. № 18, 2014.

Косарев В.Д. Ученый счастливой и горькой судьбы // ИИНБП. № 7, 2004.

Костанов А.И. Ценный источник по японской топонимике Южного Сахалина // ВСМ. № 5, 1998.

Крейнович Е.А. О лирических любовных песнях нивхов // ИИНБП. № 1, 1998.

Курилов Р.П. «В назидание потомству» // Рубеж: Тихоокеанский альманах. № 4 (866), 2003.

*Кучинский А.*a Научная деятельность Бронислава Пилсудского в Польше. Перевод с польского В.М. Дракунова // Б.О. Пилсудский – исследователь народов Сахалина. Т. 1. Южно-Сахалинск, 1992.

*Кучински А.*b Бронислав Пилсудский – прототип героя повести Стефана Жеромского «Красота жизни». Перевод с польского В.М. Дракунова // Б.О. Пилсудский – исследователь народов Сахалина. Т. 1. Южно-Сахалинск, 1992.

Кучинский А. Неосуществленные замыслы, или ненаписанные мемуары Бронислава Пилсудского. Перевод с польского Л.И. Каберник // КБ. 1995, № 1.

*Кучинский А.*a За пределами науки. Деятельность Бронислава Пилсудского в Польском Народном Комитете в Париже. Перевод с польского яз. И.Ю. Сирак // ИИНБП. № 3, 1999.

*Кучинский А.*b Новый портрет Бронислава Пилсудского. Перевод с польского яз. И.Ю. Сирак // ИИНБП. № 3, 1999.

Кучинский А. Документальные фотографии Бронислава Пилсудского (краткий обзор коллекций Этнографического музея Вены). Перевод с польского яз. И.Ю. Сирак // ИИНБП. № 4, 2000.

Кучинский А. Бронислав Пилсудский (1866-1918). Человек – Учёный – Патриот. (Симпозиум 20-21 октября 2000 г. Закопане) // ИИНБП. № 5, 2001.

Кучинский А. Когда наступил кризис жизни. Новые материалы, касающиеся смерти Бронислава Пилсудского. Перевод с польского яз. И.Ю. Сирак; с французского яз. А.И. Баяндина // ИИНБП. № 6, 2002.

*Кучинский А.*a Портрет Бронислава Пилсудского из цикла «Польские исследователи Сибири» // ИИНБП. № 9, 2005.

*Кучинский А.*b Bronisław Piłsudski (1866–1918) Człowiek – Uczony – Patriota. Pod red. Anny Liscar, Magdaleny Sarkowicz. Zakopane 2003. S. 338, ill. 12. Перевод с польского яз. И.Ю. Сирак // ИИНБП. № 9, 2005.

Кучинский А. Следы Бронислава Пилсудского во Львове. Перевод с польского яз. И.Ю. Сирак // ИИНБП. № 11, 2007.

*Кучинский А.*a Ссылка и вольные пути Бронислава Пилсудского. Перевод с польского языка И.Ю. Сирак // ЭЗСОКМ. № 2, 2018.

*Кучинский А.*b «Любимый и дорогой дядюшка» (Письма Бронислава Пилсудского к Станиславу Виткевичу). Перевод с польского языка И.Ю. Сирак // ЭЗСОКМ. № 2, 2018.

Латышев В.М. Сахалин в судьбе Бронислава Пилсудского // Б.О. Пилсудский – исследователь народов Сахалина. Т. 1. Южно-Сахалинск, 1992.

*Латышев В.М.*a Записки Б.О. Пилсудского о первых встречах аборигенов о. Сахалина с белым человеком // Славяне на Дальнем Востоке: проблемы истории и культуры. Южно-Сахалинск: Сахалинский центр документации новейшей истории, 1994.

*Латышев В.М.*b Материалы к библиографии публикаций на русском языке о Б.О. Пилсудском // КБ. 1994, № 4.

Латышев В.М. Предварительный отчет Бронислава Пилсудского // ВСМ. № 3, 1996.

Латышев В.М. Бронислав Пилсудский – соискатель премии имени Л.П. Кузнецова // ВСМ. № 4, 1997.

Латышев В.М., Роон Т.П. Пропавшая тетрадь Бронислава Пилсудского «Песни, посвященные мне» // ИИНБП. № 1, 1998.

Латышев В.М. «…В случае удачи Вы были бы первым президентом Сибири» (Письма Бронислава Пилсудского Русселю (Н.К. Судзиловскому) 1906-1908 гг.) // ИИНБП. № 3, 1999.

*Латышев В.М.*a Проект Бронислава Пилсудского «Об устройстве быта и управлении айнов» о. Сахалина: неизвестный вариант / ИИНБП. № 4, 2000.

*Латышев В.М.*b Письма Гилярия Госткевича и Сэнтоку Тародзи Брониславу Пилсудскому // ИИНБП. № 4, 2000.

*Латышев В.М.*a Проект Бронислава Пилсудского "Об устройстве быта и управления айнов" о. Сахалина: Неизвестный вариант // *Bronisław Piłsudski and Futabatei Shimei.* Poznań, 2001.

*Латышев В.М.*b Сказки и предания сахалинских айнов из записей Бронислава Пилсудского // ИИНБП. № 5, 2001.

Латышев В.М. Переписка В.Л. Котвича и Л.Я. Штернберга о наследии Бронислава Пилсудского // ИИНБП. № 8, 2004.

*Латышев В.М.*a Забытые воспоминания // ИИНБП. № 9, 2005.

*Латышев В.М.*b Перед командировкой на Сахалин (Два письма Бронислава Пилсудского Л.Я. Штернбергу) // ИИНБП. № 9, 2005.

*Латышев В.М.*a Два письма Бронислава Пилсудского из Америки и Галиции в газету

«Воля» // ИИНБП. № 10, 2006.

*Латышев В.М.*b Индын // ИИНБП. № 10, 2006.

Латышев В.М. Встреча в селении Онор // ИИНБП. № 11, 2007.

*Латышев В.М.*b В неволю… через моря и океаны // ИИНБП. № 12, 2008.

Латышев В.М. Бронислав Пилсудский и доктор Н.В. Кирилов // ИИНБП. № 13, 2009.

Латышев В.М. Сахалинские университеты // Бронислав Пилсудский и Лев Штернберг: Письма и документы (конец XIX – начало XX вв.). Южно-Сахалинск: ГУП «Сахалинская областная типография», 2011.

Латышев В.М., Прокофьев М.М. Врач Л.В. Поддубский и Бронислав Пилсудский // ИИНБП. № 15, 2011.

*Латышев В.М.*a Н.С. Лобас. Онорское дело. Вступительная статья // ВСМ. № 19, 2013.

*Латышев В.М.*b Окружение Бронислава Пилсудского. И.И. Мейснер // ИИНБП. № 17, 2013.

Латышев В.М. Письма Бронислава Пилсудского сестре Зофье (Зуле) // ИИНБП. № 19, 2015.

Латышев В.М., Прокофьев М.М. Б.О. Пилсудский и Д.Н. Анучин // ЭЗСОКМ. № 1, 2017.

Лишинский Б.Д. А.П. Чехов и Н.П. Матвеев // Сб.: Зотик Николаевич Матвеев (к 100-летию со дня рождения): материалы юбилейных чтений 2 ноября 1989 г. Владивосток, 1990.

*Лок Г.Д.*a Тылгур о дочери нивхской поэтессы Вунит // *Bronisław Piłsudski and Futabatei Shimei.* Poznań, 2001.

*Лок Г.Д.*b Тылгур о дочери нивхской поэтессы Вунит // ИИНБП. № 5, 2001.

Маевич А. Самоубийство? Перевод с английского В.Г. Сваловой // Б.О. Пилсудский – исследователь народов Сахалина. Т. 1. Южно-Сахалинск, 1992.

*Маевич А.Ф.*a Малоизвестная статья Бронислава Пилсудского // ВСМ. № 1, 1995.

*Маевич А.Ф.*b «Тусу-куру» – айнские шаманы // ВСМ. № 2, 1995.

Маевич А.Ф. Бронислав Пилсудский в Японии. Перевод с польского яз. Л. Каберник // ВСМ. № 3, 1996.

Маевич А.Ф. Загадка одного портрета и одной дружбы. Адамас Варнас и Бронислав Пилсудский // ИИНБП. № 3, 1999.

Маевич А.Ф. Бронислав Пилсудский и литовские кресты. Перевод с польского яз. И.Ю. Сирак // ИИНБП. № 6, 2002.

Маевич А. Архивные материалы по Брониславу Пилсудскому в библиотеке ПАН в Кракове и их использование. Перевод с польского яз. И.Ю. Сирак // ИИНБП. № 11, 2007.

Маевич А.Ф. Наследие Бронислава Пилсудского и Литва. Перевод с английского яз. В.В. Переславцева // ИИНБП. № 16, 2012.

Маевич А.Ф. Бронислав Пилсудский о японских женщинах позднего периода эпохи Мэйдзи. Перевод с английского яз. А.Р. Тараканова // ИИНБП. № 18, 2014.

Моряк Н.П. Матвеев пионер журналистики на Дальнем Востоке // Сибирский архив. № 12, окт. 1912.

Островский А.Б. Мифологические тексты нивхов в собрании Б. Пилсудского // Б.О. Пилсудский – исследователь народов Сахалина. Т. 2. Южно-Сахалинск, 1992.

Островский А.Б., Маевич А.Ф. Словарь сахалинских нивхов Бронислава Пилсудского // ИИНБП. № 11, 2007.

Островский А.Б. Архивная находка: Неизвестный нивхский фольклорный текст Л.Я. Штернберга // ИИНБП. № 20, 2016.

Полевой Б.П. Забытые прошения Пилсудского Иосифа Петровича о помиловании сына Бронислава в 1887, 1892 и 1896 годах // ИИНБП. № 3, 1999.

Потульницкий В. К истории пребывания Бронислава Пилсудского во Львове // *Bronisław Piłsudski and Futabatei Shimei.* Poznań, 2001.

*Прокофьев М.М.*a Неизвестный Пилсудский: К истории одного конфликта // *Bronisław Piłsudski and Futabatei Shimei.* Poznań, 2001.

*Прокофьев М.М.*b Коллекции Б.О. Пилсудского в музеях России и Японии (Проблемы выявления, изучения и каталогизации) // *Bronisław Piłsudski and Futabatei Shimei.* Poznań, 2001.

Прокофьев М.М. Айнская семья Бронислава Пилсудского: правда и вымысел // ИИНБП. № 12, 2008.

Прокофьев М.М. Восхождение на гору Б. Пилсудского в 2008 году. Из путевых наблюдений (глазами этнографа и путешественника) // ИИНБП. № 13, 2009.

Прокофьев М.М. Находка еще одного письма Бронислава Пилсудского академику В.В. Радлову // ИИНБП. № 16, 2012.

*Прокофьев М.М.*a Неизвестное письмо фотографа С.М. Будагианца Б.О. Пилсудскому // ЭЗСОКМ. № 1, 2017.

*Прокофьев М.М.*b Несколько слов о письме Н.П. Матвеева Л.Я. Штернбергу // ЭЗСОКМ. № 1, 2017.

Ратай А. Этнографический музей в Кракове. Неизвестные материалы о Брониславе Пилсудском. Перевод с польского яз. И.Ю. Сирак // ЭЗСОКМ. № 2, 2018.

*Решетов А.М.*a О письме Б. Пилсудского Д.А. Клеменцу // ИИНБП. № 4, 2000.

*Решетов А.М.*b О письме Б. Пилсудского К.Г. Залеману // ИИНБП. № 4, 2000.

*Решетов А.М.*a Д.А. Клеменц и его связи с польскими этнографами // *Bronisław Piłsudski and Futabatei Shimei.* Poznań, 2001.

*Решетов А.М.*b О письме Б. Пилсудского академику В.В. Радлову // ИИНБП. № 5, 2001.

Роон Т.П. Письма Бронислава Пилсудского в Русский музей // ИИНБП. № 1, 1998.

Роон Т.П. Фонографические записи Бронислава Пилсудского // ИИНБП. № 5, 2001.

Севела М. Вести и размышления из Франции // ИИНБП. № 19, 2015.

Сем Т.Ю. Медвежий праздник айнов в исследованиях Б.О. Пилсудского // ИИНБП. № 4, 2000.

Сем Ю.А. Проект управления айнами о. Сахалина, составленный Б.О. Пилсудским // Б.О. Пилсудский – исследователь народов Сахалина. Т. 1. Южно-Сахалинск, 1992.

Семенкова В.Г. Бронислав Пилсудский и нивхи Тымовской долины // *Bronisław Piłsudski and Futabatei Shimei.* Poznań, 2001.

Соболев В.С. Роль Академии Наук в изучении Сахалина в начале XX века (По документам Петербургского филиала Архива Российской Академии Наук) // Б.О. Пилсудский – исследователь народов Сахалина. Т. 2. Южно-Сахалинск, 1992.

Список государственных преступников на острове Сахалине // Каторга и ссылка. Кн. 27, 1926.

Сташель Я. Из неизвестных писем Бронислава Пилсудского к Марии Жарновской в 1907 г. Перевод с польского яз. И.Ю. Сирак // ИИНБП. № 9, 2005.

Сташель Я. Письма Бронислава Пилсудского к Юлиану Талько-Гринцевичу в 1909–1914 гг. Перевод с польского яз. И.Ю. Сирак // ИИНБП. № 11, 2007.

Строганова Е.Н. «Мне кажется, я люблю ее и любил искренно…»: Эпистолярный дневник Ивана Ювачева // Новый мир. № 6, июнь 2001 г.

Судзиловский (Руссель) Н.К. Послесловие к статье Джорджа Кеннана "Как велось просвещение русских солдат в Японии?" // Каторга и ссылка. № 2 (31), 1927.

Теплинский М.В. Доктор А.А. Волкенштейн (штрихи к портрету обыкновенного порядочного человека) // ВСМ. № 4, 1997.

Утида Ю. Деятельность Б. Пилсудского в Сираой (исследования по записям Б. Пилсудского и рассказам, услышанным в Сираой). Перевод с японского яз. С.Ч. Лим // Б.О. Пилсудский – исследователь народов Сахалина. Т. 1. Южно-Сахалинск, 1992.

Хасанова М.М. Б.О. Пилсудский и Л.Я. Штернберг // *Bronisław Piłsudski and Futabatei Shimei.* Poznań, 2001.

Хасанова М.М. Фотоколлекция Б.О. Пилсудского в МАЭ РАН // ИИНБП. № 9, 2005.

Шостакович Б.С. Малоизвестные источники о жизни и деятельности на Сахалине Бронислава Пилсудского // Б.О. Пилсудский – исследователь народов Сахалина. Т. 1. Южно-Сахалинск, 1992.

Шостакович Б.С. Сахалинский дневник Бронислава Пилсудского // ИИНБП. № 1, 1998.

Шостакович Б.С. Бронислав Пилсудский – корреспондент Бенедикта Дыбовского и Вацлава Серошевского // ИИНБП. № 3, 1999.

Шостакович Б.С. Бронислав Пилсудский как исследователь истории поляков в Сибири // ИИНБП. № 5, 2001.

Шульгина Т.С. Б.О. Пилсудский – иссследователь народов Сахалина // История и культура народов Дальнего Востока [Доклады и сообщения, прочитанные на 2-й сессии Дальневосточных исторических чтений в г. Южно-Сахалинске в декабре 1971 г.]. Южно-Сахалинск: Сахалинское отделение Дальневосточного книжного издательства, 1973.

Ясуи Р. Письма Бронислава Пилсудского японскому писателю Хасегава Тацуноске // ИИНБП. № 12, 2008.

Kuczyński A., Wójcik Z. Bronisław Piłsudski – Muzeolog // *A Critical Biography of Bronisław Piłsudski.* Vol. 2. Saitama, 2010.

Bronisław Piłsudski's Ainu Family // *The Collected Works of Bronisław Piłsudski. Vol. 1. The Aborigines of Sakhalin.* Berlin & New York: Mouton de Gruyter, 1998.

Crowley D. Seeing Japan, Imagining Poland: Polish Art and the Russo-Japanese War // The Russian Review. Vol. 67, no. 1, January 2008

Dall L. Bronisław Piłsudski: A Founding Father of the Tatra Muzeum in Zakopane // *The Ainu, the Górals and Bronisław Piłsudski.* Edited by Anna Król. Kraków: Manggha Museum of Japanese Art and Technology, 2018.

Dallais P. Bronisław Piłsudski in Switzerland and Piłsudski's Original Photograph Collection in the Museum of Ethnography of Neuchâtel // *Bronisław Piłsudski and Futabatei Shimei.* Poznań, 2001.

Gruzdeva E. Nivkh Folklore Texts Collected by B. Piłsudski: An Introduction to Linguistic Description // *Bronisław Piłsudski and Futabatei Shimei.* Poznań, 2001.

Inoue K. "Dear Father". B. Piłsudski's Letters from the Petro-Pavlovsky Fortress // *Bronisław Piłsudski and Futabatei Shimei.* Poznań, 2001.

Inoue K. B. Piłsudski's Proposals of Autonomy and Education for the Sakhalin Ainu //『ピウスツキによる極東先住民研究の全体像を求めて』北海道大学スラブ研究センター、2003 年

Inoue K.a Bronisław Piłsudski's Endeavours on Ainu Education and Self-government // *A Critical Biography of Bronisław Piłsudski.* Vol. 1. Saitama, 2010.

Inoue K.b The Ainu Expedition to Hokkaido in 1903 // *A Critical Biography of Bronisław Piłsudski.* Vol. 2. Saitama, 2010.

Jasiewicz Z. Bronisław Piłsudski's Cooperation with the Emperor Alexander III Muzeum in St. Petersburg // *Bronisław Piłsudski and Futabatei Shimei.* Poznań, 2001.

Kowalski W. The European Calendarium (Bronisław Ginet-Piłsudski in Europe. 1906-1918) // Linguistic and Oriental Studies from Poznan. No. 2, 1995.

Kowalski W.a Noblesse oblige – The Billewicz Genetic Strategy // *A Critical Biography of Bronisław Piłsudski.* Vol. 1. Saitama, 2010.

Kowalski W.b The European Calendarium: Bronisław Ginet-Piłsudski in Europe 1906-1918 // *A Critical Biography of Bronisław Piłsudski.* Vol. 2. Saitama, 2010.

Kozak A. The Zakopane Collection of Bronisław Piłsudski // *The Ainu, the Górals and Bronisław Piłsudski.* Edited by Anna Król. Kraków: Manggha Museum of Japanese Art and Technology, 2018.

Krajewski K.A. Photo-Story from the Opening of the Exibition and from the Conference on Bronisław Piłsudski // Manggha Museum of Japanese Art and Technology. *Report on Activities 2018.* Kraków, 2019.

Król A. The Ainu, the Górals and Bronisław Piłsudski // Manggha Museum of Japanese Art and Technology. *Report on Activities 2018.* Kraków, 2019.

Kuczyński A.a Bronisław Piłsudski's Photographic Collection from Sakhalin in the Museum of Ethnology in Vienna // *Bronisław Piłsudski and Futabatei Shimei.* Poznań, 2001.

Kuczyński A.b Bronisław Piłsudski in Research and Political Activity for the National Cause. An

Appreciation // *Bronisław Piłsudski and Futabatei Shimei.* Poznań, 2001.

Laskowska-Smoczyńska W. Bronisław Piłsudski Conference // Manggha Museum of Japanese Art and Technology. *Report on Activities 2018.* Kraków, 2019.

Majewicz A.F. On B. Piłsudski's Unpublished Ainu Material //『北方文化研究』11、1977 年

Majewicz A.F. The Scholarly Profile of Bronisław Piłsudski // *The Collected Works of Bronisław Piłsudski. Vol. 1. The Aborigines of Sakhalin.* Berlin & New York: Mouton de Gruyter, 1998.

Majewicz A.F. Bronisław Piłsudski, Adomas Varnas and the "Lithuanian Crosses" // *Bronisław Piłsudski and Futabatei Shimei.* Poznań, 2001.

Majewicz A.F. Phonographic Records of Ainu Language and Folklore on Wax Cylinders // *The Collected Works of Bronisław Piłsudski. Vol. 3. Ainu Language and Folklore Materials 2.* Reconstructed, translated, and edited by A. F. Majewicz. Berlin & New York: Mouton de Gruyter, 2004.

Majewicz A.F.a On the Research Results – Background, Description, Evaluation // *A Critical Biography of Bronisław Piłsudski.* Vol. 2. Saitama, 2010.

Majewicz A.F. (comp.)b Bibliography // *A Critical Biography of Bronisław Piłsudski.* Vol. 2. Saitama, 2010.

Majewicz A.F. Bronisław Piłsudski on Late Meiji Japan Woman //『埼玉大学教養学部　リベラル・アーツ叢書 5　ポーランドの民族学者ブロニスワフ・ピウスツキの生涯と業績の再検討』埼玉大学教養学部・文化科学研究科、2013 年

Prokofiev M.M. Bronisław Piłsudski's Ainu Family in Southern Sakhalin (1902-1905) // *A Critical Biography of Bronisław Piłsudski.* Vol. 1. Saitama, 2010.

Roszkowski J.M. Bronisław Piłsudski as Researcher and Activist in Podhale, Orawa and Spisz Regions // *Bronisław Piłsudski and Futabatei Shimei.* Poznań, 2001.

Sierpowski S.a On the Contacts between Władysław Zamoyski and Bronisław Piłsudski // *A Critical Biography of Bronisław Piłsudski.* Vol. 2. Saitama, 2010.

Sierpowski S.b The Last Memorial of Bronisław Piłsudski // *A Critical Biography of Bronisław Piłsudski.* Vol. 2. Saitama, 2010.

7 回想・エッセーなど

麻生正蔵「ポーランド紀行」『家庭週報』48、1906 年 1 月 27 日。49、2 月 10 日

アムールスキイ・ニコライ著、桧山真一訳「日本におけるロシア人召使」『地域史研究　はこだて』18、1993 年 10 月

アムールスキー著、原暉之訳・解説「函館最初の写真師（在日ロシア人の生活から）」『地域史研究　はこだて』23、1996 年 3 月

飯島生「北海道紀行」『博物学雑誌』4–40、1903 年 9 月。4–42、1904 年 1 月

石川三四郎 a「亡国民の偉業」『新日本』4–12、1914 年 10 月。『石川三四郎著作集』6 に所収、青土社、1978 年

石川三四郎 b「ピルスヅスキイの想ひ出」『月刊ロシヤ』5–11、1939 年 11 月。『石川

三四郎著作集』6 に所収、青土社、1978 年
石川三四郎「自叙伝」『石川三四郎著作集』8、青土社、1977 年
石榑千亦「橘糸重さん」『心の花』43−10、1939 年 10 月
「上田将氏の永眠」『正教新報』765、1912 年 10 月
内田魯庵「銀座繁盛記」『内田魯庵全集 3　回想Ⅰ』ゆまに書房、1983 年
大島健一「樺太境界劃定に就て」『地学雑誌』20−236、1908 年 8 月
〔大杉〕栄「大久保より」『近代思想』1−9、1913 年 6 月
大庭柯公 a「露国及露人研究　76　日本で生まれた最初の露国人」『柯公全集』3、柯公全集刊行会、1925 年
大庭柯公 b「露国及露人研究　99　浦潮で十九日間の獄中生活」『柯公全集』3、柯公全集刊行会、1925 年
「懐舊の涙新なる多磨墓地納骨式」『女医界』290、1937 年 5 月
梶森治「回想　不思議な人の縁」『Самовар』7、1985 年 2 月
加島汀月「年賀状のあら探し」『裏錦』172、1907 年 2 月
片山せつ「在りし日の父二葉亭四迷」『二葉亭四迷全集』別巻、筑摩書房、1993 年
木下尚江「長谷川二葉亭君」『神・人間・自由』中央公論社、1934 年
木村和保「ピウスツキと我が父」『サハリンと B. ピウスツキ』ピウスツキをめぐる北方の旅実行委員会、1992 年
「牛鍋「いろは」王国と木村荘平」インターネット http://www.ippusai.com/hp_home/sunset/kimura.htm
「凶作地救済音楽会」a『早稲田学報』130、1906 年 3 月
久保勉「ケーベル先生を語る」『図書』263、1971 年 7 月
熊谷喜一郎「樺太談」『地学雑誌』18−212、1906 年 8 月
小花清泉「橘糸重女史を懐ふ」『心の花』43−10、1939 年 10 月
堺利彦「波蘭の珍客」『堺利彦全集』2、中央公論社、1971 年
佐々木信綱「寧斎君と和歌」『新小説』10−7、1905 年 7 月
シェロシェフスキ・W 著、井上紘一訳「毛深い人たちの間で」『東北アジア研究センター叢書　第 63 号　ブロニスワフ・ピウスツキのサハリン民族誌〜二十世紀初め前後のエンチウ、ニヴフ、ウイルタ〜』東北大学東北アジア研究センター、2018 年
志賀重昂「樺太境界劃定の顛末」『地学雑誌』19−220、1907 年 4 月
志賀重昂「大役小志」『志賀重昂全集』6、1928 年
「始業式」、「開校式及び紀念式」『家庭週報』56、1906 年 4 月 7 日
島田三郎「真率の人」『二葉亭四迷　各方面より見たる長谷川辰之助君及其追懐』易風社、1909 年
清水三三「恩師二葉亭四迷の思い出」『ソ連研究』1−8、1952 年 11 月
信欣三「元祖アイスクリーム　函館屋」『食の雑誌　あさめし・ひるめし・ばんめし』44、1985 年秋
「正教神学校々友会名簿」『正教時報』25−9、1936 年 9 月
「世界最従順の民アイヌ人を迎ふ」『太陽』16−9 臨時増刊、1910 年 6 月

高橋ヒトミ「何もなかった故郷」『サハリンと B. ピウスツキ』ピウスツキをめぐる北方の旅実行委員会、1992 年
多賀谷千賀「亡き先生」『心の花』43–10、1939 年 10 月
橘糸重「思ひ出」『思想』23、1923 年 8 月
築地宣雄謹術「宮崎滔天」『宮崎滔天全集』5、平凡社、1976 年
「日本海上の航路」『世界』28、1906 年 9 月
〔表紙写真〕、「文部省実地試験合格者」『女医界』40、1910 年 3 月
福田英子「二葉亭四迷氏逝く」『世界婦人』37、1909 年 6 月
二葉亭四迷 a「文壇を警醒す」『二葉亭四迷全集』4、筑摩書房、1985 年
二葉亭四迷 b「露国文学談片」『二葉亭四迷全集』4、筑摩書房、1985 年
マツウエーワ、ゾーヤ、ニコライウナ「憶ひ出の記」『日露実業新報』4–2、1918 年 2 月
山岸嵩「よみがえったモノとコト、よみがえらせた物と者」『ポーランドのアイヌ研究者　ピウスツキの仕事 — 白老における記念碑の除幕に寄せて —』北海道ポーランド文化協会・北海道大学スラブ研究センター、2013 年
ヤンタ＝ポウチンスキ・アレキサンデル著、佐光伸一訳「樺太のポーランド人たち」『ポーランドのアイヌ研究者　ピウスツキの仕事 — 白老における記念碑の除幕に寄せて —』北海道ポーランド文化協会・北海道大学スラブ研究センター、2013 年
幽弦郎「楽壇雑観　慈善音楽会」『音楽新報』3–2、1906 年 3 月
横山天涯〔横山源之助の筆名〕氏談 a「長谷川君の志士的方面」『新小説』14–6、1909 年 6 月
横山源之助 b「真人長谷川辰之助」『二葉亭四迷　各方面より見たる長谷川辰之助君及其追懐』易風社、1909 年
与謝野鉄幹「箱館屋」『鉄幹晶子全集』5、勉誠出版、2003 年
吉岡彌生「女医誕生五十年に際して（五月九日ラヂオ放送）」『女医界』279、1936 年 6 月
「ロイド滊船會社の航業景況」『東邦協会報告』16、1892 年 9 月
「露文雑誌の発行」『新小説』12–12、1907 年 12 月
Госткевич Г.В. Записки пролетариата // Каторга и ссылка. Кн. 27, 1926.
Драматический театр Коммиссаржевской // Обозрение театров. № 635. 17 января 1909 г.
Иллакович К. Несколько слов о Юзефе Пилсудском. Перевод с польского яз. И.Ю. Сирак. Подготовка к печати и комментарии Г.И. Дударец // ЭЗСОКМ. № 2, 2018.
Кимура К. Сукэдзо – сын Бронислава Пилсудского. Перевод с японского яз. С.Ч. Лим // Б.О. Пилсудский – исследователь народов Сахалина. Т. 1. Южно-Сахалинск, 1992.
Матвеев Н. Воспоминания политических. Б.И. Пилсудский // Далекая окраина. 23 мар. 1917 г.
Матвеев-Бодрый Н. Страницы жизни борца // Советский Сахалин. 20 мая 1967.
Махортова М.К. Когда Богородице некогда. Рассказ внука И.П. Ювачёва Кирилла Владимировича Грицына о своем дедушке, с его воспоминаниями о Брониславе Пилсудском // ЭЗСОКМ. № 2, 2018.

Никольский А.А. Трогательный жест ниппонцев в адрес русской эмиграции // Рубеж, № 39, 27 сент. 1941 г.

Плоский Э. О Брониславе Пилсудском. Перевод с польского яз. И.Ю. Сирак // ИИНБП. № 9, 2005.

Севела М. Внучки Бронислава Пилсудского // ИИНБП. № 8, 2004.

Тригони М.Н. После Шлиссельбурга // Былое. № 9, 1906.

Nitsch K. Parę (osobistych) wspomnień o Bronisławie Piłsudskim 1. XI. 1866 – 17. V. 1918 // Nitsch K. *Ze wspomnień językoznawcy.* Warszawa: Państwowe Wydawnictwo Naukowe, 1960.

Sieroszewski W. Bronisław Piłsudski, urodził się w Zułowie w pow. Święciańskim, zmarł w roku 1918 w Paryżu // Rocznik Podhalański. T. I, 1921.

Sieroszewski W. Wśród kosmatych ludzi // *Szkice podróżnicze. Wspomnienia* (Dzieła. T. XVIII Varia). Kraków: Wydawnictwo Literackie, 1961.

8 新聞記事

「所謂凶徒聚集事件」『光』1–9、1906 年 3 月 20 日

大野正美「続・ニコライ二世をたどって 5」『朝日新聞』夕刊、2019 年 3 月 4 日

「大庭氏拘引さる」『大阪朝日新聞』1906 年 8 月 20 日

大庭生「露国の要塞監獄（一）（在監十九日間の実験録）」『大阪毎日新聞』1906 年 9 月 19 日

大矢雅弘「窓　日中友好発祥の地」『朝日新聞』夕刊、2011 年 10 月 12 日

「小川一真の帰国土産、広告写真燈」『東京横浜毎日新聞』1884 年 7 月 24 日

「華族女学校が合併になるまでの経緯」『時事新報』1906 年 4 月 11 日

「華族女学校を学習院に併合」『官報』1906 年 4 月 9 日

「片山潜氏歓迎会」『光』1–6、1906 年 2 月 5 日

「樺太国事犯解放」『東京朝日新聞』1905 年 8 月 22 日

「樺太を出たる志士（トリゴニー博士）」『東京朝日新聞』1905 年 8 月 25 日

「北の国境をたどって 1　日本にもあった陸の境界」『朝日新聞』夕刊、2015 年 10 月 19 日

「凶作地救済音楽会」b『萬朝報』1906 年 2 月 7 日

「凶作地救済慈善音楽会」『東京二六新聞』1906 年 2 月 7 日

「凶徒聚衆被告事件」『光』1–10、1906 年 4 月 5 日

「軍艦鈴谷の消息」『読売新聞』1906 年 8 月 24 日

「国事犯人の引取」『東京朝日新聞』1905 年 8 月 28 日

「御講書始」a『毎日新聞』1906 年 1 月 16 日

「御講書始」b『読売新聞』1906 年 1 月 16 日

小西海南「南樺太巡遊記（七）アイヌ酋長と会談」『東京朝日新聞』1905 年 11 月 13 日

「淋しき秋に亡師を弔ふ」『読売新聞』1914 年 9 月 26 日

「慈善音楽会」a『読売新聞』1906 年 2 月 7 日

「慈善音楽会」b『東京日日新聞』1906年2月11日
「慈善音楽会」c『報知新聞』1906年2月11日
「市民大会、赤旗押し立て市役所に迫る」『時事新報』1906年3月16日
「下田歌子が学習院女学部長に」『東京朝日新聞』1906年4月12日
「下田歌子辞任についての乃木院長談話」『時事新報』1907年11月26日
「社会党員ら日比谷で示威運動」『時事新報』1906年3月12日
「女学部長下田歌子辞任」『時事新報』1907年11月25日
「女性で最高の月給取り」『日本新聞』1906年2月15日
「新紀元集会」『新紀元』6、1906年4月10日
「第二市民大会」『光』1–9、1906年3月20日
「ダコタ号入港」『東洋日の出新聞』1906年7月29日
「ダコタ号の船客」『長崎新聞』1906年7月29日
「橘絲重子ぬしの慈善音楽会に演奏せらる丶日二首」『東京二六新聞』1906年2月11日
茶毘庵「最近調査樺太島（二）」『東京朝日新聞』1904年8月29日
「通信員拘引さる」『東京朝日新聞』1906年8月21日
「電車賃金値上反対大示威運動」『光』1–9、1906年3月20日
「東京築地のセントラルホテル全焼」『時事新報』1906年6月9日
「東京電報　浦塩上陸解禁公報」『東洋日の出新聞』1905年11月15日
「東北凶作地と都人の同情」『東京朝日新聞』1906年2月7日
鳥居きみ子b「蒙古行　道すがら（其一）」『読売新聞』1906年3月8日
「鳥居君子女史が蒙古王の家庭教師に」『報知新聞』1906年2月22日
「鳥居龍蔵、夫人の後を追い蒙古王へ」『日本新聞』1906年4月25日
「トリゴニー博士神戸に向ふ」『東京朝日新聞』1905年8月26日
中村光夫「レニングラードの二葉亭」『朝日新聞』夕刊、1971年11月17日
「乃木大将、院長に就任」『国民新聞』1907年2月1日
野口孝一「ピウスツキと銀座の函館屋」『北海道新聞』夕刊、1985年12月12日
「発布される」『官報』1908年10月14日
林望「辛亥革命と日本上　中国人学生　闘争導く」、「辛亥革命と日本中　民主の理念　祖国を刺激」『朝日新聞』夕刊、2011年10月11、12日
「坂神電鉄の同盟罷工」『光』1–13、1906年5月20日
「反対運動の参加者を警察が拘引」『時事新報』1906年3月17日
菱沼右一「樺太の旅（一）」『樺太日日新聞』1934年1月7日
「人」a『函館公論』1903年9月17日
「人」b『函館公論』1903年9月18日
「人と船　出港之部」『長崎新聞』1906年7月31日
「ブース大将東京へ」『東京朝日新聞』1907年4月18日
「ブース大将来日」『時事新報』1907年4月17日
「ブース大将を迎え学生大会を開催」『時事新報』1907年4月23日
「牧野文相の訓令」『光』1–15、1906年6月20日

三股《みまた》智子「遺骨持ち去り　なぜ」『毎日新聞』2018年9月23日
「山口副領事略歴」『浦潮日報』1917年12月28日
「郵船及大北汽船の連絡」『東洋日の出新聞』1905年1月29日
〔ラッセル、チャキ、タゲーエフの写真〕『東京朝日新聞』1906年12月26日
「ラツセル氏帰着（長崎）」『東京朝日新聞』1906年9月18日
「両陛下臨御、凱旋の大観兵式を挙行」『東京朝日新聞』1906年4月30日
「列国社会党大会」『読売新聞』1907年8月17日
「露国革命党員の奔走」『東洋日の出新聞』1906年7月31日
「露国革命党組織（長崎）」『東京朝日新聞』1906年12月17日
「露国革命派の名士」『東京朝日新聞』1906年2月20日
「露探！ 売国奴！」『函館新聞』1904年2月10日
Амурский Н. Несколько слов об отношениях к Японии и японцам // Владивосток, Год 21, № 4, 26 янв. 1903 г.
Горвиц В. Выдача политических эмигрантов // Воля. № 6, 7 мая 1906 г.
Китайская революционерка // Воля. № 32, 5 июля 1906 г.
Николай Константинович Руссель // Воля. № 43, 31 июля 1906 г.; № 46, 7 августа 1906 г.
От редакции // Воля. № 62, 13 сент. 1906 г.
Расписание почтовых пароходов // Воля. № 32, 5 июля 1906 г.
Ainus' Farewell: How London Impressed the Curious People // Daily News. November 2, 1910.
Great Northern Steamship Company // The Nagasaki Press, July 1, 1906
Latest Shipping. Arrivals // The Japan Weekly Mail. v. XLV, no. 5, Aug. 4, 1906.
Latest Shipping. Departures // The Japan Weekly Mail, v. XLV, no. 6, Aug. 11, 1906.
Passengers // The Japan Gazette. Aug. 2, 3, 1906.
Shipping. Arrivals // The Japan Gazette. Aug. 2, 1906.
Shipping. Arrivals. Departures // The Japan Weekly Chronicle. Aug. 2, 1906.
Shipping. Departures // The Japan Gazette. Aug. 3, 1906.
Visitors' List // The Nagasaki Press, July 27, 28, 1906.

写真・図版の出典

序　章

蠟管蓄音機と蠟管（ジョルィ市博物館）（著者撮影）

国際シンポジウム「B. ピウスツキ古蠟管とアイヌ文化」（著者所蔵）

第一章

ソロクポリスキ教会（著者撮影）

ピウスツキ家の紋章（Дударец2000b）

父ユゼフ（Paczkowska）

母マリア（Paczkowska）

ミツキェヴィチ像（クラクフ）（著者撮影）

右からブロニスワフ、ユゼフ（ヤギェウォ図書館所蔵）

ピウスツキ家の跡地（著者撮影）

ヴィルノ第一古典中学校（現ヴィリニュス大学）（著者撮影）

右からブロニスワフ、ユゼフ、一人おいてシュヴェングルベン（Латышев2008a）

第二章

青銅の騎士（北洞、高松）

元ペテルブルグ第五中学校の建物（著者撮影）

アレクサンドル三世（Yahoo! Japan「アレクサンドル三世の画像」）

ピウスツキが下宿していた建物（個人撮影）

ペトロパヴロフスク要塞（Литературные места России）

ユヴァチョーフ（Ювачёв2014）

第三章

アレクサンドロフスク港桟橋（北海道大学スラブ・ユーラシア研究センター所蔵）

プウォスキ（クラクフ・ポーランド科学アカデミー・芸術アカデミー学術文書館所蔵）

ルィコフスコエ村（クラクフ・ポーランド芸術アカデミー・科学アカデミー学術図書館所蔵）

ルィコフスコエのカザンの聖母教会（クラクフ・ポーランド芸術アカデミー・科学アカデミー学術図書館所蔵）

ピウスツキと女生徒たち（クラクフ・ポーランド芸術アカデミー・科学アカデミー学術図書館所蔵）

ギリヤークの漁労（ドゥルスキニンカイ市博物館所蔵）

ピウスツキとギリヤークの子供たち（クラクフ・ポーランド芸術アカデミー・科学アカデミー学術図書館所蔵）

チェーホフ（Литературные места России）

リュドミーラ・ヴォルケンシュテイン（Старый Владивосток）

シュテルンベルグ（Латышев2008a）

ピウスツキのギリヤーク調査（クラクフ·ポーランド芸術アカデミー·科学アカデミー学術図書館所蔵）
チュルカ（クラクフ民族学博物館所蔵）
ピウスツキ（個人所蔵）
ニコライ（セラフィム大主教）
ロバス医師によるギリヤークへの種痘接種（クラクフ・ポーランド芸術アカデミー・科学アカデミー学術図書館所蔵）
前列左よりユヴァチョーフ、シュテルンベルグ、後列左がマトヴェーエフ（1895 年、『ウラジオストク』紙編集部）（БП и ЛШ）
ピウスツキ（後列中央）、アレクサンドリン（その右下）と流刑囚の子供たち（クラクフ·ポーランド科学アカデミー・芸術アカデミー学術文書館所蔵）
ティミ川（クラクフ・ポーランド芸術アカデミー・科学アカデミー学術図書館所蔵）

第四章

現在のウラジオストク駅（著者撮影）
マトヴェーエフ家（Латышев2008a）
マトヴェーエフと長男ゾーチク（1908 年）（Матвеев Н.1990）
アムール地方研究協会博物館（著者撮影）
インディン（クラクフ民族学博物館所蔵）
パリチェフスキイ（Старый Владивосток）
キリーロフ（БП и ЛШ）

第五章

西海岸のアイヌ一家（ドゥルスキニンカイ市博物館所蔵）
デンビー家の人々を中心に（函館市中央図書館所蔵）
熊祭り（ドゥルスキニンカイ市博物館所蔵）
熊祭り（ドゥルスキニンカイ市博物館所蔵）
山邊安之助（山邊）
前列右より千徳太郎治、ピウスツキ、佐藤平吉、山邊安之助（1897 年、トゥナイチャ）（加藤強）
千徳太郎治（千徳）
右が晩年のバフンケ（樺太あいぬ族酋長ばふんけ・あといさらんで・しべけんにし）
右がチュフサンマ（ドゥルスキニンカイ市博物館所蔵）
チュフサンマとピウスツキの像（ジョルィ市博物館）（著者撮影）

第六章

シェロシェフスキ（The Collected Works of Bronisław Piłsudski. Vol. 3）
バチェラー（1932 年頃）（バチラー 1993）
蠟管蓄音機携帯証明書（クラクフ・ポーランド芸術アカデミー・科学アカデミー学術図書館所蔵）
現在の白老の旧アイヌ民族博物館（著者撮影）
野村シパンラムとピウスツキ（The Collected Works of Bronisław Piłsudski. Vol. 3）

白老のピウスツキ像（公益財団法人アイヌ民族文化財団提供）

第七章

右から三人目が助造を抱くチュフサンマ（1904年頃、バフンケの家の前）（ワルシャワ近・現代文書館所蔵）

ピウスツキ像（サハリン州郷土誌博物館）（著者撮影）

犬　橇（ドゥルスキニンカイ市博物館所蔵）

山口夫妻（クラクフ国立文書館所蔵）

野村夫妻（クラクフ国立文書館所蔵）

ピウスツキ（1903年？、函館・井田侾吉写真館）（ブロニスワフ・ピウスツキ遺産研究所所蔵）

神保小虎（クラクフ国立文書館所蔵）

ピウスツキの切手（著者所蔵）

哈嗹島漁業組合商店職員（左端が稲川）（加藤強）

第八章

前列左がピウスツキ、後列はオリチャで中央は中国人とのハーフ（ドゥルスキニンカイ市博物館所蔵）

ラッセル（和田春）

『日本とロシア』創刊号（早稲田大学中央図書館所蔵）

座っているのがラッセル、その後ろがオルジフ、右隣がピウスツキ（1905年、神戸）（タトラ博物館所蔵）

ピウスツキ（1905年、神戸）（ブロニスワフ・ピウスツキ遺産研究所所蔵）

第九章

『日本とロシア』第16号の記事（チェコ共和国国立図書館付属スラブ図書館所蔵）

箱館屋の2階？（クラクフ国立文書館所蔵）

『ヴォーリャ』創刊号（東京大学附属図書館所蔵）

高井万亀尾（個人所蔵）

前列左より三人目から宮崎民蔵、宋教仁、ピウスツキ、黄興、最後列左より二人目が宮崎滔天（1906年、民報社庭園）（萱野）

ケナン（クラクフ国立文書館所蔵）

呉弱男（クラクフ国立文書館所蔵）

『自由戦士アルバム』（埼玉大学図書館所蔵）

二葉亭とピウスツキ（クラクフ国立文書館所蔵）

右が加島斌（個人所蔵）

加藤時次郎（1913、4年頃）（成田）

中列左から三人目から福田英子、逸見菊枝、木下操子、後列左から横田兵馬、一人おいて石川三四郎、木下尚江、ピウスツキ、安部磯雄（『明治社会主義史料集　第3集　新紀元』）

『東洋』創刊号（ロシア連邦国立文書館学術図書室所蔵）

坪井正五郎（木下直）

鳥居龍蔵（1906 年）（鳥居き a）
鳥居きみ子（1906 年）（鳥居き a）
小谷部全一郎と長男・正義（1904 年）（クラクフ国立文書館所蔵）

第十章

『極東の自然と人々〔東洋週報〕』創刊号（アムール地方研究協会図書館所蔵）
熊谷喜一郎（加藤強）
日露国境標石（北海道大学総合博物館）（著者撮影）
前列右から藤井環、一人おいて幸田（安藤）幸、幸田延（『東京芸術大学百年史　東京音楽学校篇 1』）
橘糸重の手紙（クラクフ・ポーランド芸術アカデミー・科学アカデミー学術図書館所蔵）
橘糸重（『東京芸術大学百年史　演奏会篇 1』）
鷲山（吉岡）彌生一家（1906 年）（東京女子医科大学所蔵）
宗宮幸子の絵葉書（クラクフ・ポーランド芸術アカデミー・科学アカデミー学術図書館所蔵）
ケーベルの墓（雑司ヶ谷霊園）（著者撮影）
花井卓蔵（1904、5 年頃）（花井 1931）

第十一章

ディボフスキ（個人所蔵）
横山の感謝状（クラクフ・ポーランド芸術アカデミー・科学アカデミー学術図書館所蔵）
大庭柯公（『柯公全集』3）
マトヴェーエフの墓碑の成聖式（Никольский）

第十二章

ザコパネ（著者撮影）
トポロワ通りのアパート（著者撮影）
ピウスツキとマリア（タトラ博物館所蔵）
ヴィラ・ヒュゲア（クラクフ・ポーランド芸術アカデミー・科学アカデミー学術図書館所蔵）
英日博覧会のアイヌ（Ajnowie, Górale i Bronisław Piłsudski）
麻生正蔵（1907 年頃）（日本女子大学）
ズボロフスキ（1924 年）（Zbiory etnograficzne Muzeum Tatrzańskiego）
コルニウォヴィチの別荘（著者撮影）
ピウスツキとコルニウォヴィチ（クラクフ国立文書館所蔵）
『アイヌの言語とフォークロア研究資料』（北海道大学附属図書館所蔵）
ヴァルナス（Bronisław Piłsudski and Futabatei Shimei）
ヴァルナスのピウスツキ肖像画（個人撮影）
リトアニアの十字架（著者撮影）
現在のタトラ博物館（著者撮影）
ヴィトキェヴィチ（Muzeum Tatrzańskie im. dra Tytusa Chałubińskiego w Zakopanem: Informator）

初出一覧

以下の章は旧稿に大幅に加筆訂正を加え、重複個所は削除した。序章、第一、二、六、十二、十四章は新たに書き下ろしたものである。

第三、五、七章

「民族学者ブロニスワフ・ピウスツキとサハリン島」原暉之編『日露戦争とサハリン島』北海道大学出版会、2011年10月

第四、八章

「ブロニスワフ・ピウスツキとニコライ・マトヴェーエフ」中村喜和・長縄光男・ポダルコ・ピョートル編『異郷に生きるV　来日ロシア人の足跡』成文社、2010年4月

第九章

「ブロニスワフ・ピウスツキの日本滞在」『埼玉大学紀要（教養学部）』第45巻第2号、2010年3月

第十章

「ピウスツキと男三郎事件」『窓』第57号、1986年6月。「ブロニスワフ・ピウスツキの観た日本」『埼玉大学紀要（教養学部）』第46巻第1号、2010年9月

第十一章

「「ダコタ号」上のブロニスワフ・ピウスツキ—長崎からシアトルまで—」『埼玉大学紀要（教養学部）』第41巻第1号、2005年9月

第十三章

「ペテルブルグの二葉亭四迷とピウスツキ」『埼玉大学教養学部　リベラル・アーツ叢書5　ポーランドの民族学者ブロニスワフ・ピウスツキの生涯と業績の再検討』埼玉大学教養学部・文化科学研究科、2013年3月

終　章

「ブロニスワフ・ピウスツキ関係新発見資料について」『埼玉大学紀要』第52巻第2号、2017年3月

著者紹介
沢田　和彦（さわだ・かずひこ）
1953年大阪府生まれ。大阪外国語大学ロシア語学科卒業。早稲田大学大学院文学研究科ロシア文学専攻博士後期課程修了。博士（文学）。新潟大学人文学部助手、埼玉大学教養部講師、同助教授、教養学部教授を経て、現在、埼玉大学名誉教授。著書に『白系ロシア人と日本文化』(成文社)、『日露交流都市物語』（成文社)、編訳書に『埼玉大学教養学部　リベラル・アーツ叢書9　日本在留のロシア人 「極秘」文書』（埼玉大学教養学部・人文社会科学研究科)、共編著・共著に『異郷に生きる—来日ロシア人の足跡』シリーズ全6巻（成文社）など。

ポーランド広報文化センター
INSTYTUT POLSKI TOKIO

本書は、ポーランド広報文化センターが後援すると共に出版経費を助成し、
刊行されました。
Niniejsza publikacja została wydana pod patronatem
i dzięki finansowemu wsparciu Instytutu Polskiego w Tokio.

ブロニスワフ・ピウスツキ伝
——〈アイヌ王〉と呼ばれたポーランド人

2019年12月24日　初版第1刷発行
2022年 2 月17日　初版第2刷発行

著　者　沢田和彦
装幀者　山田英春
発行者　南里　功

発行所　成　文　社

〒258-0026 神奈川県開成町延沢580-1-101
電話 0465 (87) 5571
振替 00110-5-363630
http://www.seibunsha.net/

組版　編集工房 dos.
印刷・製本　シナノ

落丁・乱丁はお取替えします

Printed in Japan
ISBN978-4-86520-040-9 C0023

歴史

沢田和彦著

日露交流都市物語

Ａ５判上製
４２４頁
４２００円
978-4-86520-003-4

江戸時代から昭和時代前半までの日露交流史上の事象と人物を取り上げ、関係する都市別に紹介。国内外の基本文献はもとより、日本正教会機関誌の記事、外事警察の記録、各地の郷土資料、ロシア語雑誌の記事、全国・地方紙の記事を利用し、多くの新事実を発掘していく。２０１４

歴史

長縄光男、沢田和彦編

異郷に生きる

来日ロシア人の足跡

Ａ５判上製
２７４頁
２８００円
978-4-915730-29-0

日本にやって来たロシア人たち——その消息の多くは知られていない。かれらは、文学、思想、芸術の分野だけでなく、日常生活の次元において、いかなる痕跡をとどめているのか。数奇な運命を辿った人びとの足跡を追うとともに、かれらが見た日本を浮かび上がらせる。２００１

歴史

中村喜和、長縄光男、長與進編

異郷に生きるII

来日ロシア人の足跡

Ａ５判上製
２７４頁
２８００円
978-4-915730-38-2

数奇な運命を辿ったロシアの人びとの足跡。それは、時代に翻弄されながらも、人としてしたたかに、そして豊かに生きた記録でもある。日本とロシアの草の根における人と人との交流の跡を辿ることで、異郷としての日本をも浮かび上がらせる。好評の第二弾——　２００３

歴史

中村喜和、安井亮平、長縄光男、長與進編

遥かなり、わが故郷

異郷に生きるIII

Ａ５判上製
２９４頁
３０００円
978-4-915730-48-1

鎖国時代の日本にやってきたロシアの人や文化。開国後に赴任したペテルブルクで榎本武揚が見たもの。大陸や半島、島嶼で出会うことになる日露の人々と文化の交流。日本とロシアのあいだで交わされた跡を辿ることで、日露交流を多面的に描き出す、好評の第三弾——　２００５

歴史

中村喜和、長縄光男、ポダルコ・ピョートル編

異郷に生きるIV

来日ロシア人の足跡

Ａ５判上製
２５０頁
２６００円
978-4-915730-69-6

ポーランド、東シベリア、ウラジヴォストーク、北朝鮮、南米、北米。ロシア、函館、東京、ソ連、そしてキューバ。時代に翻弄され、数奇な運命を辿ることになったロシアの人びと。さまざまな地域、時代における日露交流の記録を掘り起こして好評のシリーズ第四弾——　２００８

歴史

中村喜和、長縄光男、ポダルコ・ピョートル編

異郷に生きるV

来日ロシア人の足跡

Ａ５判上製
３６８頁
３６００円
978-4-915730-80-1

幕末の開港とともにやって来て発展したロシア正教会。日露協商、ロシア革命、大陸での日ソの対峙、そして戦後。その間にも多様な形で続けられてきた交流の歴史。さまざまな地域、時期における日露交流の記録を掘り起こして好評のシリーズ第五弾——　２０１０

歴史

中村喜和、長縄光男、沢田和彦、ポダルコ・ピョートル編

異郷に生きるVI

来日ロシア人の足跡

Ａ５判上製
３６８頁
３６００円
978-4-86520-022-5

近代の歴史の中で、ともすれば反目しがちであった日本とロシア。時代の激浪に流され苦難の道を辿ることになったロシアの人々を暖かく迎え入れた日本の人々。さまざまな地域、さまざまな時期における日露交流の記憶を掘り起こす好評のシリーズ、最新の論集——　２０１６

価格は全て本体価格です。